育てる者への発達心理学

関係発達論入門

大倉得史 著
Tokushi Okura

ナカニシヤ出版

はじめに――本書の特徴

　本書は関係発達論の考え方をできるだけ分かりやすく紹介した解説書である。といっても関係発達論という言葉自体，初めて聞く方が多いだろうから，とりあえずは平たく「子育てについて考える発達心理学の本」だといっておけば良いかもしれない。ただし，従来の発達心理学研究や育児の How to 本などとは少し趣を異にしている。

　関係発達論というのは発達心理学の世界でもかなり異色の新たな考え方である。何がどう新しいかも含めてその全体像を示していこうと思うが，そのためにはある程度学問的な議論は避けられない。そんなことをいうと変に身構えたり敬遠されたりしそうだが，本書の議論は一般の方には全く理解不能な専門的な話というわけでもないと思う。というのも，関係発達論の一番の問題意識というのは「子どもを育てるという営みとはどんなものか」とか「子どもはどのように育てられ，いかに育っていくのか」（あるいはもう少し広く「我々は他者といかに関わり合い，いかに暮らしていくべきか」）といった非常に具体的で身近なものであり，虐待などの悲しい事件が多い現代においてますます重要になってきているテーマだからだ。こうした非常に大事な問題がなぜかこれまであまり議論されることのなかった発達心理学[1]の世界で，きちんとこの問題を立ち上げ，真正面からこれについて考えていこうというのが，関係発達論の主旨である。

　この理論を提唱しているのは学部・大学院を通じて僕の指導教官であった鯨岡峻先生である。今も現役バリバリで，京都大学を退官された後，中京大学で教鞭をとりながら，週末は全国各地を講演などで飛び回っている。だから，関係発達論の何たるかを知ってもらうためには，鯨岡先生のたくさんの著書のうちの一冊でも手に取ってもらう方が良いのかもしれない。また僕自身，鯨岡先生の後任として職を得た現在でも，自分の拙い論文に先生から厳しいコメントをいただいたり，自分で関係発達論の授業をしながら「ああ，先生がいっていたのはこういう

1　とはいえ，近年は育てるという営みに光を当てようとする研究も散見されるようになってきた。例えば，菅野・塚田・岡本（2010）は，具体的なエピソードを多数交えながら，発達心理学の用語を網羅的に解説している。ただし，本書はこれとは相当に異なる独自の視点から，子どもと養育者が共に育っていく過程に即して，議論を組み立てている。

ことだったのか」と今さらながら気づかされたりするといった状態であるから，まだ本当の意味でこの理論をものにしたとはいえないのかもしれない。ただ，そんな中でも僕が解説書を書くことに多少は意味があるかもしれないと思ったのには，大きく三つの理由がある。

　一つは，ご自身の考えを可能な限り平易な言葉で，多くの具体例を交えながら解説されている鯨岡先生の本でもまだ難しいと感じる読者がいるらしいということだ。例えば「大切なことが書かれていると思う反面，当たり前のことが何度も繰り返されている感じがしてもう一つポイントがつかめない」といった感想は結構耳にする (e.g. 遠藤, 2009)。私見では，こうした印象は，一つの問題を少しずつ力点を変えながら論じていく鯨岡先生のスタイルや，その前提になっているいくつかの先行研究，さらには複雑な現象から単純な一般法則を導こうとする自然科学理論とはまた違った関係発達論の特徴などに十分親しんでいないところから生じるものだと思う。議論の土台となっている先行研究を知らなければ，どこに，どういった理由で力点が置かれているのかはうまくつかめないだろうし，「結局何がいいたいの!?」といった単純明快な答えを求めるような思考法ではくどいほどに「厚い記述」(Geertz, 1973/1987) が何を目指しているのかを理解することはできないだろう。要するに，鯨岡先生の文章を本当の意味で理解するためには，やはりそれなりの予備知識や読み方のコツがいるわけだ。僕自身には鯨岡先生ほど分かりやすい言葉で関係発達論について解説するだけの力量はないけれど，そうした予備知識やコツを紹介するという形でならば多少はお役に立てるかもしれないと思ったのである。

　二つ目の理由は，上に述べたような感想を抱くのは，自らが子どもを育てたことのある養育者や保育士というより，むしろ学知として関係発達論を身につけようとする学生に多いようだということに関わっている。「自分の書いたものは，頭でっかちな学生よりも子育ての実体験を持つ人によく理解してもらえる」という話を，僕は何度も鯨岡先生から聞いている。関係発達論の最大の目標は，「育てる」にまつわる諸々の体験の機微を克明に描き出し（この点を強調して「自分はウルトラ体験主義だ」と先生はいう），「いかに育てるか」を考えていくことであるから，そうした実体験や問題意識を共有しない学生には今ひとつピンとこないところがあって，それこそ「同じような話が繰り返されている」という印象が生じるのかもしれない。かくいう僕もずっと「頭でっかちな学生」であり「実体験を持たない人」だったわけだから，いつも「自分はまだ本当にはこの理論を分か

っていないのではないか」という不安が心の片隅に引っ掛かっていた。

　ところが，そんな僕も最近，ようやく一児の父親になった。もちろん，まだまだ新米の養育者だから偉そうなことは何もいえないけれど，確かに子どもを持ってみて感じるようになったことがある。それは関係発達論がやはり「育てる」という体験にかなり肉薄した理論であり，想像力を働かせながら丁寧にそれを読み込んでいけば実体験を持たない者が子育てのイメージを持つのにかなり役立つということ，その一方で関係発達論が掬い取れていない事柄もやはりまだまだあるみたいだといったことである。関係発達論が教えてくれた通りだったと思うことがたくさんある一方で，実際に子どもが生まれてみないと分からなかったことや，ここはもっと強調して理論に組み込んでおくべきではないかといった点もいくつか見えてきたのである。特に，初めて子どもを持つことになる人のさまざまな気持ちの揺れ動きなどについては，毎日あたふたしながら何とか子育てをしている今の僕だからこそいえることがあるようにも思う。恐らくそんな新米養育者の実感を盛り込みながら解説することで，子育てをまだ経験したことのない人に対してもよりリアルなイメージを提供できるのではないかと考えたのが，本書を著そうと思った二番目の理由である。

　三番目の理由は，読者のためというよりは僕自身のためかもしれない。関係発達論というのは鯨岡先生が半生をかけて練り上げてこられた理論であり，その考え方一つひとつの背後には非常に緻密な理屈が用意されている。その結果，従来の発達心理学の枠組みとはかなり異なる一個の体系ができあがったわけだが，逆に，そういう意味ではすでに完成されているともいえるこの理論に今後何を付け加えていくべきかということが問題になってくる。少なくとも，これまで関係発達論を一生懸命吸収しようとしてきた僕自身，自分の次なる課題は鯨岡先生の考え方をこれからどう発展させ，自分独自の思索（それが関係発達論と呼べるものなのか，全く違うものになるのかはまだ分からない）へと結びつけていくかということだと感じている。

　そういうわけで，本書ではそのための模索も行っている。すなわち，基本的には鯨岡先生が著書の中で行っている解説に拠りつつ関係発達論の考え方を紹介していくことに重きを置きながらも，随所に僕なりのアレンジを加えている。例えば本書の中のいくつかのエピソードは僕自身が記述・分析したものだし，それらを踏まえて鯨岡先生が主題的には扱っていない問題について論じることもある。僕が案出した概念もいくつかあるし，関係発達論の成立に大きな意味を持った先

行研究にはそれぞれ僕なりの評価を加えている。もしかしたらそういう箇所に限って読者が違和感を持つのではないかと少し心配だが，それでもそうした冒険的な試みを通じて研究を発展させるための糸口を探ってみることにした。自分なりに関係発達論を紹介してみたときに，この理論のどの部分を強調し，どのように展開していきたくなるのか。それを実際に確かめてみようと思ったのが三番目の理由である。

　以上，僕が関係発達論を語ることにどのような意義があるかについて少し詳しく述べたが（恩師の理論について語るというのはそれだけ心構えが要ることなのだ），今挙げた三つがそのまま本書の特徴にもなると思う。すなわち，①これまで多数刊行されている鯨岡先生の著書を読みこなすための予備知識やコツも示しながら関係発達論の概要を示している，②子育ての実体験を持たない人にもできるだけ具体的にそのイメージを思い描いてもらえるよう，新米養育者の素朴な実感を随所に盛り込んでいる，③関係発達論の今後の展開の方向性を模索しながら，鯨岡先生が必ずしも言及していない問題や概念についても議論している，というのが鯨岡先生の著作との相違である。したがって，鯨岡先生によって提唱された関係発達論についての厳密な解説本というよりは，あくまで僕自身が関係発達論とどう向き合い，これをどう取り入れようとしているか，一人の養育者としてどう子育てに臨もうとしているかについて書いた本だといった方が正しいのかもしれない。学術書に多い無主語の文体ではなく，あえて「僕」という主語を立てているのはそうした事情からである。

　なお，通常，研究論文や学術書というのは冒頭に先行研究の検討があって，それを踏まえた上でその研究独自の考え方が示されていくものだと相場が決まっている。それに従うなら，本書でも関係発達論が成立してくる上で重要な意味を持った先行研究を紹介していく「理論編」が第1部に，実際に関係発達論の考え方でもって子育ての具体的様相について論じていく「実際編」が第2部になるところである。しかし，関係発達論がどんなものか分からないまま多少理屈っぽい「理論編」を読むのは，結構骨の折れる作業になるかもしれない。何より，関係発達論というのは具体的な子育て論であるわけだし，まずはそれがどんなふうに「育てる」という営みを説明しているかを知ってもらうことが先決だろう。そういうわけで，本書では第1部に「実際編」，第2部に「理論編」を持ってくることにしたが，両者はある程度独立しているので，好きな方から読み始めていただければと思う。

目　次

はじめに——本書の特徴　*i*

第1部　実　際　編

第1章　関係発達論という発想 ── 2
1. 従来の発達心理学は「能力の発達論」　3 ／ 2. 見落とされてきた養育者の存在　4 ／ 3. 子どもに働きかけ，導こうとする養育者　4 ／ 4. 関係発達論の中心テーマは〈子ども - 養育者関係〉　5 ／ 5. 能力発達より大事な一人の人間としての育ち　6 ／ 6. 気持ちのやりとり，人としてのありようの変化を描く　8 ／ 7. 「その子らしさ」としての自己性　9 ／ 8. 自己性を形作る三つの要因　10 ／ 9. 〈育てられる者〉から〈育てる者〉へ——関係発達論の発達観　11 ／ 10. 関係発達論は育てるための実践論である　14

第2章　関係発達論の三つの基本概念 ── 16
1. 離乳食エピソードから考える　17 ／ 2. 身体を通じた子どもの気持ちの把握——間主観性　19 ／ 3. 成り込み　21 ／ 4. 子育てにおける間主観性の大切さ　22 ／ 5. せめぎ合う二つの思い——両義性　23 ／ 6. 子ども，養育者それぞれが固有の主体である——相互主体性　24

第3章　「育てる」をめぐる現代社会の状況と若者の意識 ── 27
1. 産み，育てることを躊躇させる現代社会の状況　27 ／ 2. 「育てる」をめぐる若者の意識　30 ／ 3. 「個としての意識」と「世代としての意識」の両義性　33

第4章　妊娠期の女性の心理 ── 35
1. 「おめでた」の背後にある現実　35 ／ 2. 妻にインタビューする　36 ／ 3. 妊娠が分かって　38 ／ 4. いのちの相互主体性　44 ／ 5. 相互主体的関係を支える周囲の他者　49

第5章　出産期の諸問題 ── 54
1. ある出産エピソードから　54 ／ 2. 僕たちの出産　58 ／ 3. 出産期における周囲の人間関係の重要性　63

第 6 章　誕生から生後 3 ヶ月まで ──────── 67
1. 新生児期　67 ／ 2. 情緒的力動感 vitality affect を介した「要求」と「情緒的応答」のコミュニケーション　74 ／ 3. 気持ちの共有を目指す子どもと養育者　78 ／ 4. 相互主体的関係の諸側面　80

第 7 章　生後 3 ヶ月〜7 ヶ月の諸行動の出現 ──────── 83
1. critical point（重要な分岐点）としての 3 ヶ月微笑　83 ／ 2. 物への興味・行動能力の出現（生後 3, 4 ヶ月〜6, 7 ヶ月）　87 ／ 3.「誘いかけ-応答」を可能にする身体　91 ／ 4. 物への興味を支える対人関係　94 ／ 5. 行動能力の出現の裏で　98

第 8 章　生後半年〜1 年までの〈子ども-養育者関係〉 ──────── 100
1. 得意の感情の萌芽　100 ／ 2. 複雑化する〈子ども-養育者関係〉　104 ／ 3. 相互意図性としての相互主体性　107

第 9 章　生後 1 歳前後からの表示機能の出現 ──────── 112
1. 表示機能としての指差しの出現　112 ／ 2. 指差しと言語発生　118 ／ 3. 意図の通じ合いが難しいケース　122

第 10 章　1 歳代の躾と子どもの主体性の育ち ──────── 126
1. 養育者の制止の始まり　126 ／ 2. すねるという行動の意味　136 ／ 3. 相互主体的関係の中で育つ両義的主体　139

第 11 章　「私」の意識の発生─1 歳半から 2, 3 歳にかけて ──────── 144
1. 交替やりとり遊び　145 ／ 2.「私」と「内なる他者」の成立　152 ／ 3.「私」の成立と〈子ども-養育者関係〉　156

第 12 章　保育の場の両義性と相互主体性 ──────── 162
1.「ちょっと気になる子」　163 ／ 2. 厳しさに耐えて生き残ることの大切さ　167 ／ 3. 関係の場の中で育つ子ども　171 ／ 4. ま と め　176

第 2 部　理 論 編

第 13 章　ピアジェの発達論 ──────── 180
1. ピアジェ理論の基本的前提　181 ／ 2. 感覚運動期　183 ／ 3. 前操作期　187 ／ 4. 自己中心性　189 ／ 5. 操 作 期　190 ／ 6. ピアジェ理論の問

題点　193／7. 個体能力発達論　195

第 14 章　ヴィゴツキーのピアジェ批判 ——— 197
1. 思考と言語　197／2. ヴィゴツキーの概念発達論　202／3. 精神間機能から精神内機能へ　207

第 15 章　ウェルナーの有機体論的発達論 ——— 209
1. 分化と階層的統合化　210／2. 行動物と相貌的知覚　212／3. 共感覚と相貌的知覚がもたらす豊かな体験世界　216／4. 言葉は相貌性を持つ　219／5. シンボルの発達　222

第 16 章　ワロンの身体・情動・自我論 ——— 227
1. ワロンの「身体」　227／2. 適応する身体（ピアジェ）と感じる身体（ワロン）　230／3. 衝動的運動性の段階　232／4. 情動の段階　233／5. 感覚運動的活動の段階　235／6. 投影的段階　236／7.「私」の意識の発生　238／8. 関係発達論から見るワロン　241

第 17 章　精神分析学的な諸研究 ——— 244
1. フロイトの布石　244／2. クラインの妄想-分裂態勢　248／3. 抑うつ態勢　250／4. 原初の母性的没頭（ウィニコット）　253／5. 抑うつ態勢への移行を支えるもの　255／6. スターンの理論　257／7. 関係発達論から見るウィニコットとスターン　263

第 18 章　関係発達論の基本概念①——間主観性 ——— 265
1. 戦略的概念としての間主観性　265／2. 二者関係の深化　268

第 19 章　関係発達論の基本概念②——両義性 ——— 271
1. 根源的両義性　271／2. 絡み合う繋合希求性と自己充実欲求　274／3. 子どもの存在両義性　275／4. 養育者の存在両義性　276／5. 二枚の鏡の映し合い　278

第 20 章　関係発達論の基本概念③——相互主体性 ——— 281
1. 相互主体性導入の経緯　281／2. 相互主体性とは何か　282／3. 一個の主体として受け止められて，一個の主体として育つ　285／4. 関係発達論の目指す主体性　288

おわりに　291／文　献　294／索　引　299

エピソード一覧

① 離乳食（生後7ヶ月23日）　17
② F・Hさんのレポート　30
③ A・Yさんの感想文　31
④ T・Aさんの感想文　32
⑤ 妊娠が分かったとき　38
⑥ 仕事できない　40
⑦ 「えーっ，子どもできたの？」　42
⑧ 自分に起こると　44
⑨ もう一つのいのち　45
⑩ わが子を「自分の子ども」だと思えない　50
⑪ M・Kさん（33歳，最初の妊娠，インタビュー時妊娠10ヶ月）　52
⑫ 出産場面を描いたエピソード　55
⑬ 僕たちの出産　60
⑭ I児とその母親の事例　64
⑮ なんで泣いているの？（生後1日）　68
⑯ 母乳orミルク？（生後9日）　70
⑰ お湯に入れてもらって気持ちがいい（生後20日）　74
⑱ 泣きから対面へ（生後28日）　75
⑲ ある乳児院での鯨岡の観察記録　77
⑳ 対人場面での喜色満面の笑顔（生後3ヶ月8日）　84
㉑ Mさん（29歳，第1子）の語り　86
㉒ ガラガラをもってごらん（生後4ヶ月1日）　87
㉓ 兄の持つ人形へのアプローチ（生後5ヶ月10日）　90
㉔ 楽しく遊べないU（2歳7ヶ月）　96
㉕ N子からの呼び掛け（生後8ヶ月16日）　100
㉖ タンバリンが上手（生後9ヶ月27日）　102
㉗ コップが欲しくて（生後9ヶ月20日）　104
㉘ 砂利遊びの後，家の中で不満が爆発（生後9ヶ月21日）　109

㉙ 携帯電話が欲しい（生後11ヶ月19日）　112
㉚ 大黒様を指差す（1歳1ヶ月0日）　115
㉛ ワンワンはどこかな？（1歳1ヶ月5日）　119
㉜ おせんべいがほしい（1歳5ヶ月24日）　121
㉝ 自閉傾向を有する発達遅滞児と診断されたT（5歳女児）の事例から　123
㉞ なんで泣いてるんだっけ？（1歳0ヶ月25日）　126
㉟ ママの「ダメ」もちょっとは分かる（1歳2ヶ月5日）　129
㊱ 「ごめんなさい」をめぐって（1歳5ヶ月19日）　131
㊲ 悔しくてママをぶつ（1歳7ヶ月28日）　136
㊳ 茶せん（1歳10ヶ月12日）　139
㊴ ママにお菓子をあげる（1歳3ヶ月3日）　146
㊵ 追いかけっこ？（1歳6ヶ月16日）　149
㊶ ウッキーに絵本を読んであげる（1歳8ヶ月18日）　152
㊷ 麻生の観察事例（1歳10ヶ月29日）　154
㊸ ごみ収集車ごっこ（2歳3ヶ月）　156
㊹ お母さん，ダメって言って（3歳0ヶ月）　159
㊺ 「チョキチョキしたのは私，Kちゃんじゃない！」　164
㊻ 「つばしても　スキ？」　167
㊼ 「こんな保育園，出ていったるわ！」　171
㊽ ドウゾ（1歳9ヵ月28日）　199
㊾ シャボン玉（1歳11ヶ月21日）　218

第 1 部
実 際 編

関係発達論というのは実際に生活を送っている子どもや養育者に密着しつつ「いかに育てるべきか」を考えていく実践論である。

第1章
関係発達論という発想

　関係発達論は，これまでの発達心理学に対する批判の上に作り上げられてきた理論である。理論といういい方がやや大げさだとすれば，いくつかの新しいものの見方や考え方が織り合わされたものだといっても良い。そうした考え方一つひとつは，誰も知らなかったようなすごい大発見であるというよりは，よくよく考えてみれば結構「当たり前」のことが多いのだが，僕たちはとかくそうしたことほど見落としやすいものだ。そしてその傾向は，専門的な学知を追い求めるのみで，その学知を成り立たせている枠組み自体を見直すことを忘れてしまった人ほど強いらしい。したがって，発達心理学についてあまり知らない方にも関係発達論のいわんとするところは十分理解が可能である一方で，かえって発達心理学を専門的に学ぶ人の中に「こんな当たり前のことばかりいって，一体どこが新しいの？」という印象を持つ方が多いかもしれない。ともあれ，関係発達論というのは，僕たち（特に発達研究者）がうっかり見過ごしていた「当たり前」をしっかり言葉にし，そこを足場に論を組み立てていくことによって，今までとは少し違った視点からものを見ることを可能にしてくれる理論だといえよう。

　そんな関係発達論の特徴を踏まえ，第1部ではできる限り発達心理学の知識を前提せずに話を進めていきたいと思う（予備知識ゼロだった人でも，読み進めるうちに自然と発達心理学的な議論になじんでいき，より専門的な議論を行う第2部にも興味を持てるようになる，というのが理想だ）。ただし，話を始めるに当たって，関係発達論とはどんな問題を，どんな視点から扱っていくものなのかについて，最低限押さえておきたい事柄がある。具体的には，この理論がこれまでの発達心理学のどういった点を問題視しているのか，今まで見落とされていたどんな「当たり前」を議論の出発点にしようとしているのか，さらにはどういった切り口でどんな現象を解明しようとしているのかといったことである。最初の第1, 2章ではそうした事柄について説明していく。いくつか耳慣れない用語が出てきて少し面食らうかもしれないが，いわんとしていることはそんなに難しいことではないし，そうした用語の数自体も決して多くはない。万一難解だと思う部分があってもあまり気にせずに，気楽に読み流していただければ，大意はつかめる

のではないかと思う。

1. 従来の発達心理学は「能力の発達論」

　発達心理学といえば，普通，赤ちゃんや子どもの発達を研究する学問だと考えられている。特に従来の発達心理学は，子どもの中からさまざまな行動や能力がだいたい何歳頃に現れてくるかを調べていく「能力の発達論」としての性格を色濃く持っている。

　例えば，生まれて間もない赤ちゃんは，だいたい1～2時間おきに泣いて，授乳してもらう以外は，ほとんど眠っている。最近の研究では，こうした新生児もかなり「有能」で，さまざまな物事を識別したり関連づけたりできる認知能力を持っていることが分かってきたが，外見的には首はまだ座っておらず，目の焦点もはっきりとは合っていない感じが強い（浜田，1999）。それが，生後1ヶ月頃から徐々に周囲の人や物をしっかり見ている感じが出てくる。生後2ヶ月前後にはアーアーといった声を出すクーイングが始まり，生後3ヶ月にもなれば人と目を合わせてはっきりと笑うようになる（3ヶ月微笑）。生後4～5ヶ月頃には興味ある物に手を伸ばしてつかむリーチング行動が出てきて，生後5～6ヶ月前後に寝返りをするようになる。生後7～9ヶ月にかけてお座りや這い這いができるようになり，1歳前後にはよちよち歩きや「マンマ」といった初めての言葉などが出てくる。さらに，1歳半過ぎには簡単な見立て遊び（ごっこ遊び）をするようになると同時に言葉の理解が進んでいき，2歳頃からは「ブーブー，キタ」などの二語文なども話し始める。それ以降，3歳頃には「ワタシ」や「ボク」などの一人称を正しく使えるようになり（e.g. 西川，1996），4歳頃には他者の立場に立って「あの人ならどう考えるか」ということが分かるようになってくる（「心の理論」の成立：e.g. 志波，2010; Wimmer & Perner, 1983）。

　このような能力発達の段階表作りが，従来の発達心理学の主たる仕事だと思われてきたし，今でも多くの発達心理学者は，ある特定の行動や能力が，平均するといつ，どのように出現してくるかを究明することに力を注いでいる。もちろん，そうした研究にも一定の意義は認めなければならない。僕自身，自分の子どもが今行っている行動が，上述の平均的な能力発達の筋書きに沿っていることを確認して「やっぱりそうか」と思うことも多い（ちなみに母子手帳には簡単なチェックリストが載っている）。しかしながら，やはりこうした「能力の発達論」としての発達心理学にはかなり問題があるのではないか—これが関係発達論の見方

である。その問題とは一体どんなものだろうか。

2. 見落とされてきた養育者の存在

上のような「何歳に〜ができる」といった記述だけを見ると，あたかも自然発生的に，遺伝子のプログラムに沿って，さまざまな能力が次々と開花していくような印象を受ける。ところが，遺伝的素質というものは何であれ，適切な環境なしには決して花開かない。

例えば，読者は植物の種子が発芽するのに必要なものをきちんと挙げられるだろうか。正解は水と空気，それに適切な温度（他に光が必要な場合もある）であるが，結構そのうちの一つをいい忘れてしまったりする。通常，僕たちの身の周りにはこれら三つが当たり前のように存在するために，ついつい見落としまうのだ。「何歳に〜ができる」といった記述もそれに近いところがあって，子どもが実際にそうなるために本当は決して欠かすことのできない重要な要素を見逃してしまっている。種子の発芽にとって三つの条件が不可欠なように，子どもが発達していく上でなくてはならないものとは何だろうか。

それは養育者の存在である。当たり前のことだが，子どもは一人では生きていけない。養育者に育てられなければ，子どもの「育つ」は成り立たないわけだ。特に生後1年目までは養育者の存在は絶対的で，子どもの全ての活動は養育者との関係の中で展開していくといっても過言ではない。それだけ子どもにとって大きい養育者の存在を，これまでの発達心理学は十分取り上げてこなかった。

3. 子どもに働きかけ，導こうとする養育者

ただし，こうしたいい方は反発を招くかもしれない。というのも，子どもの能力が開花するために養育者が適切な「環境刺激」を与えることの重要性については，従来の発達心理学もしばしば指摘してきたからだ。例えば，母国語が獲得されるためには，養育者をはじめとする周囲の人々がその言葉を話しているという環境刺激が必要不可欠だとされている（e.g. Boysson-Bardies, 1996/2008）。そうした周囲の刺激にさらされる結果，子どもの中に眠っていた遺伝的素質，言葉を話すための素質が開花してくるというわけだ。こうした捉え方自体は必ずしも間違いとはいいきれない側面を持つが，関係発達論の立場からするとやはりまだ不十分であるということを強調しておきたい。養育者は単に能力開花のために必要な環境刺激であるという以上に，子どもにとってはもっともっと重要な存在であ

る。

　実は，子どもの言葉というものはまず，大好きな養育者に対して自分の気持ちを伝えたいというコミュニケーションの欲求があってこそ出てくる（松原，2002）。そして，そのような欲求はなぜ出てくるのかといえば，元々は養育者の方が何とか子どもと気持ちを共有したいと願いつつ，まだ何も分からないように見える子どもの気持ちを敏感に感じ取りながら関わったり，話しかけたりするからこそである。それを繰り返すうちに，子どもと養育者のあいだで実際に気持ちが通じ合う経験が蓄積され，自分の気持ちは確かに相手に伝わるのだといった信頼感が高まって，子ども自ら言葉を発してみようとする動きが出てくるのである。対照的に，いくらテレビでアナウンサーがしゃべっているのをたくさん聞かせて環境刺激を多くしてみたところで，養育者とコミュニケーションをしたいという欲求がなかったとしたら，子どもに言葉は出てこないだろう。

　つまり，養育者は「主たる遺伝的素質」に作用する「副次的な環境刺激」である以上に，子どもに対してより積極的に働きかける強力な導き手であり，言葉を話してみようという動機を与える当のものなのである。もう少しいえば，養育者からの働きかけが言葉の発達のために必要だというよりは，子どもと養育者の関係が深まっていく途上で，両者のコミュニケーションをさらに豊かにすることを可能にする一つの補助手段（オプション）として，言葉というものが使われるようになっていくのだという方が，より実際に即している。

4. 関係発達論の中心テーマは〈子ども‐養育者関係〉

　今の例に明らかなように，本来，子どもの生活はあくまで養育者との関係を中心軸として展開していくものであるから，子どもの中のある特定の能力のみをそこから取り出して議論するというやり方は，実はかなり危ういものなのだ。子どもと養育者はそれぞれの身体を持つという意味では別個の存在なのかもしれないが，（特に幼少期には）実は決して切り離して考えることのできない一つのまとまり（単位（ユニット））でもあるということを肝に銘じておかねばならない。

　関係発達論が解明していこうとするのは，まさにこうした一つの単位としての〈子ども‐養育者関係〉である。妊娠，出産，乳児期，幼少期，学童期，青年期と時間が経過するにつれて刻々と変化していく〈子ども‐養育者関係〉（さらには子どもの世界の拡大とともに重要になってくるそれ以外のさまざまな他者たちとの関係）のありようを，克明に描き出していくのがこの理論の最終的な目標であ

る。そうはいっても、もちろん言葉の上では「子どもは○○で、養育者は××である」といったように切り分けて記述せざるを得ないのだが、あくまで狙いは両者の「関係」を描き出していくことにある（「関係」それ自体の変容・発達過程を解明していこうというところから、関係発達論という名が付いたわけだ）。そして、そのためには能力の発達もさることながらそれ以上に大切になってくるものがある（次の第5節以下で述べる）。

仮に能力の発達について言及する際にも、あくまでその能力が〈子ども−養育者関係〉のダイナミズムの中でいかに引き出され、そのことによって当の関係がどのように変わっていくかという文脈の中で議論していくというのが、関係発達論のスタンスである。一見、そうした議論は子どもの能力と環境との相互作用を論じる従来型の議論に似たものに見えるかもしれないが、そうした読み方ではやがて話がどこに向いているのかを見失ってしまうだろう。一つの単位としての〈子ども−養育者関係〉から無理やり子どもの能力だけを引き剥がしてきて、その能力の発達のために養育者のいかなる関わりが有効かを問うような従来型の議論とは根本的に発想が違うのである。

5. 能力発達より大事な一人の人間としての育ち

〈子ども−養育者関係〉のありようを記述していくというとき、能力発達のプロセスもさることながら、それ以上のことを描き出していくことが狙われている。それは一体何だろうか。

確かに、僕も含めた世の養育者たちは、子どもがある日突然何かを「できる」ようになるととても喜ぶ。僕の最近の体験でいえば、生後3ヶ月近くになって初めてわが子が笑顔を返してくれたときの驚きと嬉しさは、強く印象に残っている。そうした鮮やかな印象と、「え！ なんで急にできるようになったの!?」といった不思議さが、多くの発達心理学者を能力発達の研究へと誘うのかもしれない。

しかしながら、僕自身、その嬉しさの中身をもう少し深く振り返ってみると、どうも単純に「笑顔を見せたこと」それ自体が嬉しかったわけではないことに気づく。例えば、息子の場合、実は笑顔のような表情そのものはすでに生後1週間頃から見せていた。それを見たときもある程度微笑ましい気持ちにはなったのだが、生後3ヶ月の笑顔を見たときほど心を動かされるということはなかった。笑顔を見せたこと（ある行動が出現したこと）それ自体は同じなのに、一体何が違ったのか。

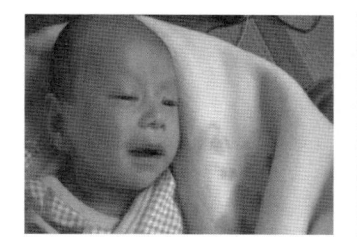

図1　わが子の生後1ヶ月頃の「笑顔」(写真左)と生後3ヶ月頃の笑顔(写真中・右)

　結論からいうと，生後1週間の「笑顔」と生後3ヶ月のそれとでは，子どもと「つながり合えた感じ」が全然違ったのである。生後1週間の頃は，実際のところ「笑顔」というよりは「顔面筋肉のひきつり」と呼ぶ方が正確なもので，授乳後や睡眠時など生理的欲求が全て満たされた状態で，反射的ないしは自動的に生じているもののように見えた (Trevarthen, 1979/1989)。一方，生後3ヶ月の笑顔というのは，部屋に誰もいないときに悲しそうな，人を呼ぶような声を盛んにあげていたのが，僕が現れた途端に「ウフ～ン」と鼻にかかったような声を出しながら実に嬉しそうにニコ～と笑うといったもので，こちらも思わず表情を崩さずにはいられないほど可愛らしいものだった。これが出てくるまでには，生後1～2ヶ月からはっきりと「目が合う」ような感じが強まってきて(わが子はシャイなのか，結構「目をそらす」ことも多かったが，いずれにせよ視線の交わりを感じるようになったわけだ)，話しかけるとアーアーと応えるようになり，やがて笑いかけるとごくまれに引きずられるようにしてニヤ～と頬を持ち上げる場面が出てくる，といった一連のプロセスが必要だった。つまり，わが子が僕という人間の存在を認め，応答してきてくれるような感じが徐々に高まり，最初は「顔面筋肉のひきつり」にすぎなかった表情が「僕に対する感情反応としての笑顔」へと鋳直されてきたとき，僕は初めて心動かされるような本当の笑顔に出会った気分になったのである[2] (Newson, 1978/1989)。

　だとすれば，そのときの僕の喜びの核心は，「笑顔になる」といった特定の行

---

[2] 何をもって「笑顔」とみなすかというのは難儀な問題であるが，このときにまず大事なのはその「笑顔」の質(ニュアンス)の違いを描き出すことである。私見では，可視的行動面のみを冷静に観察する客観主義的な見方，逆に「あ，笑った，笑った」と大はしゃぎするような感情移入しすぎた見方のどちらに偏っても，生後1週間の「顔面筋肉のひきつり」と生後3ヶ月の「笑顔」とを区別できなくなる恐れがあるように思う(ただし，後者のような感情移入は「育てる」際にはとても大切なことでもある。)。

動能力の出現以上に，一人の人間としてのわが子とこれまで以上につながり合えたという手応えや，この子が一段階段を上って人と人との交わりの世界へと一歩近づいてきてくれたという嬉しさだったことになる。このように養育者というのは，能力発達そのものというよりは，むしろ一人の人間が確かにすくすくと育っていることに対して喜びを感じ，初めて何かができたことによって開けてくる新鮮な世界をわが子と一緒に生きるような存在なのではないだろうか。

6. 気持ちのやりとり，人としてのありようの変化を描く

最近，「おじいちゃん」になった僕の実父と，息子（父にとっては初孫）にどんなふうに成長していってほしいかという話をしていたことがある。父曰く，「まずは健康体であること。明るく前向きに物事を捉え，自分の考えを持っていること。人に優しく，感謝の気持ちが分かること。粘り強く集中力があること……ちょっと贅沢すぎるかな？」とのことであった。こうした育児観に基づいて僕自身も育てられたのかな（今の僕が父の願いその通りに育ったかどうかはともかく）などと考えて少し面白かったが[3]，いずれにせよ養育者の願いは個々の能力の発達というよりはこうした人格的な面での育ちに向けられていることが多いと思う。してみると，従来の発達心理学が語ってきたような「能力の発達」と，実際の子育ての中で問題になってくる「一人の人間としての育ち」というのは，実はかなりずれているのではないかということが見えてくる。

従来の発達心理学のように研究上の関心をさまざまな行動能力や認知能力の発達に限局してしまうとき，そこから浮かび上がってくるのはいわば「能力の束」としての子どもの姿でしかない。それは，生身の身体を携えて，周囲の他者と関わり合いながら，喜怒哀楽に満ちた生活を送っている，生き生きとした実際の子どもの姿からはかなり程遠いものである[4]。

一方，世の養育者が日々向き合っているのは，まさにそうした一人の人間とし

---

[3] 本章の第9節で述べるように，「育てる者」（親の世代）は，かつて自らが「育てられる者」であった当時の「育てる者」（祖父母の世代）との関係を，今の「育てられる者」（子どもの世代）との関係に重ねるが，それが育てる営みを一層複雑なものにする。

[4] 仮にそうした「能力の束」としての子どもに，感情や性格，対人関係の研究などを付け加えたとしても，結果は大差ないだろう。本来，さまざまな能力や感情，性格，対人関係といったものは一人の人間において，密接に絡まり合いながら，一個の全体性を作っているからだ。その全体性から特定の要素のみを取り出したような諸研究を寄せ集めてみたところで，一度失われた全体性は決して回復されない。

ての子どもである。養育者は子どもを「能力の束」としてではなく，共に生活する相手として—ときにとても愛おしく思えたり，逆に小憎らしく見えたりといったように，否応なく気持ちを動かされてしまうような相手として—見ている。そして，そうした養育者との関係の中で，子どもの方もまだ幼いながらに笑ったり，泣いたり，甘えたり，自己主張したりしながら，徐々にその子特有のありよう，独自の存在感，「その子らしさ」を浮き立たせてくる。

養育者の育てる営みは，各種能力を伸ばすことを目指しているというよりは，最終的にはそうしたわが子の人としてのありようを，可能な限り養育者の願うものへと近づけようとして行われているというべきだろう。

したがって，〈子ども−養育者関係〉を描き出すときに一番中心となる事柄は，日々の生活の中で絶え間なく行われている子どもと養育者の気持ちのやりとりであり，それを通じて子ども（さらには養育者）のありようがどのように成長・変化していくかということに他ならない。

7.「その子らしさ」としての自己性

今述べたような子どもの全体的なありよう，存在感，「その子らしさ」のことを，関係発達論では〈自己性〉と呼ぶ。自己性というのは，"その子らしさ，つまり，人や外界に対するその子特有の構え方や見方"（鯨岡，2002a，p.110）と定義されている。性格や人格などと近い概念だが，性格や人格がどちらかといえば客観的に見たその人の特性としてかっちりしたイメージを喚起するのに対して，自己性の方はその人自身の他者への臨み方，その人自身が見る世界のあり方といった内面的なものを視野に入れた概念，あるいは，そうしたものが表ににじみ出たときのその人の印象や雰囲気といったやや漠然としたものを指す概念である。

また，それこそ自己という概念とも近いが，幼い子どもが養育者との関係から独立した一個の自己意識を持っているかのようないい方は，やはり不自然だろう。内省意識の対象としての自己に対して，自己性は具体的な対人関係と絡み合った子どものありようを指し，他者との関係に応じてより変化しやすいものを想定している。例えば，養育者がわが子の気持ちに寄り添って，優しく応えてあげるような育て方をしている子どもは，養育者に対する信頼感に支えを得て，家では強気にどんどん要求を突きつけていくような態度をとるかもしれない。ところが，そんな「王様」のような自己性を有している子どもも，養育者がある日「こんなにわがままでは社会に出たときに困るのではないか」などと考えて強く叱っ

て出るとか，家とは違う保育所の人間関係の中に入れられるとかすると，急にしゅんとして，自信なさげになってしまうといったことはよくある。大人にもいえることだが，子どもの自己性は特に関係依存的なものなのである。

ともあれ，関係発達論の目標は，子ども（さらには養育者）の自己性の成長・変容過程を描き出すことである。これは，〈子ども‐養育者関係〉を描き出すという目標と表裏一体のものである。というのも，今の議論から明らかなように，（特に幼少期では）子どもの自己性は多分に養育者との関係に依存したもの，あるいは養育者との関係のあり方そのものだからだ。自己性を詳細に描き出そうと思えば〈子ども‐養育者関係〉を丹念に記述していく他はなく，逆に〈子ども‐養育者関係〉を描き出していけば自然とそこに子ども（さらには養育者）の自己性が浮かび上がってくることになるだろう。

8. 自己性を形作る三つの要因

ここまでの議論をまとめて，関係発達論がどういった問題を解明しようとしているのかを図示すると図2のようになる。

まず，子どもの自己性を形作るものとして大きく三つの要因が考えられる。

一つはさまざまな能力の発達である。笑うようになった，歩けるようになった，言葉を話せるようになった，といった各種の能力の発達は，確かにその子の存在感ががらりと変えるほど大きな影響力を持っている。従来の発達心理学の主な研究領域だが，そうした能力発達がその子の自己性をどう変えるかといった問題はこれまで立てられてこなかった。

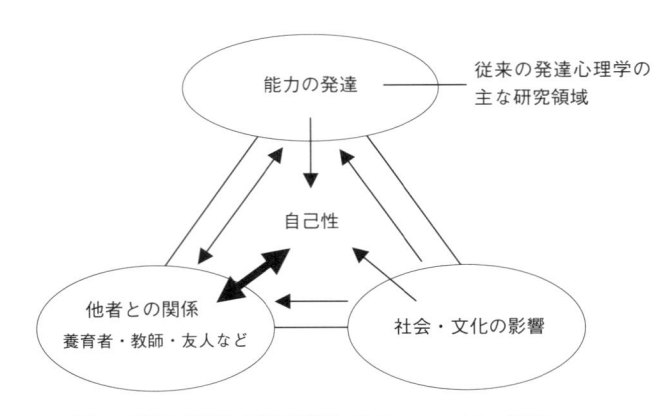

図2　関係発達論の研究領域（鯨岡，1999a より一部改）

二つ目に，何よりも大きい要因として，養育者をはじめとする他者との関係がある。自己性に影響を与える一要因というよりは，自己性とは他者との関係性そのものであるといった方が良い。周囲の他者とのさまざまな気持ちのやりとりを通じて，その子のありようが形成されていく様相を描き出すことが，関係発達論の中心軸となる。図でも太い矢印でこの点を強調した。

　三つ目に社会・文化の影響も無視することはできない。前節の例のように，養育者はいつも「この子が社会に出たらどうなるか」といったことをどこか念頭に置きながら，子どもを育てている。また，保育所などの場で家庭では経験することのなかった価値・規範に触れることも多々あるだろう。子どもの自己性は社会・文化の習慣や価値・規範，理想などに沿うように絶えず鋳直され続けているのである。

　さらに，これら三要因はお互いに影響し合っている。それを，各要因のあいだをつなぐ矢印で表した。能力の発達は周囲の他者からの働きかけなしに実現されえないし，ある能力の開花は周囲の他者との新たな関係性を切り開くだろう。また，社会・文化の習慣や価値・規範は，子どもの周囲の他者に浸透しており，それがその子に対する周囲の出方を決めている（Newson, 1979/1989）。同時に，例えば現代社会では科学的思考能力が重宝されるように，人はその社会・文化において必要とされる諸能力を発展させるものである（Erikson, 1950/1977）。

　関係発達論は，〈子ども‐養育者関係〉における子どもの自己性の成長・変容プロセスというものを軸にしながらも，これら三要因の絡み合い全てを視野に入れつつ，人間の形成過程を可能な限り全体的に描き出していこうとするものだといえる。

9.〈育てられる者〉から〈育てる者〉へ—関係発達論の発達観

　さらに，関係発達論がそもそも発達というものを大枠としてどう捉えているかを示したのが図3である。

　例えば真ん中の線は，今まで「育てられる者」の立場にあった子どもが，やがて大人になって子どもを産み，クルリと一回転して「育てる者」（親）になっていくことを表している。子どもが誕生するということは，その人の生き方がある意味では根底からひっくり返るような大きな態度変容を伴うという意味で，この転換を鯨岡は「コペルニクス的転回」[5]などとも呼んでいる（鯨岡，2011）。

　ただし，子どもの誕生が大きな節目になるとはいえ，「育てられる者」から「育

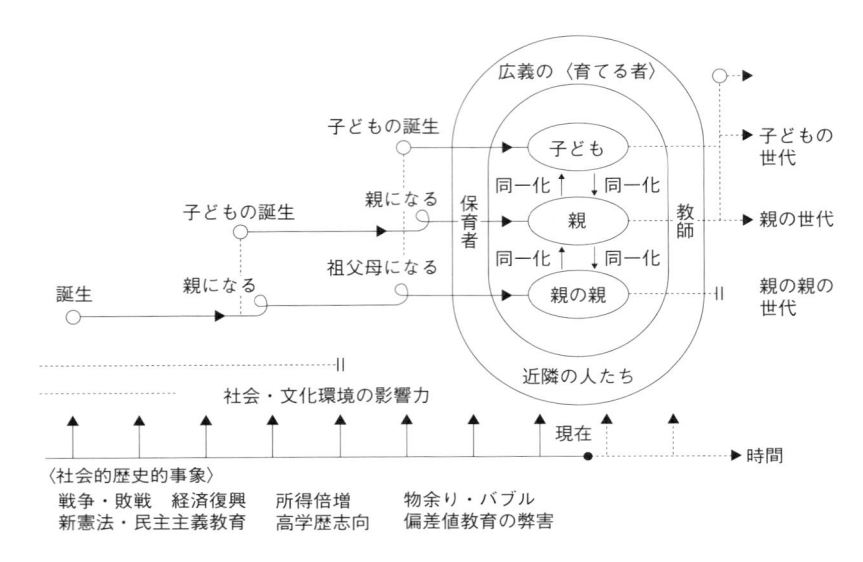

図3 関係発達論が扱う発達（鯨岡，2010より）

てる者」への変身はもちろん一足飛びに成し遂げられるわけではない。そのプロセスの始まりを探っていけば養育者自身が生まれたときにまで遡って，かつて「育てる者」であった祖父母の世代に育てられることを通して，何年もかけて「育てる者」となるべく成長してきたのだといわざるを得ない。したがって，今，養育者が「育てる者」としてわが子に向かうその向かい方には，かつて自分が親からどんなふうに育てられたかということが必然的に影響してくる。例えば，今の僕は息子に対して「いろいろなことに悩みながらも，何か夢中になれることを見つけて，生き生きと自らの人生を送っていってほしい」といったような漠然とした願いを抱いているが，そうした願いが先に述べた僕の父の孫への願いとどこか響き合っているのは自分でも感じる。多分，知らず知らずのうちに僕は父親の価値観や生き方の一部を取り込みつつ（「親」から「親の親」への同一化[6]），息子の人生に自分の生き方を幾分重ね合わせながら（「親」から「子ども」への同一

---

5 コペルニクスは地球の周りを他の天体が回っているとする天動説が信じられていた時代に，根本的に発想を転換し，地球が太陽の周りを回っているとする地動説を唱えた人物である。なお，以下では他の研究者と同様に，言及する際の鯨岡先生への敬称を略すことにする。

6 ここでは同一化のみを語っているが，親がこうだったから自分はそうはありたくないといった反同一化も「育てる」に影響を与える重要因である。

化),育てるという営みを行っていこうとしているのだろう。父は父で,今の僕に対して若かりし頃の自分の姿をどこか重ね合わせているのだろうし(「親の親」から「親」への同一化),息子は息子で僕の立ち居振る舞いをある程度取り込みながら大きくなっていくのだろう(「子ども」から「親」への同一化)。ただし,僕自身はまだまだ「育てる者」として未熟である。むしろ分からないことだらけの中で試行錯誤しながら何とか子どもを育てていくことを通して,これから少しずつ「育てる者」としての自信を積み重ねていくのだろう。「育てられる者」は,「育てる者」を育ててくれる存在でもある (Erikson, 1968/1969)。

　従来の発達心理学が語ってきた発達とは,あくまで一人の人間の「子どもから大人へ」という単線的なプロセスだった。さまざまな能力は一見したところ子どもの中から自然発生的に出てきて,成人を迎えた頃にはほぼ全てが出揃うように見えるから,自然とそうした発達観が固まってしまったのかもしれない。しかし,本来人間の発達過程というものは周囲の他者と無関係に進むものでもなければ,成人を迎えて終わるものでもない[7]。例えば,それを「子どもから大人へ」のプロセスというよりも,「育てられる者から育てる者へ」(鯨岡, 2002a)のプロセスとして捉え直してみれば[8],今見たようにその過程は三世代の複雑な絡み合いの中で進行し,保育者や教師,周囲の人々(広義の「育てる者」)を巻き込んで,一生涯続いていくものであることが見えてくる。

　もう少しいえば,育てるという営みは個人の誕生から死に至るまでの時間幅のみで考えられるものではなく,前の世代,その前の世代……とどこまでもその始原を遡ることができると同時に,次の世代,その次の世代……と延々と引き継がれていくようなもの,〈世代間リサイクル〉されていくものである(鯨岡, 1999a)。もちろん,そうはいっても前の世代のものがそっくりそのまま受け継がれるという意味ではなく,社会・文化的状況や価値観の変動,人それぞれの個性といったものによって各世代の「育てる」の中身は微妙に異なったものになってくる。ただしその本質的な部分,つまり「育てられる者」が「育てる者」になっ

---

[7] だとすれば,「発達」には何かが衰退し失われていく過程も含まれることになる。老年期なども視野に入れたとき,人間の「発達」とは何であるのかというのは難問であるが,少なくとも関係発達論は「右肩上がりに何かが上昇していく」といった成長イメージでのみこの言葉を用いているのではない。第2部第19章の両義性という考え方を参照のこと。
[8] 鯨岡の中心軸は「育てられる者から育てる者へ」であるが,他にも「学び受ける者から教え伝える者へ」とか「看取る者から看取られる者へ」といった関係発達論的なテーマ設定がいくつもあり得るだろう。

ていくというプロセスだけはきちんと受け継がれ続けているからこそ、僕たち一人ひとりが今ここにこうして存在しているわけだ。そういう意味では人間の根本に関わる非常に重要で奥深いプロセスを、関係発達論は解明していこうとしているのだといえる。

ただし、こうした考え方に多少抵抗のある人もいるだろう[9]。というのも、現代社会では子どもを持たないで生きるということももちろん選択肢の一つだからだ。そういう選択をする人、あるいは子どもが欲しくても叶わない人にとってみれば、人間の発達を「育てられる者から育てる者へ」のプロセスとして捉えるような見方は、自分の生き方を否定するようなものに映るかもしれない。したがって、次のように補足しておかねばならない。育てるという営みは必ずしも「わが子を育てる」ということのみを意味するのではなく、教師として教え子を育てるとか、先輩として後輩を育てるとか、地域社会の大人として次世代を育てるとか、そうしたあらゆる「育てる」を含むものである、と。子どもの有る無しに関わらず、何らかの形でそうした広い意味での「育てる」に関与すること（直接的な関与だけでなく、「育てる者」を支援するといった間接的な関与も含めて）が、一人の人間としてのその人のさらなる育ちにつながるというのは、恐らく間違いのないところだと思う。

10. 関係発達論は育てるための実践論である

以上、第1章では関係発達論がどういった発想で、どういった問題領域を扱っていこうとしているのかを明らかにしてきた。これまでの議論から、結局のところ関係発達論が従来の発達心理学のどこに不満を持っているのか、何となく感じていただけただろうか。

要するにそれは、子どもを育てるという営みの内実はどのようなものであり、いかに子どもを育てていけば良いのかといった現実的・実践的問題に従来の発達心理学が十分に答えられていないということである。現実には決して切り離せないはずの〈子ども-養育者関係〉から子どもだけを取り出し、さらにその子どもの全体的な自己性から特定の能力だけを取り出すという二段階の単純化を行って研究を進めてきた結果、従来の発達心理学は生き生きとした現実から遊離したところで学知（アカデミズム）を編むことになってしまった。これに対して、関係

---

9 実際、僕自身も学生時代に初めてこの話を聴いたとき、かすかな違和感を抱いたことがあった。

発達論というのは実際に生活を送っている子どもや養育者に密着しつつ「いかに育てるべきか」を考えていく実践論である。

　ただし，それは巷にあふれる How to 論とも違う。僕の目から見て，世の How to 本には子育ての知識の情報源として役に立つものがある半面，「どうしたら子どもの能力を高められるか」といった従来の発達心理学の影響を引きずったものが散見されるし，一般的には育てるという営みの表層のみ（「行動面のみ」といいかえても良いかもしれない）を扱っているものが多いからだ。

　一方，関係発達論が問題にするのは，〈子ども‐養育者関係〉の中で子ども（さらには養育者）の自己性がどう変化していくかということである。そこには，行動面には必ずしも現れない気持ちのやりとりや子どもの存在感についての記述，さらにはあまり世間では語られることのない子育ての負の側面についての記述なども含まれてくる。そもそも自己性などというものは人それぞれ違うし，〈子ども‐養育者関係〉も千差万別，多種多様なわけだから，How to 本のように話は単純明快というわけにはいかない（「こうすればうまくいく」といった単純な方法は示せない）。しかし，それでも育てるという営みがうまく回るための基本的条件を探ることや，どういった自己性を目指して育てたら良いのかといった一般的目標については，ある程度議論することが可能だろう。何よりも，養育者が日々当たり前のように行っていることの意味や子どものちょっとした振る舞いの意味を明らかにすることによって，養育者が多少なりとも自信やゆとりを持って子育てに臨めるようになるということが，実践論としての関係発達論の特徴だといえるのかもしれない。

第2章
関係発達論の三つの基本概念

　第1章では，関係発達論が〈子ども－養育者関係〉の生き生きとした様相を明らかにし，「いかに育てるか」という実践的問題に応えようとするものであることを見てきた。本来ならばそのことを確認した上ですぐに本題に入り，この問題を実際の事例に即して考えていきたいところだが，その前にもう少しだけ準備が必要である。たとえていうならば，取れたての魚の新鮮さを活かすために切れの良い刺身包丁が必要なように，生の事例を生き生きとした形で捉えるためには，やはりそれなりの道具がいるのだ。

　では，関係発達論が生き生きと事例を描き出すために用意する道具とは何か。他でもなくそれは概念ないしは記述用語である。単なる言葉がどうしてそんなに優れた道具になるのか，今ひとつピンとこない人もいるかもしれないが，人間は言葉を使ってものを考える。どういった言葉を持つかによって，見えてくるもの，扱えるものが大きく変わってくる。「細雪」「どか雪」「みぞれ」「粉雪」といった言葉を知っている人は，「雪」という言葉しか知らない人よりも雪の質感の違いに敏感になれるだろう（立川・山田，1990）[10]。関係発達論に限らずあらゆる学問というのは，概念を上手に考案して現実を説明しようとする営みだといって良い。

　関係発達論が現実の〈子ども－養育者関係〉を記述するために用いる概念として，特に重要なのは，①間主観性，②両義性，③相互主体性である。恐らく多くの人は「意味が分からない，難しそうだ」と感じるだろうから，本章ではこれら三つの概念がどんなものなのかをざっと解説していきたいと思う。字面は少しかめしいが中身はそれほどでもないので安心してほしい。差し当たりは次章以降の議論のために大意だけつかめれば十分だ[11]。

　ただし，これらの概念について一つだけ留意しておいてほしいことがある。そ

10　逆に，ある言葉を知るがゆえに現象の微細な違いに盲目になり，その言葉通りの捉え方しかできなくなるという危険性もあるのだが，いろいろな言葉を知っておくことによってそうした危険性も減るものだ。
11　これら概念についてのより詳しい学問的議論については，第2部第18～20章を参照のこと。

れは，これらの概念の性質ないしは機能についてである。実はこれらの概念は，物理学などで用いられる概念（力 F，質量 m，加速度 a といった）とは少し違った機能を持っている。すなわち，物理学の概念が複雑な現象を単純化して捉え，それを数式化（F = ma）するためのものであるのに対し，関係発達論の概念は複雑な現実を複雑なままに描き出すためのものである（大倉，2008a）。つまり，間主観性や両義性，相互主体性といった概念をもって現象を眺めるときに，僕たちはその現象が想像以上に複雑であるということを知り，通常考えられている以上に意味深いものであることを発見できるのである。いいかえれば，これらの概念は僕たちに議論をするための足場，さらに深い考察へとつなげるための手掛かりを与えてくれるわけだ（西平，1993）。

育てるという営みがどんなものかを明らかにするために，現象のどんなところに注目したら良いのかを，これらの概念は指し示し，導いてくれるような発見的な機能を持っているのだということ。この点を押さえないまま，物理学のようなシンプルな一般法則を求めるような読み方をしてしまうと，関係発達論の議論がどこを向いているのか，方向を見失ってしまうはずだ。ともあれ，前置きはこれくらいにして，三つの概念の説明に入っていこう。

1. 離乳食エピソードから考える

まずは，僕が数年前に週 1 回観察させてもらっていたある家庭での母子のやりとりを見てほしい。K ちゃんという男の子（生後 7 ヶ月 23 日）の離乳食の場面である[12]。

エピソード 1　離乳食（生後 7 ヶ月 23 日）
母親が K ちゃんに離乳食を食べさせている。K ちゃんは僕とビデオの存在が珍しいのか，幼児用の椅子に座らされて，じっとこちらを見ている。母親がお椀からスプーンにお粥を取り，フーフーと冷まして，K ちゃんの口元に運ぶと（このとき母親は「アーン」とはいわないが，そのような形に口を少し開ける），K ちゃんは口を大きく開ける。食べさせてもらうのにすっかり慣れているのか，その際，視線は僕の方をじっと見たままである。「こっちが気になるかな？」と僕がいうと，「でも口は開けるんやね」と母親。口にお粥が入り，K ち

---

[12] 離乳食のエピソードは鯨岡が最も好んで取り上げるものの一つである。間主観性，両義性，相互主体性という各概念が関係発達論に導入されるたびに，このエピソードを用いて解説がなされてきたという経緯がある（鯨岡，1997，1998，2006）。そういうわけで，ここでも僕が観察・記述した離乳食場面を取り上げたが，分析については鯨岡の分析をほぼそのまま踏襲していることを断っておく。

写真1　　　　　　　　　　　　　写真2

ゃんが噛んでいる間に，母親は「もぐもぐしてよ」といいながら次の一さじを準備し，Ｋちゃんが飲み込んだのを見計らってスプーンを運んでやる。

　次の一さじが口に入った瞬間，Ｋちゃんが反射的に顔をしかめ，母親の方を見る（写真1）。「熱かった？　ごめんごめん」と母親。どうやら冷まし方が不十分で，口に入ったお粥が熱かったようだ。少しうらめしそうな，何かいいたげなＫちゃんの表情に（まだ言葉は話せない），母親が「それ，抗議の目？　ごめん」と笑う。その後は「スプーンを運ぶ→食べる」という一連の行動がスムーズに数回繰り返され，Ｋちゃんが「んー」といううなり声を出すと（飲み物が欲しいときのいつもの合図なのだろうか）母親はさっとストロー付きのカップを差し出し，麦茶を飲ませてやる。

　しばらくすると，Ｋちゃんは机に対して半身になって，机に少しこぼれた麦茶を手でこすりながら，やや不機嫌そうな「んー」という声を出し始める。何となく最初の頃の勢いが弱まって，食事に向かう集中力が薄れてきた感じがある。ただ，母親がスプーンを口元に運ぶとまだ自分からそれを迎えに行って，しっかりと食べはする。「んー」というＫちゃんに，母親は「そこ（椅子）から出たいね，出たいけどまだダメだね，食べんと出られん」（両側に手すりが付いていて，まだＫちゃん一人では椅子から抜け出せない）といいながら，またスプーンを運んでいく。

　やがてＫちゃんは一層大きな「アー」という声を出し，母親に泣き顔を向け始める。お腹が一杯になってきたのか，その場から動きたそうにしているのが傍目にも分かるが，母親は「熱い，熱いね」といって，Ｋちゃんに麦茶を飲ませる。まだご飯を食べ終わっていないので，お茶でごまかしつつもう少し食べさせようといったところだろうか。実際，満腹まではもう少し余裕があるのか，次のスプーンを差し出されると，Ｋちゃんも口を開けてまだ食べるので，母親は「文句があるけど食べるんやね」と茶化す。それからも母親は麦茶を挟んだりしてＫちゃんをなだめつつ，スプーンを運んでいく。その際にも「アーン」という形に口が開いており，しかも口の開け方が最初の頃より大きくなっている（写真2）。

　やがてＫちゃんの泣き声が大きくなり，さすがにもう限界のような雰囲気になってくると，母親も盛んに「もうダメ？　もう限界？」などと声をかけるようになり，Ｋちゃんがまだ食べるかどうかを探りながらスプーンを運ぶようになってくる。ただ，それでも口元にスプーンが運ばれると何となく口を開けてしまうのか，Ｋちゃんはぐずり声をあげながらも食べ続ける。そんな様子に母親は「ちょっとどっちかにしてよ，ママ判断つかん」と苦笑する。そして最後，口に持っていった食べ物をＫちゃんがもはや食べようとせずに大きく泣きかけたところで母親は「もうダメかね，もうダメね」と再度確認をし，体をよじってぐずるＫちゃんを「はい，分かったわよ」と抱きかかえてあげて食事が終わる。

恐らくはごくありふれた離乳食の場面であるが，ある意味この一場面に「子どもをいかに育てるか」を考えるときの重要な問題が凝縮されているといっても過言ではない。読者はこの場面がいかなる意味で豊かなのか，分かるだろうか。多分かなり難しいと感じるのではないだろうか。だからこそ，この場面に潜む現象の真の複雑さ，深い意味といったものを発見させてくれる三つの概念が必要になってくるわけだ。

2. 身体を通じた子どもの気持ちの把握—間主観性

　この場面でまず注目してほしいのは，前半部において，母親がスプーンを差し出し，Kちゃんが口を開けるといった一連の行動が大変スムーズに進んでいる点である。Kちゃんと母親の呼吸がぴったり合って，いかにも二人で「いつもの食事」を淡々と進めているといった雰囲気である。唯一いつもと違うのは僕とビデオカメラの存在で，Kちゃんも珍しそうにこちらを見ているのだが，逆にいえば，他のことに注意を向けられるくらい食事が日常的でなじんだ行為になっているということだろう（離乳食自体は生後5ヶ月頃から始まっているそうなので，それもそのはずである）。

　面白いのは，ご飯がまだ熱かったのか，Kちゃんが急に顔をしかめて母親を見，母親が「それ，抗議の目？」と笑う場面である。この時期の赤ちゃんにそのようなはっきりした「抗議」の気持ちがあるかどうかは微妙だが，いつものなじんだ行為の中で予想外の出来事が起こった驚きや，安心しきって口を開けていたところへ熱いものを入れられた不信感などが渾然一体となって，思わず母親を見たといったところだろうか。こんなところからも，一見淡々と進んでいるやりとりも，実はKちゃんの母親に対する信頼に裏支えされたものであるということがうかがわれる。

　ところが，後半部になってくると，この淡々とした流れが乱れてくる。お腹が一杯になってきたのか，Kちゃんがご飯に飽きてきたような素振りをし始めるのである。母親はそんなKちゃんの様子に対して最初はあまり動じず，「そこから出たいね，出たいけどまだダメだね，食べんと出られん」などといって，なおもスプーンを運んでいく。傍目から見るとかなりぐずりが大きくなってきてはいるが，母親としてはKちゃんが食べてくれる限りはできるだけたくさん食べてほしいという思いがあるのだろう，とりあえず麦茶を飲ませてみたりして，あの手この手でもう少し食事を続けようとする。Kちゃんの方もスプーンを差し出さ

れると，まだ食べられないこともないのか，しばらくは一応口を開く。しかし，徐々に食べ物が口に入ってくるのを待っている（あるいは，迎えに行く）当初の感じというのがなくなり，ぐずり泣きもいよいよ大きくなってくる。そろそろ限界が近いことを感じたのだろう，母親も「もうダメ？ もう限界？」といった言葉とともにまだ食べるかどうか探るようなスプーンの差し出し方になり，最後，Kちゃんが大きく泣きかけたところであきらめて食事を終わるのである。

　こんなふうに細かく見ていけば，一見何気ない離乳食場面でもあっても，そこには実にさまざまな気持ちの動きというのが伴われていることが分かる。特に重要なことは，ここでの母親の気持ちの動きが，その都度その都度のKちゃんの気持ちをさっとつかむことによって生じてきているということである。「そろそろ食事に気持ちが向かわなくなってきたね，でもまだダメよ」というところから始まり，「もうお腹一杯だね，そろそろ終わりかな」という迷いを経て，「もう全く食べないね，今日はこの辺であきらめよう」にまで至るというように，母親の全ての対応は，Kちゃんの気持ちや情態に即応した形で紡ぎ出されているのである。

　こうしたKちゃんの気持ちの把握というのは，いかにしてなされるのだろうか。例えば，Kちゃんがぐずり泣きを始めたのを見て，「恐らくこの子の中で何か不快な感覚が生じているのだろう，それは恐らくこの食事についてのことではないか，ああ，そうか，きっとお腹が一杯になってきたのだ」といったように類推を積み重ねていくことによってだろうか。もちろん，そうではないだろう。Kちゃんのぐずり泣きは，そうした頭の中での推測や類推，知的な解釈を経ずとも，見ている者の身体に「もうご飯に気持ちが向かない」「早く椅子から出たい」といったKちゃんの気持ちのありようを直接伝えてくるのだといった方が正確である。こうした事態を関係発達論では〈間主観性〉（ないしは〈間身体性〉）という。

　間主観性（間身体性）とは，つまり，相手とこちらのあいだで気持ち（主観性）が通じ合うこと，相手の身体とこちらの身体のあいだで相手の感じていることが通じてくることである。これは僕たちが他者の気持ちを理解しようとする際の最大の手掛かり，通路である。例えば，僕たちは顔を真赤にして，身体をわなわなと震わせている人を見て，その外面から知的に類推を重ねて内面についての予測を形作り，「ああ，きっとこの人は今怒っているのだ」などと理解するわけではない（Merleau-Ponty, 1945/1967, 1945/1974）。そうではなく，相手の身体のありようから，その怒りはこの身体に直に伝わってくる。その証拠に，僕たちは怒って

いる人を前にしたとき「この人は怒っている」などと思う間もなく、「怖い」と思わず身を硬くしたり、逆にこちらもつられて激高してしまったりする。つまりは身体が先に反応してしまうわけだ。他者の気持ちが直接こちらの身体に伝わってくるなどというと魔術的に感じる人もいるかもしれないが、実際にそうした事態は（いつも必ず起こるというわけではないにせよ）僕たちの日常生活の中にいくらでもあるものなのである。

3. 成り込み

　間主観的な相手の気持ちの把握が起こっているとき、この身体と相手の身体とが響き合い、共振している（間主観性の基盤には間身体性がある）。ちょうど一方の音叉を響かせるともう一方の音叉まで鳴り出すように、ここでの母親とKちゃんの身体は見事に同期しており、それゆえに母親はKちゃんの気持ちを瞬時にこの身の内に感じるのである。

　最初の方の見事に息の合ったやりとり（「スプーンを運ぶ→食べる」「うなり声を出す→麦茶を飲ませる」など）もさることながら、そのことが如実に現われているのが、Kちゃんにスプーンを運ぶときに思わず母親自身の口が「アーン」と開いてしまう場面である（声は出ていなかったが）。別に母親は自分が口を開けるところを見せてやって、Kちゃんにそれを真似させてやろうなどと考えて、そうしているのではないはずだ（自分が口を開けていたこと自体、気づいていないだろう）。むしろ、Kちゃんに口を開けてほしいという母親の思いが、自然と母親自身の口元に現われてしまったという方が正確である[13]。あるいは、この瞬間、母親自身がKちゃんに「成って」、Kちゃんにしてほしい行動を思わずしてしまったと表現しても良いかもしれない。こうした現象を関係発達論では〈成り込み〉という。

　成り込みとは、このように「そこ」にある相手の身体と「ここ」にある自分の身体とが重なってしまうような事態、あるいは「ここ」にいる母親がKちゃんの口元という「そこ」を生きる事態のことである（鯨岡, 1997）。こんないい方をするとやはり魔術的に聞こえるかもしれないが、これも僕たちの日常生活でかなり頻繁に見出される現象である。例えば、レモンをかじる人を見て、思わずこちら

13　Kちゃんが多少ぐずり始めたときに母親の口がより大きく開いたのも、口を開いてほしいという思いの強さ、自分の口元に込める力の強さに比例してのことだと思われる。

もすっぱくなって顔をしかめ，唾が出てきてしまう場合などが典型的な成り込みの例だろう。

　一般的に，間主観的な相手の気持ちの把握が起こっているときには多かれ少なかれ身体どうしが響き合っているものだが，特に育てるという営みの中では，その一つの極として子どもの身体と養育者の身体が重なってしまったかのような行動が生じることがしばしばある。これを成り込みという言葉で名指しておくことで，〈子ども - 養育者関係〉の記述がしやすくなるのである。

4. 子育てにおける間主観性の大切さ

　以上のように，養育者が子どもの気持ちや身体の情態を間主観的・間身体的に感じ取り，それに即応した対応を行っていくということは，子どもを育てる上で極めて重要である。というのも，日々のさまざまな場面でこのような丁寧な対応が繰り返されることで，子どもの中に養育者が自分の気持ちに寄り添ってくれることへの信頼感や，養育者と一緒にいられることに伴う安心感ができあがってくるからだ。子どもにとって養育者が特別な重要性を持つ存在になってくるのである。実際，そうした信頼感や安心感があるからこそ，突然熱いものが口の中に飛び込んできたときに，一見「抗議」のようなまなざし（実際は「なに!?」という驚きと疑問，熱さによる不快感の入り混じった表情に見えた）をKちゃんが母親に向けたのだろう。母親が自分に決して悪くはしないということが当たり前になっているKちゃんにとって，いわば「あり得ない」こと，直ちには理解できないことが起こったわけである。

　これと対照的に，昔の乳児院などでは，大勢の子どもたちを数少ない職員で世話しなければならなかった。どうしても手が足りないので，例えば一人の子どもを膝に抱え，もう一人の子どもを隣に座らせて，交互に食事を食べさせるといったことが行われていた。そういう場合，たくさんの子どもを担当していて時間がないこともあり，どうしても子どものペースに合わせるのではなく職員のペースで，子どもの顔も十分見えない体勢のままスプーンを運ぶことになる。間主観的・間身体的な子どもの気持ちへの寄り添いがおろそかになってしまうわけである。そういったことの影響が大きいのだろう，以前の乳児院には相手をしてくれる人であれば誰でも良い，誰にでも抱っこを要求してあまり人見知りをしないといった子どもが多かった（鯨岡，1997，1999b）。特別な感受性をもって自分の気持ちに寄り添ってくれる誰か（いわば自分のことを絶対に分かってくれる特権

的な他者）がいるという感覚は，世界や他者に対する基本的信頼感（Erikson, 1959/1973）の基礎としてとても重要なものだと思われるが，それは子どもの気持ちを間主観的（間身体的）に把握し，それに即した対応を日々当たり前のように積み重ねている養育者の存在によって初めて育まれるものなのである。

5. せめぎ合う二つの思い――両義性

　さて，今，間主観性の重要性について述べたが，むろんこの概念だけで育てるという営みの複雑さを捉え切れるわけではない。実際，間主観的に子どもの気持ちをつかむことはとても大切である反面，それのみが強調されても偏った養育につながりやすい。

　例えば先のエピソードでも，母親がKちゃんの気持ちを敏感に察知して，それに合わせた対応をすることだけが重要なのだといってしまうと，それこそKちゃんが「ご飯はもういらない」という素振りを見せたときに，すぐにでも食事を終わらせ，抱きかかえてあげるのが望ましい対応であるかのように思う人がいる。ところが，実際問題としては，多くの養育者はやっぱりもう少し食べてくれないかなと，スプーンを運ぶわけである。そこには，たくさん食べて健やかに育ってほしいといった願いもあるだろうし，今もう少し食べておかないと後ですぐにお腹が空いてしまうといった生活上の読みもあるかもしれない。

　こうしたとき，養育者の中には必然的に「もういらない」という子どもの気持ちにすぐにでも応えてあげたい気持ちと，もう少し頑張って食べてほしいという気持ちのせめぎ合いが起こる。こんなふうに一人の人間の中で相反する二つのベクトルが葛藤する事態を，関係発達論では〈両義性〉という。両義性とは，〈子ども－養育者関係〉に限らず人間存在が他者と共に生きていこうとするときに必ず経験するような，さまざまな相容れない気持ちと気持ちの葛藤，あちら立てればこちら立たずといった二律背反的な事態である（鯨岡，1998）。

　なぜ人間は両義性を不可避的に抱えこまざるを得ないのだろうか。それは，人間が他者とつながれたいという欲求（〈繋合希求性〉という）と自分の思いを貫きたいという欲求（〈自己充実欲求〉という）の二つを根源的なものとして持っているからである。例えば，「もういらない」というKちゃんの気持ちに応えて食事を終わらせ，今すぐにでも抱きかかえてあげたいというのは母親の繋合希求性の現れ，たくさん食べて元気な子になってほしいと願いつつあくまでスプーンを運ぼうとするのは，母親なりの思いや願いを貫こうとする自己充実欲求[14]の現わ

れだと見ることができる。いずれもKちゃんに対する愛情から出たものであり，そういう点で二つの欲求は実は根を同じくするものでもあるのだが，育てるという営みの中ではこのようにしばしば両者が真っ向から対立するものとして現れるのだ[15]。

今のは一つの例だが，〈子ども－養育者関係〉には他にもさまざまな両義性がつきまとう。育てるという営みは，何も子どもの気持ちにひたすら寄り添っていれば良いというものでもない。それは，常にさまざまな両義性を孕んだ，単純な答えのない，複雑な営みである。したがって，一つのエピソードを見るときに，子どもと養育者双方にどのような両義性が生じているかを考えてみる癖をつけると，現実の複雑さや両者の気持ちのやりとりの機微といったものがより鮮明に見えてくる。そういう意味で，この概念も実に豊かな発見的機能を持った概念だといえる。

6. 子ども，養育者それぞれが固有の主体である──相互主体性

養育者は単に子どもとつながれるばかりの存在なのではなく，やはり子どもとは別個の身体を持ち，自分なりの思いを持った存在でもある。それゆえ子どもの気持ちがもう一つつかめないといった場合や，子どもの気持ちを感じ取りつつもその気持ちに応えられないといった場合が出てくる。子どもを育てるという営みは，養育者と子どもが間主観的にぴったりつながっている状態，先の食事場面の前半のように非常に円滑に事が進んでいる状態よりは，むしろ間主観的につながれない場面，養育者と子どもの思いがすれ違う場面に満ちているといっても良い。

したがって，そうしたすれ違いの中で子どもに対してどのような対応を紡ぎだしていくかということこそ，育てるという営みの最大のポイント（分岐点）であろうし，そこにおいて一個の主体[16]としての養育者のあり方，自己性が大きな問

---

[14] 正確にいえば，「子どものため」にそうしているわけだから，純粋な意味での「自己充実欲求」とはいえないが，ここでは説明を簡単にするためにこのように位置づけておく。詳しくは第2部第19章の両義性についての説明を参照のこと。

[15] 「愛情を持って育てること」の重要性は強調してもしすぎることはないが，愛情そのものに繋合希求的側面と自己充実的側面という矛盾する両側面が含まれていることを考えると，それは口でいうほど簡単なことではない。

[16] 普通，「主体」という言葉は，自分なりの思い（自己充実欲求）をしっかり持っている人に対して（「あの人は主体性がある」などのように）使われるが，関係発達論ではそればかりでなく繋合希求性もしっかり持っている人，相反する二つのベクトルに自分なりの仕方で折り合いをつけられる人のことを指す。

題になってくる。例えば，子どもがぐずり始めたときに，すぐに自分の思いを取り下げて子どもをあやそうとする養育者から，最後まで食べるものは食べなさいと強く出ようとする養育者まで，そこにはかなりの幅があり得る。つまり，養育者自身の考え方や個性，これまでの子どもとの関係性，養育者自身が親からどんなふうに育てられたかという経験など，さまざまな要素が養育者の中に沈殿し，それが今ここでの対応を決めさせるのである。育てるという営みを掘り下げて考えていこうとするときに，養育者を一個の主体——子どもとつながれる側面とつながり得ない側面を併せ持つ独自の主体——として捉える視点が不可欠である。

ただし，そうした主体としてのあり方，対応の仕方は養育者一人ひとりによって異なるのだとはいえ，どんな対応であっても良いということにはならない。例えば，間主観的に子どもの気持ちをつかむことを全くせずに，自分の思いばかりをひたすら子どもに押し突けていくような対応は明らかに問題だろう。そうした対応ばかりが繰り返されると，子どもは自分の気持ちは他の人にも分かってもらえるのだという信頼感を育めないだろうし，不幸な場合には自分の気持ちというもの，「自分自身」と呼べるようなものを全く持てずに，ひたすら人のいうことに受身的に従うようになってしまう危険性があるだろう。逆に，間主観的につかんだ子どもの気持ちに沿うばかりで，自分が子どもにどうしてほしいかということを伝えられない養育者も問題である。そうした養育では，子どもは自分の思いが適わないときに自分なりの仕方で収まりをつけていくという自己調整力を養うことができないからだ。

つまり，どちらの極端に走ってもダメで，養育者が子どもの気持ちを間主観的につかみ，「あなたの気持ちは分かるよ」としっかり受け止めた上で，「でもお母さんはこうしてほしいなあ」というように養育者自身の思いを伝えていくような態度というものが非常に重要なのである。例えば，先のエピソードでもKちゃんに対して母親は「そこから出たいね，出たいけどまだダメよ」とか「もうダメ？ もう限界？」といった言葉かけをしていた。このように「出たい」「終わりたい」という子どもの気持ちを受け止めつつも，自分の思いをすぐさま引っ込めるのではなく，自分の思いと子どもの思いとの接合点を探っていくような対応を，多くの養育者はごく自然と行っている。それは，子どもと養育者それぞれの自己充実欲求を大切にしながらも，それでつながりを切らしてしまうことなく（繫合希求性をあきらめることなく），何とか両者が納得し合える地点を探っていくということに他ならない。関係発達論ではこうした関係性を〈相互主体性〉（あるいは

〈相互主体的な関係〉）と呼ぶ（鯨岡，2006）。

　相互主体性とは，それぞれが自己充実欲求と繋合希求性を持った主体どうしが，そのどちらの欲求も大事にしながら，粘り強く相手と関わり続けていこうとするような関係のあり方である。したがって，本当の意味での相互主体性とは，両主体が自分と相手の双方を大事にし合うような対等かつ対称な関係であるはずだが，実際は〈子ども‐養育者関係〉というのは（人間として対等ではあるかもしれないが）非対称的な関係であり，養育者の大きな愛と配慮の中で子どもが育っていく。したがって，主として養育者の側の態度のありようが，〈子ども‐養育者関係〉を相互主体的なものにするかどうかを決定するといって良いだろう。

　不思議なことに，最初は主に養育者が作り出していた相互主体的な関係の中で，いつかは子ども自ら養育者の気持ちを受け止めつつ，養育者の思いと自分の思いとの折り合いをつけられるようになっていく。まだ圧倒的に幼くて，本当の意味での相互主体性には程遠い子どもに対して，自己充実欲求と繋合希求性の両方を大切にするような関わり，小さな一個の主体として尊重するような関わりを積み重ねていくうちに，いつしか実際に子どもが一個の主体になっていくのだ。

　このように養育者とのあいだにあった相互主体的関係が子どもの自己性に沈殿するようにして，一個の主体が育っていく。離乳食をもう食べたくないとむずかるわが子を前にして，その対応は養育者ごとにさまざまあり得るが，子どもを一個の主体として受け止める相互主体的関係の中で，子どもを本当の意味での主体へと育てていくという基本的構図は変わらないはずだ，というのが関係発達論の主張である。そういう意味で，関係発達論にとって相互主体性とは，〈子ども‐養育者関係〉はかくあるべしという実践的目標ないしは価値観を打ち出した概念である。と同時に，いかなる条件のもとでそうした関係が可能になるのか，それは実際どのように展開し発展していくものなのかという一つの研究課題，現象を見ていくときの重要な視点を与えてくれるものでもあるのだ。

第3章
「育てる」をめぐる現代社会の状況と若者の意識

　第1, 2章では，関係発達論の基本的な考え方といくつかの鍵概念についてざっと解説してきた。それらを踏まえて，第3章からはいよいよ実際の事例に即しつつ，「育てる」という営みがいかに進んでいくものなのか，その内実を追いかけていこうと思う。

　ところで，関係発達論が問題にするのが「育てられる者」と「育てる者」との関係性であり，その中で両者がいかに育っていくかということであることを考えると，従来の発達心理学のように子どもの誕生から議論を始めるのは必ずしも自然なやり方とはいえない。

　というのは，子どもが生まれる前から，「育てる」をめぐる実にさまざまな問題がすでに動いているからである。

　そこで第3章では，まず，子どもを産み，育てるという営みへ若者がどのように向かっていくのかというところから考えていくことにしたい。本章の議論を通じて，「育てられる者」が「育てる者」になっていくということにまつわる諸々の問題が，子どもが誕生するずいぶん前からすでに起こっていて，それが後々の「育てる」にも大きな影響を及ぼしていくことが明らかになるだろう。

■ 1. 産み，育てることを躊躇させる現代社会の状況

　議論の手始めにまず押さえておかねばならない事柄として，現代日本の社会状況がある。すなわち，大きな目で見れば人口爆発が問題となっている世界状況の中で，日本ではむしろ少産化（少子化）が進んでいるという問題である。子どもを産み，育てることを人々に躊躇させる要因があるのだと思われるが，それは一体どんなものだろうか。

　まず，日本でも江戸時代頃までは，労働力確保の必要性もあり，多産の傾向が残っていた。その反面，栄養・衛生・医療等の条件が悪く，生まれてくる乳児の2割程度が病気その他で死亡していたという[17]。しかし，医療技術の進歩によって乳幼児の生存率が高まり，工業化や物質的豊かさなどによって子どもの労働力が昔ほど必要でなくなってくると，多数の子どもを出産することはそのまま多数

の被扶養者を抱えることに直結し，大きな負担となってくる。そのため，特に近代以降，避妊によって出産をコントロールしていこうとする傾向が強まってき，いつしか子どもは天から「授かるもの」から人為的に「作るもの」になった（中山，1992）。

　こうした近代化の流れと相まって，日本には欧米から個人主義的風潮が一気に流入した。お家のため，地域社会のために子どもを産むのが女性の仕事であるという古い考え方に代わって，女性には家や共同体から自立した個人として，結婚するかどうか，子どもを産むかどうか，また産むとすれば何人産むのかといったことを選択する権利があるという考え方が広まってきた。男女平等の思想とともに，女性が社会進出をする場面が増加し，女性としての多様な生き方，多様な価値観を模索する人も多くなっている。こうした社会的動向の中で，仕事と両立し得る程度に子どもを作ろうとする女性や，子どもを産まないことを選択する女性が増え，少産化が進むことになったのである。もちろん，女性の権利向上という点では，この流れは大きな歴史上の進歩だったといって良いだろう。

　しかしその一方で，家や地域社会から独立した個人という考え方の広まりは，次第に地域の人間関係の煩わしさから身を引き，「隣は隣，自分は自分」といった形でできるだけ近所と没交渉でいようとする風潮をもたらした（地域共同体の崩壊）。子どもは成人を迎えるとともに親元を離れ，恋愛経験を重ねて，その中で最良の人と結婚をし，基本的に配偶者と二人で子育てをしていく（核家族化）。親や近所の人々が縁談の話を持ち込み，見合いをして結婚し，数世代が同居する大家族で子育てをしていたときに比べれば，今の若者には結婚から子育てまでのほとんどを独力でやっていかねばならないつらさがある。子育ての仕方を自分の親や近所の人に教えてもらうことや，ちょっと出かけるときに子どもを預けることなどもしにくくなっている。保育所も一杯で，一日中子どもと二人きりで過ごす養育者も多いが，どんなに可愛いわが子とはいえ，それではやはり息が詰まるというのが本音だろう。子育てがしやすいとはいいがたいこうした社会・文化的状況も，やはり少産化の一因であることは間違いないだろう。

17　例えば，黒須（2005）は当時の平均出生率を4.5〜7.0と算出している。そのうちの2割が死亡するということは，一人の女性が平均して一人以上，わが子を亡くしていたということである。現在の日本の乳児死亡率が0.3%前後だから，この数字がいかに大きいかが分かる（これには「間引き」などの影響もあるようだ）。さらに成人にまで達するのは，生まれた子どもの半数にも満たなかったという（鯨岡，2002a）。

さらには，半ば親や地域社会の意思によって縁組を決められていた頃とは違い，今は多くの場合，どのような人と結婚するかということが全て当人の選択に委ねられている。「婚活」と称し，就職活動のごとく良いパートナーを見つけようと頑張る人がいる一方で，「人生を決める」ような選択に非常に慎重になってなかなか結婚に踏み切れない人もいる。経済的にも豊かで自由なシングルの生活をできる限り引き伸ばそうとする人や，結婚に囚われない「新しいライフスタイル」に価値を置く人も増えている。出産や子育てにもさまざまな形があって，片や「できちゃった結婚」をするカップルがいると思えば，他方では結婚はするけど子どもは作らないという選択をするカップルもいる。

　まさに結婚や出産に対する態度は百人百様であるわけだが，実は一見非常に多様に見える現代人の考え方には見逃せない共通点がある。それは，多くの若者が自己決定による自己実現を至上価値と考え，結婚や子育てをそのための手段，あるいはそれへの障がいと考えているということである。いいかえれば，現代の若者にとっての第一の関心事とはやはり，いかにしたら自分の思い描く人生が送れるかということであり，結婚や子育てもその描かれた「思い」に合うように自分の人生の中に取り入れて（あるいは排除して）いこうとするわけである。

　しかしながら，自分とは別個の主体であるパートナーと生活を始め，その中で生命の神秘たる一個のいのちが誕生し，自分たちとは別個の主体として育っていく過程というものは，本来「思い」の通りにはならない側面，自分の力ではどうにもならない側面に満ち溢れている。そしてそこにこそ，これまでの「自分中心」のスタイルから「子ども中心」のスタイルへと生活が180度変わる契機がある。そうした生活スタイルの転換を引き受け，そこにある意味積極的な喜びを見出していくということが，第1章で述べた「コペルニクス的転回」の内容に他ならないわけだが，自己決定・自己実現といった価値が人々の心を捕らえている現代にあって，この転換は若者にとって特に難しいものとなっている。結局はこうしたことも，若者に結婚，子育てへ向かうことを躊躇させる大きな要因になっているように見えるのである。

　このように近代から現代に至る社会変化のさまざまな要因が絡まり合って，若者が産み，育てることに向かいにくい状況が生まれている。もちろん，こうした状況の中でもかなりの数の人が結婚し，子どもをもうけるというのも事実であるが，こうした諸要因が結婚・子育てに伴うさまざまな困難を生み出す背景になっていることは間違いない。いかに少産化を食い止める社会システムを構築するか

という制度論もさることながら，こうしたときに何よりも重要なことは，まずは子どもを育てるということの内実をよく見つめ直し，そこに孕まれる難しさと同時に，それならではの喜びや面白さがあるということをしっかりと捉えていくということだろう。それが，関係発達論の目標である。

2.「育てる」をめぐる若者の意識

今の若者が結婚，出産，子育てに対して，実際どのような意識を持っているのかを見ていこう。まず取り上げるのは，鯨岡の講義に対してある女子学生が書いた感想レポートである。

エピソード2　F・Hさんのレポート

　私は，ご多分に漏れず，仕事をバリバリこなして男性と対等に渡り合うキャリア・ウーマンに憧れていた。やりがいのある仕事，高額の収入，リッチな暮らし……。私の描く未来予想図には，夫や子どもは出てこなかった。自分のやりたい仕事を思う存分にしようと思ったら，他の人の世話をする余裕はないだろう。あったとしても短時間で，夫や子どもに迷惑をかけてしまう。独りの方が自分のやりたいようにできるし，それならば，結婚も出産も考えないでおこう……。
　そんなことを考え，やりがいのある仕事をするという，あまりにも漠然としたイメージだけのキャリア・ウーマンを思い描いていた私だったが，最近考えに変化が生じてきた。（中略）
　他の人の心に届く仕事をするためには，自分がプライベートでも精一杯生きていないと駄目だ。幸い，最近では不十分にもせよ，女性が育児をしながら仕事をするためのサポート体制を整えようという動きが出てきた。そんなシステムを利用しながら，仕事とプライベートの両方を充実させることができるのではないだろうか。私は，今までの仕事オンリーのキャリア・ウーマン像から，仕事とプライベートの生活の両方を精一杯生きるキャリア・ウーマン像へと理想を変化させていった。
　もちろん，人間として豊かになるためには，必ずしも子どもを産む必要があるわけではない。子どもがいなくても立派な人はたくさんいるし，子どもがいても虐待などをしてしまう未熟な親もいるものだ。しかし，「育てられる者」から「育てる者」への変化が計り知れないほどその人の人間性に影響を及ぼし，その変化がその人を内面的に成長させるだけの力を持っていることは確かだと私は感じた。

(鯨岡，2002aより）

仕事をバリバリして，高収入を得ることによって自己実現を目指していたF・Hさんだが，「育てられる者」から「育てる者」へのプロセスを経験することで自分が内面的により成長できるのではないかと感じ始め，結局そうやって「プライベートでも精一杯生きる」ことが仕事にも良い影響をもたらすのではないかと思うようになってきたという。こうした変化は一体何を意味するのだろうか。

もう一つ紹介しておきたい。これは僕の第1回目の講義の中で「育てるという営みについてどう思うか」を書いてもらったときの，ある女子学生（4回生）の感想文である。

エピソード3　A・Yさんの感想文

　ライフサイクルの中で自分が育てる側に近づくにつれて，また進路を考える上で，自分の将来について考える時，自分がどのように育てるのか，どのように育てたいかに関心が向けられることが多くなりました。また同時に，自分と同じ年代がどのように考えているのか，あるいは現在すでに親として育てる営みの最中にある人，育てる営みをある程度終えた自分の両親や祖父母の思いに興味を持つようになりました。
　（中略）
　育てる，ということについて，私は世代のバトンの受け渡しのようなイメージを持っています。けれど，そのバトンは誰もが同じものを持っているのではなくて，それぞれ違うものを持っている。私は私の両親からバトンを受け取り，それを私の子どもに渡していき，その私の子どもも自分の子どもに渡していく。私と私の同世代の友人のバトンは異なるもので，そして私が親から受け取ったバトンと私が子どもに渡すバトンも少し違っているのではないかと思います。けれど，私が渡すバトンは私が受け取ったバトンをもとに作られたもので，他のバトンよりも似ているところが多くあるのではないかと思います。それは，私が自分の養育体験におおむね満足しているからであり，また似ていてもまったく同じでないのは不満に思うこともあるからだと思っています。そして，私が実際に育てる側になった時，またその印象は変わっていくのだと思います。

　A・Yさんのいう「バトンの受け渡し」とは，まさに第1章で述べたような世代間リサイクルの別の表現であるが，彼女にとってはそれが単なる頭の中での概念図ではなく，徐々に深く実感されるもの，身体で生きられるものになってきたという雰囲気が漂っているように思う。先ほどのF・Hさんのレポートからもうかがわれることだが，女性の場合は特に，これからどのような仕事に就き，どのように生きていくかという青年期的問題を考える際に，結婚をするかどうか，子どもを産むかどうか，産むとすれば何歳頃に産むのか，その際仕事はどうするのかといった問題がセットになって浮上してきやすいのだと考えられる[18]。実際，こうした感想文を書いてもらうと，母親や妊娠した友人などに自分を重ねながら，子どもを産み，育てるということを，近い将来わが身に起こるだろう切実な問題として，具体的に考えているような女子学生がたまにいる。
　その一方で，圧倒的に多いレポートは次のようなものである。

18　杉村（2001）は，就職間近の女子学生において，性役割への戸惑いが起きる場合があることを示唆している。

エピソード4　T・Aさんの感想文
　自分自身，まだ親として育てる側に立つということをはっきりと意識することができません。自分は自宅生なのですが，今も親にとても頼っていて自立ができていない，「育てる・育てられる」の間の状態だと思います。もしこの授業をとったら，「育てられる」側から「育てる」側への意識を持てるようになればよいと思います。

　T・Aさんは1回生の男性だが，特に1, 2回生の場合，男女に関わらずこうした感想文を書く人が多い。年齢的にいっても，まず差し当たっての問題は依存と自立の葛藤にどのように収まりをつけていくか，親から独立した一個人としていかに自分の身を立てていくかということなのだろう。関係発達論をしっかり学んで早く一人前の「育てる者≒大人」になっていけたら良いと思うと，やや優等生的にまとめてみたといったところだろうか。
　もちろん，こうした感覚はとてもよく分かる。僕も学生時代は将来どうやって身を立てていくべきかといった問題にしばしば頭を悩ませたが（大倉，2002），その反面，先のF・HさんやA・Yさんのように職業選択の問題を結婚や出産の問題と絡めて考えたことは正直一度もなかった。そんな中で聴く関係発達論の講義は，「早く育てる者にならねばならない」といった教訓じみたものにも聞こえ，何となく耳が痛いような気もしていた。当時の僕にとって，「育てる者」というのはそれだけ自分とは縁遠いものであったのだろう。
　ところが，どういうわけかこの分野を専門に選び，関係発達論の考え方に日々触れる中で，「育てられる者から育てる者へ」の感覚を少しずつ肌で実感するようになってきた。その際に大きかったのは，小中高生を教える塾講師のアルバイトで実際に子どもたちと触れ合う経験だったように思う。今まで「育てられる者」の立場にあった人間が，いきなり「先生」などと呼ばれて，「育てる者」の立場に立たされることの気持ち悪さというのはかなり強く感じていたが，それでも何年かそれを続けるうちに，ふと，どうしたら子どもたちをうまく指導できるのかとか，本当の意味でこの子たちのためになることとは何なのかといった問題について考えている自分に気づくことも出てきた。うまくいかずに歯がゆい思いをすることの方が多かったけれど，それでも教え子たちが自分の想像をはるかに超えたしっかりした姿に育っていく喜びは，やはりとても大きなものだった。そして，そんな経験を経ながら，ようやく自分も子どもを作り，育てるという営みをしてみたいと思うようになったのは，30歳前後になってからだったと思う。
　大学時代からすでに自分が親になるということを非常に具体的に思い描いてい

たF・HさんやA・Yさんには，やはり「産む性」としての一日の長（早熟さ）を感じるところもあるが，このように僕自身も学生時代後半くらいから，ゆっくりとではあるが，何となく育てるという営みにそれまで経験したことのなかった魅力を感じるようになってき，今にまで至っているという印象がある。ある4回生の男子学生は，それまで目指していた一般企業への就職に物足りなさを感じ，やはり一対一で子どもたちと向き合える教職に携わるために専門を変えた，といった感想文を書いてくれた。僕も彼も男性だからだろうか，直ちに「わが子」を育てるということをイメージするのではないにしても，このように育てるという営みにこそ生きがいを見出そうとする人たちも結構いるのである。

3.「個としての意識」と「世代としての意識」の両義性

　こうして見てくると，一度きりの人生を自分がどのように送っていくのか，本当に今目指しているような生き方（しばしば自己充実に傾いた生き方）で良いのかということを真剣に考えたときに，仕事での成功や高収入，豊かな生活といったものには還元できないような何らかの深い意味を，育てるという営みに感じ，それに向かっていこうとする人，困難なのを承知でそこに自分を開いていこうとする人も，若者の中に結構いるのだということが見えてくる。これを「個としての意識」と「世代としての意識」の葛藤（両義性）として捉えておこう[19]。

　「個としての意識」とは，自由な自己決定権を有する一個人として，自分の思いを貫いていこうとする意識のことだ。一方，「世代としての意識」とは，脈々といのちを受け継いできた人類の営みに，個人の思い通りにならないがゆえの深い意味を見出して，「育てる」に伴う困難や責任を引き受けていこうとする意識のことである。これは「個としての意識」ばかりが強調されがちな現代において案外見過ごされている，人間という種の奥深くに刻まれたもう一つの自然な心の動きではなかろうか。

　確かに，人は誰でも個として，あらゆるしがらみから自由になって好きなことをやっていきたいという願望を持っている。しかし，そうした生き方を貫けば貫くほど，何かが物足りないような気がしてくる。心のどこかに隙間風が吹くように「これで良いのだろうか」という疑念が沸き起こってくる場合がある。そして，

19　この両概念は僕の案出したものである。鯨岡ならば「自己充実欲求と繋合希求性の両義性」あるいは「個と集団（社会）の両義性」によって説明する箇所かもしれない。

そうしたときにこそ，ふと，今を生きる世代として自分は次の世代に何を残せるのだろうか，ということを考えるのだと思う。

　ある人は実際に子どもを産み，育てていくことによって次世代を残すのかもしれない。またある人は，自分自身は子どもを持たないながらも，教師として子どもたちの教育に携わったり，人生の先達として後進の指導に携わったりしていくのかもしれない。さらには，そうした人材育成という形でなくとも，他の形で次世代に残る社会的貢献をしていこうとする人もいるだろう。いずれにしても，そうした「世代としての意識」を持つとき，そこには責任が生まれ，自分の思い通りにならない困難が多々生じてくる。個として自由気ままにやっていくことを良しとするのであれば，そうした責任や困難などはない方が良いに決まっている。しかし，世代としての責任をまっとうすることで，個としての楽しみに勝るとも劣らない大きな喜びが得られるのも確かだろう。

　「個としての意識」と「世代としての意識」の双方を大切にしながら，両者のあいだにどのように折り合いをつけていくのか。それまで「育てられる者」だった人が「育てる者」になっていく際に潜り抜けていかねばならない最初の大きな関門が，こうした問題だといえるだろう。逆にいえば，人生のある時期にこの両義性が浮上し始めたときこそ，その人が「育てる者」に向けて一歩前に進み始めたときなのだろうし，これに対するその人なりの収まりのつけ方が，結局はその後の育てる営みにも大きな影響を及ぼしていくのだと考えられる。

第4章

妊娠期の女性の心理

　前章では，子どもを産み，育てるということをめぐる若者の意識を，「個としての意識」と「世代としての意識」の両義性として捉えた。この両者を揺れ動きながら，若者は徐々に「育てる者」に向かって進み始める。

　ただ，そうはいっても彼らにはまだ具体的な妊娠や子育ての経験はない。それゆえ「個としての意識」と「世代としての意識」の両義性というのは，やや観念的なレベルでの戸惑い，意識の中での悩みといったものに留まっている感は否めない。ところが，実際に子どもができるということは，そうした観念的・意識的な悩みをはるかに超えたさまざまな葛藤を引き起こすものである。特に，自分の胎内から新たないのちを産み落とすという神秘的過程を生きねばならない女性には，やはり男性以上に切迫した現実的・身体的葛藤，より生々しい葛藤が生じるものと考えられる。

　そこで第4章では，実際に妊娠をした女性にどのような葛藤が生じるのかということを具体的に見ていくことにしたい。

1.「おめでた」の背後にある現実

　妊娠はしばしば「おめでた」という言葉で周囲から祝福される。しかしながら，子どもを産む当人たちにとっては，それは単に「めでたいこと」として手放しで喜べるようなものではなく，さまざまな葛藤を生み出すものでもある。多くの場合，当人たちも基本的には妊娠を「めでたいこと」「うれしいこと」として受けとめるのかもしれないが，だからこそ簡単には言葉にならないような複雑な思いもまた生じてくるわけだ。

　例えば前章で見たように，仕事や趣味など自己充実を目指す生き方に慣れた人たちにとって，妊娠の事実が改めて自分を束縛するもの，不自由にするものとして実感されてくるといったことはしばしばある。たとえ今のパートナーとの生活に基本的に満足し，お互い合意の上で子どもを作ったのだとしても，実際の妊娠生活の大変さを体験する中で，「本来ならばもっと自由に振る舞えるのに」といった思いは容易に浮上してくる。「妊娠を心から喜んでいる」というカップルもか

なり多いだろうから，こんなことをいうのはそれこそ「不謹慎」なのかもしれないが，逆にいえば，そうした「喜び」や「めでたさ」でもって自由に振る舞いたいという「個としての意識」をぐっと抑え込んでおかねばならないつらさも，またあるのではなかろうか。

それに加えて，現代社会には年齢も，生活スタイルも異なったさまざまなタイプの人々が存在する。予定外の妊娠によってあわただしく「できちゃった結婚」をすることになったカップル，その逆に本人たちが望んでもなかなか子どもができないカップル（安田，2005），夫婦ともに仕事の忙しいカップル，経済的に苦しいカップル，一人で産むことを決めた女性等々，さまざまな人たちがいる中で，妊娠の受け止め方は「待ちに待った」から「どうしよう，困った」まで，かなりの幅があり得る。

つまり，妊娠はいつも必ず「めでたいこと」として受け止められるわけでもないし，たとえ「めでたいこと」なのだとしてもそこには常に潜在的な葛藤が孕まれているということである。「個としての意識」と「世代としての意識」の両義性にきちんと収まりをつけていようがいまいが，妊娠の事実はカップルを実生活上の新たな問題に直面させる。そして，カップルはそれらの問題に応じてときにその両義性を胸の奥に抑え込んだり，ときに再び浮上したその両義性を生き直したりしながら，とにもかくにも妊娠という現実に「引っ張られるように」進んでいくのである。

2. 妻にインタビューする

そうした大まかな図式を踏まえ，妊娠期という時期を女性がどんなふうに過ごしているのかを具体的に見ていこう。ここで取り上げるのは，最近わが子を出産した僕の妻へのインタビュー記録である。妻に対するインタビューと聞いて奇異な感じを与えてもいけないので（というか，やっぱり変わった試みなのは確かだけれど），少し説明しておく。

まず，これをやってみようと思った背景には，もちろん，僕自身が一人の研究者として子どもを産み，育てるということに対して常に関心を抱いてきたということがある。知人の家庭で観察などをさせてもらいながらこの問題を考えてきたわけだが，しかし，元来出産や子育てというのはとてもデリケートでプライベートな側面を持つ。先方の厚意によりある程度開示していただいても，そこにはどうしても踏み込めない領域が残る。特に男の僕にとっては，妊娠や出産をめぐっ

てどんなドラマが繰り広げられるのかという問題はなかなか手が届かないものの一つであった。そうしたわけで，もし妻が妊娠することがあったら，自分の身体の中にもう一つのいのちができるというのは一体どんな感じなのかといったことをじっくり聴いてみたいと，かねてから思っていた。そして，妻が妊娠3ヶ月のある日，講義資料作成の必要にも迫られて，「今どんな心境か」といったことについて妻と「語り合い」（大倉，2008a）を行ったわけである。

　ビデオを回しながらの改まった会話に，妻は最初照れくさそうだったが，ある程度僕の研究について理解してくれていることもあって，問いかけにはきちんと考えながら答えてくれたと思う。子どもができたことは僕たち夫婦にとって大きな喜びだったが，もしかしたらそうした喜びゆえに通常は夫婦間で話されることがないかもしれない諸々の戸惑いや不安を妻は正直に話してくれた。そして，そのことは夫として妻の気持ちを理解する上でも，とても良かったと思っている。読者も夫婦のフランクな対話を通して，妊娠期の女性の体験をより身近に感じることができるかもしれない。ただしその一方で，やはりお互いに人目に触れることをどこかで意識しながら話している内容だから，僕たち夫婦の普段の生活や関係性（馬鹿話をしたり，ふざけたり，けんかしたりといった）を余すところなく開示したものだというわけではない。夫の妻へのインタビューだからこそ見えやすくなっているもの，逆に見えにくくなっているものが何なのかを想像しながら読んでほしい。

　ちなみに，妻は当時37歳。結婚後もずっと仕事を続けており，経歴的にはいわゆるキャリア・ウーマンの部類に入るのかもしれない。そういうと「沈着冷静，現実的で自己実現欲求の強い女性」を思い描く人がいるかもしれないが，むしろそれとは対照的な人柄である。周りのことを第一に考えるような温かさを持っている一方，おっちょこちょいで，いつも何かに慌ててバタバタしている。つわりが重い方で（結局出産するまで治らなかった），本来食べることが好きな妻にとってはなかなか大変な毎日だったが，出産直前まで仕事を頑張り，その関係で平日は僕と離れて暮らしていた。

　なお，インタビューは夕食時に1時間程度行い，それをビデオ録画した。以下の対話録は基本的に語った言葉そのままだが，プライバシーに関わる部分は一部省略している。

3. 妊娠が分かって

エピソード5　妊娠が分かったとき
- （僕）じゃあ，どうですか，母になる気持ちは（少し改まったような口調で切り出す）。
- （妻）なんで，なんでそんないい方（笑）。ん？　母になる気持ち？
- （僕）うん。
- （妻）どうなんだろうねえ。
- （僕）最近こう，徐々に母になってきた感じとかあるの？
- （妻）まあ，ちょっとだけ。
- （僕）ちょっとだけ。それはどういうときに感じるの？
- （妻）病院行ったときに，（エコー検査の写真で）赤ちゃんが段々形になってきて，「おっ」みたいな。
- （僕）ああ。あの，（胎児の）心臓がバクバクいってたのはすごかったね。一番最初に見たときは，衝撃的だった。「おっ，いるっ」と思って。
- （妻）そうねえ。最初（病院に行ったとき）はもう見えない，見えなかった。
- （僕）見えなかった。一番最初はそうか。見えなかったって（いってたね）。僕が（病院に）行ったときは（2回目か）…。
- （妻）（1回目は）「赤ん坊いないよ」といわれて。
- （僕）赤ん坊いないよといわれたとき，ガーンって感じ？　ショック？
- （妻）そうだね。ショックというか，「え，なんでいないの？」って。じゃあ，妊娠検査薬で，なんで妊娠と出たんだろう，「兆候あるのに赤ちゃんがいないってのは，何なの？」って。
- （僕）「どういうこと？」と思った。
- （妻）うん。まあ，その後ちょっと調べたら，やっぱり最初は何かこう，細胞みたいのかな，それがこう，徐々に大きくなっていくって。
- （僕）そういうもんだと教えてもらって？
- （妻）そういうもんだね。で，自分も写真，あの，インターネットで調べて，他の人の写真調べたんだけど，まあ確かに，まだ何週目，1週目，2週目，すごく，最初のときかな，まあ小っちゃい。ただ，それと比べたら，自分の何も見えないっていうのは大丈夫かなと思って。それから2週間経って，2週間経ったら，そうねえ，何か（胎児が）あったみたいだけどね。

　女性によって妊娠に気づくのが遅れる人もいるようだが（特に生理の周期が不規則な場合），妻はかなり早くに気づいて妊娠検査薬を試し，陽性反応が出た。離れて暮らしていた僕は，その知らせをまずは電話で聞くことになった。何となく2人でそろそろ子どもができても良いかなといった話にはなっていたから，当然妊娠があり得るということは頭では分かっていたが，「まさか本当にできるとは」というのが正直な僕の気持ちだった。まず驚いて，それから次第に喜びが沸いてきたけれども，そういった大きな感情の動きがあるときに，いつも以上に冷静に

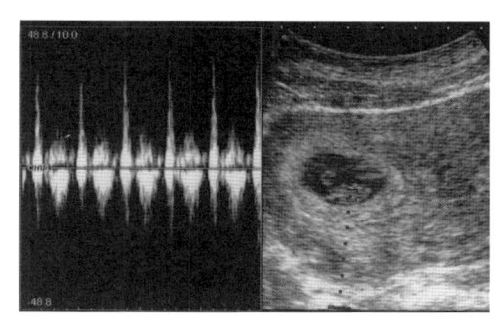

図 4　妊娠 6 週のエコー写真
（胎児の大きさは約 11 ミリで左が心拍を表すグラフ）

振る舞ってしまうのが僕の癖らしい。「ともかく落ち着いて，産婦人科に行って確かめてみないとね」といった返事をして（実際は精度の高い現在の検査薬で陽性反応が出たときはほぼ間違いないらしい），後で妻に「あまり喜んでいなかったみたいね」と突っ込まれ，慌てた覚えがある。

その後すぐに妻は産婦人科に行ったのだが，最初のエコー写真では赤ちゃんの姿が映らなかった。「え，なんでいないの？」とびっくりしたというが，妊娠から 1 ヶ月間くらいは胎児が非常に小さいため，産婦人科に行っても判定ができないことがあるらしい。2 週間後に今度は 2 人で病院に行ったときに，ようやく胎児の姿を確認できたという経緯がある。

医師がエコー画像（図 4）を見せてくれながら，「ここが心臓」と指差した先の小さな点がバクバクと鼓動を打っているのを見たときは，とても衝撃的で，すでに一個のいのちが生まれているということを否応なく実感させられた。ただ，その映像はどこか遠くの世界の出来事を見ているようでもあり，その小さないのちが，まだ僕たちも手を差し伸べることのできないような場所で独り自生しているという感じでもあった。

以上は僕たちの体験であるが，妊娠検査薬にエコー写真，インターネットなど，医療技術・情報技術の発達した現代社会において，カップルがどのように妊娠という事実と出会うかということの一例になっているかと思う。ある意味で医師よりも早くに妊娠を判定することができてしまう現在，僕たちのように肩透かしを食ってしまうケースがあるかと思えば，望まない妊娠をしたことが分かって 1 人思い詰めてしまうケースや，中絶という苦しい選択をせざるを得ないケースもある（安田・高田・荒川・木戸・サトウ, 2008）。反面，元々生理不順だったために

妊娠3ヶ月になって初めて気づいたなどという人もいる。ここらあたり，一昔前とは少し違った，カップルそれぞれの物語が生まれてくる余地がありそうだ。

　ところで，語りを聴いていて，違和感というほどではないが，かすかに感じたことがある。「子どもができた大きな喜びとともに，日に日に母になる実感を強めていく」といった，しばしば語られる既成のストーリーを僕は妻に対しても思い描いていたのだが，どうもそうした「喜び」が彼女の語りから手応えある形では伝わってこないのだ。もちろん普段の彼女の言動から，彼女にとってそれが決して「困った」ものではなく，あくまでも「うれしいこと」として受け止められていることは間違いなかったが，ここでの語りは，こちらが思うほど子どもができた喜びに浸されているという感じでもなかった。一方では，初めてエコー写真に写ったわが子の姿を見て，「子どもができたんだ」という喜びを噛みしめる女性もいるだろう。ここらあたり，妻の微妙な心模様がすでに現れていたのかもしれない。

エピソード6　仕事できない
- （妻）まあ，雑誌ではね，母になる楽しみとか喜びとかね，すごく幸せな気分になるみたいに書いてあるんだけど，あまり感じないねえ（笑）。
- （僕）ああ，そう？（笑）それは何，つわりがひどいから？
- （妻）つわり，ひどいねえ。あと体の調子，あんまり良くないから。
- （僕）あまり母になる喜びを感じないの？
- （妻）まあ，心配が多いね。うん。
- （僕）ああ，健康な……。
- （妻）赤ちゃん，健康かどうか。子どもが生まれたら，仕事はまだ続けられるか……。
- （僕）うん，うん。
- （妻）今，仕事がかなり多いじゃない？
- （僕）○○？（彼女の職場の名前）
- （妻）そうね。同じ生活はできないと思うんだけどね。どうやってね，子育てしながら……。

（話が少し流れて）
- （僕）まあ，今までどおりずっと仕事っていうか……子どもに割かれる時間ってのはね，かなり増えるよね。
- （妻）別にその，子どもが邪魔って感じはないけど，まあいろいろ聞かされてるから。まあ，友達の話聞いてたら，やっぱりマイナス面の話が多いね。うん。
- （僕）どんな話？　例えば。
- （妻）例えば，Qさん（男性の友人の名前），子ども産んだ最初の頃は仕事が全然できなかったとかね。で，Qさんだけじゃなくて，その友達もまあ，「できれば子どもいない方がいい」みたいな。仕事できないので。
- （僕）（その友達は）男？
- （妻）うん，男性も仕事できないみたい。で，土日はやっぱり家族サービスしなきゃいけ

ないから。なんか，責任感じてね。だから，まあ，「子どもかわいいけど」とはみんないうけどね（笑）。
（僕）かわいいけど，仕事できない。
（妻）仕事できない（笑）。

　ここにある通り，これまでずっと仕事を続けてき，これからも続けていきたいと願っている妻にとっては，やはり妊娠・子育てと仕事の両立を本当にできるかどうかということが大きな心配の種になっているようだった。僕などは「職業柄，僕自身も子どもに興味があるのだから，子育ても一緒にやっていけるだろうし，大丈夫でしょう」といった感じで楽観的に考えていたし，それを伝えてもみたのだが，妻の気持ちはそれでは晴れなかったようだ。産んだ子どもを自分が世話していかねばならないというプレッシャーや，それによってこれまで苦労して確立してきた仕事のスタイルが崩れてしまうのではないかという不安は，今の社会的状況を考えると，女性の方がより強く感じやすいのかもしれない。

　そして，後から振り返ってみると，妻の心配が杞憂だったというよりは，やはり当時の僕が少し楽観的に過ぎたという方が当たっていると思う。恥ずかしながら僕はあまり家事が得意な方ではないし，子育ての中には授乳など僕にはできないことも含まれている。もちろん，僕もできる限り子育てに参加してはいるが，どちらがより多く子どもの世話や家事をしているかといえば，間違いなく妻になるだろう。さらに，僕自身の仕事もここまではかどらないとは思ってもみなかった。職場で残業したいと思っても妻と子どものことが気になって早く帰ることもしばしばだし，家で何かに集中して取り組もうと思っても，少し目を離すと子どもが泣き出してそれどころではない。研究の一環として子どもの観察をたくさんできると思っていたのだが，ミルクやおむつ，お風呂，寝かしつけなど，身辺の世話だけであっという間に一日が過ぎていくという印象が強い。子育てと仕事をどう両立していくかは，今現在も僕たち夫婦にとって悩みの種なのである。

　少し愚痴っぽくなってしまったが，ともあれ，当時の妻にとっては雑誌に載っているような「母になる喜び」のストーリーは，あまり実感としてしっくりくるものではなかったようだ。友達から仕事上のマイナス面の話をしばしば聞かされるといいながらも，子どもは邪魔という感じではないし，みんなによれば子どもはかわいいらしい，と肯定的に語ろうとするあたりに，妻の複雑な胸中が垣間見えるような気がした。もちろん，妊娠した女性の中には，雑誌やテレビの「母になる喜び」ストーリーをまさに地で行くような人がいることも確かだろう。その

一方で，そのストーリーに乗れないことで逆に新たな悩み（「自分はおかしいのかな？」などといった）が増えたといった人もいるかもしれない。ここで母になる喜びを「あんまり感じないねえ」といっている妻だが，自分の中にある気持ちをそうして率直に口に出せるということが，まずは大切なことなのかもしれない。

エピソード7　「えーっ，子どもできたの？」
- （僕）S（妻の名前）の人生プランとしては，こう，子どもいない人生ってのもあったの？　まあ，（結婚したのが30代半ばだったから）結婚もない人生ってのもあり得たか？
- （妻）そうねえ。でも，あんまり，こう……結婚は一時期したかったかもしれないけど，子ども絶対産みたいとか，そういうのはあまりなかったね。
- （僕）じゃあ，もう，本当に「あ，できた」みたいな感じ？
- （妻）そうね。
- （僕）びっくりしたねえ。「あ，できた」みたいな。
- （妻）そうねえ。ま，できないと思ったね（笑）。年齢やしね。
- （僕）できないと思ってた？
- （妻）そうねえ，だから，本当にね，体温とか測って……。
- （僕）えらい気にしてたよね，えらい体温とか測って気にしてたよね？
- （妻）気にしてたよ。
- （僕）なんか，あのときは，こう，作ることにすごい積極的な感じだったけど。
- （妻）（恥ずかしそうに僕を叩いて）そうですか？（笑）。それは，早く産まないとね，できるかどうか分からないじゃない。もしかしてできない……。
- （僕）できないかもしれないけど，「一応ベストは尽くす」みたいな。
- （妻）ベストを尽くす。
- （僕）ああ，なるほどね。
- （僕）じゃあ，やっぱりどこかに，子どもできたらいいなってのもどこかにあったの？
- （妻）子どもかわいいよ。かわいいと思うよ，ベイビー系が好きだから（笑）。
- （僕）ああ，そうか。
- （妻）……子ども，かわいいと思うよ。まあ，でも自分は産めるかどうか分かんないから。
- （僕）ああ，じゃあ，自分がこう，積極的に産みたいとか，作るとか，そこまでの意識もなかったの？
- （妻）あんまりなかったねえ。まあ，でも，何ていうかなあ，あまり産めないかもしれないけど，まあちょっと試してみようっていう。

（話が少し流れて，検査薬で妊娠が分かったときの話に）
- （妻）あの，検査して，2本（陽性反応）出て，「あっ，妊娠したー」って，すごい心臓がバクバクしてたんだけど（笑）。「あーっ」って。
- （僕）ドキドキしちゃった？
- （妻）そうそう，（声を高くしながら）「えーっ，妊娠したんだー」って。で，（陽性反応の）写真撮った。
- （僕）衝撃の（笑）。
- （妻）衝撃だったねえ。「えー，子どもできたの？」って。
- （僕）予定外じゃないけど，予想外じゃないけど，予想はしてたけど，いざ本当にできてみるとびっくり，みたいな。

（妻）びっくりだねえ。うん。
（僕）私にはできないんじゃないかっていう，漠然としたところが一気にひっくり返されて，「できた！」って。
（妻）「あれ，できた」って。

　ここにあるように，元々妻の人生プランでは何が何でも子どもをというわけでもなかったようだ。仕事に面白さも感じているし，やや高齢になってきていることもあり，「できなければできないで仕方ない」というくらいのスタンスだったのだろう。ただ，その反面，情が動きやすいというのか，「ベイビー系」つまり赤ちゃんや小さな生き物を見て「かわいいー！」と声をあげたりすることがしばしばあった。以前の僕との会話の中で子どもをどうするかという話になったときも決して嫌そうではなかったし，やはり自分の子どもが欲しいという気持ちも心のどこかにあったのは間違いないと思う。けれど，もし本当にできるとなると，やはり仕事や子育てのことなどでいろいろと厄介な問題も生じてくるだろうし，そうした問題が現実のものとなるのを避けたい気もする，そうした問題について妊娠前から頭を悩ませる気にもならない，まあなるようになるだろう，といった幾分成り行き任せの感覚だったのではないだろうか（妻は何に関してもそうしたところがある）。自ら基礎体温計を購入したりする姿などはある意味僕以上に積極的であるように見えていたのだが，それも必ずしも「絶対に子どもを作る」という決意の表れではなくて，「できないかもしれないけれど，ちょっと試してみる」といった軽いノリだったことを，妻は告白してくれた。ただしそこに，年齢的なことを考えると「一応ベストは尽くしておきたい」というように，結構シビアに現実を見ているような側面があったことも見逃せない。何とも複雑な話なのだが，ともかく，妻にとって子どもを作るということは「どこか非現実的な現実問題」といった類のものだったように思う。

　そんなふうに半分は「子どもはできないかもしれない」と思っていた妻にとって，実際にこの自分が妊娠したということは，うれしいよりも何よりもまず大変な驚きだったようだ（同じようなことは僕についてもいえる）。「どこか非現実的な現実問題」に対する今までの微妙なスタンスが一挙に崩れ，「子どもができた」「子どもがいる」という現実がまず最初の出発点になってしまったわけだ。もちろん，子どもが欲しいということで合意していたのだから青天の霹靂，寝耳に水というわけではないのだが，僕たちにとってそのニュースはやはりそれまでの全ての前提ががらりと入れ替わるような大きな転換点だったのである。

4. いのちの相互主体性

エピソード8　自分に起こると

- （妻）長いね。他の人はね，妊娠したって聞いてから，すぐ生まれるじゃん。あ，もう生まれたんだって。
- （僕）自分が体験すると超長いよね？
- （妻）超長い。だって，まだ3ヶ月だもん。
- （僕）他の人が妊娠したっていってさ，で，生まれたっていったら，「あ，そうですか，良かったですね」って（笑）。それくらいやん。でも，実は（当事者は）こんなに大変だったんだっていうね。
- （妻）だって，○○（あるタレント）の娘，最近生まれたでしょう。あれ，つい最近，ついこの間（妊娠のニュースを）聞いたばかりなのに，「もう生まれたの？」って。実際に5月にそういうニュースが出て，もう5ヶ月経ったんだもんねえ。もうちょっと早かったかな？
- （僕）5月だっけ？　あのニュース。
- （妻）うん。早いよ，「え，もう生まれたの？」って。
- （僕）そうか，じゃあ，そのとき，ニュースが出たのが，妊娠5ヶ月くらいか。
- （妻）そうかな……（自分の場合は）すごく長く感じる。
- （僕）確かに……。だって，まだ，4ヶ月は経ってないもんね。びっくりするよ。
- （妻）3ヶ月。まだ3ヶ月。
- （僕）他の人の話聞いたらね，妊娠3ヶ月と聞いたら，「ああ，まだまだだな」と思うけど。
- （妻）やっとここまで来たって感じだもん……長いわ。
- （僕）ね……。今，やっぱり一番苦労してるのは，食欲？　食事のこと？
- （妻）そうね。うん。
- （僕）食欲さえ戻れば。
- （妻）うん。
- （僕）あとは何か，別にお酒も飲まないし，何か，生活に不便を感じるとかはあるの？
- （妻）生活に不便を感じる？　ああ，例えばその，走れないとか。
- （僕）ああ。そういうとき，ちょっと大変だなって思う？
- （妻）走れないし，まあ，いつも（性格的に）バタバタと走ってるからね（笑）。
- （僕）そう，基本，走る人だから（笑）。
- （妻）まあ，ちょっと，スローライフにさせられちゃう。
- （僕）そこがあれか，今までとちょっと変わってる感じ？　スローライフ。
- （妻）それやし，あと重たい荷物も，ああ，いかんいかんと思う。意識しちゃうねえ。
- （僕）ああ，荷物ね。それは意識しないと駄目でしょう，重たいものを持っちゃったら……。
- （妻）あと，ズボン。
- （僕）ああ，体型がね。
- （妻）体型，気にしなきゃいけない。

妊娠・出産をめぐるドラマというのは，決して珍しいものではなく，いろいろな形があるにせよ多くの夫婦が潜り抜けていく過程でもある。実際，僕たちは日常生活の中で，誰かが妊娠したという話はあちこちで聞くわけだが，自分にそうした経験がない場合，妊娠から出産まで連続した一続きの出来事だと思ってしまいがちである。ところが，いざ自分たちが妊娠という現実に巻き込まれてみると，そこには実にさまざまなハプニングや想像だにしなかったような苦労があって，妊娠から出産への過程は決してなだらかな一本道ではないことが実感されてくる。つわり，走りたいときに走れないこと，重い荷物を持てなくなること，そして女性にとっては恐らく非常に大きな葛藤の種となる体型の変化（特に妻は細身のタイプで，普段着はスカートではなく，細いズボンを履いているのが常だったから，この葛藤は大きかったと思う）。妊娠したことによって，生活スタイルの細部までいろいろと変えていかざるを得なくなるわけだ。ここで妻がぽつりとつぶやいた「長いわ」には，当事者になってみたことで初めて分かったそんな苦労の多さ，なかなか進まない時間の感覚といったものがしみじみと込められていたし，それは僕も全く同感だった。

エピソード9　もう一つのいのち
　（話の中で，ちらっと妻が「不思議な感じ」といったことについて聞こうと思って）
　（僕）自分の中にいのちができるって，どうですか？
　（妻）すばらしい。
　（僕）（取ってつけたように即答するので，笑ってしまう）まあ，すばらしいんですが，その不思議な感じっていうのをもうちょっと詳しく説明してほしいな。
　（妻）不思議な感じ，そうね，不思議な感じだよなあ。まず，つわりでしょう，食べれないでしょう，つらいでしょう……。
　（僕）それが不思議？
　（妻）つらい。えーと，あとね，子ども，まず最初，見えなかったじゃん。それが徐々に，あの，形ができて，心臓も聞こえて……。
　（僕）こう，できてくるとね，どんどん。うん，ただ，それはさ，僕が見て「不思議だな」って思うのと，まあ要するに，その中で（自分の体の中で）どんどんできてくるときの「不思議だなあ」というのが（違う気がする）。Sはね，自分の中にできてるわけでしょう，それが。
　（妻）そうねえ，無意識にお腹さわっちゃうんだよねえ，よしよしって（笑）。（僕が）いないときは「ベイビー，ベイビー！」っていってたよ（笑）。
　（僕）そうなの？　一人で？（笑）え，いないときって僕がいないとき？　一人で一生懸命いってるんだ，話しかけてるの？
　（妻）話しかけてる，「ベイビー，がんばれ」って。
　（僕）ああ，へえ（笑）。じゃあ，対話してるわけね，ベイビーと。
　（妻）会話してないけどね，なんか，こう，「ごめんね，今日はちょっと一杯仕事したから，

きつかったでしょう」みたいな（笑）。
- （僕）へえ。だから，まあ，向こうから返事が返ってくるっていう対話じゃないけど，あの，こっちとしては，もう一人の対話者がいるというような感覚なの？
- （妻）そうねえ。ま，聞こえないかもしれないけど，何かこう，まあ，一緒にいるから，なんだっけ，まあ，こっちもあんまり無茶なことしたらね，心配しちゃうよね。
- （僕）ああ，じゃあ，もう，すごい一緒にいる感覚があるんじゃん？
- （妻）そうね，だから夜，あまり徹夜したくないというか。
- （僕）すごい，だから，食べ物とかも気を遣ってるよね。で，僕なんか，この前（妻の鼻づまりがひどかったとき）「鼻の薬，シュッとやれば」なんていっちゃったけど，すぐ反応したもんね，「いやいや，あんまり良くない」って。なんか，こう，すごいそういうことに敏感になってるっていうか，注意してるよね。
- （妻）だから，やっぱりこっちが何かすると，影響しちゃうから，注意しなきゃいけない。お風呂の掃除，あれ，いつも使ってるでしょう，洗剤とか。あれは，やるときとかね，大丈夫なのかって。
- （僕）ああ，はいはい。まあ，化学物質入ってるからね。
- （妻）うん，だから呼吸とめながら。
- （僕）やってるの。へえ，そういうのっていつ頃意識するの？　もう一人と一緒にいるという感じとか。
- （妻）最初からだよね。
- （僕）ああ，もうできたんだと思った瞬間？
- （妻）うん。だから，すぐ，コーヒーとかもやめたもん。

（話が流れて）

- （僕）「ベイビー」っていつぐらいに初めて発した？　「ベイビー，がんばれ」とか（笑）。
- （妻）検査薬で分かったときかな。
- （僕）ああ，本当に？　そのとき「ベイビー」って？
- （妻）いや，そんとき，たまたま，先輩と一緒だったから，その夜，ちょっとご飯を食べたときに，「実は今日検査薬やって，できたみたい」といったら，「おめでとう」って。そしたら，もう，すぐに先輩が「ベイビー，ベイビー」って話しかけてくれて。
- （僕）それ，その先輩が最初やん（笑）。
- （妻）「良かったね，ベイビー」「絶対かわいいベイビーだよね」みたいな。私のお腹に向かって「ベイビー」って（笑）。
- （僕）いったんだ。へえ（笑）。
- （妻）いった。先輩は二人の子どもがいるからね。で，そういうような気がしてきて。
- （僕）先輩の影響やん（笑）。
- （妻）翌日本当にね，「ああ……ベイビーいる」って。
- （僕）ああ，思ってきた？
- （妻）そういうような気がしてきて。
- （僕）意外とそういうのって多いのかもね。人から「ああ，赤ちゃん，できたんですね」なんていわれちゃうと，ああ，いるのかなっていう気になっちゃう（笑）。
- （妻）そう，だから，（初診のときに）「赤ん坊見えないよ」「えっ？」て。気が早いから（笑）。その先輩がいってたよ，「じゃあ，今から二人分のご飯を食べなきゃいけないね」って。で，本当にそういうような気がして，翌日の朝ごはんね，コンビニで一杯買ってきてね（笑），食べながら「ベイビー，食べてね」って。

（僕）いってたの？（笑）
（妻）でも、そのあと分かったんだけど、（医者が）別に二人分食べなくていいですって（笑）。ちょっとガーンって。先輩、それ何の情報だったのって。

　子どもができたことに対する複雑な心境が垣間見えた最初の頃の語りと若干印象が違い、特にここらあたりでは子どもができたと分かったときの喜びを思い起こしながら、妻はとても楽しそうに語っていた。やはり妻にとって子どもは絶対的にかわいい、大切な存在であるということに間違いはないのだ。しかも、そうした大切な「ベイビー」の存在を、妻は僕なんかよりずっと強く感じていて、それを意識した行動をとっているということも、このとき明らかになった。好きだったコーヒーを控えたり、薬に注意したりする妻の姿を一応目にはしていたが、それを「妊婦としての注意事項を厳守していて偉いなあ」くらいにしか評価していなかった僕は、そうした態度が実はこの身の内に宿った一個のいのちへの深い配慮に裏打ちされたものであることを、このときの話を聞くまで十分理解していなかった。ここらあたりの実感の差は、やはり産む性と産んでもらう性の差なのかもしれない[20]。妊娠が分かったそのときから「ベイビー」に話しかけていたという話を聞いて、「ああ、すでに妻は子どもと『二人』の世界に住まい始めたのだな」ということを、僕は少し不思議な感慨とともに感じていた。
　それにしても、このように妊娠が分かった直後から子どもの存在を感じ、子どものためにさまざまな配慮を働かせようとする一面と、冒頭の語りのように仕事ができなくなることを気にかけ、「母になる喜びをあまり感じない」と口にする一面とがどうつながるのだろうか。そもそも子どもができたことは妻にとってうれしいことなのだろうか、それともそうでもないことなのだろうか。こちらとしては何ともつかみどころのない気分を味わわされるのだが、逆にいえば、その両面が半ば相容れないまま混在しているということこそが、妊娠期にある女性の心の実相だということなのかもしれない。
　一体どうしてこのような二面性が生まれてくるのだろうか。メルロ＝ポンティは妊婦の存在自体が"子どもを所有する一方、子どもに所有されている"

20　こうした実感の差は、その後何度か夫婦げんかの種にもなった。例えば僕が大きな音で音楽を聴いていたときに「お腹の子どもに良くないじゃない」と妻を苛立たせてしまったり、飲み会で遅くなって「私と子どもを放って遊び回っている」という印象を持たせてしまったりということがあり、そのたびに僕の中には「少しくらいいいじゃないか」という気持ちや、妻の胎内にいるはずの「わが子」への意識の低さを突きつけられた情けなさなどが入り乱れることとなった。

（Merleau-Ponty, 1988/1993, p.150）という二面性を持っていることに注目する。

　一方では，子どもの存在はただそれだけでその女性の生きる目的になりうるほどに，大きなものである。自分がしっかりと生活しないことには，わが子のいのちにも危害が及んでしまうという責任感や，産む性として潜在的に与えられた能力を行使し得たという喜び（これを「母性」などと呼んで絶対的な価値に祀り上げる必要はないが，男女を問わず自らに与えられた能力を発揮してあることを成し遂げたときに，そこにはしばしば大きな喜びや自己効力感が伴われるものだ），さらには人生とは決して自分一人で孤独に歩んでいくものではないのだという他者との一体感，そうしたものの集合体が個としての人生を歩んでいたときには経験することのできなかったような大きな充足感となって，女性に沸き起こるのだと考えられる。

　しかし，その一方では，子どもが存在し始めたことによって，女性は思い描いていたさまざまな計画を断念し，つわりなどの苦痛に耐えながら，さまざまな配慮を働かせねばならず，容姿の崩れる恐れにも耐えなければならない。出産という経験したことのない一大イベントが有無をいわさず近づいてくる不安や，自分のものであったはずの身体の中で得体の知れない過程が進行しているという不安も生じる。それは子どもという存在に自分が否応なく絡め取られ，飲み込まれていくような感覚だといっても良いかもしれない。

　こうした非常に対極的な肯定的感情と否定的感情の狭間を揺れ動かざるを得ないということ，それが容易には折り合わすことのできない二面性となって，妊婦の複雑で不安定な心情を構成するのだろうし，その一端が妻の語りにも現れていたように思うのである。

　ともあれ，このようにまだほとんど人間の形をなしていない胎児，話しかけてもまだ答えてくれない胎児といえども，妊婦にとっては非常に大きな存在感を持って立ち現れている。妻が「ベイビー」に喜んで話しかけたり，「ベイビー」によって振り回され，疲労困憊したりするのも，無理からぬことなのだ。このような胎児を，主体と呼んでいけない理由は何もない。関係発達論の見方では，ある存在は他者によって主体とみなされることによって実際に主体となっていく（鯨岡，2006）のだから，未だ小さな胎児ではあっても，すでに主体としての最低限の存在性格を備えていると見ることができるわけだ。そして，その存在性格とは，つまり一つの「いのち」であるということに他ならない。妊婦は，自分の中に生まれたこのいのち，半分は自分に属しながらも，半分は自分とは独立したような

いのちとの相互主体的な関係を生き始めるのである。今後，〈子ども‐養育者関係〉にはさまざまな形の相互主体的関係が展開していくわけだが，その最も原初的な形，相互主体性の核が，この段階でできあがると見て良いと思われる。したがって，これを〈いのちといのちの相互主体的関係〉（略して〈いのちの相互主体性〉）と名づけておくことにしよう[21]。

5. 相互主体的関係を支える周囲の他者

さて，先ほどの妻の最後の語りで興味深いのは，妊娠したという事実を伝えた先輩が自分のお腹に向かって「ベイビー」と語りかけるものだから，自分も何だか本当にもう「ベイビー」がいるような気がしてきた，といったくだりである。ここから示唆されるのは，自分がもう母親であり，自分の中に子どもがいるのだということを実感するのは，このように周囲の他者によって「子どもの母親としてみなされる」経験を通してではないかということだ。もちろん，たとえこの先輩からの働きかけがなかったとしても，自分の中にうごめく別個のいのちへの意識は徐々に高まっていくものだろうが，家族や友人，病院の医師や看護師といった人々に「もうお母さんだね」などといわれることが，母親としての自覚を高めるのにかなり大きな力を持つというのも事実なのではないだろうか。つまり，いのちといのちの相互主体的関係は決して母と子の一対一の関係の中で生じるものではなく，それを支える周囲の対人関係や文化環境に影響されるところが大きいということである。

例えば，予定外の妊娠をしてしまい，最初は妊婦自身その事実を受け入れられず，なかなか胎児を一個の主体として受け止められないケースであっても，周囲がそういった彼女のあり方を丸ごと，母親になることの葛藤ともども受け止めることで，次第に彼女も妊娠という現実を引き受けていけるようになるかもしれない。逆に，妊娠はしたものの夫や肉親，周囲の人々から祝福もサポートも得られないといった場合に，妊婦が抑うつ状態になったり，身体への負担を省みずに自

21　僕が見るところ，一口に相互主体的関係といってもそこにはいくつかのレベルがある。「子どもを一個の主体として受け止めることで，実際に一個の主体へと育てていく」という基本的構図は変わらなくても，その「受け止め方」は子どもの成長に応じて変化するからだ。したがって，鯨岡が相互主体性という一語で名指している関係のありようをより細かく分類していくと，そこに相互主体的関係の「発達」が見えてくるのではないか。そういう視点から見たときに，子どもを一個の「いのち」として受け止めるというのが全ての始まり，全ての核であると捉え，この概念を導入した。

暴自棄になったりするケースもあるだろう。もちろん，妊婦自身の価値観や考え方，人格的な強さといったものもそれを食い止める大きな要因であることは間違いないだろうが，そもそもそうした妊婦の主体としてのあり方自体が周囲の人間関係と切り離せないのだ。次に挙げる鯨岡（1999b）の事例は，周囲の人間関係のありようによっては，出産後になっても子どものいのちをそれとして感じられないようなケースがあることを示している。

2歳11ヶ月になるJ・H児の「言葉が遅い」ことを心配した父親から葉書で相談を受け，山深い過疎地の自宅まで鯨岡が出向いたときの話である。よくあるように母親ではなく父親から手紙が来たこと，自分を出迎えた玄関先にも母親の姿が見えないことをいぶかしがって，鯨岡がそのことを尋ねたところ，別室にいた母親が連れてこられたという。一見して顔や体がむくんで，顔色も冴えないまま，糖尿病だという母親が話してくれたのが，次のような内容であった。

エピソード10　わが子を「自分の子ども」だと思えない

「つわりがひどくて，家事ができずに全部おばあさんにしてもらった記憶があります。前から糖尿があって医者にかかったことがありましたが，そのせいか，妊娠中毒症になりまして，この子が7ヶ月の時に入院しました。もう体がえらくてたまらないのと，子どもがちゃんと生まれてくるかどうかが心配で，いっそ妊娠しなければよかったのにと思ったこともあります」

「1ヶ月ほどして一旦退院しましたが，お姑さんが何か悪いものが憑いているにちがいないと言って，H市の神社に拝んでもらいに行ったりもしました。そのときの往復がまたしんどくてたまりませんでした」

「9ヶ月のときに妊娠中毒症がまた出て，すぐ入院し，もう羊水が腐りかけているからすぐ子どもを出した方がよいと言われて，その日のうちに帝王切開でこの子が生れたんです。主人の仕事だけでは経済的になかなかだし，病院でお金がかかるし，皆に迷惑をかけて申し訳なくて……」

「手術後の経過があまりよくなくて，私ばかりまたしばらく入院して，退院したのは3週間後だったと思います。その後もあまり調子がよくなくて，子どもを見せられても自分の子どもだとはなかなか思えませんでした」

父親もほぼ母親の話を裏書するような話をした後，次のような話をしてくれた。

「私どもの結婚の日取りが決まったころに，これ（妻）の母親が病気で亡くなりまして，式を延期するかどうかで，両方の身内がいろいろとやりとりをしました。こちらの風習では，死人を出した家は1年間は結婚式のような目出度い行事をしないことになっているんですが，いろんな事情があって，まあ風習を破るかたちで式を挙げたもんですから，人からいろいろ言われました。そこにもってきて，入院するようなはめになったんで，悪いものが憑いたなどと噂されまして，家内はそれで大分まいっていたようです」

(鯨岡，1999bより一部改)

母親の死，結婚，妊娠，体調不良と非常にストレスフルな出来事が続いた上に，地方独特の風習などもあってこの妻が心理的に追い込まれていったことがうかがえる。順調とはいえなかった妊娠経過の中で，周囲に迷惑をかけて申し訳ないという気持ちが先に立ち，わが子のいのちの胎動を感じ，それを喜ぶことがあまりできなかったのかもしれない。出産して退院した後，わが子を見せられても「自分の子どもだとはなかなか思えなかった」妻は，体調が悪いこともあり，育児をほとんど祖母にまかせてゆくことになったという。この一連の妊娠過程だけが全ての原因ではないだろうが，こうした不幸な連鎖を通じて，J・H児を取り巻く家族関係が難しいものになり，ひいてはこの子の言語発達にも大なり小なり影響を及ぼしたのではないかと，鯨岡は考察している。

こうした事例は，妊娠・出産過程において子どもと母親との相互主体的関係を支える周囲の温かいサポートがいかに大切かを物語っている。恐らくどれほど強い女性であっても，先に述べたような大きな肯定的感情と否定的感情の板ばさみにならざるを得ない妊娠過程を，一切動揺せずに独り気丈に歩んでいくことは不可能だろう。幾分かは必ず不安定になる妊婦を，周囲の人たちがさまざまな形でサポートし，温かく見守っていくことは，妊娠時の不安を和らげ，出産後の相互主体的関係の礎を築く上で大変重要なことだと思われる。そして，その中でも特に中核となるのは，やはり夫であろう。非常に早期からわが子の胎動を感じ，生理的にも社会的にも自然に（否応なく）子どもの存在を実感させられる女性と違って，男性の場合，やはりどうしてもその意識の高まりが遅れがちになる[22]。それゆえ，夫の側は特にそうした意識の差があることを自覚しつつ，「頼りにならない」自分のことを少しは頼ってみようかと妻が思えるよう心を砕いていくことが重要だと思われる。

例えば，安部（1999）が妊婦に行った次のようなインタビューを見てみよう（鯨岡，1999b）。出産前に，妻が夫を両親学級に連れていったことに関する話である。

22　ただし，このことは必ずしも「女性の方が親としての自覚を早くに持つ」ということを意味しないと思う。先行研究には母親に比べて父親の方が親役割の獲得が遅れることを示唆したものがあり（及川，2005），鯨岡（2002a）もこの線で議論を進めているが，私見では，そもそも女性が母親になるということと男性が父親になるということを同一の次元で扱おうとすることに無理があるのではないかと思われる。ここに述べるように，「頼りにならない」夫にもそれなりの役割があり，そうした過程を経て彼は「母親」とはまた違った「親」になっていくからである。

エピソード11　M・Kさん（33歳，最初の妊娠，インタビュー時妊娠10ヶ月）
（両親学級の父親講座に関して）
「で，その後にお風呂いれる練習をして，今日はお父さんがして下さいとかいって，人形で入れさせられたのよ，こうやって。まあ，けっこう上手にしたんよ。だから上手やったよねとか言ったら，その気になってね，いつもほら夜は11時くらいしか帰ってないでしょう。だからね，『がんばって9時に帰ってきたら入れさせてくれるか』って言うんよ。おおこれはいい，（両親学級に）連れていってよかったって思って（笑い）。やりたくなったんじゃない。入れたくなったみたいで。これは連れていっていいことしたなあとか思ったんよ」
（両親学級の母親講座に関して）
「母親学級とかの話だったけど，赤ちゃんがお腹のなかにいるときに，お父さんがけっこう話しかけたら，赤ちゃんがその声覚えているんだって。お父さんがずーっと話しかけてた赤ちゃんが生れたときに，『赤ちゃんやっと会えたねー』ってお父さんが言ったら，目は見えないんだけどその声の方を一生懸命見るんよね，赤ちゃんが。けっこうまめに声かけてたお父さんに赤ちゃんが反応するのが分かったというのを今日勉強したんよって言ったら，それまでもちょっとは言ってたけど，その日から朝，『おはよー赤ちゃーん（笑い），おはよーお父ちゃんよー』って（笑い）。夜寝るときも，『おやすみー』『先に寝ときねー赤ちゃーん』『お父ちゃんよ覚えてねー』ってそればっかりなんよ，面白いよ。もうすごい感化される人だな，この人はって思ったんやけどね」

（安部，1999より抜粋）

　何とも無邪気な夫の姿が目に浮かぶようで，妻の方も「やれやれ，この人はすぐ感化されて，仕方のない人だな」といったふうに半分あきれたように語っているわけだが，それでも妻としてこのような夫の姿に励まされるところは非常に大きいのではないか。僕の妻も語っていたように，お腹の中の赤ちゃんに話しかけられるとか，自分と胎児の二人の存在を周囲に受け止めてもらえるとかいったことだけで，妊婦にとっては非常に大きなサポートになる。僕自身の経験からいっても，男性にとって両親学級に参加したり，妻のお腹の赤ちゃんに話しかけたりといったことは正直照れくさい部分もあるのだが，逆にいえば，不器用ながらもわが子の誕生を喜び，自分なりに関わろうとしているところを見せるのも，夫としての懐の深さであるように思う。「子どもの存在への近しさ」という点で妻より一歩引けをとりながらも，そうやって「育てる者」になるべく奮闘する夫の姿を見ることによって，妻もまた自分こそしっかりしなければならないと思いなしたり，頼りにならないのを知りつつも少しは夫に頼ってみようかと思ったりできるようになるのではないだろうか。
　わが子をこの身の内に宿した妻に対して，夫はあくまで別個の身体を持つ他者として「外」から関わっていくしかないから，どこまでいってもある種の頼りな

さが残るように思う。しかし，頼りにならない者は頼りにならないなりにできる限りのことをしながら，母親になっていく妻の育ちを支え，見守っていくことが大事だろう。子どもを産み，育てていくということは，妻と夫がお互いの育ち—それぞれの育ちの「かたち」—を支え合い，見守り合うというような相互主体的関係，妻と夫のパートナーシップとしての相互主体的関係のもとでこそ，初めて十全に進展していくものなのである。

第5章 出産期の諸問題

　さまざまな困難を経験しながらも何とか妊娠期を潜り抜けたカップルは，やがてその到達点として出産のときを迎える。人の経験の中でも最上級の苦しみを表すものとして「産みの苦しみ」という言葉があるように，出産というものはそれまでの経験からは想像もできないほど大変な過程である。それと同時に，ここをどのように潜り抜けるかということがその後の〈子ども - 養育者関係〉を左右するような，極めて重要な過程でもある。産む主体としての女性が，またそれを支える周囲の他者たちが，人生の一大イベントとしての出産場面をどのように生きているのか——通常は「想像もできない」と形容する他ないその具体的諸相を，本章ではできる限り明らかにしていきたい。

1. ある出産エピソードから

　まずは，出産というものがどういったものなのかを肌で感じてもらうために，鯨岡（2005a）に所収されている一つのエピソードを紹介したい。このエピソードは鯨岡研究室で僕と一緒に学んでいたHさんという社会人女性が書いたものである。彼女は出産というものが医療の枠内で考えられている現代にあって，機械化された環境，あらかじめ決められたスケジュールのもとで，医療が子どもを「産ませていく」傾向が強まることに危惧を抱き，妊婦が主体的に助産院で産むことの意義をもう一度考え直そうとしていた。助産院ではベテランの助産師の人間味あふれるサポートのもと，可能な限り自然な形で分娩を行うことが大切にされている。ちょっとした診察の中でも，妊婦の微妙な心の葛藤にしっかり耳を傾けて，支えとなる言葉かけをしたり，子どもを産んで母親になっていくための心構えを伝えたりといった，ある意味「おふくろ的」な温かいケアがなされるのが特徴だという。そうした助産師たちの見守る中で，自分の力で子どもを産み切ることが，妊婦が母親となっていくために非常に重要なことなのではないかというのが，彼女の主張だった。自身も助産師の資格を持つ，そんなHさんが描いたある助産院での出産場面である。

エピソード12　出産場面を描いたエピソード

〈背景〉
　原さんは34歳で，これまで妊娠歴なく，専業主婦である。夫は47歳で会社員，助産院で妊娠判定を受け，その後出産までに15回の妊婦検診を当助産院で受けている。分娩当日，原さんは夫と実母と実父に付き添われて助産院に到着した。陣痛開始から子宮口全開大まで12時間15分，おおよそ平均的な経過をたどった。そして児娩出までの所要時間は4時間20分で，平均のおよそ2倍を要した。

1) 「ダメですねえ」
　昼食後，分娩室に入る学生と私の後ろから，夫が続けて入ってきた。ベッドの上で四つんばいになって陣痛発作を逃がしていた原さんだったが，夫が入室してきたので，私たちは夫にベッドの端に座ってもらい，原さんには「ご主人の背中に上半身を預けるような姿勢をとると楽よ」と勧めた。原さんは四つんばいから一旦体を起こし，おばあさん座りでペタンと座り一息つく。私たちの提案にどうしようと迷っているあいだに，陣痛が来た。最初夫の肩に手をかけているだけだったが，徐々に強くなる発作に，自分の頭を夫の首元に押し付け，上半身を夫の背中に預け，手は夫の両腰のあたりにだらんと下げていた。「ア～ア～イタ～イ，イタ～イ，イタ～イ」と大きな声が響く。夫は足をしっかり踏ん張り，全身でもたれかかる妻を支え，両腰のあたりにある妻の手を握ると，原さんも自分の指を夫の指のあいだに入れ，互いに手を組み握り返している。
　最初は躊躇が見られた原さんであったが，次からは安定感のある夫の背中に安心して上体を預けている。やがて陣痛の波がおさまり，「フ～」と一息ついた夫に，「お父さんになる感じはどうですか？」と尋ねると，真剣な顔で「ダメですねえ」とぽそりと答え，「外では辛い」とも応えた（それまでは分娩室の外で待機していた）。陣痛が来るたびに夫は背中につかまる妻をしっかり支えながら「大丈夫，大丈夫！」と妻に，そして自分にも言い聞かせるように静かに言っている。上体を起こしている方が陣痛はさらに強くなるため，陣痛の感覚は3～4分となり，自然な努責（どせき）がかかりはじめ，夫につかまりながら「ウ～ン」といきんでしまう。しばらくして間歇（かんけつ）の時，BGMが静かに聴こえはじめる中，原さんは腹部をいたわるように優しく撫でながら，胎児に向かって静かに「赤ちゃ～ん」と一声かけるが，陣痛が始まるとまた大きな呼吸をし，陣痛の波に声を出して乗り越えようとして，弱音は吐かない。夫は「男にはできませんねぇ」と神妙な顔つきでしみじみと言う。

〈考察〉
　……（略）……発作の波とともに必死でしがみついてくる妻の力を背中越しに受け止める夫は，陣痛の強さに圧倒され，そしてそれに耐えている妻の強さに圧倒されているように感じられる。と同時に，妻に対するいとおしさを感じているようでもあり，だからこそ自分が何とか支えなければという思いが，足の踏ん張り，妻の手を握り返す夫の行動，「大丈夫！」という声のトーンの中に読み取れる。
　陣痛の合間に原さんは思わず「赤ちゃ～ん」と声をかけたが，それは，「もうそろそろ出てこない？　出てきてほしいな！」という感じであった。……（略）……

2) 「先生に来てもらおうか？」
　陣痛発作時，思わずいきみがくる。「いきみたい感じになったら，いきんでみていいよ！そうでなければフーフーって逃がしてね」との助産師の声に「はい」とはっきり返事を返

し，いきんでみる。発作の時期と，呼吸の長さと，いきむタイミングが合わないが，何回かするうちに，発作のピーク時にいきみができるようになる。発作が終わってからもその余韻で腰が痛むらしく，顔や首に汗をびっしょりかきながら，「腰がイタ～イ，腰がイタ～イ」の連発。少しずつ冷静さがなくなり，身体全体で痛みを表し，身体が硬くなっている。「原さん！」と大きくはっきりした助産師の呼びかけで，我に戻ったという感じである。何回も努責をかけるが下降しない。努責時に上から腹部を押すと少し下降する。ときどき聴取する胎児心音が「ドッドッドッドッドッドッ……」と規則的に力強く部屋中に響く。原さんだけでなく，部屋の全員が胎児心音に励まされているような空気が流れる。

　なぜか児頭が下降しない。「何で出てこないの？」と原さんの弱音も出てきたためか，T助産師は電話の受話器をもちながら，「先生にきてもらおうか？　ちょっと薬つけて引っ張ってもらうとか……」と言うと，即座に「いい！」とはっきり意志表示する。このしっかりした意志表示に夫もびっくりしている。

　それから原さんは「もう一回いけます！」と自らを奮い立たせるようにしっかりいきんでいる。その効果があって大分下降し，児頭の黒い髪の毛が陰裂に見えてきた。しかし，間歇時には隠れてしまう。何回かの後に鶏卵大に出てきた児の黒々とした頭を鏡越しに見せると，腰をさすったり，手を握ったりしていた夫は「おぉ」と感激の声を上げ，原さんをさする手に力が込められ，もう少しとばかりに「頑張れ！　頑張れ！」「焦らないで，来たときでいいからね」と妻の陣痛に合わせて的確な指示を出している。原さんは夫の大きな手に支えられながら，「いきますよ～」と言ってしっかり努責する。そして間歇時には，夫が「大丈夫，大丈夫，来なかったら無理せんでいいからね」と妻の耳元で優しい声で言うと，妻は少し穏やかになる。

〈考察〉
　子宮口が全開大して2時間近く経っている。時間経過的にはまだ問題はないが，強い陣痛が続く割には児頭の下降が遅い。……（中略）……

　少しずつしか進行しない中で，弱音が出たが，弱音らしい弱音が出たのはこのときだけで，原さんがここまで頑張れるとは思っていなかった。それどころか，助産師の産科医師の往診を求める案に，きっぱりと拒否の反応を示すこの原さんの意志表示に，原さんの中の何かが変わった。「ここで頑張らなきゃ」とばかりに意識を集中させている。そのような妻の強い意志に驚き，夫は自分も強くサポートしなければという思いが強く感じられる。

3)「先生，呼んでいいか？」
　さらに1時間経過，努責後に残る「イタ～イ，イタ～イ，腰がイタ～イ」の妻の声に，「ここか？　こんくらいでいいか？　大丈夫，大丈夫！」と力加減を確認しながら必死にマッサージをする夫。でもやっぱり間歇時間が2～3分ある。夫は心細くなってか「先生，呼んでいいか？」と恐る恐る尋ねると，「うぅ～ん」と拒む妻。T助産師も「自分で産むことが大切。ここまで来たら」ときっぱりと言う。胎児心音が「ドッドッドッド……」と規則的に力強く響き，BGMが聞こえてくる。つかの間の静けさの後，「さあ，いきますよ～」と原さんは自分で声をかけていきみはじめる。助産師は両端の踝（くるぶし）をそれぞれ支え，一人が腹部を押して腹圧を助ける。児頭が8センチ大ほど出てくる。夫は「おぉ，おぉ」と喜びの声を挙げる。妻にも鏡で見せるが，それどころではないと息をのむのに必死である。が，間歇時になると児頭はすっぽりと隠れてしまう。やはり臍帯巻絡（さいたいけんらく）があるのだろう。でももう少し。助産師学生が児を娩出する準備態勢に入る。そして次の陣痛で児頭がゆっくりゆっくり出て

くる。努責を止めさせ，ゆっくりゆっくり児頭の娩出を助ける。やっと頭が出る。大きい！やはり頸に臍帯が巻いていた。

〈考察〉
　努責をするがその進行は遅い。夫がついに心配になって「先生，呼ばんでいいか？」と尋ねる。しかし，妻は自分で頑張るとばかりの反応を示す。妻の強さ，胎児の心音の力強い響きに夫は励まされているようだが，夫だけでなく，同席している全員が児の生命力の逞しさに力をもらっているという感じである。……（中略）……
　児頭がやっと出はじめる。しかし，助産師の予測とは違って，大きい大きい児頭に太い臍帯が頸部にしっかり巻きついている。それぞれの助産師に今回の経過の謎が解け，安堵の笑顔が少しだけ漏れる。

4)「かわい～ぃ！」
　「おんぎゃ」と短い一声があってから，児の体幹が少しずつ少しずつ出てきた。T助産師に助けてもらいながら学生は児を落とさないように臍帯をくぐらせると，赤ちゃんの羊水を拭き取り，そのまま原さんの胸の上に抱かせる。原さんは嬉しさのあまりに号泣。夫は慌ててVTRを撮りはじめるが，涙ぐみながら「あぁ，あぁ」「あぁ，あぁ」と顔面いっぱいの喜びの声でしばし言葉にならない。原さんは号泣しながらも胸の上の赤ちゃんの身体を優しく撫でる。原さんの大泣きの声で，児の声がかき消されるくらいである。夫は「男や，男や」と喜びの声を上げながら，片手でVTR撮影し，片手では大泣きしている妻の髪を優しく撫でている。ひとしきり大泣きすると，原さんには児の顔は見えないが，泣き声に「よしよしよし」と身体を撫で，「かわい～ぃ！」と声を上げる。少しすると児も目を開けるので，母親の顔が見えるように児の位置を変える。ついさっきまで真剣な苦しい原さんの顔は一変，喜び一杯の晴れやかな顔で，児を見守る原さんの顔は実に優しい。張り詰めていた分娩室の空気が，みんなの歓声でさっと変化した。

〈考察〉
　……（中略）……あれだけ苦しかった陣痛がまったくなくなったことの解放感と元気な児であったことの安堵感で，原さんの顔はくしゃくしゃとなるが，児が胸に載せられると，自然に手が出てしっかり児を受け止めている。周囲もいっぺんに喜びに包まれている。夫もわが子の誕生に立ち会え，その感激で一杯であるが，父親の役割としてわが子の誕生という記念の瞬間をVTRに収めたいし，夫として妻をねぎらってもあげたいという気持ちが行動に表れている。夫に臍帯を切断してもらった後，少しして胎盤が娩出されたが，原さんは児に夢中である。児の計測，沐浴などの処置の後，児には衣服が着せられ，改めて母親の横に寝かせられた。そのまま母親の身体を児側に少し向けるような姿勢をとってもらい，児を抱っこさせて乳頭を含ませると，児は目を開けてしっかりと吸い始める。誕生後約30分後である。

（鯨岡，2005a より抜粋）

臨場感にあふれた，すごいエピソード記述だと思う。初めてこのエピソードをHさんがゼミ発表したときは，とても衝撃的だった。僕だけでなく，その場にいたゼミのメンバーがこの出産場面の迫力に圧倒されてしまって，誰もがしばらく口を開こうとしなかった。それまでエピソードが書けないといって悩んでいたHさんがどうして突然このようなエピソードを書けるようになったのか，彼女の中でどんな変化や気づきがあったのかは定かではないが，恐らく彼女自身がこの場面の迫力に巻き込まれ，その圧倒的な力によって導かれるように書かされてしまったのではないか，というのが僕の推測である。

　実際，一つのいのちが誕生する瞬間というのは，母親となる女性がなりふり構わずにそのエネルギーの全てをかけて臨む大仕事の現場であり，それゆえにそれを見守る者を巻き込み，突き動かす圧倒的なインパクトを持っている。10ヶ月にもわたる妊娠期間の中で，さまざまな苦痛に耐え，さまざまな困難を乗り越え，さらには陣痛が始まってから数時間の大変な痛みに耐えてきたのは，まさにこの場面のため，今まで身体の内奥でそのいのちの胎動を感じてはいたけれど，直接的には目にすることはできなかったわが子との「初めての対面」を果たすためであったわけである。この「出会い」の一瞬に，それまでの全てが凝縮され，そして再びそこから全てが始まっていく。そういう意味において，この「出会い」は母親となる人の人生の一つのクライマックスであり，焦点となるものだといっても良いかもしれない。多くの女性がここを境に「育てられる者」から「育てる者」へと大きく転換していくというのも大いにうなずける話である。

2. 僕たちの出産

　今のエピソードは，Hさんが助産院で出産することの素晴らしさを訴えるべく，一人の女性が自分の意志と力で子どもを産み切る場面を描いたものだった。しかし，もちろん現代の日本社会の中では病院での出産を選択する人も多い。実際，僕たち夫婦も病院で出産しようと決めたのだが，その際に大きかったのは，妻が比較的高齢になってからの初産であるという事情と，やはり病院の方がさまざまなトラブルに対して迅速に対応をしてもらえるだろうという安心感があることだった。

　前章で見たように，妊娠期からすでに女性の身体には体型の変化やつわりなどをはじめとする大きな変化が起こっている。しかし，出産時にはその妊娠期をしのぐほどの劇的な身体的変化が生じる。10ヶ月の間に3000グラムほどにまで育

った胎児，その間ずっと身体的には臍帯によってつながれていた胎児を体外に娩出し，その直接的な身体的絆を切られるということが，母体にとって，また胎児にとって，どれほどストレスフルなことなのか，想像するにはあまりある。そして，当然，そうした劇的な身体的変化は母子の生命にとって大きなリスクを生むことになる。実際，一昔前までは女性にとってはまさに出産というのは生死を賭けた出来事だったわけだし，高度に医療技術が発達した現代においては母子が死亡するといったケースは少なくなってきてはいるものの，それでもそこにはさまざまな危険性が孕まれている（医師の技術が未熟で吸引分娩・鉗子分娩による外傷や後遺症が残るケース，酸素欠乏による異常が起こるケース，早産児や低体重児が生まれてくるケース，何らかの理由で緊急帝王切開となるケース，その他妊娠高血圧症（妊娠中毒症）や産後抑うつといった疾患など）。

　そういったことを踏まえ，僕は「経験豊富な医師と多くの助産師スタッフ」で「できる限り医療介入を控えた自然な分娩」をモットーにしている家の近くの産婦人科を友人に教えてもらい，そこでの出産を妻に提案した。妻とはこのときまだ離れて暮らしていたので，妻の方では僕の住む地域の産婦人科の情報もなかったし，妻も僕の提案を丸呑みして8ヶ月前に早々とそこでの出産予約を取りつけることになった。ただ，2ヶ月前になって妻がこちらに引っ越してきて，初めてその病院を受診したときに，「自然な分娩をモットーにしている」ということが，すなわち「希望しても医療介入の必要がない限りは帝王切開をしてもらえない」ということだと分かって，妻は多少ショックを受けていた。妻の中には「安全に，速やかに（かつ痛みも少なく？）」産める帝王切開の方が良いのではないかという思いがあり，予定帝王切開にするか否かを医師と相談したい気持ちがあったようだが，その可能性が端からなくなってしまったからだ。できる限り自然な分娩の方が良いに決まっていると思い込んでいた僕は，この妻の反応に少々面食らったが，帝王切開にもさまざまなリスクがあること（そして産後の痛みなどは長引くケースがあること）を伝えたり，一緒に病院に付き添っていくつかの懸念を医師に尋ねるなどしたりしているうちに，妻も今回はここで頑張ってみようと思えたようだった。

　そんなちょっとした行き違いがありつつも，その病院で開催されているマタニティ教室に二人で参加したり，肌着やおむつなど最低限のベビー用品を買出ししたりしながら，妊娠後期も順調に過ぎ，ついにその日がやってきた。予定日より1週間ほど早いある日の未明，妻が「陣痛が来ている気がする」といい出したの

だ。同じようなことがすでにそれ以前に2～3回あって，その度に病院に行き，「異常なし」ということで帰されていたから，僕も妻もやや半信半疑なところがあったのだが，結局，これが僕たちの出産の始まりだった。以下は，その日の合間に僕が記したエピソード記録である。

エピソード13　僕たちの出産

　X月Y日未明。妻が「陣痛が来ている感じがする」という。規則的ではないがだいたい10分おきくらいに痛むらしい。病院に電話をかけると，朝9時の診察に来てくださいとのこと（前日も出血があり，確認のために病院に行っていた。先週も「破水したかも」といったことで何度か病院に行っているので，まだこの時点では半信半疑。妻自身，「またか」という雰囲気がある）。しかし，朝一番に病院に行って検査をすると本当に破水があることが分かる。そのまま入院し，陣痛を待つことになる。妻は感染症予防の抗生物質の点滴などを受けつつ安静に。僕の方は昼間は用事を済ませたりしながら，妻のパソコンを家から取ってきてやったりする。

　夕方以降，徐々に痛そうにする場面が増えてくる。規則的ではないので，まだ陣痛が始まったという感じではない。それでももう痛い，というので，一緒にラマーズ法の練習をしたりするが，痛みのせいかあまり身が入らない様子で「大丈夫かな？」と心配になる。午後8時に僕は帰宅したが，その後の検査ではやはりまだ陣痛は始まっておらず，直接お産にはつながらない前駆陣痛だといわれたらしい。ただし，痛みの指数は昼間の20～30が70～80になってきているとのことで，メールの文面からはかなりつらそうな様子が伝わってくる。お互い，いざというときのために寝られるときに寝ておこうということで，僕は食事をして夜12時頃に就寝する。

　X月Y+1日午前1時。寝てから1時間ほどで妻から電話がある。陣痛が始まって，もう分娩室に入っているということを，とても弱々しい泣きそうな声で伝えてくる。もしかしたら明日くらいに陣痛が始まるかも，などと構えていたので，「うわ，早い」と思う。昨日の夕方から外は荒れ模様の天気。暗闇の中，車を走らせ，急いで病院に向かう。こんなときこそ慎重に，といい聞かせている自分は，やはり明らかに緊張している。

　病院に着き，分娩室に入ると，目も虚ろな妻の姿が飛び込んでくる。「夜12時くらいから急に陣痛がついてきて」と助産師さんが説明してくれる。妻の手を握ってやるが，ちょうど陣痛が来たのか，妻はいきなり「いた～い，もういやだ～！」と叫ぶ。その迫力にびっくりするが，僕がうろたえてはいけないと思い，隣で手を握り，妻の目を見ながら，フーフーと呼吸を一緒にしてやる。2～3分に1回くらいの割合で陣痛が来る。妻は必死に僕と呼吸を合わせようとするが，痛みが激しいときは耐え切れず，「もうダメ～，いやだ～！」と叫んでしまう。僕は何もいえず，傍でフーフーと呼吸をして，少しでもリラックスするよう促すことしかできない。「陣痛の合間にお茶を飲ませてあげてくださいね，呼吸するから喉乾くんですよ」と助産師さんにいわれ，「お茶いる？」と訊くが，妻は首を横に弱々しく振る。再び陣痛。二人で必死にフーフーとする。身体を固くしながらも，一生懸命僕に呼吸を合わせようとする妻に，僕も「リラックスやで，リラックス！」と声をかける。

　断続的に陣痛が続き，うなり声をあげる妻に，助産師さんが「もう陣痛のピーク越えたからな！　これから少しずつ楽になるから」と声をかける。再びきつい痛み。何とか二人で痛みを逃がす。妻の目は焦点が定まらず，半開きで，意識朦朧といった感じである。虚ろな目

で何とか僕を探し当て,「私どうなるの?」と問いかけてくる。それに対し「もうピーク超えたって。これから少しずつ楽になるから」と励ます(ただし時間的にはまだ分娩第一期が始まったばかりだと思っていたので,内心「本当かな? 助産師さんは妻を励ますためにいっているだけかも。妻は大丈夫だろうか?」という心配もしていた)。

　最初に分娩室に入ったときから,すでに妻の表情は尋常ではなかった。僕の祖母が末期がんで入院していたとき,あまりの痛みに「殺せー,殺せー」といっていたときの,あの目。何もいらない,ともかく痛みだけを何とかしてほしいときに人がする,あの目なのだ(大倉,2008a)。それに妻が「こわ～い,こわ～い」「もうやだ～,いた～い!」と叫ぶときには,本当にもう耐え切れない,帝王切開で出してくれ,とでもいわんばかり。自然分娩か帝王切開かをめぐる迷いを断ち切って,自分で産むということにどこまで妻が前向きになってくれたのかという不安が再び蘇る。でも,もう逃げることはできない。痛みが来るたびに,苦しそうに僕の手をギューッと握って身体をそらしつつも,僕の顔を見て,懸命にフーフーとする妻。その度に助産師さんも「Sさん,力抜いてー。もったいないよー,力入るとお産が進むのが遅くなるからな,そう,じょうーずー」といった声をかける。しばらくそうこうしていると,助産師さんに「じゃあ,ご主人,ちょっと診察をしたいので,外で待っててもらっていいですか」といわれ,僕だけ分娩室を出た。

　ジーと何かの機械音がする暗い廊下。そこで待っているときも,分娩室の中から妻の叫び声がときどき聞こえてくる。「いた～いっ! もうダメだよ～っ!」。助産師さんが「Sさん,大丈夫! Sさんなら絶対産めるからな,私を信じて!」「いきむと,赤ちゃんがちょっと苦しい,苦しいっていってるからな,陣痛の合間,酸素を一杯吸ってあげて」といった声かけをしているのも聞こえる。診察をしているというよりは,本当にすさまじい場面で僕に席を外させたんだなということが何となく分かる。想像以上の苦しみ,痛みに,男は本当に何もできないんだということを痛感しながら,座っている。

　部屋から出てきたもう一人の助産師さんが「外で待ってる方が怖いでしょ?」と声をかけてくれる。「そうですね,怖いです」と正直に答える。「今,どれくらいのプロセスなんですか?」と尋ねると,「もう6センチぐらい(子宮口が)開いてるから,もう少しかな。普通の人が10時間かかるところを2時間くらいで来ていて,すごく早いから,その分1回1回の痛みが強いのかも」とのこと。もし通常のように分娩第一期が十数時間かかるのだとしたら,この調子であと10時間以上もというのは妻がもたないのではないかと感じていたから,その言葉には少しほっとする。さらに,それからしばらく待っていると,分娩室から助産師さんが顔を出し,「すごく早くて,多分,もう30分くらいのうちにお産になると思いますから,もう少し待っていてくださいね」といわれる。

　それからしばらくして,分娩室に通される。三人の助産師さんがついていて,妻の足がつるのを伸ばしてくれたりしている。痛みも最後の正念場のようで,妻は僕の目だけをまっすぐ見て大きく「フーッ,フーッ」と息をする。僕もそれに「フーッ,フーッ」と応える。痛みが来るたびにいきみたくなるようだが,「いきまない,いきまない! Sさん,(胎児の)頭挟まってるからな,いきまんといてよー。そう,旦那さんだけ見て,一緒にフーフーしてな」と助産師さんの声。僕も「リラックスー,力抜いて」と声をかける。始まる前は妻にビデオを撮るからなどと公言していたのだが,とてもそういった状況ではない。いよいよお産が近づき,主治医の先生も入ってくる。「もう少しやからなー」といわれつつ何度かの強い陣痛を経た後,ふいに「ほら,もう頭出たでー」という助産師さんの声。「一番大きいところ出たからな,もう力入れないで」。さらにしばらくして,目を妻の足下の方に向けていると,ついにそこに赤ちゃんの上半身が見えた! その姿が妻にも見えたのだろう,思わず二

人で顔を見合わせ，僕の方は笑顔になる．全身がやや褐色がかっていて，小さな人形のようだ．でも，この顔には確かにどこか親しみ深い面影がある．こうしてはいられない，やはりこの瞬間だけはビデオに撮っておかなきゃと思い，カメラを回しはじめる．

　先生が赤ちゃんの飲み込んでいる羊水をチューブで吸って吐き出させ，体についた血を拭ってやっている．「まだ，全部出てないからなー」と助産師さん．それからちょっとして，「はい，生まれたー，おめでとう！」と声があがる．妻が泣き始める．僕も目頭が熱くなって，「よくがんばったね」と妻の頬をなでてやる．赤ちゃんの産声もようやく少しあがり，ほっとする．助産師さんが「お母さん，抱いてあげてー」と，妻のお腹に生まれたばかりの赤ちゃんを乗せてくれる．羊水がついているからシートの上からだが，お腹の上で「アーンアーン」と泣く赤ちゃんを妻はしっかりと抱きかかえた．助産師さんが「へその緒はどちらが切りますか？　旦那さん切りますか？」というので，「そうですね」と応えて僕が切る．母と子をつないでいた臍帯は想像以上にしっかりしていて，ゴムのチューブを切るような感触だった．先生が「ちょっと診察するからな」と赤ちゃんを診察台の方に移動させ，まずは体重計に乗せて「2800……，2884グラムやな」と教えてくれる．「旦那さんもどうぞ」といわれ，僕も診察台の横へと移動した．

　診察台の傍ら，初めて間近で見るわが子は，やはりかわいい．「こんにちは，大変でしたね，どうでしたか？」などと声をかける．目はほとんど見えていないのか，焦点が定まらず，半開きだが，僕の声に注意を向けているのは分かる．「ウフフ，謎の人物だと思われてるかな？」というと，「初めて聴く声じゃないから，分かるもんね」と助産師さんがいってくれる．身体に比べ手が大きくて，人差し指を手の中に入れてやると，ときどきギューッと握り返してくるのが何とも愛おしい．鼻や口元は妻似，目元は僕似だろうか．午前2時35分，元気な男の子の誕生である（写真1）．

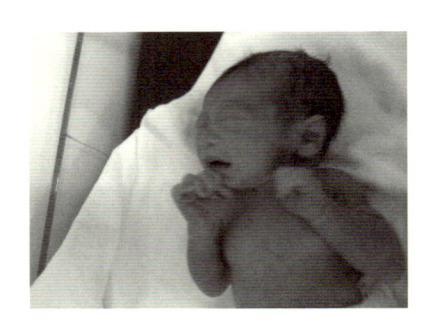

写真 1

　Hさんのエピソードとはまた少し違った視点，妻の出産に立ち会った夫の視点からのエピソードを紹介した．子どもが生まれて数ヶ月が経ち，妻と子どもと僕という3人での生活もだいぶ落ち着いたものになってきた現在から振り返ってみると，こんなにすさまじい場面があったのだということが何だか信じられない感じもする．でも，確かに妻と僕はこのときに初めてわが子との対面を果たし，そこから今の生活がスタートしたのだ．客観的に見れば非常にスピーディな安産だ

ったということになるのだろうが，やっぱり出産場面というのは僕たち三人にとって大変な困難と喜びに満ちた一大ドラマだったと思う。

　自然分娩か帝王切開かをめぐるちょっとしたいきさつはあったけれども，結果的には，僕たち夫婦はこの産婦人科病院を選んで良かったと思っている[23]。妻も自分の力で産み切ったことで多少なりとも母親としての自信と自覚を深めたかもしれないし（こればかりは比較対象がないので何ともいえないが），少なくとも僕自身はある程度まで妻の支えとなって，妻と一緒に子どもを産んだという感覚がある（「何もしていないくせに」といわれるのがオチだが）。いずれにせよ，こうした経験をしたことが，僕たち夫婦の今の子育てへの向かい方に大きく影響を及ぼしているのは間違いないところだと思う。

　そういう意味で，非常に重要な出産過程をどこで，誰と，どのように潜り抜けていこうとするのか，さまざまなリスクを考慮に入れた上で夫婦でしっかり話し合っておくことは有意義だろう（僕たち夫婦の場合はやや話し合いが甘くて，幾分「結果オーライ」のところがあったかもしれない）。Hさんのいうような助産院の良さもあれば，最新の設備の整った病院の良さもある。それらを十分に踏まえながら，各々のカップルが自分たちにとって最も信頼できる場所で，前向きな気持ちで出産に臨んでいけるということが大切なのだと思う（松岡，2007）。

3. 出産期における周囲の人間関係の重要性

　上で見たように，出産というのはさまざまなリスクが生じる一大イベントであり，母体にとっても胎児にとっても多かれ少なかれ危機的な状況なのだといって良いだろう。この過程を周囲の人のどのようなサポートのもとで，どのように潜り抜けるかということが，その後の〈子ども‐養育者関係〉にさまざまな影響を及ぼす。例えば，母子どちらかの健康が思わしくなく緊急の処置が必要なケースでは，今の二つのエピソードのように産後すぐに母子が対面し，数日後には母親としてわが子の世話に没頭していくといったふうには事が運ばないことがあり，そのことがさまざまな形で響いてくることがある。さらに，子どもに障がいが残ったり，子どもが障がい児として生まれてきたりした場合などには，母親が非常に深く傷ついてしまい，それによってその後の〈子ども‐養育者関係〉が一層難

23　ただし，仮に二人目を産むことになったら次は帝王切開にしようかと，妻は今でも本気とも冗談ともつかない口調でいっている。

しいものになってしまうこともある。

　メルロ＝ポンティは，出産直後の母親に奇妙な感じ，非現実的だという感じが生じることがあると述べている（Merleau-Ponty, 1988/1993）。すなわち，今までは自分の身体の中にあって共に生を分け合ってきた子どもから切り離され，子どもが自分のものではなくなってしまったような感じや，想像していたのとは何かが違っているという印象を抱くというのである。彼は，これを「多様な想像」と「唯一の現実」とのギャップ，想像していたことが現実になったときに必ず生じるあのちょっとした失望によって説明する。つまり，わが子が生まれる前はどんな子だろうか，かわいい子だろうか，どんなふうに育てようか，将来はどんな人になっていくのだろうかなどといろいろと想像していたのが，いざ特定の顔を持ち，特定の声で泣く，まだ圧倒的に無力な存在である「唯一の現実」としてのわが子と対面を果たしたときに，母親の中で一種の貧困化が起こり，何かがしぼんでいくというわけである。元気な子どもを出産した母親でさえそんなことがあるわけだから，待ちに待ったわが子が障がいを抱えていたという「現実」を突きつけられるということが，母親にとってどれほどのショックとなるかは想像するにあまりある。

　ともあれ，生理的なホルモンバランスの急変によるマタニティ・ブルー（Dalton, 1980）などの影響もあり，一番の目標だった出産という大仕事を終えた後に，母親の中に疲労感や沈んだ気分，言葉にならない悲しみなどがどこからともなく生じてくるということは決して珍しくはないようだ（もちろん，わが子の誕生に喜々として世話をしていく人も多いだろうが）。そういう意味で，この危機的な時期に周囲の人々が母親に対する深い理解と手厚いサポートを提供していくことは非常に重要なことだと思われる。実際，周囲の人間関係が望ましいものであったときには，たとえわが子が障がいを持って生まれてきたとしても，ショックを受けて落ち込むのとは少し違った反応を見せる母親もまたいるようだ。次の鯨岡の事例を見てみよう。

エピソード14　I児とその母親の事例

　母親によれば，I児は口唇口蓋裂で生まれたが，最初にぼんやりと目を開けたときのI児の顔を見て，「何と目のくりくりした可愛い子どもなんだろう」と思った。担当の医師がこれから何度か口蓋裂の手術をしなければならないと思うが，障害そのものはきれいに直るから心配しなくてもよいといってくれて，ほっとした。夫もよくやったねって言ってくれて，嬉しかったし，身内の者や知り合いが次々にやってきては，「可愛い子だね」と言ってくれて，嬉しかった。ただ，自分の母親がやってきて，黙って抱きかかえてくれたときには激し

く泣いてしまった。このように言って，次のような話を語り継いだ。
　私が幼少の時に，母親が誤って熱湯の入ったポットを倒し，そのお湯が私の額にかかって私は跡になって残る火傷をしたことがあった（といいながら髪の毛を掻き上げるようにすると，ほんの少し火傷の後が残っているのが分かる）。母親はそのことに責任を感じて，それ以後，娘の私の火傷を人前に晒さないように必死で隠そうとし，私に事あるごとに詫びていた。私が結婚する数日前，今の夫に母親が，娘に火傷をさせたことを詫びる手紙を渡していたようで，そのことを結婚後に夫から告げられて知った。私は母親がそれほど自分を気遣ってくれていたのかと思うと嬉しくて涙が止まらなかった。私は母親を恨むどころか，母親に感謝する気持ちでいっぱいだった。だから，I児が口唇口蓋裂で生まれたときも，ショックというより，自分が母親からしてもらったように，今度は自分がこの子にできるだけのことをしてやる番だというふうに思った。以来，今日まで，手術のときも，子どもの構音訓練のときも，自分にできる最大限のことをしてやろうと思ってきた，と語っている。

(鯨岡，1999b より)

　口唇口蓋裂というのは，唇や口蓋が縦二つに裂けて生まれてくる障がいで，500人に1人くらいの割合で発生する。たいていは何度かの手術や構音訓練などにより完治するので，生命に危険を及ぼすほどの重篤な障がいだというわけではないのだが，顔が奇形で誕生してくるということは，他の部位が障がいを負っているとき以上に，やはり母親へのショックが大きくなりやすいようだ。実際，口唇口蓋裂そのものはもう治って，見た目にも分からないのに，一番最初にわが子を見たときに「かわいい」と思えなかったことを引きずって，後の〈子ども－養育者関係〉に影響が出てくることもあるという。
　しかし，この事例での母親は，そうした障がいを持って生まれてきたわが子を純粋に「かわいい」と思えたという。「目がくりくりした」という描写があり，客観的に見ても本当にかわいい赤ちゃんだったのかもしれないが，むしろここから感じられるのは，障がいを持って生まれたにもかかわらず，わが子をかわいいと感じることのできるこの母親の人格的な強さ，自己愛の強さだろう（実際，自分の血を分けたわが子，自分が必死の思いで生んだわが子を愛するということは，自分自身を愛するということと表裏一体の事柄である）。そして，そうした人格的な強さ，自己愛の強さを育み，支えるものとして，行間から垣間見えるのが周囲の人々の温かい心遣いである。
　夫に「よくやったね」といわれ，さらに身内の人が次々とやってきてくれて，「かわいい子だね」といってくれたとき，この母親がどれほど救われたか。また，火傷をさせてしまったことを何度も謝って，現在の夫にまでそのことを詫びたというこの人の母親（祖母）が，どれほどの愛情でもってこの人を育ててきたこと

か。そうした温かい人と人とのつながりがこの人の自己愛を育んでき，そして今でも支えているように見えるのである。

　特に重要なのが，障がいを持って生まれてきたわが子に対して，「自分が母親からしてもらったように，今度は自分がこの子にできるだけのことをしてやる番だ」とこの人が思いなしている点だろう。かつての「育てる者」に育てられた経験が，今「育てる者」になろうとしているこの母親の中に沈殿し，目の前のわが子を育てるという営みへと敷き移されようとしているということ─これこそまさに「育てる」という営みの世代間リサイクルに他ならない。この人の母親（祖母）は出産を終えた自分の娘を現実場面でも抱きかかえ，サポートしているばかりか，この人の中に沈殿した「わが子を愛おしく思う母親像」としてもこの人をサポートしているわけである。

　もし仮に，顔面に障がいを負って生まれたわが子を，夫や周囲の人が邪険に扱ったとしたら，どうなっていただろうか。あるいは，この母親自身が子どもの頃，つらい生育体験を持っていたとしたらどうなっていただろうか。恐らく，わが子をかわいいとは思えなかったか，最初のうち思えたとしてもその思いを維持することはできなかったように思う。そうしたことを考えるとき，この母親がわが子を「かわいい」と思えた背景にある，この母親の人格的な強さと，それを育んできた周囲の温かい人間関係というものの大きさ，大切さというのが改めて浮き彫りになってくるのである。

　このように見てくると，不安定な出産期の母親を「いま，ここで」支えるということは，その後の〈子ども‐養育者関係〉を支えるということでもあり，さらには子どもが親の世代になったときの，その「育てる」営みをも支えることにもつながっていくのだということが明らかになってくる。関係発達論が重視する周囲の人間関係とは，そうした意味で「いま，ここ」を越え，世代から世代へと受け継がれていく重層的な「関係」のことに他ならないのである。

第6章
誕生から生後3ヶ月まで

　前章で見たように，出産というのは人生の一大イベントともいえるほどの大きな困難とそれゆえの深い喜びに満ちた過程だった。ここを潜り抜けることで，子どもも交えた親子三人の生活が始まっていく（核家族の初子の場合）。こんなふうにいうと，出産さえ無事に終われば次には幸せな家族生活がスタートするかのように聞こえるかもしれないが，実際は，本当に大変なのはまさにここからだといえるかもしれない。分からないことだらけの初めての子育てを，新米養育者がどのように潜り抜けていくのか，その中で子どもはどのように育っていくのか。第6章になってようやく子どもが誕生する発達心理学の本というのも珍しいと思うが，いよいよここからは最初期の〈子ども－養育者関係〉を見ていくことにしよう。

1. 新生児期

　大家族や地域共同体の中で周囲の人々の子育てを直に見る機会が多かった一昔前と違い，核家族化が進んだ現代においては，子どもをどう世話したら良いかという情報は自分の親や経験者の友人に聞いたり，育児書や雑誌，インターネットで調べたりといった耳学問で得ることになる。産科の病院などには，父親学級や母親学級を開いて，沐浴指導や栄養指導をするところなども増えているし，行政も「子育て110番」などのサポートサービスを拡充してきているが，昔のように養育者たちを身近で導き，支える人がいないということの影響はやはり大きい。多くの養育者が育児書を片手に，不安を抱えながら初めての子育てに臨むというのが，今の時代のごくありふれたスタイルだろう。

　実際，僕たち夫婦も出産した産科医院で授乳のさせ方，おむつの替え方，沐浴のさせ方，ミルクの作り方など，基本的な事柄を指導してもらった以外は，ほとんど全てが手探り状態の中で子育てを行うことになった[24]。生まれたばかりの本

24　あいにく僕たちの住まいはそれぞれの実家から遠方にあり，そう簡単に両親に手伝いに来てもらうことはできなかった。ただし，子どもの誕生後，遠路はるばる孫の顔を見に来てくれたことは何度かある。

当に小さく，触れただけで壊れてしまいそうなわが子を前にして，一番はじめは抱っこ一つとってもおっかなびっくりで，子どもが泣くたびにあたふたしながら授乳させてみたり，姿勢を変えてみたり，おむつを交換したりと，ともかく試行錯誤でやっていくしかなかった。例えば，出産間もない頃の次のようなエピソード（まだ入院中だった）は，僕たちがいかに「何も知らなかったか」をよく物語っている。

エピソード 15　なんで泣いているの？（生後 1 日）

　生まれて1日経ったが，昨日よりもはっきりと目が開いてきて，眼球を動かしたりしている。少しずつ見えてきたのかなという印象。顔のむくみもとれてきて，「サルのような顔」が少し個性的な顔になってきた。抱っこされるのが好きなようで，昨晩は助産師さんにずっと抱えられていたらしい（母体回復のため，希望すれば子どもを預かってくれる）。僕が病院に行ったときには妻の胸の上で，気持ちよさそうに寝ていた（おっぱいをあげた後そのまま寝た様子）。うつぶせをして，左を向くというのは，僕が寝入るときの体勢だ。自分と同じだと思うと，ちょっとおかしい。

　夕食時，また泣き出す。おしめでもないし，少し口唇探索反射が見られたので，おっぱいじゃないかという。妻がおっぱいをあげると，10分くらい吸った後眠りに入るが，新生児用のボックスに寝かせると再び泣き出す。おしめでもないし，お乳もあげたばかりだし，僕は「ともかく泣きたいのかな」と思って，妻が抱き上げた赤ちゃんに向かって「よしよし」と声をかけてあげる。一方の妻は，体を小刻みに揺すって「あー，かわいそうー」などといっている。その様子が赤ちゃんの泣きに巻き込まれて，やや揺さぶりすぎているような印象だったので，「あまり揺すらない方がいいんじゃない？」という。「泣き止むまで待つしかない」というスタンスの僕と，「どうしたんだろう？　病気かな？」と心配する妻。

　しばらく泣き止むのを待っていたが，あまりずっと泣き続けるので（50分間くらい），妻が「ナースコールしようか」といい出す。僕の方は「え，そんなことで？　なんか親として慌てているみたいで格好悪いな」などと感じつつも，妻が呼びたそうなのでボタンを押す。すると不思議なことに泣き止んで寝てしまう（妻の心配が和らいだせいか，単に泣き疲れてしまったのか）。助産師さんがやってきたので状況を説明すると，「ああ，それはおっぱいが欲しいの」とあっさりとした一言。母乳は少しずつしか出ないので10分では全然足りなくて，左右取り替えながら30分くらいあげて，それでも寝ないでまだ欲しそうだったらミルクを足したりする必要があるとのこと。10分というのは，母体の乳首に負担をかけないための時間であり，赤ちゃんが飲んで満足する時間ではなかったのだ。

　もう眠りつつある赤ちゃんだが「ちょっとお乳あげてみましょうか」と助産師さん。起こして，おっぱいを吸わせてあげると，実際必死に吸いついて飲み始める。「それで40分くらいあげてもまだ欲しがるようだったら，ミルクを足しますからまた呼んでください」と助産師さんは出て行く。それから40分間，ずっと吸っていたのだから驚く。ちょっと動いたときに乳首が外れると，必死に探して吸いつきにいく。結局，最後はまた助産師さんを呼んで，ミルク30ccを哺乳瓶で与えてもらう。これもすごい勢いで飲む。「おなか減っていたんだね」と助産師さん。最後，少しだけ残したところで，ようやくお腹一杯。今度はゲップを出させる方法を教えてもらう。少しずつしか出ない母乳と違って，ミルクは一気に飲んでしまうので，ゲップを出させないと，後で寝ているときに戻したりするのだそう。しばらく背

中をさすっていると，オゲッと大人のようなゲップをしたので一同笑ってしまう。なんだかんだいって，やはり育児を知っている人が傍にいるということはとても大事なんだと痛感する。

　「授乳は10分くらい」と教わっていたものだから，10分間ほど母乳を飲ませた後再び泣き出したわが子を前に，ただ泣きたいのではないか，病気ではないか，揺さぶりすぎなのではないかと，いろいろな可能性を考える僕たち。結果的には「まだお腹が空いていただけ」だったのだが，こんな本当に簡単なことであっても，傍に経験者がいないと50分間も赤ちゃんを泣かせてしまうことになる。一応「発達心理学者」だから，新生児の口元に触れると口をその方向に向ける反射（口唇探索反射）があること，「肺呼吸の練習」のために何が欲しいわけでもなくただ泣く場合があることなどは本で学んで知ってはいたが，いざわが子に泣かれてしまうと結局何一つ確信めいたことをいえない。新生児に大体どれくらいの時間授乳させたら良いのかといったことや，ミルクの後にはゲップをさせてやらねばならないことも知らなかったのだ。やはりこうした世話の仕方の細部は，どんな本やインターネットを調べるよりも，実際に経験者のやり方や助言に倣うことで初めて分かるものだと思う。まさに「百聞は一見に如かず」なのだが，現代社会ではそうした自然な形での伝承システムは昔ほど機能していないように見える。

　ともあれ，こうした最低限の世話の仕方だけを数日の入院期間に教えてもらい，母子が退院したその日から僕と妻，そして3日間悩んでHと名づけた息子との生活が始まった。自宅に連れて帰ったときには「この子にとっては初めてのわが家なんだな」と何だか不思議な気分だったが，そんな感慨も身辺の世話のせわしさにあっという間に吹き飛んでしまった。授乳やおむつ替え，沐浴など，それまで病院の整った設備・道具を使って行っていた作業を，自宅という場でやっていくことに慣れるのがまず一苦労だった。

　例えば，うんちが出る度にあまり頻繁にお尻を拭いているとデリケートな赤ちゃんの肌はすぐに荒れてしまうと聞いていたから，できれば水洗いをしてあげようという話になる。ところが，うんちのついたお尻をどこで洗うか。キッチンで洗うわけにはいかないし，お風呂もちょっとなあということで，階下の洗面所まで連れて行ったのは良いが，そこで服をうんちがつかないようにめくって，まだ首も座らないHのお尻だけを洗面台の上に出し，水洗いするというのが実に難しい。冷たい水にHはビービー泣いて暴れるし，うんちもあちこちに付いてし

まう。夫婦二人がかりで半分パニックになりながらやってみて，結局「これは無理だ。お尻拭きで拭こう」ということに落ち着いた。また，母乳をあげるときも病院にあったような授乳用の便利なクッションが自宅にはなく，Ｈもまだ乳首をくわえるのがうまくないから，僕がＨの身体を支えながら，口の位置や角度などを調節してやるという二人がかり（ないしはＨも交えた三人がかり）の作業になる。何とか一番授乳しやすい体勢を見つけたと思ったら，今度はＨが乳首を噛んでしまったらしく，妻が「イタタタ！」と叫ぶ。ともかく，何かにつけてこんな調子で，家族三人が三人とも全く慣れない生活を一からスタートさせねばならなかったのだ。

　特に僕たちを悩ませたのは，Ｈが母乳をすんなりと飲んでくれないという問題だった。一般に新生児は大脳皮質がまだ十分に発達していないため，呼吸や自律神経を司る脳幹部の支配を主に受けており，かなり正確な生命リズムにしたがって行動する。すなわち，昼夜を問わず１〜２時間ごとに目覚めては泣き出して，授乳させると再びまどろみに落ちていくということを繰り返すわけだ。しかし，Ｈは空腹で泣き出しているにもかかわらず，妻が乳首をふくませようとすると「拒否」するかのように顔を背けたり，一旦は吸い出してもすぐにまた泣き出したりすることがしばしばあった。深夜に何度も起こされて，その度にＨに母乳を飲ませるために格闘せねばならないことに妻は日々苛立ちを募らせていったし，それを傍で見ている僕も気が気ではなくて大いに疲弊することとなった。最初の１〜２ヶ月は夜もろくに眠れず大変だということは話には聞いていたからある程度覚悟はしていたが，僕にとってはむしろ妻が苛立つのを見ていることがこんなにもストレスになるということが想定外だった。

　実はＨは哺乳瓶のミルクはよく飲んだから，僕としてはどうしても難しい場合には無理して母乳を与えようとせずにミルクで安眠してもらった方が良いのではないかということを提案したのだが，妻は，生後３ヶ月間は特に母乳を通じて母体の免疫機能が赤ちゃんに取り込まれること，哺乳瓶に慣れさせてしまうとますます母乳を飲まなくなる可能性があることなどを聞き知っていたからか，やはり母乳にこだわるのだった。例えば，次のようなことがほぼ毎日のように繰り返された。

エピソード16　母乳 or ミルク？（生後９日）

　深夜１時半頃，妻がハアとため息をつき，「飲むか寝るかどっちかにしろ」といった乱暴な言葉遣いをしているのが気になって起き出す。Ｈの泣き声はしばらく前から聞こえてい

た気がするが，実はもうかれこれ1時間ほど何とか母乳で眠らせようと悪戦苦闘していたらしい。そして，やっぱりうまくいかずに苛立ってしまったようだ。Hの「オギャー！」という激しい泣き声を聞いて，すぐにミルクを足した方が良いと思う。ミルクを作って寝室に戻ってくると，妻は子どもを布団にほったらかして，ハアとため息混じりに横になっている。ミルクを60ccあげるとHは一気に飲み干し，ようやくうとうとし始める。

　これではいけないと思って僕が「こうなる前にミルク足そうよ。母乳で眠らせないといけない気がするの？」というと，「母乳じゃなきゃ嫌なんだよ」とまだ苛々しながら妻がいう。僕は「なるべく母乳の方がいいけど，どうしても無理な場合はミルクでいいじゃない？　母乳でいけるときもあるし，いけないときもあるよ。あくまでお母さんと子どもに無理のない範囲でやっていかないと。そんなふうに苛立っちゃったら子どもに伝わって，余計に泣くじゃない」と諭す。「もう2〜3時間こんなふうにしているよ」と妻がつぶやく。実際は1時間半くらいのはずだが，体感としては倍の時間のように長く感じるのだろう。どうして妻がここまで母乳にこだわるのか。母としてのプライドに関わる部分もあるのかもしれないと思いつつ，ここではそこまでは口にしない。

　午前4時。再び泣き出す。妻がまたハアと深いため息。「どうする？　ミルク足す？」と尋ねると，妻は「母乳でやってみる」という。添い寝しながら乳首をふくませようとするがなかなかうまくいかないので，Hの位置を微調整してサポートしてやる。するとうまく落ち着いて飲めるポジションができたらしく，いつものように乳首を吐き出してしまうということもなく，案外スッスッと飲み始める。「おー，よく飲んでるじゃない」と声をかけ，これなら大丈夫かなと思って僕も眠りにつく。しかし，しばらくして再びHが泣き始めたのでまた目を覚ます。やはり母乳だけでは満足できないのかなと思って，ミルクを作ろうと台所まで行くが，泣き方が本当に空腹のときのそれとは違って，幾分力ない泣き方であることに気づく。どちらかというと甘えたいときの泣き方かもしれない。そこで，「もう一度ミルク足す？」と妻に尋ねると，「母乳あげるよ」という返事。添い寝しながら乳首をふくませると，少し飲んですぐに眠ってしまう。やはり甘えたかったのか，母親の懐で気持ちよさそうに寝ている。母子の結びつきが次第に強まってきているなと感じる。

　こうしてみると，妻の母乳へのこだわりも決して馬鹿にできたものじゃなくて，そうしたことによってHにとっては母親が特権的な存在になってきているのかもしれない。

　普段は温かい人柄の妻だが，少し感情的になりやすいところがあって，Hが自分の思い通りに泣き止んでくれないときなどには，ここにあるような少々乱暴な言葉が口を突いて出ることがあった。後で議論するように，そうした苛立ちや焦りはHに身体を通して伝わるから（本書 p.81, 284），妻が半ばムキになって乳首を含ませようとするほどにHが激しく泣くという悪循環が起こってしまっていると，僕は感じていた。ある程度までは妻に任せていたのだが，そうした悪循環が煮詰まってしまっているときには，妻に「もう今回はミルクでいいんじゃない？」と提案するのが僕の役目だった。一方，妻はやはり何とか母乳を飲んでほしいという思いが強くて，なかなかすんなりとその提案に乗ってくれるということはなく，少し気持ちを落ち着けてから再び母乳にチャレンジしようとするのが

常だった。

　Hがなぜ母乳を吸いたがらなかったのかは分からない。恐らく「拒否」というよりは，空腹が高まっているときには少しずつしか出ない母乳にじれったくなってしまうとか，まだ上手に口の中で乳首を固定できずに口から出してしまうとか，抱かれている体勢が窮屈だとか，鼻口を押しつぶされて息が苦しくなってしまうとか，そうしたちょっとしたことが重なっていたのではないかと思う。実際，ミルクを飲ませた後で母乳をあげたときには，気持ちにも余裕があるせいか，案外すっと吸ってくれるといったことも徐々に分かってきた。だが，妻からすればやはり「Hが最初に母乳を吸ってくれない」ということは，まさに自分が母親として「拒否」されているような印象を与えるものだったようだ。そこに僕がミルクを提案するわけだから，妻にとってはある意味追い討ちをかけられるようなものである（といって，ただ見ているわけにもいかなかったのだが）。僕がそんなふうに自分の見方を伝えるたびに，恐らく妻は自分が苛立っていること，「うまくやれていない」ことを突きつけられるようで嫌だったのだろうし，僕は僕で自分の考えがなかなか妻に理解してもらえないことに歯がゆさを感じてもいた。母乳かミルクかをめぐって毎晩のように繰り返されるやりとりは，夫婦の関係にまで影響するような大きな問題だったのである[25]。

　全てを母乳でまかなえない状況の中で，どの程度ミルクを足すのか（あまりミルクの量を増やしすぎると今度は下痢をしてしまう）。どのくらいの頻度で，どのくらいの量を哺乳させれば良いのか。ミルクを足すとすれば母乳の前か後か。結局，授乳のさせ方をめぐるこうした試行錯誤・混乱は生後1ヶ月半頃まで続いた。ときには妻と僕とで激しくやりあうときもあったし，実家から孫の顔を見に来た母親が息子（僕）をたしなめようとしてかえって火に油を注いでしまうこと

---

[25] Brazelton（1981/1982）などにも，僕たちの場合とは少し異なった，授乳をめぐるある夫婦の悪戦苦闘ぶりが描かれている。

[26] 鯨岡は第1章図3（本書 p.12）の世代間リサイクルの図について，親の線を一本線で描いてしまったために父親と母親とで本来異なるはずの「親になる」プロセスが単純化されてしまい，そこに孕まれる子どもも交えた複雑な三者関係のありよう（さまざまな葛藤的状況を含む）が覆い隠されてしまったとして，この図に修正を加えねばならないと述べている（鯨岡，2011）。一般的には「身体的過程を生きる中で先に親になる母親」と「それに引っ張られるようにして後から親になる父親」という図式が思い描かれることが多いようだが，僕自身の経験では「女が先で，男が後」という見方はやや一面的だと思う。ここでのエピソードのように，母親・父親の双方が「親としての」思いを抱えていて，それがときにずれることがあるということが，三者関係の（あるいは祖父母も加えた四者関係，五者関係の）複雑さの本当の中身だと思われる。

もあった[26]。多分，哺乳についてこれだけ口を出してくる夫も珍しいだろう。妻や母からすれば「男は口を出すな，妻がやりやすいようにサポートをしていれば良いのだ」といいたかったところかもしれない（ところが，そこで僕が「発達心理学」を専門としているということが事態をもう一段複雑にする）。もちろん，その気持ちは分からないでもなかったが，苛立つ妻と泣き喚くHをただ見ているということは，僕にとっては育児参加を放棄することのようにも思えたのである[27]。

　最終的には，「母乳を先にあげたい」という妻の思いと，空腹が高まりすぎていない状態であればそれなりに母乳を吸うというHの特徴，さらには一回に飲む量も次第に増えてきて，ある程度の分量をあげておけば3時間はもつ（空腹でパニックになることはない）ようになってきたHの成長など，諸条件を折り合わせる形で，「お腹が空いていようがいまいが3時間おきに授乳する」という形を僕が提案した。幸い，3時間というのが空腹にも満腹にも過ぎないちょうど良い時間間隔だったらしく，こうしてHと妻双方の欲求や思いが満たされる形が，生後1ヶ月半ばにしてようやくできあがっていったのだった。もちろん，「3時間おきの定時授乳」が絶対に良いというわけではなく，赤ちゃんの個性や両親の思い，生活リズム等に応じて，各家庭ごとに最も望ましい形が決まってくるに違いない[28]。いずれにせよ，はじめは親子三人皆が慣れなかった新生活が，こんなふうに各人の個性や願い，都合などが折り合わされて安定感のあるもの，馴染んだものになっていくためには，やはり1〜2ヶ月の時間はかかるものなのだろう[29]。生後2ヶ

27　近年，先行研究においても，一般社会においても，父親が育児に参加することが無条件でもてはやされる風潮があるが，実際はただ参加すれば良いというものでもないと思う。今後は「父親としてどのような参加の形がありうるのか」ということが，もっと議論されねばならないだろう。

28　同様に，わが子にしてみれば空腹で泣き叫ばなくても3時間経てば授乳してもらえるわけだから，そのことがわが子の「自己主張」や「貪欲さ」といったものを良い意味でも悪い意味でも調整することになったかもしれない。何が良くて，何が悪いのか，子育てというのは単純な正解のない営みである。

29　精神分析学はしばしば新生児期を「母子一体」の時期として仮定する。すなわち，子どもの欲求全てが満たされ，子どもと養育者が深くつながりあった新生児期から，さまざまな欲求不満を経験することで幼児的万能感が削られていき，ついには離乳期の「分離」へと至るといった流れで，乳児期が描かれてきたわけである（e.g. Freud, 1911/2009; Winnicot, 1987/1993）。しかし，関係発達論の立場からいえば，〈子ども‐養育者関係〉は決して「幸福に満ちた一体感」からスタートするわけではない。それは生後2ヶ月頃までの養育者の（さらには子どもの）「苦労」の末にようやく形を成してくるものである。もちろん，主に子どもの心的生活（欲動論）を問題にしている精神分析学と，主に現実の〈子ども‐養育者関係〉に注目している関係発達論とでは現象を見るときの視点が違うし，両理論が全く相容れないわけでもないだろうが（大倉，2011），心的生活における「親子関係」と，現実の〈子ども‐養育者関係〉とのあいだには常に幾分かのずれが孕まれているということには注意しておいた方が良いだろう。

月頃までは本当に大変だった。

2. 情緒的力動感 vitality affect を介した「要求」と「情緒的応答」のコミュニケーション

　養育者の思う通りにはなかなか事が運ばない格闘の毎日。目の前にいる圧倒的な無力なはずのわが子から絶対に逃げられず，基本的にはわが子の生理的欲求に合わせ，振り回されていくしかない毎日。ときに非常に「過酷」なものともなる生後2ヶ月頃までの生活の中で，養育者の一つの支え，喜びとなるのは子どもの気持ちが何となくではあれつかめてくるようになるという経験である。一人では生命維持すらおぼつかないわが子のことを養育者が「いつも，すでに」気にかけつつ，授乳やおむつ替え，沐浴など，身体的接触を多く伴う世話をすることを通じて，自然と，わが子が今どんな気持ちでいるかということが間身体的・間主観的に分かってくるわけだ。実際，僕たちの場合も，（授乳以外の）おむつ替えや沐浴などにはすぐに慣れて，Hに話しかけて反応を楽しんだり，合間にちょっとした遊びを取り入れたりする余裕も出てきた。そして，Hもそうした関わりを通じて，少しずつ僕たちのことを「意識」しているような素振りを見せるようになっていった（例えば「目が合う」という感じが徐々に強まってきたり，「アウ，アウ」というクーイングに合わせて真似をしてやるとそれに「返答」したりするようになった）。そういったことがあったからこそ，単に身辺の世話だけで忙殺されているというよりは，やはり一人の人間を育てているのだという実感が得られたのだと思う。例えば，次の鯨岡のエピソードを見てみよう。

エピソード17　お湯に入れてもらって気持ちがいい（生後20日）

　M子（0ヶ月20日）がお湯に入れてもらう場面である。「さあ，お風呂よ」といいながら入浴用のたらいに張られたお湯にM子を母親がそっと入れると，手をしっかり握り両手足を縮こませていたM子は，しばらくして気持ちよさそうな表情になって両足を少し弛緩させる。それが分かった母親は「ああ，いい気持ちねえ，Mちゃん，いい気持ち」と言葉をかけながら，ガーゼのタオルで顔や体を拭くようにお湯をかけてゆく。そのようにしてしばらく体を洗った後，沐浴を終わろうとして母親は上がり湯を手桶でM子の体にかけてやる。そのとき，お湯のかけ方が少し強すぎたのか，一瞬M子はびっくりしたように，体をビクンとさせる。「ごめん，ごめん，びっくりしたね，ごめんね」と母親は大きな子どもに謝るように言葉をかける。それからバスタオルにM子をくるんで，あお向けにし，体を拭いてやりながら「ああ，いい気持ちだった，いい気持ちだった，ね」と笑顔でM子の顔を覗き込みながら話しかける。まだ，目が合わないが，M子は気持ちよさそうな表情になる。

(鯨岡，1997より)

人間は，いちいち言葉で感情を表現せずとも，その内的情態は「いつも，すでに」，表情や姿勢，動作の力動感などに表れている。こうした身体が持つ独特の表情性や力動感のことをスターン（Stern, 1985/1989）は〈情緒的力動感 vitality affect〉と呼んだ（訳書では「生気情動」という訳語が当てられているが，本書ではこのように意訳して用いることにする）。最初期の〈子ども－養育者関係〉のコミュニケーションは，この情緒的力動感の共有や交流といった形で行われる。

このエピソードでもM子の身体の情緒的力動感が母親の身体に浸透し，母親はM子が今気持ち良い状態であるとか，びっくりしたのだといったことを自然につかんでいる。そして，M子の気持ちの変化に応じて「気持ちいいねえ」と言葉をかけたり，「ごめん，ごめん」とお湯のかけ方を修正したりしている。M子はまだ言葉を話すことはおろか，何らかの表情を作って自分の意図を母親に伝えることすらできない。したがって，恐らくこの気持ちの良い表情やびくっとした身体のこわばりは，ただ自分の内的情態が直接身体に現れたもの，すなわち「表出」であって，何かを他者に訴えるための「表現」ではない。しかし，それにもかかわらず，ここにはある意味で最も原初的な形のコミュニケーション（「気持ちいい」の共有や「びっくりした－ごめん」の交流）があるのである。こうした原初的コミュニケーションを通じて，養育者はわが子と多少なりとも「やりとり」しているような喜びを感じるとともに，どんなふうにしたらわが子が快適に過ごせるのかといったことも分かってくるわけである。

さらに，もう一つエピソードを見ておこう。

エピソード 18　泣きから対面へ（生後 28 日）

そろそろ授乳の時間になったのか，眠りから目覚めたN子（0ヶ月28日）は，「ン，ン，エー，……ン，ン，……」とぐずり泣きを始めた。少し泣いてはやめ，回りの声や物音に聞き耳を立てている感じがあり，泣き止んだときには少し舌を出す動きもある。母親はN子のむずかりに気づいてはいるが，上の子どもの相手をしてやっているところなので，すぐには対応しない。しかしなおもN子がぐずると母親は立ち上がってベビーベッドの傍らにいく。N子はその時には体に力を入れて真っ赤になって「ン，エー，エー」と強く泣いている。母親は「そんなに泣かんでも……」と言いながらN子の背中の下に手を入れると，とたんにN子は泣きやむ。母親が「あー，重いなー」と言いながらN子を抱き上げ，自分の体にもたせかけるようにすると，N子は再び泣き出す。母親はその泣き声にかぶせるように「おー，よしよし」となだめながら，N子と対面する形に抱きなおすと，泣き声が変化して，「ア，ア」と甘えたような声になる。そして，まるで母親の顔を捜すような様子を見せ，そこで母親と目が合うと「ン，ン，ン」と甘えるような，訴えるような調子の声を出す。母親は「そんなに甘えたような声出さんで」といいながらあやす。N子は大きく口を開けて母親をじっと見ているような感じがあり，まるで全身で母親を捉えようと言わんばかりである。

母親もその N 子の様子に満足そうで,「おうおう」と答えてやる（写真 1）。

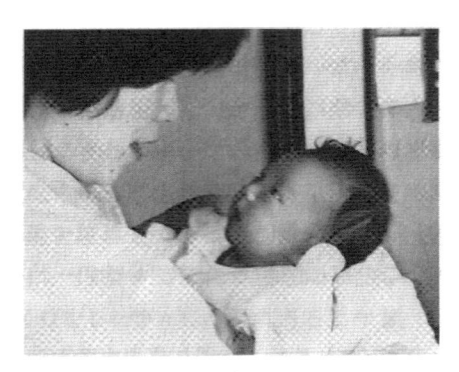

写真 1

（鯨岡, 1997 より）

　一見したところ, 単に赤ちゃんが泣いて, 母親がそれに対応しただけのように見えるかもしれない。しかし, よくよく見てみれば, ここでもすでに先ほどと同様の原初的なコミュニケーションが行われていることが分かる。実際, 最後に N 子が「全身で母親を捉えようと言わんばかり」に見つめ, 母親がそれに「おうおう」と答えてやる場面などは, お互いに気持ちと気持ちを向け合った, よりコミュニケーションらしいコミュニケーションが芽生えてきているように見える。
　このエピソードの発端は N 子のぐずり泣きである。月齢から考えると, この「泣き」は先ほどの沐浴エピソードと同様, 何かを他者に訴えかける「表現」であるというよりは, 空腹の不快感が自然と声になったような「表出」だと思われる。しかし, 母親にはそれが何かの「要求」であるように聞こえ, 立ち上がって対応に向かうのである。これを養育者による〈受け手効果〉という。ある意味ではこの時期の乳児の行動のほとんどは脳幹の指令によって生じる反射的なもの, 自動的なものである。しかしながら, 養育者は決してわが子をそういった自動機械のようなものとしてみなしてはいない。冷静に見れば内的情態の「表出」にすぎない新生児の一挙手一投足を, 自分に対する不満の訴えや要求として感じるわけだ（実際, 僕の妻はわが子が授乳を「拒否」するのだと捉えていた）。養育者はすでに子どもを一個の主体とみなして, その主体が自分に向かって何かを「表現」していると捉えているのである（Newson, 1978/1989）。

この受け手効果は，この時期の子育てにおいて非常に重要な意味を持っている。もし養育者が子どもを一種の自動機械のようなものとしてみなし，ちょうど車のガソリンを補充するように，赤ちゃんから「泣き」というサインが出たから母乳を「補充」するといった感じで対応をしていたらどうなるか。そこでは恐らく，このエピソードにあるような，単にお風呂に入れたり，母乳をあげたりしているという以上の，「気持ちの共有」を目指すような働きかけが養育者の側からなされることはないだろう。いいかえれば，赤ちゃんの身体に現れ出た情緒的力動感 vitality affect を養育者が感じ取って，それに自分の身体の波長を合わせ，自らの身体の情緒的力動感として伝え返していくような，間身体的な交流がなくなってしまうということである。これに関して，ある乳児院における鯨岡の観察記録を見てみよう。

エピソード19　ある乳児院での鯨岡の観察記録
　A男（3ヶ月）が泣いている。たまたま職員がおらず，関わってくれる者がいない。それでもA男は泣き止まずだんだん泣き声が大きくなった。用事でその場を離れていた職員が戻ってきて，「よしよし」と声を掛けて抱き上げてやる。他にもグズグズ言っている乳児がいる。その職員はA男を抱いて体を揺すってやりながら，他児のベッドの様子を見て回り，グズグズいっている子に声を掛けたり，メリーをその子のところに持ってきて回してやったりしている。しかし，小さい声でクスンクスン泣いている子や，黙って目を開けている子には「○○ちゃん起きているのね」と声を掛けて通り過ぎてしまうだけである。子どもに話し掛け，その子から応答を引き出そうという関わりとは全く違っている。
　B子が泣き始めた。声はかぼそく訴える力が弱い。職員はいまC助にミルクを飲ませていて手が話せない。「Bちゃん，すこし待ってね，もうじきC助ちゃんがすむからね」と声を掛けてB子の方を向く。その間，C助への授乳に気持ちが向かわなくなってしまう。C助はもくもくと飲むだけである。そのうちにB子は泣き止んでしまった。C助がミルクを終えかけた頃，今度はA男が大きな声で泣き始めた。職員は「おお，よしよし，いまAちゃんもミルクにするからね」と応えて，結局A男に関わることになった。B子はもうすっかり泣き止んで回りを見ている。

(鯨岡，1999b より)

　この乳児院を鯨岡が観察してまず第一に気づいたことは，関わってもらえる子とそうでない子が比較的はっきりと分かれていたことだという。つまり，職員の数に限りがあることもあって，要求の強い子，泣きの強い子（A男のように），そして余程かわいい子というのは自然と対応をしてもらえるのに対して，それ以外の子はB子のように結局は無視されることが多かったという。
　第二に，職員の関わりが，家庭の養育者に比べるとどこか機械的になりがちで，

子どもの情態に気持ちを向けてコミュニケーション的に関わることが相対的に少ないともいう。ちょうど，先の沐浴エピソードで母親が丁寧に M 子にお湯をかけてあげ，話しかけているのとは対照的に，例えばある子に授乳させているときに他の子が泣き出して，授乳させている子に気持ちが向かわなくなってしまうといったことがしばしばあったようだ。

　こうした状況は，一対一の個別化保育が導入されて以後はかなり改善されたようだが，昔は施設で育った子どもに情緒障がいや発達遅滞（ホスピタリズム）が見られるということが問題になっていたこともあった（e.g. Spitz, 1945）。コミュニケーションという営みの一番の基盤にあるといっても良いだろう間身体的交流を欠いて育った場合には，このようにさまざまな問題が生じてくる可能性があるのである。まだ自分からは十分に気持ちを「表現」できない子どもを，一個の「要求する主体」とみなし，単に生理的欲求に応えるだけでなく，私という主体とあなたという主体との「気持ちの共有」を目指す関わりをしていくような相互主体的な関係―胎児期の〈いのちの相互主体性〉に続くこの時期の相互主体性を〈要求と情緒的応答の相互主体性〉と名づけよう―が非常に重要だということである。

3. 気持ちの共有を目指す子どもと養育者

　ところで，ここまでの議論では養育者の対応に注目してきたが，先のエピソードでは実は N 子の側にも単なる「自動機械のようなもの」とは呼べないような興味深い変化が現れている。すなわち，①少し泣いては止め，聞き耳を立てているような感じがあること，②母親が抱き上げようと背中に手を回しただけで泣き止んだこと，③立て抱きに抱いたときに泣き声が「ア，ア」と甘えたような声に変化したこと，④まるで母親の顔を探すような様子を見せ，目が合うと再び「ン，ン，ン」と甘えるような，訴えるような調子の声を出したこと，などである。ここにはすでに，母親が自分に対応してくれることを予期し，母親に向かって何かを訴えようとする N 子の志向性が芽生えてきているように見える。

　ワロンは，最初は空腹や不快な姿勢などによって自動的に発せられていた泣き声に対して，養育者が何度となく対応を繰り返すことで，子どもの中で「泣き声」と「養育者の出現」のあいだの連合が生じてくるという（Wallon, 1946/1983）。つまり，餌を与えられるたびにメトロノームの音を聞かせられたパブロフの犬が，やがてメトロノームの音を聞いただけでよだれを流すようになったのと同様に，乳児は（最初のうち反射的に発せられていた）自らの泣き声の中に養育者の出現

を「予期」するようになってくるというのである．実際，先のエピソードの中で，N子が少し泣いては止めて聞き耳を立てている場面や，身体の下に母親の手が回されただけで泣き止んだ場面からは，母親が対応してくれるのを予期し，待っている様子がうかがわれる．これまで何度となく「泣いては対応してもらう」ということが繰り返されてくる中で，本来の原因（泣き）と結果（養育者の出現）の関係が転倒し，いまや養育者を出現させるために泣くといった形，つまり単なる「表出」ではない「表現」が出かかっているのである．

その最たる証拠が，このエピソードでN子が発している甘えたようなトーンの声である．本当に空腹が極まったときに新生児が見せるパニックにも似た泣き方に代表されるように，もし単に不快が表出されただけの泣きであれば，こうした甘えたトーンにはならない．

そもそも甘えとは何だろうか．これは大変難しい問題であるが[30]，一つ間違いないのは，甘えは常に他者への呼びかけであるということである．簡単にいってしまえば，自らの弱さをあえて前面に押し出すことで他者からの援助を引き出すことが「甘える」ということであるが，だとすれば，そこにはすでに他者への意識が何らかの形で含まれていることになる．そういう意味で，ここでN子が発している甘えたトーンはまさに養育者に向けた「表現」の萌芽なのである．では，こうした「表現」としての甘えはどこから出てきたのか．

第一に，これまで何度か「甘えたように聞こえる」声をN子が偶然発したときに，N子にそんな気はなくとも母親側に「甘えられている」という受け手効果が働き，母親がいつも以上に優しく関わってくれたのではないかということが考えられる（実際「甘えられると弱いなあ」というのは多くの養育者が体験するところだろう）．そうした繰り返しの中で，今やN子は，目の前の養育者から最も関わりを引き出しやすい声のトーンを操れるようになってきているのかもしれない．とはいっても，それは「N子が空腹を満たすための打算的なテクニックを身につけた」という意味ではない．N子がそれを頭の中で計算して使いこなしているわけではもちろんなく，そうした「表現」は，やはり空腹の不快感から授乳後の充足に至るまでの連続した身体的過程（いつもの流れ）の一部として，自然に形になってくるものだと思われる．

---

30 というのも，「甘え」は日本人に特徴的な感情であるともいわれ，そこには文化の問題も関わってくるからであるが（土居，1971/1993；大倉，2011）．

第二に，授乳や沐浴などを通して養育者との間身体的交流を繰り返してきた乳児は，徐々に単なる生理的欲求充足に留まらずに，養育者が目の前にいること，養育者と間身体的につながれることそれ自体を喜ぶようになってくる点も見逃せない。ワロン的に心身の快適な状態と養育者の姿とに「連合」が生じるためだともいえるかもしれないし，そもそも人間は他者と間身体的につながれることを欲する存在なのだといっても良いかもしれない（恐らく，後者の欲求が「解発」されてくるために前者の連合が必要条件となるのではないか）。ともかく，空腹等の生理的欲求と同等の非常に根源的なレベルで，養育者とつながれたいという繋合希求性が芽生えてくるのである[31]。したがって，先のエピソードでN子が訴えているのも，恐らく「早くお乳を頂戴」ということ以上のことだと思われる。すなわち，まさに母親に甘えることによって，母親からの情緒的で優しい応答を引き出し，見つめ合い，気持ちを共有することそれ自体を求め，訴えているのだと考えられる。

このようにして，最初はお互いに慣れないことの連続で，子どもの生理的欲求を満たすだけで精一杯だったような〈子ども－養育者関係〉が，次第に気持ちと気持ちの交流を含んだ情緒的かつコミュニケーション的なものになり，お互いに相手のことが「分かっている（気持ちがつかめる，見通しが持てる）」ようななじんだ関係になってくる。はじめは不安とともに試行錯誤的に始めていくしかなかった養育者も，一個の主体としてのわが子の人格らしきものがある程度つかめるようなるにつれて，徐々に手応えと自信を深めていくようになるのである。

4. 相互主体的関係の諸側面

ここまで述べてきた生後2ヶ月頃までのプロセス，子どもに対して特に傾倒的・没頭的な世話を行ってゆかねばならない最初の時期というのは，養育者の中にさまざまな葛藤が去来する時期でもある。子どもが生まれる前には自分なりの生活リズムを持って，やりたいことをやりたいときにやっていた人に対して，生まれたばかりの乳児はこれまでとは全く異なる「子ども中心」の生活への転換を求めてくる。生活リズムを子どもに合わせたものに組み立て直し，常に子どもの情態を気にかけておかねばならなくなるというのは，自己充実的な生活に慣れ

---

31 僕たち人間はどうして生理的欲求を満たすだけに留まらず，他者を求め，愛を求めるのか。ここでの議論を踏まえていえば，幼い頃に生理的欲求以上の悦びを知ってしまったから，というのが一つの回答だろう。

た人にとっては大変なことである．しかも，そうした生活の中で子どもはいわば「待ったなし」の対応を迫ってくる．「子育てにはまだ慣れていない」とか「誰もやり方を教えてくれない」といったいい訳が通じるはずもなく，ただ顔を真っ赤にして不満を訴えてくるわが子を前に「お乳を飲むわけでもないし，おしめも濡れていないし，熱があるわけでもないのに，一体なんでなのよ？」と，こちらが泣きたい気分になることもしばしばである．たとえ子どもの誕生を大きな喜びで迎えたとしてもそうなのだから，そもそも妊娠したこと自体に割り切れない思いを抱えたまま子育てに入った人や，自己実現を目指す生き方に傾いた人などにとっては，生後1～2ヶ月までの時期というのはまさに「過酷」そのものだろう．

しかしながら，そうしたときに目の前で泣き叫ぶわが子に苛立ち，何とか泣き止ませようとすればするほど不思議なことに子どもというのは泣き止まないものだ．恐らくそれは，早く何とかしなければという焦りや，自分のやり方が間違っているのではないかという不安感，こんなはずではなかったという暗澹たる気持ちというのが，負の情緒的力動感 vitality affect として，間身体的に子どもにも通じるからである[32]．したがって，このようなときに問題となるのは，いかにして「早く泣き止ませたい」という自分の思いを一旦棚上げし，ゆったりとした鷹揚な気持ちで子どもと付き合えるかということだろう．いいかえれば，子どもの気持ちがつかめずに，なぜ泣いているかも分からない，そんな状況のときにも「あなたにも泣きたい気持ちがあるのよね」とでもいうようなゆったりとした気持ちで，子どもが泣き止むまで「待って」あげること，子どもを「泣きたい」思いを抱えた一個の主体として受け止め，温かくてどっしりとした情緒的力動感 vitality affect の中でただ抱きかかえていくことが非常に重要だということである（鯨岡，2006）[33]．

このこともまた，相互主体的関係の一側面であることに注意しておこう．先ほ

---

[32] 精神科医のサリヴァンは，子どもの不安を鎮める最も良い唯一の方法は養育者が不安でなくなることだという（Sullivan, 1953/1990）．
[33] ただし，これは口でいうほど簡単なことではない．エピソード15（本書 pp. 68-69）で「ゆったり構えようとしていた」僕が子どもの情態（空腹）をつかみ損ねていたことを思い返してほしい．やはり子どもが泣く以上，そこには何かしらの「原因」があるのではないかと思いをめぐらすのが養育者のあるべき姿勢だろうし，それが分からないということは多少なりとも心揺さぶるものがあるのは確かである．子どもの欲求が全て満たされているはずだという確信に裏づけされた真に鷹揚な態度というのは，特に生後2ヶ月までの養育者にとってはあくまで彼岸にある目標なのだと考えておくことも重要だと思う．実際，関係発達論を学んでいたはずの僕自身，やはり鷹揚に構えようとしても，どこか「必死に」鷹揚になろうとしているところがあった．

ど〈要求と情緒的応答の相互主体性〉に言及した際には，まだ自らは何も表現できない時期から子どもが何らかの要求をしているのだと受け止めて，それに応え，気持ちの共有を目指していくという方向性，つまりは繋合希求的な側面に力点があった。一方，ここでは，たとえ気持ちが直ちにつながりあえなくとも，子どももまた自分なりの思いを抱え，自己充実を目指す存在であることを尊重する方向性に力点がある。「子どもを自分なりの思いを抱えた一個の主体として受け止め，その主体と粘り強く関係をとりもっていこうとすること」が相互主体性であるが，そこにはこの二つの側面が共に含まれてこなければならない。それによってこそ，子どもの中に繋合希求性と自己充実欲求が育まれてき，両者を併せ持った一個の主体として子どもが育っていくということも可能になるからだ。

　ただし，こうした相互主体的関係を一人の養育者の力だけで維持していくことはなかなか難しい。特に子どもに対して心から傾倒していけない，気持ちに余裕もなくわが子の内的情態をうまくつかめない，それゆえ振り回されるだけの感じが一層強まって投げ出したくなる，といった悪循環が生じているときはなおさらである。こうしたときに「夫が一緒に育児をしてくれて助かった[34]」とか「子どもを持つ友人から一緒に頑張ろうねといわれて，もう一度前向きになれた」といったケースは多々あるものだ。諸々の事情により相互主体的関係が難しくなっている場合に何よりも重要なのは，前章でも述べたように，慣れない子育てでさまざまなストレスを感じている養育者を周囲の他者が支えていくことである。相互主体的関係は決して〈子ども-養育者関係〉の中だけで成立するものではなく，周囲の他者に支えられて初めて可能になるものなのである。

---

[34] ただし「育児参加」とはいうけれど，僕自身は哺乳のさせ方に口を出しすぎてかえって妻にストレスをかけていなかったかと考えると，ここでの話はやや理想論的かもしれない。

第7章
生後3ヶ月～7ヶ月の諸行動の出現

　前章では新生児期から生後2ヶ月くらいまでの〈子ども‐養育者関係〉について見てきた。はじめは親子三人，皆が慣れないことの連続でとても大変だった生活も，子どもの特徴や気持ちの動きを少しずつつかめるようになってくると，徐々に安定感のあるなじんだものになってくる。また，養育者が子どもの気持ちをつかんで，それに応じた情緒的応答をしていくことによって，子どもも一個の主体として養育者にこうしてほしいということを要求し，養育者と気持ちを共有することを喜ぶようになってくる。養育者が子どもとつながれることを目指して一生懸命関わっているうちに，子どもの側にも養育者とつながれたいという繋合希求性が育ってき，実際に両者がつながれる場面が増えてくるわけだ。そうしたプロセスの一つのクライマックスが，生後3ヶ月頃に見られるいわゆる「3ヶ月微笑」だろう。ここらあたりを一つの境として，子どもの側にこれまでと違った諸行動が出現してきて，〈子ども‐養育者関係〉が新たな展開を見せ始める。本章では，そうした観点から，生後3～7ヶ月の〈子ども‐養育者関係〉を見ていくことにしよう。

1. critical point（重要な分岐点）としての3ヶ月微笑

　乳児の笑顔そのものは，新生児期に眠っているときなどに口元がほころぶ新生児微笑から始まって，生後1～2ヶ月の頃に徐々に視線が合い，かすかに笑ったような表情をするといったように徐々に発展してくる。ただし，この頃はまだ「目が笑っている」「こちらに対して笑いかけている」といった感じが乏しく，「うれしくて笑っている」のか，単なる「顔面筋肉のひきつり」なのか判然としないところがある。しかし，3ヶ月頃になると，徐々に養育者に向けた「うれしい」という気持ちの表出としての笑顔，感情反応としての笑顔であるという感じが強まってき，ときに目を細め，口を大きく開けた喜色満面の笑みが出てき始めるのである。わが子Hの「笑顔」の変遷については第1章（本書 pp. 6-7）で少し触れたので，ここでは鯨岡が観察した次のようなエピソードを見てみよう。

エピソード20　対人場面での喜色満面の笑顔（生後3ヶ月8日）

　眠りから醒めて、おむつを替えてもらう。ご機嫌の顔である。カメラの方を見たので観察者が「Ｎちゃん」と呼び掛けると、にっこり笑った。そこで観察者は「今日はＮちゃんご機嫌ですか」と声を掛ける。しばらく笑顔で観察者の方を見ていたＮ子は、頭上のメリーに目を移し、それをじっと見る。それからまた観察者の方を見、またメリーの方を見る。そのＮ子の様子に気づいた母親は、メリーのゼンマイを巻いてやる。子守歌のメロディーとともにメリーが動き始めると、Ｎ子はその動きにじっと見入る。母親がメロディーに合わせてＮ子の足首をさすってやると、Ｎ子は笑顔になりながらメリーの動きを目で追いかけ、両手を一緒に振るように動かして「アウ、ウ」と力強く声を発する。

　その後しばらしてから、母親はようやくＮ子の体を起こしてベッドの上に座らせ、対面する形になる。その間もＮ子は少し微笑んでいたが、そのＮ子と目が合って母親が微笑むと、Ｎ子は大きく口を開けて喜色満面の笑顔になった（写真1）。その笑顔があまりに可愛いので、見ている観察者もつい引き込まれて思わず声を上げてしまう。Ｎ子が笑顔のままに母親に「アウ、ウ」と話しかけると、母親も「オウ、オウ」と応じる（写真2）。そこに兄が割り込んでくるが、二人ともそれを意に介さずに、しばらくのあいだ二人だけの「お話」を続けた。

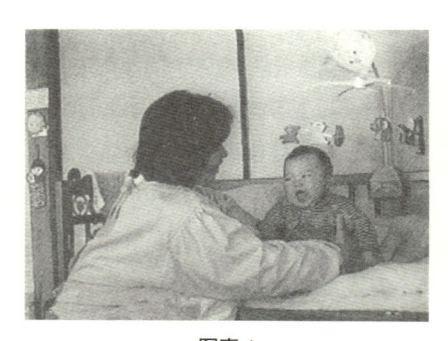

写真1 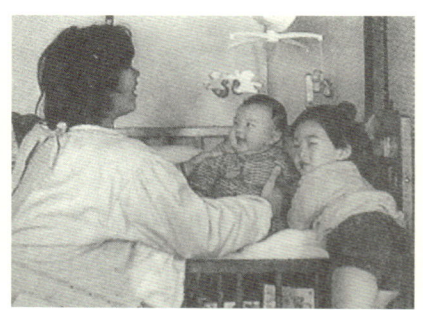　　　　　　　　　　写真2

（鯨岡，1999bより）

　このエピソードで、Ｎ子の笑顔を見て、思わず観察者まで声をあげてしまったとあるが、まさに見ている者をその笑顔に巻き込むような強い情動喚起性を持っているのが3ヶ月微笑の特徴である。これまでの時期にも、子どもと養育者が視線を合わせ、かすかに微笑み合うような場面はないこともないが、それとは比べものにならないくらい子どもと養育者の情動的なつながりが強く感じられるわけだ。鯨岡は、このエピソードについて、単に「目と目を見詰め合って微笑み合った」といった行動的記述では済まされないような、一種独特の「幸せのオーラ」が二人を包んだのだということを強調する。そして恐らくそのことは他の誰でもなく、母親にとって強く感じられたのだろう。しばらく兄を意に介さずにＮ子と

1. critical point（重要な分岐点）としての 3 ヶ月微笑　85

の二人だけの世界を楽しむのである。

　ここでどんなことが起こっているのだろうか。一言でいえば，N 子は母親が微笑んでくれたことがうれしくて，母親は N 子の可愛い様子が愛おしくて，それぞれが笑顔になったということになるのかもしれない。しかしながら，N 子の気持ちと母親の気持ちとをそのように切り分けて記述するだけでは，どうしてもここで生じていることの実際とずれてしまう感じがあるのだと，鯨岡はいう。そして，「大人と子どもは二枚の鏡のように無限に映し合う」というメルロ＝ポンティ（Merleau-Ponty, 1988/1993）の比喩を用いて，N 子のうれしそうな笑顔は，母親にとってみればまさに自分がわが子から求められ（認められ），自らの存在を丸ごと肯定されたことの証であり，一方の N 子にとっても母親の笑顔は自分が愛され，可愛がられる存在であることの証であって，その二人の映し合いが無限に増幅していくような感じであるといってみたり，N 子と母親が別個に持っているうれしい気持ちが単に通じ合ったという以上に，一つの（大文字の）「うれしい気持ち」が二人を包んだのだといういい方をしてみたりと，いろいろ苦心しながら何とかこの独特の「幸せのオーラ」を表現しようとしている[35]。

　ともあれ，生後 3 ヶ月以前に養育者が単に子どもの生理的欲求を満たす以上に，子どもとの気持ちの共有を目指して，子どもの身体と自らの身体を重ね合わせ，語りかけてきた結果として，今や子どもの側からも養育者と気持ちを共有することを喜ぶ気持ちが芽生え，その気持ちが喜色満面の笑顔という形で表現されるようになってきたということである。ずっとつながりたいと思って働きかけてきた相手と，ようやく気持ちを交流させることができるようになり，一体感を味わえるようになった喜びは，僕の経験からいってもとても大きなものである。そういう意味で，この 3 ヶ月微笑を迎えて，〈子ども‐養育者関係〉は新たな局面を迎えることになるといっても良い。例えば，次の語りはある母親（M さん，29 歳，第 1 子）が語ったものである。

---

[35] 関係発達論がこうした「感じ」の精確な記述にこだわる背景には，愛着 attachment 研究（e.g. Ainsworth, Blehar, Waters, & Wall, 1978; Bowlby, 1979/1981, 1988/1993）をはじめとする従来の「母子関係論」が，ともすれば「身体を接触させる」「視線が合う」「抱かれる」「微笑む」といった行動的相互作用によって，当該の〈子ども‐養育者関係〉を捉えようとしてきたことへの批判がある。接近や回避といった単純な方向性による区分を超え，本当の意味で〈子ども‐養育者関係〉の質を問題にしていこうとするならば，そうした行動的レベル以上の間身体的・間主観的なレベルで―例えば「可愛い‐うれしい」とか「抱えてあげられる‐信頼できる」といった深い情緒的交流が行われる次元で―，どのような気持ちのやりとりが行われているのかを「感じる」ところから始めねばならないのではなかろうか。

エピソード 21　M さん（29 歳，第 1 子）の語り

　私は，子どもを妊娠したときから，子どもなんかいらないと，ずーっと思ってきたんです。仕事が面白くなりかけてきたときに，妊娠したことに気がついて，どうしようと思ったんですけど，夫は産んだらって，言うんですよ。人のことだと思ってて，内心腹立たしかったんですよ。何だかんだといって，結局私を家のなかに閉じ込めておきたいのかってね。だから，夫に黙って堕ろしちゃおうかとさえ思ったんだけど，やっぱりお腹のなかにできた赤ちゃんのことを思うと申し訳ない気もするし……迷って，迷って，で，気がついたらもう堕ろせない月齢になっていて。そうして産まれてきたんです。産まれてから後も，何で自分がこの子に括りつけられていなけりゃならないの，って凄く嫌だった。何度もミルクを作って，オムツを替えての繰り返しでしょう。こっちが苛々しているときに限って，ビービー泣くし，もう頭に来ちゃって，もう少しで乳児虐待ってとこでしたよ。
　夜もぐっすり眠れないし，育児ノイローゼになりかけていたと思うんですけど，それがね，3ヶ月を過ぎる頃から，ちょっと名前を呼んで，目が合うと，T君がにこっと笑うようになって，その笑顔がもう何というか，凄いのね。もう，この笑顔があれば，私何もいらないって感じで，もうぐっときちゃうんですよ。これが母親になるってことなんでしょうかね。今では堕ろそうなんて思ったことが信じられないくらいです。

（鯨岡，1999b より）

　M さんも最初からすんなりと子どもを産み育てるという営みに没頭していけたというわけではなかったようだ。子どものおむつを替えて，ミルクをあげて，といった単調な生活にイライラが募り，「もう少しで乳児虐待だった」ほどに追い込まれた気分になったという。しかし，それにしても 3ヶ月微笑というのは大変なものである。なんで子どもなんて産んでしまったのだろう，産まない方が良かったのではないかといった疑念が吹き飛んで，「もう私何もいらない」と思わせてしまうほどの力を，この時期の笑顔は持っているのである。いうなれば，今まで「育てる者」へ転換することをためらっていた M さんのような養育者が，「何があろうともこの子を守っていく」とでもいうように，ここでぐるりとコペルニクス的転回を果たすといったこともあるのである。

　そういう意味で，3ヶ月微笑というのは一つの critical point（重要な分岐点）であり，ここをどのように通過するかということによって，その後の〈子ども - 養育者関係〉のあり方が大きく変わってくるといっても良いかもしれない。多くの場合は，子どもと養育者が今見たような気持ちのつながりあいを経験することによって，相手のことを大好きだと思うようになると同時に，相手によって愛される自分自身にも自信が持てるようになり，それを自分の態度の基盤に据えて〈子ども - 養育者関係〉を営んでいくようになる。より具体的にいえば，子どもの中にはこの世界は基本的に安全なものであり，養育者はきっと自分には悪くはしな

いはずだという基本的信頼感（Erikson, 1959/1973）や，そばにいて安心できる優しい養育者イメージといったものの核ができあがるだろう。また，養育者の中には育児に対する「これでいいんだ」という自信やかわいい子どもイメージなどができあがるだろう。それに支えられ，子どもと養育者はこれ以降もさらなる気持ちのつながりあいを目指して，関係を営んでいくことになるのである[36]。その一方で，障がい等の何らかの事情によってこの3ヶ月微笑が見られないためにつまずいてしまうとか，わが子を愛おしく思えないままひたすら身辺の世話に消耗していかざるを得ないといったつらいケースもあるだろう。3ヶ月微笑が critical point だというのは，そのような意味においてである。

2. 物への興味・行動能力の出現（生後3, 4ヶ月〜6, 7ヶ月）

一般に生後3, 4ヶ月以降，子どもは周囲の事物や人に目を惹きつけられるようになり，物に手を伸ばしてつかむ，いじる，調べるなどの行動や，寝返り，お座り，這い這いなどの行動を徐々にできるようになっていく。これらの行動は，一面では，もちろんヒトという生物の遺伝的素質が時とともに自然と開花するために生じてくるものだ。ネズミが決して物をつかんだり立ち上がったりしないように，こうした遺伝的素質がない限りはこれらの行動は起こり得ないわけだし，それら諸行動は実際かなり正確なタイムスケジュールに従って生じてくる。これまでの発達心理学もこうした諸行動の自然発生的な出現時期と出現順序を確定する学問としての性格を色濃く持っていたわけだが，関係発達論の立場からいえば，そうした遺伝的素質が〈子ども-養育者関係〉の中でこそ活性化されると同時に，その関係性を豊かにしていくという点にこそ，もっと光が当てられてしかるべきだということになる。例えば，次のエピソードを見てみよう。

エピソード22　ガラガラをもってごらん（生後4ヶ月1日）
N子は座布団の上に仰向けに寝かされている。母親がやって来てガラガラをN子の顔の上に掲げて振る。N子はそれをじっと見るが手を出さない。そこで母親は「おてて出して」と言いながら，手を添えてN子にガラガラを握らせる（写真1）。N子が握るまでのあいだ，

---

[36] わが子についていえば，この頃から盛んに声を出して「人を呼ぶ」ようになり，いつでも構ってもらわなければ気が済まないとでもいうような感じになってきた。相手をすると笑ってくれるので，親としてそれはそれでうれしいのだが，やはりそうそう相手をしてばかりもいられない。こちらはちょっと仕事をしたい，家事をしたいというときにも「常に」関わりを求めてきて，少し目を離すと泣くようになったので，結構疲れた。そうした意味でも，この頃から僕たちとHの関係は新たな局面を迎えていったように思う。

「よいしょ，よいしょ」と小さく声をかけてやり，N子が一人でもったかたちになると「もった，もった」と言う。N子は右手にもったガラガラをじっと見つめたまま，拡げた両腕を振るように動かして「アゥ」と小さく声を出すが，その声の調子は母親とコミュニケーションをするときの声とは少し違っている。

　N子は何度もガラガラを握った右手を振り，ガラガラの音を立てていたが，そのうちにガラガラを落としてしまう。すかさず母親が手を差し出して再び握らせる。まだ自分からは持てないが，手を添えてもらえば，「手に持つ」あるいは「手に握る」という行動がかなり容易になってきた感じがある。母親が兄への対応のためにその場を離れたあとも，N子はガラガラを見ながら盛んにそれを振っている（写真2）。

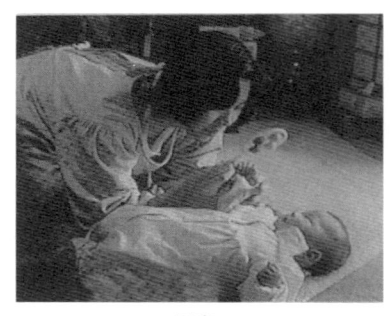

写真1 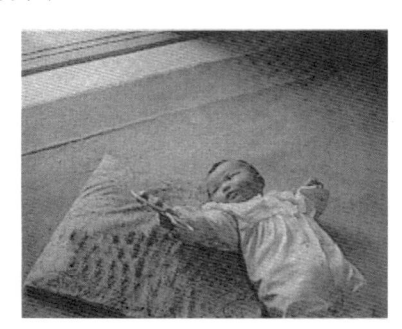　　　　　　　　　　　　　写真2

（鯨岡，1999bより一部改）

　生後2，3ヶ月の頃から子どもは一つの対象に視線を定位して，しっかりと見るということができるようになってくる。恐らくこの視線定位も遺伝的成熟によるところが大きい行動だが，子どもが対象にしっかりと視線定位できるようになると，養育者はそれを子どもが対象に「興味」があるのだと受け取り（受け手効果），子どもの目の前にその対象を掲げ持って，それに手を伸ばさせようとする働きかけを行うようになる。もちろん，それは面白そうなものを手に入れた喜びを子どもと共有したいという繋合希求性の現れに他ならない。いうなれば，養育者はすでに出現した視線定位という行動に「誘われて」，思わず子どもの「興味」を感じ，未だ物に手を伸ばすことのできない子どもに対して先取り的に「これを持ちたいんだね-ほら持てたよ」と関わり，喜びを共有しようとするわけである。恐らくは，こうした関わりによって子どもの中に物に対する興味というものが現実に芽生えてき，その結果，子どもの遺伝的素質が活性化され，「手を伸ばして持つ」という行動の出現が促進されるのだ。

　細かく見てみると，ここでの母親はN子にガラガラをすぐには持たせずに，一

旦N子の目の前に掲げ持って，少し間を置き，それから握らせにいっている。もちろん，それはN子自らガラガラを握りにくることを期待してのことだろう（「おてて出して」という言葉）。ところが，N子はそれがまだできないので，結局母親がそれを握らせることになるわけだが，面白いのは，その際母親がまるでN子になってしまったかのように（成り込みつつ）「よいしょ，よいしょ」と頑張りながらそれを握らせ，握った形になるとあたかもN子が最初から一人で持ったのだといわんばかりに，「もった，もった」といっている点である。このように，養育者自身が結果を作ってやっておきながら，あたかも子どもが自発的にやったかのように持ってゆく先取り的な働きかけは，この時期の養育者にしばしば見られる基本的なパターンの一つである。すなわち，「養育者が掲げもって誘う→（間）→子どもが手を伸ばしてつかむ→二人で喜びを共有する」といういずれは出てくる「誘いかけ-応答」のコミュニケーション・パターンが成立する前に，「養育者が掲げもって誘う→（間）→養育者が手に握らせて，あたかも自発的に子どもがそうしたかのように受け止めて喜びを共有する」という養育者の自作自演が頻繁に見られるのである。

もちろん，この自作自演がなされるから子どもがやがて握れるようになるのだというのはいいすぎで，やはり物を握れるようになるというのはヒトとしての遺伝的素質によるところが大きいのは確かだろう。しかしながら，この自作自演によって，「物を握る」という活動が「養育者が誘う→（間）→子どもが応答し，手を伸ばしてつかむ→二人で喜びを共有する」という文脈の中に位置づけられ，「二人で喜び合うために物に手を伸ばす」ような側面も出てくるとはいえるのではないか。3ヶ月微笑を経て，今や養育者とつながれ，喜びを共有することを志向するようになった子どもは，いわばその志向性に引っ張られるようにして，徐々に自ら物に手を伸ばそうとし，自らそれを握ろうとするようになるわけである。そして，それこそが物に対する興味というものに他ならない。最初は養育者が受け手効果として「この子は，この物に興味があるのだ」と感じる面が強いのだとしても，こうした関わりによって，その「興味」はいつしか本当の意味での興味（物を見つめ，それを手に取りたくなる）として現実化してくるのである。そして，それが実際に物を握るという活動を促進させ，子どもが先天的に持っている遺伝的素質を活性化させることにつながっていくわけである。

こうした養育者の関わりがなかったら子どもは物を握れないのだとはいわないが，このように丁寧に見てくると，そもそも子どもが物に手を伸ばそうとする，

その興味や志向性の部分は，養育者の誘いかけによるところが非常に大きいのではないかということが見えてくる。養育者とつながり，気持ちを共有することを目指す繋合希求性に導かれて，子ども自身の中にそれに手を伸ばしたい，それを持ちたいという強い興味が出てくるわけだ。そういう意味で，物への興味と養育者をはじめとする他者への興味というのは深いところでつながったものなのである。次のエピソードもそのことをよく物語っている。

エピソード23　兄の持つ人形へのアプローチ（生後5ヶ月10日）
　母親に抱かれてほっとしているところに，兄がぬいぐるみの人形を持ってやってきた。N子はそれをじっと見つめる。それを兄がかざすように掲げると，N子はそれに吸い寄せられるように大きく口を開けて見入る。兄がそれを動かすと少し手を出しかける。母親がその様子を覗き込むようにして見ている。兄がその人形を振るように動かすと，それに合体せんばかりにまた口を開けてじっと見る（写真1）。次の瞬間には両手をさっと上げるようにして上半身を乗り出し，全身でその人形にアプローチしかけ（写真2），次には右手を前に差し出す。その手はすぐに引っ込められるが，その後も真剣な目付きでその人形を見続け，その間，あまり声を出さない。

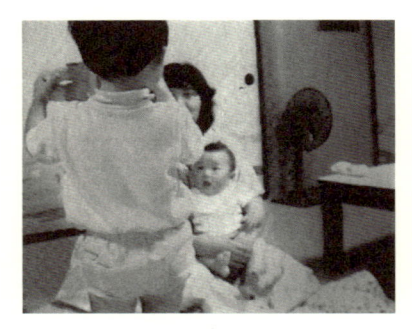

写真1 　　　　　　　　　　写真2

（鯨岡，1997，1999b より一部改）

　ここでのN子の「対象に合体せんばかり」の表情と仕草は，兄の持っている人形への強い興味を感じさせるものである。この時期に物への一層強い興味が出てくることは以前から知られており，従来の発達心理学はそれを「人への興味とは別に物への興味が生じ」，二つの興味が重なるようにして，「〈子ども‐養育者‐対象物〉の三項関係が成立していく」（e.g. Trevarthen & Hubley, 1978/1989; やまだ，1987）といったふうに記述してきた。このようにいうとあたかも子どもの内部から自然発生的に物への興味が生じてくるかのようだが，これに対して鯨岡は

自身の膨大な観察記録を踏まえ，"少なくともわれわれが収集した数多くのエピソードについていえば，乳児が人への興味とは別個に，創発的に対象物に興味を示し始めたという事実は見出されていない"（鯨岡，1999b，p.166）と主張している。

実際，このエピソードでも，恐らくN子の人形への興味というのは，目の前で兄がそれを動かしているということと無関係ではない。すなわち，兄が目の前で人形を動かしているのを見ながら，N子はまさに兄に成り込んでいて，母親の膝の上という「ここ」にいながら，兄の手元という「そこ」で一緒に人形を動かしているのではなかろうか。その結果，何となく自分でもその人形を同じように扱えそうな気になってきて，思わず手を伸ばしてしまったというのが，実際のところだと思われるのである[37]。養育者の方がN子に成り込んでいた先のエピソードに対して，ここでのエピソードではN子の方が兄に成り込んで，一層強い物への興味を示しているわけだが，いずれにしてもN子の物への興味を支え，刺激しているのは周囲の他者なのである。

3.「誘いかけ－応答」を可能にする身体

ここで，今見たような「誘いかけ－応答」の成立を可能にする条件とは何かという問題についてもう少し考えておこう。

上の議論では，物に手を伸ばすというリーチング行動との関連で見てきたが，実は，養育者による自作自演的な「誘いかけ－応答」から，やがて「養育者の誘いかけ－子どもの応答」という実際のコミュニケーションが可能になっていくという流れは，〈子ども－養育者関係〉のあらゆる局面で見られるものである。例えば，まだ返事ができない子どもに対して「○○ちゃん，ハイは？」と養育者が尋ね，一拍間を置き，それから養育者自ら「ハイ」と答え，「もうハイができるものね」などとほめてやるような場面は一つの典型例である。こうした関わりが繰り返され，1歳を過ぎる頃になると，実際に子ども自らがその間を埋め合わせ，「ハイ」と答えるようになっていく。他にも「お片づけできるかな？」とか「ご挨拶

---

[37] 以前観察させてもらっていたKちゃんにしても，わが子Hにしても，子どもは本当に他者が使っているものに興味を持つ。せっかく買ってあげたおもちゃなどには目もくれず，大人が使っている携帯電話，リモコン，食器等に惹きつけられて，次から次へと手を伸ばす。知らない間に子どもが電話をかけてしまったとか，食器を割ってしまったとかいった失敗談は多くの養育者が持っていると思うが，そうした事実から見ても，子どもが（さらには僕たち大人も）他者を介して興味を形作ることは明らかだろう。

は？」などと，まだ子どもがそれをできないうちから誘いかけ，実際は養育者が片付けたり挨拶をしたりするうちに，やがて子ども自らそれをできるようになっていくといったことも，しばしば見られる現象である。

　さらに，そもそも乳児期初期の子どもの泣きを自分への「要求」だと受け止める受け手効果も，「誘いかけ－応答」の自作自演だと考えることができる。すなわち，そこでは単なる内的不快感の表出に過ぎない泣きを，養育者の方が乳児からの「誘いかけ（要求）」として捉え，それに応答する中で，次第にそれが本当に甘えたような「誘いかけ（要求）」のトーンを帯びてくるようになったわけである。少しタイプの異なる自作自演ではあるが，養育者が作り出した「誘いかけ－応答」の文脈へと子どもを巻き込んでいくという点では変わらない。そのように考えていくと，この「誘いかけ－応答」こそは，子どもを育てていくときの主たる原理の一つだとすらいえるかもしれない。一体どういった条件によって，こうしたことが可能になるのだろうか。

　結論からいうと，それは僕たちの身体が持つ二つの特性，〈同型性〉と〈相補性〉によるものだと考えられる（浜田，1999）。

　まず，同型性については，これまで成り込みと呼んできた事態に典型的に現れるものである。僕たちの身体というのは，ときとしてまさに他者の身体の位置に入り込んで，他者の身体が「そこ」において感じていることを「ここ」において感じることがある。代表的な例としては，レモンをかじる人を見て思わず顔をしかめ，「すっぱい！」といってしまうときなどが挙げられる。このように，僕たちの身体はまさに他者の身体に（遠隔的に）成り込んで，他者の身体が感じ，行うだろうことを，「ここ」において同型的に引き受けてしまうことがあるのだ。先のエピソードに見たように，養育者が「誘いかけ－応答」の自作自演を行うとき，そこには子どもへの成り込みが起こっている。また，そうした養育者の自作自演に引き込まれる形で，子どもは実際に養育者がやっているように「応答」するようになっていく。養育者が子どもに身体を重ね合わせつつ自作自演の「応答」を繰り返すうちに，いつしか子どもの方から養育者に成り込んで実際の応答をするようになっていくわけである。

　ただし，こうした同型性のみでは，「誘いかけ－応答」の図式が完成するための条件としてはまだ不十分である。というのも，これだけではなぜ子どもがきちんと「応答」の部分に成り込むかが説明できないからである。何となれば養育者が行っている「誘いかけ」の部分に成り込んでも良いはずなのに，どうして子ども

は必ず「応答」の部分に成り込むよう導かれるのだろうか[38]。この問題を解くためには，身体の相補性ということを考える必要がある。

　僕たちの身体は，他者の身体に対して同型的に重なり合う以外に，他者の身体のあり方に対して相補的に応じることもある。例えば，悲しんで泣いている人を見たときに，僕たちの身体はそっと抱きかかえてあげようとか，何とか慰めてあげようという構えになることがある。あるいは，突然相手が怒り出したときに身構えたり，怖くなって逃げ出したりもする。一緒に悲しい気持ちになったり，怒り出したりするのが同型性だとすれば，相補性とは相手の身体のあり方に対してこのように補完的なあり方をおのずからとってしまうということである（その最たる例が，こちらを見てくる相手と思わず目が合ってしまうという体験であろう）。僕たちのコミュニケーションが円滑に進むためには，同型性と並んでこの相補性が非常に重要である[39]。

　例えば，養育者が乳児を「しっくりと抱きかかえている」場面を考えてみよう。ここでは，養育者は乳児の身体のあり方に応じた，無理がかからないような形で，そっと抱きかかえているはずだ。養育者が乳児の体勢などお構いなしに，自分の抱きやすい仕方で自分本位に抱きかかえようとするならば，それはどこかぎこちなくて危なっかしいものになり，「しっくり」としたものではなくなってしまう。つまり，「抱きかかえる」という養育者の一見能動的な行為はもっぱら能動的なものなのではなく，必ず「乳児の体勢のあり方に応じて」という受動的な側面を含んでいるということである。一方，乳児の方も，ただ単に抱っこされているだけでなく，自らの体勢を母親が抱きかかえやすいようにうまく調整している。実際，もしそこで乳児がその能動的な調節をやめて身を硬くし，モノのようになってしまったり，イヤイヤをしたりしたならば，やはり「しっくり」とした抱っこではなくなってしまう。つまり，「抱きかかえられる」という一見受動的な乳児の行為はもっぱら受動的なものなのではなく，必ず母親が抱きかかえてくれ

38　自閉症児などには尋ねられた質問をそのままオウム返しするのみで，「質問 - 応答」が成り立たない子どもがいるが，それなどはここに述べる相補性がうまく機能していないのだと考えられる（浜田，1999; 村上，2008）。

39　まだ謎に包まれた部分が多いが，脳神経学的にいえば，他者との円滑なコミュニケーションを支える身体の同型性と相補性には，恐らくミラーニューロンが関与しているのではないか。ミラーニューロンとは，他者が行っている行動を見るときにも，自分がその行動をするときにも活性化する一群の脳神経細胞であり，何らかの形で他者の意図や感情の理解に役立っていると考えられる（村上，2008; Ramachandran, 2003）。

る仕方に自らを合わせるという能動的な側面を含んでいるのである。

　このように，乳児の身体と母親の身体の能動性と受動性がうまく噛み合ったときに「しっくりとした感じ」，二つの身体が一体的になったようなあり方が実現される。逆にいえば，二つの身体はこの「しっくりとした感じ」を求めて，常に相互補完的に働くわけである。そして，「誘いかけ－応答」の自作自演で養育者が同型性に加えて刺激しているものとは，まさに子どもの身体に備わったこの相互補完的なベクトルなのである。

　先のエピソードで見たように，養育者は子どもに何かを誘いかけた後に，子どもが実際問題としてそれができるか否かに関わらず，必ず一拍の間を置く。鯨岡はその間を「空隙」と呼んでいるが（鯨岡，1999b），養育者の身体がわざとそうした空隙を作って，すっと身を引くとき，そこには何ともいえない落ち着かない感じ，しっくりしない感じというのが生まれる。そして，まさにそこにおいてこそ，子どもの身体はその空隙を満たすべく導かれる（相手が身を引くのに応じて，自らが乗り出す）わけだ。いいかえれば，二つの身体が交流しているときにできた空隙は，どちらかの身体が何らかの形で満たさねばならないということである。最初のうちは子どもにまだ十分な応答ができないから，その空隙を満たすのは養育者である。しかし，空隙が作り出され，それが補完されるということが何度も繰り返されるうちに，養育者の身体への成り込みも手伝って，子ども自身がどのようにその空隙を補完すべきかが分かってきて，次第に自らその空隙を満たすようになっていくのである。

　以上のように，「誘いかけ－応答」の自作自演から，それが現実のものになっていくプロセスには，ある意味「魔術的」なこうした身体の力能（同型性と相補性）が大きな役割を演じている。養育者との関係性のあり方がいつしか子どもの中に沈殿していくというのが，関係発達論の軸となる発想法であるが，そうした不思議な「滑り移動」を支える基盤には身体のこうした働きがあるのである。

4. 物への興味を支える対人関係

　ウェルナー（Werner & Kaplan, 1963/1974）は，子どもが何かの事物を対象として「見る」という働き，すなわち認識能力の最も原初的な形は，養育者との安定した一体感の中でこそ生じてくるものだと述べている。いいかえれば，人間存在は安心できる対人関係の中でこそ事物を落ち着いて見たり，認識したりすることができるのであって，その基盤が揺らぐと事物への興味・認識どころではなくな

るということである。例えば，対人関係においてひどく激高し，身を震わせるような感情に支配されたとき，なかなか我々は冷静に事物を眺めることができなくなる。ときに激しい怒りのあまり，じっと机の上にたたずんでいるコップまでもが憎らしく思えてきて，思わず床に投げつけてしまうといったことすらある。このように，世界の事物が何らかの表情性を持って迫ってくるような知覚様態を，ウェルナーは〈相貌的知覚〉と呼ぶ（Werner, 1948/1976）。自分と事物とを切り分けて，冷静に対象化して見るような客観的知覚とは異なり，相貌的知覚とは，自分の身体の内的情態と事物の属性とが混濁した主客未分化な知覚様態だといえる。

　また，生後3, 4ヶ月以降には，物に手を伸ばしてつかむばかりでなく，体を移動させて物のところまで行き，それを持って振ったり，叩いたり，口に入れたりできるようになってくるが，そうしたことを通じて，子どもはその物の何たるかを力動的に把握していく。例えば，まだ事物の名称を知らない子どもにとって，机は叩けるものとして，ガラガラは振ると音が鳴るものとして，把握されていくことだろう。このように，子どもにとって物の特性とはそれを自分がどう扱うかという行動と切り離せないもの，自らの行動と一体となったものなのであり，ウェルナーはそれを〈行動物〉と呼んでいる。要するに，相貌的知覚や行動物としての物の把握，自分自身と切り離せない形で物を把握していくということが，子どもの特徴であるわけである。

　ウェルナーが示唆していること，それは，子どもの対象認識は自らの身体的情態や置かれた対人的状況によって大きく左右されるものだということである。こうした考え方が，ここまでの議論と大きく絡むことは明らかだろう。エピソード22, 23でN子の傍には常に母親がいたように，養育者との安心できる一体的な状況の中で，あるいは養育者と気持ちを共有することを目指す中で，事物に対する子どもの興味・認識は芽生えてくる。また，兄の持った人形を見るときのN子の食い入るような表情は，N子にとっては人形がまさに「そのように扱えるもの」「そのように扱うべくN子を誘うもの」，すなわち行動物として立ち現れていたのではないかという印象を与えるものである。いずれにせよ，物に対する子どもの興味・認識を刺激し，支えているのは周囲の対人的状況なのである。

　ところで，子どもの物への興味がこれほどまでに対人的状況と結びついているとすれば，一度成立したかに見える物への興味も養育者との関係如何によっては危機を迎えることがあるということが，鯨岡の挙げている次のような臨床事例に

よって示されている。「言葉が遅い」という主訴とともに2歳7ヶ月になるUという男の子を連れて，母親が某療育機関を訪れてきたものだという。

エピソード24　楽しく遊べないU（2歳7ヶ月）

　Uは見るからに線の細い，弱々しい感じのする子どもで，首筋や膝の裏側にはアトピー性皮膚炎の結果と思われる掻きむしった跡があり，表情も顔色も冴えない。母親も細身の神経質そうな感じの人である。担当のF先生がいろいろな玩具を出してきてUと一緒に遊ぼうと誘うが，Uは簡単にのってこない。F先生はしばらくそっとしてUの様子を見ているが，Uは窓の外をぼんやり見るだけでいつまで待ってもF先生の方を向かない。
　「U君ほら，先生が遊ぼうって言ってるよ，ほら，ここにきて」と母親はじれたように盛んにUに促すが，Uは聞いているのかいないのかもはっきりしない様子で，いっこうに応じない。F先生が独り面白そうに遊んでみせ，その楽しさにUが釣られて入ってくるのを待っているが，やはりUは寄ってこない。母親が「U君，ここにきてごらん，こんな面白いおもちゃがあるよ」とおもちゃで誘っても，Uは体をぐにゃぐにゃさせるばかりである……。
　初回面接時の母親の話によると，家では店の仕事が忙しく，また1歳1ヶ月になる弟からまだ手を離せないので，Uにはほとんどかまってやれず，可愛そうだとは思うが今はどうしてもやれないのだという。それに，少しの時間を見つけて関わってやろうと思っても，Uが一緒に遊ぼうとしないので，どうしていいかわからない。弟の出産前後には祖母が来てくれたが，祖母にもなつかなかった。祖母は「変な子だ，可愛げがない」と言っていた，などともいう。
　プレイルームには子どもが興味を持ちそうな色とりどりのおもちゃがあり，そのなかには電動で動くものもいくつかあって，この年齢の子どもなら，誰もがさっと手を伸ばすと考えられるところである。だが，Uは母親が促しても，周囲の者が誘っても，おもちゃには興味がないと言わんばかりである……。
　結局Uがおもちゃに興味を示して大人と一緒に遊ぶようになったのは，4回目のセッションからであった。もっとも，すでに2回目の終わり頃からはUはセラピストのF先生が大きな紙に赤い絵の具を塗りたくって一人ごとを言いながら楽しそうに遊んでいるのをじっと見て，目で関わり始めてはいた。しかし実際に大人の働き掛けに乗って遊んだのは4回目が初めてであった。
　それは2人の女性セラピストが楽しそうに絵の具の塗りたくりをして遊ぶ状況であった。一人のセラピストがもう一人のセラピストの手に赤い絵の具をつけたので，付けられた方が付けた方に付け返そうと追い掛け始めた。歓声を挙げて大人の追いかけっこが始まったとき，Uは初めてにっこり笑った。それに気づいたセラピスト（F先生）が，「Uちゃんにもつけてやるぞ」とUの方に近づいて来たとき，U児は少し声を出しながら逃げ回った。Uが気持を開き始めたのはこのプレイ場面からである。
　これ以後セッションを重ねるごとに，まず表情が明るくなり，人との関わりが密になって，関わりの場面で声が出るようになった。それから少しずつおもちゃなど物への興味を示すようになった。そして，子どもの表情が明るくなるにつれて母親の表情も次第に柔らかくなり，子どもに強い調子で指示を出すことがなくなって，子どものすることを認める言葉かけが増えてきた。

〈鯨岡による考察〉

　Uの事例は，子ども自身に難しい発達上の問題のある事例というより，下に弟が生れたことによって生じた一過性の情緒的つまずきのように思われた。母親の多忙もあって，意気消沈した子どもにうまく対応できず，次第に母-子のあいだの歯車が噛み合わない状態が生れて初回面接に至ったものらしかった。母親は主訴として言葉の遅れをあげ，子どもが自分の誘い掛けにのってこない事実や，祖母が「変な子だ」といった事実を捉えて，問題の一切を子どもに帰属させようとしているかに見えた。しかしわれわれには，それまで世界の中心にあった子どもがその中心をはずされ，母親への信頼感を著しく損なったところにもってきて，母親の目が弟の方にばかりゆくことに不満と寂しさを感じ，いま世界から少し撤退しているわ状況なのではないかと思われた。

(鯨岡，1999bより一部改)

　こうした事例を見ると，さまざまな事物への子どもの興味というのが，いかに周囲の人間関係に支えられたものであるかが分かる。子どもの興味は子どもと物との二項間で成り立つものではなく，周囲の他者によって支えられ，刺激されることで成立しているのだ。例えば，もしも物への興味が対象物の属性や魅力だけで決まるものなら，Uのように色とりどりの面白そうなおもちゃに取り囲まれているのにそれに手が伸びないというのは，U自身に何らかの障がいを想定しなければ説明がつかなくなってしまう。しかし，実は子どもの物への興味というのは，そこに居合わせる周囲他者との関係性が良好で，子どもの内的情態がポジティブであるときに，その情態性と関連した相貌的知覚によって，物それ自体も好ましいもの，親しげなもの，誘ってくるものとして見えてくる結果，生じるものだと考えられる。逆にUの場合，このときの意気消沈した気分，母親とのぎくしゃくした不安に満ちた関係性によって，この世界のさまざまな物や人が否定的な色合いを持って立ち現れ，その結果せっかくのおもちゃや関わってくれる人に興味を示さないということにつながっていたのではないだろうか。

　実際，この療育機関のスタッフが受容的な雰囲気の中で，まずは自分たちが楽しく遊び，その楽しさの情緒的力動感 vitality affect の中にUを浸し込んでいくことで，Uの情動が次第にポジティブなものになり，まずは周囲の人々と一緒に遊ぶことができるようなってくる。また母親もスタッフたちと一緒になって遊んだり，お茶をしたりすることで，何か奥に詰まったような気分がほぐれてきたようだ。スタッフとの関係性ができ，母親のUへの関わりも次第に柔らかくなるという形で，Uを取り巻く対人的状況が安心できるようなものになってきて，Uは再びおもちゃなどへ興味を示すようになっていったわけである。この事例は，

人と関わる能力，おもちゃに手を伸ばす等の能力自体に大きな問題がなくとも，その能力を発揮するための前提となる興味や志向性の部分に障がいが起きていると，そうした行動も阻害されてしまうことを示している。

このように見てくれば，「物に興味を示し，手を伸ばしつかむことができる」といった行動能力が出現してくるための基盤として，〈子ども－養育者関係〉がどれほど重要なものかは明らかだろう。「生得的認知欲求」を仮定する Bower (1979/1982) など一部の発達研究者は，子どもが物に興味を持つのはヒトとしての遺伝的素質に規定された自然なプロセスだと考えているようだが，こうした事例を踏まえていえば，物に気持ちを向けるようになるということは必ずしも「自明なこと」ではないのである。

5. 行動能力の出現の裏で

生後 3, 4 ヶ月～6, 7 ヶ月というのは，さまざまな行動能力の出現にまずは目が向く時期だといえるかもしれない。実際，本章の議論も，子どもが物に興味を持つようになるために〈子ども－養育者関係〉がいかに大切かという点に集中しすぎた感があるが，しかし，そうした可視的事実に囚われるばかりでなく，子どもと養育者の生活世界がその背後でどのように変化しているかをきちんと捉えておく必要がある。本章で述べてきたところを踏まえると，それは大きく二つある。

一つは子どもの意味世界が広がるということである。この時期，子どもはいろいろなものに手を伸ばし，振ったり，叩いたり，口に入れたりするようになる。そうやって事物を扱うことを通じて，さまざまな事物を認識していく。こうした事物の認識はいわば言葉以前の「身体による認識」とでもいうべきものだが，これは後に言葉が出てきて，それら事物をさまざまな名前で呼んでいく際の基盤・元型となるものである。いいかえれば，養育者との二者関係が全てだった乳児期初期に比べ，事物を介したさまざまな意味が生活の中に入ってきて，子どもの意味世界が拡大していくのである。

もう一つは子どもと養育者が「共にある」あり方が多様化するということである。子どもに視線定位ができてくると，養育者は盛んに物を媒介にした関わりを始める。あるいは，姿勢の調節ができてくると試みにお座りをさせてみて，倒れそうになるのを支えてあげたりする。そうした関わりを導いているのは何かといえば，恐らくそれは養育者のちょっとした「遊び心」である。子どもを育てるという営みに，おむつ替えや授乳といったルーティン以上の楽しみを見つけ，何か

しら充実したものを感じたいと欲するとき，多くの養育者は自然とそうした遊び心でもって，何らかの「新鮮さ」を作り出し，それを子どもと一緒に楽しもうとするのである。こうした遊び心に導かれて，子どもと養育者の「共にある」あり方は多様化し，いろいろな形で喜びが共有されていくようになる。「掲げ持って‐持たせ‐喜ぶ」「お座りさせて‐倒れてくるのを支えて‐面白がる」「手前に物を置いて‐這い這いさせて取らせて‐喜ぶ」といった関わりは単に子どもの能力を高めることを目指して行われるわけではなくて，いろいろなバリエーションで子どもと楽しさを共有したいという養育者の志向性に支えられているものなのである[40]。

---

40 最近の知育ブーム，能力開発ブームを見ていると，さまざまな「知育おもちゃ」や「教材」を通してどれだけ子どもと養育者が楽しめているのだろうかということが気にかかる。

第8章
生後半年～1年までの〈子ども‐養育者関係〉

　前章では生後3,4ヶ月～6,7ヶ月頃に出現してくるさまざまな行動能力が，単に遺伝的素質の自然な開花という以上に，〈子ども‐養育者関係〉のあり方と非常に深く絡み合っていることを見てきた。例えば，事物への興味は安定した〈子ども‐養育者関係〉に支えられてこそ出てくるものである半面，事物への関わりが子どもの意味世界を拡大し，〈子ども‐養育者関係〉を一段と複雑なものにしていく。そうしたことの結果として，生後半年から1年くらいにかけて〈子ども‐養育者関係〉が具体的にどのような様相をとるのか，本章ではそこらあたりを明らかにしていこう。

1. 得意の感情の萌芽

　生後半年を過ぎると，養育者が誘いかけて，子どもが応答するというそれまでの関係性がまた新たな局面を迎える。いうなれば「誘いかけ‐応答し‐二人で喜びを共有する」というパターンが何度も繰り返され，子どもの身体に浸透することによって，今度は子どもの方から養育者の応答を求めて呼びかけるといった，子ども主導の働きかけが起こってくるのである。次のエピソードを見てみよう。

エピソード25　N子からの呼び掛け（生後8ヶ月16日）
　N子（8ヶ月16日）は機嫌よくテーブルに掴まり立ちしていたが，そのうち後ろを振り向き，そこで母親と目が合うと，母親の方に寄っていこうとしてテーブルから手を離し，そのために畳の上に転んでしまう。母親はN子がバランスを崩しかけたところでさっと支えに行くが，間に合わず，そのまま「あー」とN子と同じように畳に倒れ込み，それからN子を抱き起こしながら，「いけんだったね，まだちょっと（手を離すには）早かった」と笑いながら言う。そしてN子を支えて立たせたままちょっと対面する形になるが，じきにN子はまたテーブルに掴まり立ちする。母親がそこから少し離れると，N子は掴まり立ちのまま母親の方を振り向き，これまで聞いたことのない高いピッチの声で「アーアー」と呼び掛けるように言う。その声に振り向いてN子と目の合った母親は，それに「アーアー」とミラリングして返す（写真1）。

写真 1

(鯨岡, 1997 より)

　このエピソードの最後でN子と母親が見つめ合い，微笑み合っている場面だけを取り出せば，3ヶ月微笑と同じようにも見えるが，この状況がN子の側からの呼びかけによって作り出されている点が大きく異なるところである。また，不在の養育者を呼ぶような声や甘えたような声はずっと以前に出てきているが，このエピソードでのN子の呼び声は単に養育者に抱きかかえてもらいたいがためのものというよりは，むしろつかまり立ちができたことを養育者に気づいてほしいとでもいうような感じである。実際，鯨岡の観察記録によれば，ここでの微笑み合い自体が3ヶ月頃のそれとは微妙に異なるのだという。あえて言葉にするとすれば，同じうれしい表情といっても，ここでのN子は「こっちを向いてくれたんだね」とか「私はここにいるよ」とでもいうような表情をたたえていて，そこにはどこか得意げな雰囲気さえ混じっていたというのである。また母親の笑顔も同様で，「分かっているよ」とか「そこにいるね」という感じだったという。これまでとは微妙に質の違うこうした微笑み合いは，どのようにして生まれてきたものだろうか。

　最初の方でN子がバランスを崩したときに母親が身を挺して支えにいっているところを見ると，恐らくここでN子が一人でつかまり立ちができるようになるまでには，まずは母親がN子を支えてつかまり立ちをさせてあげて，一緒に立てた喜びを共有するという関わりが何度となく繰り返されてきたに違いない。その中で徐々にN子自身がバランスよく立てるようになり，母親が多少手を離していても大丈夫になってきたということなのだろう。すなわち，ここでも母親がN子につかまり立ちをするよう誘いかけ，はじめは自作自演的に喜びを共有しよ

うとしてきた結果，「誘いかけ‐応答し‐二人で喜びを共有する」という文脈がしっかり作り上げられ，その中でいつしかN子自ら応答（つかまり立ち）をするようになったのだと考えられるのである。逆に，もしそうした文脈が作られずに，単にN子の遺伝的素質が自然と開花する形でつかまり立ちができるようになったというだけだったら，N子は母親に向けて「アーアー」と呼びかけるなどということをしただろうか。恐らく，答えは否だろう。このエピソードを見れば，N子がつかまり立ちをして一人で喜んでいるだけでなく，その喜びを母親と共有しようとしていることは明らかである。

　したがって，ここでのN子から母親への一見自発的に見える呼びかけの裏には，これまで何度となく繰り返されてきた母親からの誘いかけが潜在していると見なければならない。あるいは，「誘いかけ‐応答し‐二人で喜びを共有する」という文脈の中の母親による「誘いかけ」が省略され，最初にN子のつかまり立ち（応答）が出てきた形になっているといっても良い。つまりは，この文脈が何度となく繰り返されることで，N子の中に「自分がつかまり立ちをしたらいつもママが笑顔で応えてくれるはず」という漠然とした期待ができあがり，自分一人でつかまり立ちをしたときにも「いつものように」母親と喜びを共有しようとしたのだと考えられる。そういう意味で，一見「一人で立って」，「自ら母親に呼びかけた」かに見えるN子の行動は，実際は（N子の中では）「母親と一緒に立って」，「母親と一緒に喜びを共有しようとした」ものなのである。

　このようにこれまで養育者が作り出してきた「誘いかけ‐応答し‐喜びを共有する」という文脈を下敷きにして，子どもの側から主導するような働きかけが出てくる。いいかえれば，養育者が働きかけて子どもがそれに応答するという一方向的な関係が，今や双方向的・相互的な関係になってくるということである。同時に，いかにも「見て，立てたよ」といわんばかりのN子の呼びかけに，養育者や観察者が受け手効果として「得意げな雰囲気」や，「自分がここにいるということを主張する感じ」を感じ，この時期の子どもが一段としっかりしてきたなという印象を受けるようにもなっていくのである。もう一つ，エピソードを見ておこう。

エピソード26　タンバリンが上手（生後9ヶ月27日）

　N子（9ヶ月27日）の兄は，大きな缶をいくつか裏返しにしてそれを楽器のドラムに見立て，それを叩いて遊んでいる。N子はそれに興味が引かれ，兄のそばに行こうとするが，兄はそれを嫌がり，何とかそばに来させないようにと，使うはずだったタンバリンを仕方な

くN子に譲る。兄がドラムを叩き始めると，N子はやはり兄のしていることがやりたいらしく，手にもったタンバリンを離して兄のところに這って近づいていく。兄は「嫌だ！ N子は嫌だ！」と泣き声を上げる。そこで母親が「Nちゃん」と制止に入り，N子をその場で抱き上げて兄から少し離れたところに連れてくる。そしてN子の前にタンバリンを置き，N子がそれをじっとみつめていると，積み木でそれをトントンと軽く叩いて見せ，順番をN子に渡す。そこでN子は片手でタンバリンを掴み，もう一方の手で積み木を掴んでバンバンとタンバリンを強く叩き始める。観察者が「あっ，じょうず，じょうず」と褒めると，N子はちらっと観察者の方を見て，そこで目が合うとにっこりする（写真1）。そして観察者と目を合わせたまま何度もタンバリンを叩く。兄が缶のドラムをドンドンとやりだすと，N子はしばらく兄の方に目を向けていたが，自分も再びタンバリンと積み木をバンバン打ち合わせ始めた。母親がN子の叩くのに合わせて「ああ，じょうずだね」と笑顔で褒めると，N子はタンバリンを叩きながら母親を見，目が合うとまた嬉しそうにする。

写真1

（鯨岡，1997より）

　前章のエピソード23（本書 p.90）でもそうだったが，N子の興味はやはりしばしば兄が使っている物へと向くようで，このエピソードでも兄がやっているように自分もやってみたいのだというように，N子はぐんぐんと近づいていく。エピソード23では母親の膝に座ったまま，兄の扱っている人形に思わず手を伸ばしてしまうというだけだったが，この時期になるとしっかり這い這いできるようになったという行動能力の進歩と相まって，「そのようにしたい」というN子の思いが一層強く感じられるようになってきている。つまり，単なる興味という以上の「意図」のようなものが明確化してきているのである。N子のはっきりとした「意図」の持つ迫力に，兄の方が「嫌だ！ N子は嫌だ！」と泣き声をあげてしまうほどである。

　また，エピソードの後半で観察者が「じょうず，じょうず」と声をかけると，うれしそうに微笑んで，目を合わせたまま何度もタンバリンを叩くあたりも興味

深い。上で紹介したつかまり立ちのエピソードでは，観察者の受け手効果として「何だか得意げな感じがする」という感が強かったのが，このエピソードでは「ねえ，わたし，タンバリンじょうずでしょう」とでもいわんばかりに他者からの承認や賞賛を求めている感じがある。そして，実際に承認や賞賛を得られると非常にうれしそうにするわけだから，今や単なる兆候としての「得意げ」ということではなく，よりはっきりとした輪郭を持った得意の感情がN子の中に生じてきているのだといっても良いだろう。

このように，この時期の大きな特徴とは，当初は養育者からの働きかけによって引き出されてきた物への興味や「～したい」という欲求が今や子どもの中に定着し，子ども自らそうした興味や欲求を強く押し出し，発展させていくようになる点にある。同時に，興味あるものを手に入れたときや，何かができたときなどには，子どもの方から養育者に呼びかけ，得意になって賞賛を得ようとする場面も出てくる。こうして，子どもが自分なりの興味や欲求—さらにはそれを実現しようとする意図—を備えた一個の主体であるという印象が徐々に強まってくるのである。

2. 複雑化する〈子ども－養育者関係〉

子どもが興味や欲求を強めてくると，〈子ども－養育者関係〉にもこれまでにない局面が現れるようになってくる。例えば，自らの興味や欲求を適えるために養育者を動かそうとする行動などもその一つである。次のエピソードを見てみよう。

エピソード27　コップが欲しくて（生後9ヶ月20日）
　　Kちゃんはまだ一人では歩けないが，おもちゃの手押し車につかまると姿勢が安定し，歩くことができるので上機嫌である。母親が部屋の端っこで車につかまらせてやると，あとはKちゃん一人でこちらの方へ満面の笑みで車を押してくる（写真1）。それを見て，僕も思わず「わ～，すごいねえ」と声をかける。こちら側の隅まで押してきたので，母親が方向転換をさせ（まだKちゃん一人では方向転換できない），再度車につかまらせて歩かせようとするが，Kちゃんは傍にいた僕のビデオカメラが気になったようだ。さっと座り込んで，這い這いをしてビデオカメラの方にやってくる。母親は仕方ないなという雰囲気で「やっぱり（カメラが）気になるね」と苦笑し，その場を離れ，僕に出すためのコーヒーを取りに台所に行く。「最近これ（手押し車）がお気に入りで，これだったらビデオから離れるかと思ったんだけど」と話しながら母親が戻ってきて，コーヒーを居間の食卓に置いたときだった。ビデオに一瞬惹きつけられたKちゃんが，今度はもうそのコーヒーに興味を移し，そちらの方に這い這いをしていく。

2. 複雑化する〈子ども‐養育者関係〉　105

　それに気づいた母親は，熱いコーヒーをこぼされてはいけないので，すかさずＫちゃんの手の届かない食卓の中央にカップを移動させる。そして，「いや～ん，ゴジラが来た。ゴジラ，そんなことすると洗濯ばさみの刑にするよ」といって，Ｋちゃんの袖口に洗濯ばさみを付ける（写真2）。Ｋちゃん一人ではまだ取れそうで取れない位置なので，それを取ろうとしてＫちゃんが悪戦苦闘する場面が以前にあったのだが，母親としては同じようにＫちゃんの注意が洗濯ばさみに向くことを期待したのだろう。ところが，Ｋちゃんは洗濯ばさみには全く頓着せず，食卓につかまり立ちをして，カップに手を伸ばそうとする。そのままでは届かないので，つかまり立ちのまま食卓の縁に沿って横移動し，何とかしてカップを手に入れようと必死である。そして，どうしても届かないと分かると「ヒ，ヒ，エー」と泣きそうな声を出しかける（写真3）。それに対して「エーンじゃないっちゃ」と母親。Ｋちゃんが本気で泣いているのではなく，カップを手に入れるためにわざと情けない声を出しているのを見通して一蹴する。

　Ｋちゃんはそれでもカップを手にしたいらしく，何か手助けしてくれないかとうかがうように僕の方を振り返ったり（このときには泣き顔ではなくなっている），さらに大きい「ヒー！」という泣き声を出したりしながら，食卓の縁を横伝いに移動している。そこへ母親が別の空のカップを持ってきて，Ｋちゃんの目の前に置いてやり，「あんたのこれやん」と指差す。Ｋちゃんが興味を示さないので，母親がそれで飲んだふりをして見せ，もう一回Ｋちゃんの前に置いてやるが，やっぱり駄目である。むしろ，Ｋちゃんは傍に座った母親に「ン，ン，エ……」と泣き声をあげながら抱きつきに行く（写真4）。それに対して母親は「ダメ，同情を引いてもダメ」と笑う。どうしても取ってもらえないので，それからしばらくＫちゃんは再び食卓の周りを横伝いしたり，僕の方を見たり，また「ン，ン，エー」と情けない声を出したりしていた。

写真1 　　　　　　　　　　　　　　　写真2

写真3 　　　　　　　　　　　　　　　写真4

この頃のKちゃんはいろいろな物に興味を持つようになっていたが，特に大人が使っている物に対して強く惹きつけられるようだった．中でも僕が手にしているビデオカメラはずっと気になっていたようで，僕が観察に行くと十数分にわたってビデオいじりに夢中になるということがしばしばあった．母親はそれでは観察ができなくなるのではと気を遣ってくれ，最近お気に入りだという手押し車にKちゃんの気持ちを向けようとしてくれたのだが，やはり普段から身の回りにあるおもちゃよりはもの珍しいビデオカメラや，母親が持ってきたコーヒー（僕が毎回それを飲んでいるのを目にしていた）の方にどうしても惹きつけられてしまったようだ．

　こんなふうに興味の赴くままに次々と物へアプローチしていくというのは生後半年前後から見られる行動だが，生後9,10ヶ月にもなると，生後半年の頃とはその執拗さが段違いである．生後半年の頃は，例えば子どもがあまり手を出してほしくない物に興味を持ってしまった場合，別の面白そうな物を与えるとすっとそちらに興味が切り替わるということも多いのだが，ここでのKちゃんは一度興味を持ったコーヒーカップを執拗に求め続けている．這い這いやつかまり立ちがかなりスムーズにできるようになってきたこともあって，基本的には部屋にあるほとんどのものを手に入れることができるというのが，Kちゃんにとっての「当たり前」になっていたからだろう．簡単にはあきらめず，執拗に興味のある物にアプローチし，部屋を散らかしていくKちゃんを，母親は「ゴジラ」と呼ぶことがあった．

　「洗濯ばさみの刑」にも母親が出してきた空のカップにも—母親がそれで飲んだふりをしたのは，大人が使っている物にKちゃんの興味が向きやすいからである—目をくれず，あくまでコーヒーカップを手に入れようとするKちゃんが，ここでとった行動がとても興味深い．すなわち，わざと情けない泣き声を作って，「あれ，取ってよー」とでもいわんばかりに要求し，それでも取ってもらえないと母親に抱きつきに行って「同情」を引こうとするのである．いうなれば，養育者と気持ちを共有すること，あるいは養育者から賞賛を得ることを目的とするのではなく，養育者を使って物を手に入れようとしているわけである．ここでKちゃんが出している泣き声は養育者の不在を寂しく思い，養育者とつながれることを求める純粋な「叫び」というよりは，自分の興味・欲求を実現するべく養育者に取り入り，構ってもらうための「道具・手段」である．繋合希求性を満たそうと物にアプローチしているのではなく，カップを手に入れたいという自己充実

欲求の充足のためにとりあえず他者とつながろうとしているわけである。〈子ども‐養育者関係〉に支えられ，これによって引き出されてきた子どもの興味が強まって，今や逆に〈子ども‐養育者関係〉を利用するようになってきているといっても良い。

ともあれ，「誘いかけ‐応答し‐二人で気持ちを共有する」という文脈の中で育まれた興味が強まり，今やその文脈とお構いなしの「突出した」興味[41]にまでなってくると，そこに「養育者に取り入り‐自分の思いを満たしてもらって‐気持ちを充足する」という新たな文脈が立ち上がる。それはもはや単なる物への興味という以上に，その物を手に入れようとする明確な意図だといった方が良い。こうして，〈子ども‐養育者関係〉が新たな文脈の中でも展開するようになり（もちろん，元の「誘いかけ‐応答し‐二人で気持ちを共有する」という場面がなくなってしまうわけではない），その関係性が一段複雑なもの，ねじれたものになっていくのである[42]。

3. 相互意図性としての相互主体性

これまで見てきたように，子どもの興味や欲求が明確になり，養育者に対して「見て，見て」といわんばかりに呼びかけてきたり，自分の欲求を実現するために養育者に取り入ったりするなどの一段複雑な対人行動が見られるようになると，子どもの存在感がまた一味違ったものになってくる。例えば，子どもと養育者がまっすぐに気持ちの共有を目指し，ふとした瞬間にそれが実現されるところに「二人で一つの幸せのオーラ」が生じていた3ヶ月微笑の頃とは違い，今や子どもと養育者双方がそれぞれの意図を持って動いており，それぞれの意図が噛み合ったり，すれ違ったりするようになってくるというのだろうか。上で挙げたエピソードでいえば，N子は自分がタンバリンを叩くところを見せて，養育者から肯定的な映し返しをもらうことを意図しているように見えるし，観察者や養育者の

---

41 〈子ども‐養育者関係〉の中で引き出されてきた興味が，やがて養育者が関わらずともそれ単独で生じ得るような「突出した」ものとなっていくのはなぜなのかというのは難しい問題である。そこにはやはり何らかの生得的・遺伝的要因を考えざるを得ないだろうが，私見ではその中でも「すでに身体になじんだ行為を再び繰り返そうとする慣性力」は重要なものの一つだと思う。
42 ただし，そうはいうものの，ここでのKちゃんの強い興味も母親と一緒の安心できる場の中で展開されていることには注意しておこう。ひとたび母親がこの場を離れてしまうと，もう物への興味どころではなくなって，母親を追いかけ出す場面が実際にあった。そういう意味で，やはり「自分なりの興味・欲求」の一番根底には養育者との信頼できる関係性というものが不可欠なのである。

方でもそれを感じるからこそ「じょうずねえ」といっている節がある。Kちゃんはカップを手に入れようという意図のもと，泣き声をあげてみたり，僕の方を振り返ったり，母親の「同情」を引こうとしたりしているが，母親の方では何とかKちゃんの気持ちを別の方向にそらせようと意図している。このように，子どもと養育者を包む一体的な雰囲気が薄れ，子どもと養育者それぞれが意図を持つ主体として，盛んに「呼びかけ‐応答」のコミュニケーションを立ち上げていくような関係性になってきている。いいかえれば，子どもを一個の「要求の主体」とみなすことを超えて，より高度な「意図性を有する主体」とみなして関係を営んでいく〈相互意図性としての相互主体的関係〉が，この時期に生じてくるのである。

　子どもと養育者がお互いに意図を持った主体として向き合うところに開けてくるこの相互主体的関係は，一方の極としては，N子のタンバリンのエピソードのように意図と意図とが非常にうまく噛み合って，あの3ヶ月微笑にも似た一体的な幸福感が生まれる場面を含んでいる。しかし，そうした幸せな場面ばかりではなく，Kちゃんのエピソードのように子どもの意図と大人の意図がずれてしまう場面ももちろんたくさんあるし，さらにそれが高じて，子どもと養育者の意図が真っ向から対立し，激しくぶつかり合うような場面も出てき得る。しかし，そんなときに養育者に求められることは，やはりその関係を投げ出さないこと，子どもを子どもなりの意図を持つ一個の主体として受け止め，粘り強く両者の意図が折り合う地点を探っていくことである。その逆に，養育者が力の強さにものをいわせて無理やり自らの意図へと子どもを従わせたり，自暴自棄になって関係を投げ出したりしてしまったのでは，それはもはや相互主体性とは呼び得ない関係性になってしまう。同じように意図を持つ主体だとはいうものの，子どもの意図はまだまだ直線的でもろいものであるがゆえに，やはり養育者が子どもの（芽生え始めた）意図を大切にしつつ，お互いの意図の調整を図っていかねばならないのである。例えば，次の鯨岡のエピソードを見てみよう。

　少し前置きしておくと，Yはこのエピソードの直前に戸外の砂利遊びに夢中になっていたという。寒かったので風邪をひかないようにと早めに母親がYを抱きかかえ，部屋に戻ったのだが，Yとしては，もうちょっと外で砂利遊びをしたかったところを無理やり連れて帰られて，大いに不満だったようである。

エピソード28　砂利遊びの後，家の中で不満が爆発（生後9ヶ月21日）

　Yは外で遊びたかった不満を持ち越したようである。母親がYの手をタオルで拭いてやろうとするが，Yはそれに逆らうように「ウウン」と嫌がり，怒っている感じがありありである。母親がタオルの泥を落としているあいだに，強い調子で「アーアー」と訴えるような泣き声を上げる（写真1）。母親がきれいなタオルでもう一度手を拭こうとするが，それに協力しようとしないで抗う。母親はYがなぜむずかっているか分かるので，なだめるように「そんなに砂利遊びがよかったの」と言う。手を拭き終わると母親はYが機嫌を直すように，最近Yの気に入っているおもちゃの自動車にYを載せて後ろから押してやる。そうして食堂のテーブルの回りを何度も回る。Yは動いているときは泣き止んでいるが，止まるとお尻を2，3度ピョンピョンさせ，「どうして押してくれないんだ，もっと押してよ」と言わんばかりの仕草と表情をする（写真2）。その態度にもまだ砂利遊びをしたかったのに家に連れて帰られて面白くないという不満がはっきりと窺える。

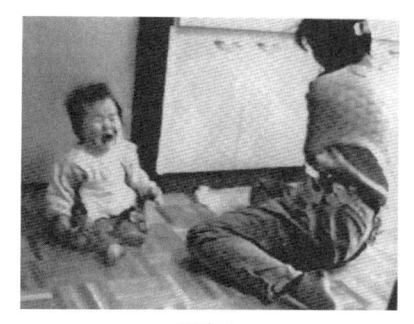

写真1 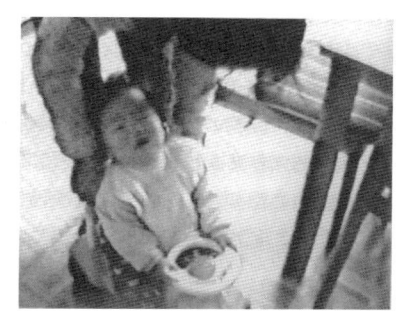　　　　　　　　　写真2

（鯨岡，1999bより一部改）

　まさに外で遊べなかった不満が爆発した場面である。普段はおやつの前に手を拭くときは，母親の意図に協力して手を差し出すのだというが，ここでは面白くない気分が前に出てしまって，母親の関わりに逆らって協力しようとしない。大声で不満を露わにするあたり，Y自身がはっきりした意図や欲求を持った一個の主体になってきていることを強く感じさせる。母親も「そんなに砂利遊びが面白かったの」といって，Yが何を求めているかは分かるのだが，Yのあまりに強い欲求不満にいささか当惑気味である。何とか機嫌を直してもらおうと，お気に入りの自動車に乗せて押してあげ，とりなそうとする。

　Yがこのように激しい形で不満を露わにすることができるというのは，Yが一個の主体として育っていることの証であり，やはり好ましいことだろう。それはこの母親がこれまでずっとYの気持ちに寄り添って，丁寧に関わってきたことの結果である。Yにしてみれば，いつもはたいてい自分の意図に乗ってくれる母

親が，どうして今日に限っていうことを聞いてくれないんだと，憤懣やるかたない感じなのかもしれない。養育者の丁寧な関わりがあったからこそ，Y がここまで明確な意図や欲求を持てるようになった反面，それとともに「ママは何でもいうことを聞いてくれるんだ」といったような一種の万能感が生まれ，それがついに養育者の意図と衝突する場面も出てくるというのは，ある意味皮肉な話ではある。

　しかし，そのようにして不満を爆発させる Y に対して，ここでの母親は怒りをぶつけ返すことなく，あくまでも Y の気持ちをとりなそうとしていく。養育者によっては「仕方がないでしょ，外は寒かったんだから」と理詰めで不満を押さえ込む人もいるだろうし，「そんなにわがままいうならもう知らない！」と放り出す人もいるかもしれない。養育者も人間である以上，いろいろとストレスが溜まったときなどに，そうした対応をときにしてしまうことはあり得るかもしれないが，しかし，そうした養育者の側の「強権発動」があまりに多く繰り返されると，子どもの中の意図性の芽が早期につまれてしまうことにつながってくる。その結果，子どもの方がここまで泣き喚くということもなくなるかもしれないが，一見波風の立たないそうした〈子ども - 養育者関係〉の背後で，実は〈相互意図性としての相互主体的関係〉が阻害されてしまっているということが往々にしてあるのである。

　したがって，ここでの母親のように，子どもの不満と「外で遊びたい」という気持ちを受け止めつつ，それでも「もう一度外に出る」といった形で単純にそれに応じるのではなく，何とか子どもを慰撫し，一個の主体としての子どもの気持ちと一個の主体としての自分の思いを折り合わせようと働きかけていくこと，そのような相互主体性が子どもを一個の意図を持った主体として育てていくために非常に重要なのである。また，子どもからしてみても，自分がどれほど負の状態に陥ったとしても，養育者が自分との関係を投げ出さずに一生懸命抱えてくれるということの積み重ねが，一番根本的なところでの信頼感や自己肯定感につながってくる。現実には子どもとの関係を投げ出してしまう養育者や，怒りをぶつけ返してしまう養育者がいることを考えると，子どもの負の状態を抱え続けることが非常に大変なのは明らかだが，Y の母親のようにそれをごく当然のように行っている養育者がいて，それによって子どもが一個の主体として育っていっているのもまた確かなのである。

　以上のように，子どもの意図が明確化するにつれて，〈子ども - 養育者関係〉は

必ずしも3ヶ月微笑のような幸せな一体感ばかりに満ちたものではなくなってくる。ある意味では子どもと養育者のあいだに切れ目が入って，両者が正負さまざまな感情を経験することになるわけだが，子どもがどんな状態にあるにせよ，粘り強く相互主体的関係の中に抱え込んでいく養育者の関わりによって，両者の関係は一段と奥深いものになっていくのである。

第9章
生後1歳前後からの表示機能の出現

　前章で見たように，子どもが徐々に一個の意図を持つ主体として浮き立ってき，養育者との〈相互意図性としての相互主体的関係〉が発展してくると，続く1歳前後あたりから子どもにはまた大きな変化が生じてくる。恐らくヒトという種を他の動物から大きく分け隔てることになった非常に大きな能力，ヒトが社会を形成し，これだけ高度な文明を発展させる基盤となった能力が，この時期に芽生えてくるのである。言語である。

　生後2ヶ月前後からすでに「アウ，アウ」といったクーイングなどは見られるし，養育者が話しかけ少し間を置いたときに子どもが「アウ，アウ」と返すさまは，あたかも二人が対話しているかのような印象を与えるものだったわけだが，やはりその「アウ，アウ」は言葉とは呼べないものである。しっかり分節された音ではないし，何よりその「アウ，アウ」には言葉というものにつきものの意味がないからだ。しかし，1歳前後あたりから，かなり分節された，意味の感じられる言葉が徐々に出てき始める。言葉というものがいかにして出てくるのかの詳細についてはまだまだ未解明な部分もあるが，本章では言語発生の大筋の流れを見ていくことにしたい。

1. 表示機能としての指差しの出現

　まず，言語発生と密接に絡む指差し行動（e.g. Baldwin, 1995/1999; やまだ, 1987）が頻繁に出てきている次のエピソードを見てみよう。

エピソード29　携帯電話が欲しい（生後11ヶ月19日）
　この日は母親の友人の女性が遊びに来ている。Kちゃんは床に落ちていたポットをいじって遊んでいたが，そのとき友人の携帯電話の着信音が鳴り，それに興味が惹きつけられる。立ち上がりながら「もしもし……」と電話に出た友人の後を，Kちゃんも這い這いで追いかける。最近，Kちゃんは携帯電話で「もしもし」の真似をするのが好きだったので，僕が「あ，もしもししてる！」と話しかけると，少し立ち止まって「何をいわれたのだろう」という雰囲気でこちらを見る。が，次の瞬間，友人が部屋では話しにくかったのか，ドアを閉めて廊下の方へ出て行ってしまう。ドアのバタンという音を聞いたKちゃんは慌ててその後を追いかけ，「あれが欲しいよ」とでもいわんばかりに「アー，ヒー」という情けない

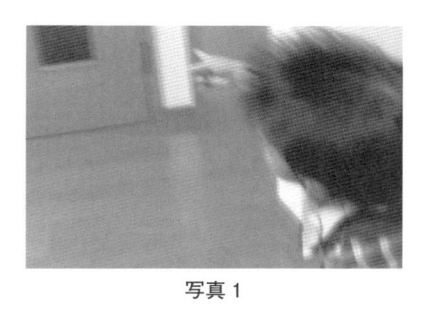

1. 表示機能としての指差しの出現　113

写真 1 　　　　　　　　　　　　写真 2

写真 3 　　　　　　　　　　　　写真 4

声をあげながら，閉まったドアを指差す（写真1）。そして，一人ではまだドアを開けられないので，Kちゃんはすぐに台所にいた母親のもとへ這い這いで取って返し，「シー」という要求するような声を出す。

　ちょうどKちゃんが母親の傍で座り込んだとき，短い通話を終えた友人が台所に直接通じる別の扉から戻ってくる。会話の内容を母親に伝えにきたのだが，Kちゃんはやはり友人が持っている携帯電話が欲しいらしく，母親の足に訴えるようにしがみつこうとする。母親はそれに取り合わず，話を終えた友人が再び出て行こうとしている扉を指差して，「Kちゃん，そこ開くよ，あ，閉まった」という。Kちゃんは母親の伸ばした腕をたどるように視線を動かして母親の指差す方を振り向き，閉まった扉の方を自分も指差しながら，また「アー，ヒー」という情けない声を出す（写真2）。その指差し方が実にしっかりとしたもの（先ほどは一瞬「指差したかな？」という程度だったが，このときは数秒間にわたってはっきりと指差しをしている）だったので，僕は思わず「おー」と感嘆の声をあげてしまう。そして，母親に「今，指差し分かったんですか？　それとも後ろでドアが閉まる音がしたから（偶然振り向いた）？」と尋ねる。それに対して母親は「後ろで音がしたからかな，自分で指差すのは分かるんですけど，人が指差すのは……」と答えつつ，母親の足につかまり立ちをしたKちゃんに「Kちゃん，ほら，向こうは？」と何度か指差しをして見せる。だが，強力な興味の対象（携帯電話）がもう目の前からなくなってしまったからだろうか，Kちゃんはそれには反応せず，母親の足にしがみついたまま，僕の方を見ている（写真3）。

　それから母親に両手を持ってもらいながら，一緒に居間の方へ歩いてきたKちゃんは，再びそこで電話をしている友人の姿を発見する。母親と片手だけつないでもらいながら，Kちゃんはかなりしっかりとした足取りで，真っ直ぐに友人の方へ歩いていく。傍まで行って，携帯電話を見上げながら再び指差しをするKちゃんに，「狙ってる，狙ってる」と母親が笑う。「ア，ア」と小さく声を出して欲しがっているKちゃんに，友人は電話での会話を切り

上げつつ，電話を持たせてあげようとしゃがむ．目の前に下りてきた携帯電話を指差すKちゃん（写真4）に，友人は「Kちゃん，もしもしよ」といって電話を渡してあげる．電話をもらったKちゃんはすぐに「もしもし」の真似をし始めた．

　乳児期後期になって次第に子どもの意図が明確になってくると，このエピソードのように子どもは何かが欲しいということを手指しや指差しで表現するようになってくる．僕たちが普段当たり前のようにやっている指差しは，考えてみれば結構不思議な行動である．例えば，なぜ中指などの他の指ではなく人差し指を突き出すのかとか，他の動物はなぜ指差しをしないのかとか，なぜこの時期になって急に子どもが指差しをするようになるのかなどと考え出すと，実はこれがなかなか意味深い現象だということが感じられてくる．これらの問題にどう答えたら良いだろうか．
　まず一ついえるのは，この時期に子どもが指差しをするようになる以前から，日常生活の中で養育者がごく自然に指差しをしているということが重要な意味を持つのは間違いないということだ．このエピソードでも，母親が「そこ開くよ，あ，閉まった」といって扉の方を指差すと，Kちゃんも母親の伸ばした腕を目でたどるようにして振り返り，その方向を指差すという場面がある．その後の母親の指差しには反応していないように，まだ，普段はなかなか他の人が指差す方向を向くことはないのだが，この場面ではKちゃん自身がたまたま友人の携帯電話に興味を持っていたところへ，その友人が出て行った先を母親が指差したために，きちんと母親の指差しに反応することができたのだと思われる．つまり，Kちゃんが興味を持っていなかった事物を指差すことによってKちゃんの興味を惹きつけるということはまだできないけれども—これが我々大人における普通の指差しの機能だろう—，Kちゃんが興味を持っているものを母親が指差すという形でなら，Kちゃんはその指差しの意味が分かるわけである．
　恐らく，こうした場面は日常生活の中でいくらでもあるはずだ．散歩の途中で出会った大きな犬に子どもの目が釘付けになっているのを見て，養育者が「あ，ワンワンだね」などと指差しする場面や，絵本の頁をめくりながら子どもの傍で養育者が「ほら，カエルさんが出てきたよ」などと指差す場面など，子どもの興味の対象を養育者が人差し指で指差すということが繰り返されることによって，「人差し指を向けることによって興味の対象を指し示すのだ」ということを子どもは身体で覚えていくのだと考えられる．

ただし，これだけでは指差しがなぜこの時期に生じてくるのかという問いに十分に答えたことにはならない。指差しが養育者の模倣をする結果出てくるということが一面では真実だとしても，その模倣を支えるような子ども自身の内的条件が整っていなければならないはずである。

子どもが指差しをするようになる上で一つ重要な内的条件は，興味のある対象をつかむために手を伸ばすというリーチング行動（生後4ヶ月前後から出始める）である。第7章で，少し離れたところにいる兄の持っている人形に惹きつけられて，届きもしないのに思わず手を伸ばしてしまうN子のエピソードを見たが，あそこでのように，子どもは自分の欲しいものに対しては自然と手を伸ばすようになっているわけである。子どもの指差しが多くの場合，自分の欲しいものを要求する場面から出現してくるのもそのためだろう。

ただし，何かをつかむために手を伸ばすということと，指差しを使って何かを指し示すということは，根本的に異なる機能である。単にリーチング行動が発展した結果，指差し行動に至るというわけでもないのである。次のエピソードを見てみよう。

エピソード30　大黒様を指差す（1歳1ヶ月0日）

この日は，祖母の家の仏間で観察をしている（生後1年が経って母親の育児休暇が終わり，Kちゃんは近所の祖父母宅に預けられることが多くなった）。Kちゃんは数珠を持ってよちよち歩きをしていたが，床の間にある恵比寿様と大黒様の置物の前に来ると，「アー」と声を出し，右手を上下に振る（その手の形が指差しのようになっていたので，「これ見てよ」という指差しと「すごい」という興奮の腕振りが混ざったものではないかと思われる：写真1）。その仕草を見ていた祖母がその置物を指差しつつ，「こんな恵比寿・大黒とか好きなんですよ」と教えてくれ，それから「あんなのとかも」といって僕の後方，壁の天井近くにかかっている恵比寿・大黒のお面（写真2）を指差す。その祖母の動作を見て，Kちゃんも振り返り，お気に入りのお面に気づいた様子である。少しそちらに歩み寄りながら今度はお面の方を指差す。「アー，アー」と声をあげながら2度ほど指差す仕方が，いかにも僕に向かって「ほら，見てよ」といっている感じである（写真3）。僕が「あれ，あれなの？」と一緒に指差しをすると，Kちゃんはくるりと振り返って，再び置物に近づき，置物を指差す。「そこにもあるしね」と僕が声をかけると，再びKちゃんはお面の方に向き直って「ンアー」と一層強い声を出しながらお面を指差す。先ほどの「ほら，見てよ」という感じの「アー，アー」とはまた違い，今度の「ンアー」は僕と一緒にお面を眺めながら改めて「すごいなあ」と感嘆している雰囲気である。僕が「すごいねえ」とKちゃんに声をかけると，Kちゃんは少し笑いながら再び置物に近づいて指差しをする。

そんなKちゃんに祖母が，「Kちゃん，お利口さんしてあげて。お利口さんは（どうやるんだっけ）？」と置物の頭をなでて見せてやる。Kちゃんは触るのがちょっと怖いのか，人差し指で置物のほっぺたを少しだけ触る（写真4）。それからまた振り返ってお面の方を指差してから，再び置物に向き直り「アー」と声をあげつつ置物を指差す。やけに何度もお面

と置物を指差すなと思っていた僕だったが、このときようやくKちゃんの「意図」が分かった気がして、「ああ、そうか。あれ（お面の顔）と、あれ（置物の顔）が一緒なんだね」と指差しを交えつつ伝え返してやる。自分の「意図」が通じたことに満足したのか、Kちゃんはニコニコしながら祖母の方に近寄っていった。

写真1

写真2

写真3

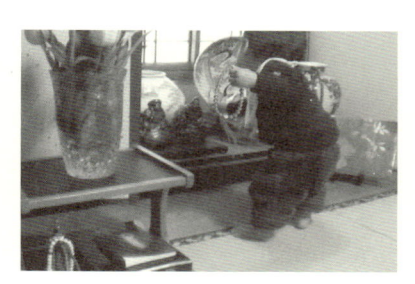

写真4

　このエピソードでKちゃんは、決して大黒様のお面や置物をつかもうとしているわけではないことは明らかだろう。何となれば置物の方はつかめる位置にあるにもかかわらず、恐らく多少怖いからだろう（子どもの目には、こうしたお面や置物の相貌性はかなり迫力があって、「不気味だけど惹かれるもの」として映るのだろう）、つかもうとはせず、おっかなびっくりに人差し指でちょっとなでるだけである。つまり、指差しとは、何かをつかむために腕を伸ばすということとは根本的に異なる新しい機能の発現なのである。その機能とは表示機能、すなわち何か自分の興味のひかれるものを他者に指し示し、その興味を他者とも共有しようとする機能である[43]。あるいは、興味のあるものを他者とともに眺めようとす

43　厳密にいえば、目の前の具体物を他者に対して指し示す指示機能（指差しの機能）と、眼前にはないものまでをも「いま、ここ」で再現（表象）する表示機能（言葉の機能）は区別されるべきだが、本書では議論の簡便化のためこれら全てを表示機能と呼んでいる。

る機能といっても良いかもしれない．実際，K ちゃんは何度も大黒様を指差しながら，「これとあれとが一緒なんだ」という発見・驚きを伝えてきているように，その場での僕には感じられた（これが僕の側の受け手効果である可能性は否定できないが，少なくとも K ちゃんがお面と置物への自分の興味を僕と共有しようとしていたことは確かだと思われる）．要するに，リーチングが興味を惹かれる事物に手を伸ばすという動的・関与的な行為であるのに対して，指差しはむしろその事物を他者とともにじっと見ようとする静観的な行為なのである（Werner & Kaplan, 1963/1974; やまだ, 2010）．

　ただし，先の「携帯電話が欲しい」のエピソードで見たように，初期の頃の指差しにおいては，この動的・関与的な成分と静観的な成分がしばしば混ざり合っていることは否定できない．指差しの前駆形態である手差し（人差し指ではなく手全体で差す）は，「つかむ」ときの手の形と似ているし，K ちゃんもまずは「欲しいもの」「つかみたいもの」への要求表現として指差しを身につけているように見えた（それと全く関係のない母親の指差しはまだ理解できていないようだった）．しかしながら，あの場面でも，K ちゃんは携帯電話をつかむためだけに手を伸ばしていたわけではない．例えば，K ちゃんは携帯電話を持った友人の後を追いかけずにただ閉まったドアを指差すだけだったし，最後に友人がしゃがんだことで K ちゃんの手が届く位置に電話が降りてきたときにも，少しの間それを指差していた．指差しがつかむためのリーチング行動と全く同種のものだと考えてしまうと，こうした行動を説明することはできなくなる（つかむことが最終目的なのであれば，ただ指差すのではなく友人の後を追いかけたはずだし，手が届く位置に電話が来たならば真っ先にそれをつかみにいっていたはずだ）．あの指差しには「あれが欲しいんだ」とか「あの人行っちゃった」とか「ねえ，見てよ」とか，いろいろなニュアンスが混ざり込んでいたように見えるが，いずれにしても自分の興味のある対象を他者と一緒に眺めようとする静観的な成分がそこにはすでに含まれていたわけである．

　このように，初期の頃の指差しは，「何かをつかむ」という把握機能と「何かを指し示す」という表示機能が混ざり合った形で発生してくる．より正確にいえば，表示機能はすでに定着している把握機能を利用して，「何かを指し示す」という自らの目的を完遂しようとするのである（Werner & Kaplan, 1963/1974）．K ちゃんが自分の興味あるものを指し示そう（表示しよう）としたとき，彼にとって最も使いやすい行動パターンが興味のあるものに手を伸ばすといういつもの行

動だったわけだ。これがやがて純粋な表示機能の現れ（表示機能専用の指の形）としての指差しへと鋳直されて，「大黒様を指差す」のエピソードに見たような純粋に何かを指し示すためだけの指差しが出てくるのだと考えられる。

　まとめると，1歳前後という時期に指差しが現れてくる理由は，まず，ヒトという種に固有の，恐らくは遺伝的に組み込まれている表示機能が発現してくるのが，ちょうどこの時期であるためだと思われる。ただしその遺伝的素質は，普段の生活の中で養育者が指差しを使って子どもといろいろな事物への興味を共有しようとしたり，子どもが興味のあるものを手指し・指差ししたときにきちんとその意図に答えてあげたりするといった〈子ども‐養育者関係〉からの支えを得ることによって，初めて開花してくるものだろう。そうした遺伝的素質と対人的条件の相互作用によって，はじめはしばしば「あれが欲しい」といった要求とセットになって出てきていた表示機能が，徐々に「人差し指で差す」という専門的な方略を獲得し，他者と興味関心を共有すること（のみ）を目指すような，より純粋な表示機能へと鋳直されていくのである。

2. 指差しと言語発生

　ここまで，指差しの発生についてかなり詳細な分析を行ってきたが，その理由はもちろん，これが言語発生と深く関わるからである。例えばウェルナーは言語発生の問題を扱った名著『シンボルの形成』の中で次のように述べている。"すでに見たように，指示機能は，最初は，感覚的運動水準において折衷的なかたちで実現される。つまり，ものに手を伸ばすとか，それに触れるなどの行動の範囲で実現される。しかし，最終的には指示機能は，特にそのために《デザイン》された固有の手段をいわば《創り出す》ようになるのである"（Werner & Kaplan, 1963/1974, p.82）。

　「指示機能」とは本書の文脈でいえば表示機能のことであり，この機能のために創り出される「固有の手段」とは「人差し指での指差し」ということに他ならない。しかし，この一節をもう少し広げて考えれば，他者に自分の興味あるものを指し示すために「デザイン」された最たるもの，人類によって表示機能の最も純粋な形として創り出されたその典型こそ，まさに言語であるということがすぐに読み取れるだろう。指差しが人差し指によって自分の興味あるものを意味するものだとすれば，言葉というのは何らかの音によってあるものを意味するものだといえようが，いずれにせよこれらは表示機能の賜物である。いいかえれば，純粋

な表示機能としての指差しが完成されてくるということは，すなわち，子どもが言葉を理解し始めるための準備態勢がほぼ整ってきたということである。

実際，子どもに指差しが現れ始めると，養育者は子どもが普段からよく見たり，使ったりしているものを「○○はどこにある？」とか，絵本を見ながら「○○はどれかな？」などと尋ねたりして，子どもに指差しをさせようとする。これも，興味あるものを二人で眺め，共有するという「三項関係」(e.g. 塚田，2001; やまだ，1987)が，基盤としてできあがっているからこそ可能になるものである。こうした関わりを通じて，子どもは徐々に物の名前や大人からの言語的な働きかけを理解していくようになる。次のエピソードを見てみよう。

エピソード31　ワンワンはどこかな？（1歳1ヶ月5日）

Yの開いた絵本のページは雪の降っている場面で，そこに走っている女の子とイヌの絵が描かれ，「雪やこんこん，霰やこんこん……」の歌詞もついている。母親はその歌を歌いながら両手を振るように動かすと，Yもそれに合わせて体を上下に揺らす。そのうちにYが絵本のイヌの絵を指で押さえる。「ああ，ここワンワン」と母親が言葉を添える。次にYは女の子を指で押さえる。「かけっこしている」と母親。今度は母親がイヌを指さして「ワンワン，ワンワン」とイヌの鳴くまねをして，「ワンワンはどこかな？」とYに尋ねる。Yは立ち上がって，周りを見回し，イヌのヌイグルミを捜して部屋の中をうろうろし，ちょうどおもちゃボードにつるしてあるウサギのヌイグルミを見つけると，少し逡巡し，「あー」と言いながらそれを指さして母親の顔を見る。母親は「あー，ウサギさんだけど，ワンワンね」と応じる。母親が「じゃあコアラは？」と尋ねると，Yは向こうにあるコアラの親子のヌイグルミを指さす。母親は軽く頷いて「じゃあ，コアラちゃん抱っこして」というと，Yはコアラのところに向かう。その途中でコアラの足下にあったイヌのヌイグルミを見つけ，それを指さすが，母親には見えなかった模様である。Yはそれを胸に抱えて母親のところに戻ってくる。そこで気づいた母親が「あっ，ワンワンがいたっ！　抱っこだなー，抱っこだなー」と抑揚をつけて言ってやると，Yは「ワンワン」と言いながらそれを持ってくる。が，その途中でそれを取り落としてしまう。そしてちょうどそこにあった絵本の中のイヌをYが指さすと，母親は「これもワンワン」と言ってやる。

(鯨岡，1998より一部改)

これ以前は，絵本を見ているときに母親が事物を指差して「これは○○だね」などとその名前をいうパターンが多かったというが，ここではYが指差して母親がその名前をいうという関わりが現れてきている。このエピソードの興味深いところは，まずYが犬を指差して母親がそれに「ワンワン」と答えた後，今度は母親が犬を指差して，子犬の鳴くような「ワンワン，ワンワン」という可愛い鳴き声をあげ，それから「ワンワンはどこかな？」と尋ねている点である。Yは犬のヌイグルミが一番のお気に入りで，恐らくは普段からそれでもって母親が可愛

い鳴き声をつけて遊んであげたりしていたのだろう。母親は，こんなふうにいいかえてやればきっとYがいつもの犬のヌイグルミを持ってくるという読みを働かせて，「ワンワンはどこかな？」と尋ねる。そして，実際それに応えてYが犬のヌイグルミを探しにいくわけである。

ところが，たまたま近くに犬のヌイグルミが見つからなかったために，Yはふと目に留まったウサギのヌイグルミを少し神妙な顔で指差した。その指し方が探していたものを見つけたときの「そこにあった！」という感じではなく，Y自身がいつものワンワンではないと思っていることは明らかだったと鯨岡はいう。母親も，まさかウサギのヌイグルミを指差すとは思っていなかったため，一瞬「あー」という声を出してしまうが，優しい人なので，自分の問いかけにYが応じたことを認めようとして「ウサギさんだけど，ワンワンね」といった面白い言葉をかけてあげる。

ちょっと妙な雰囲気になったのを変えようと，次に「コアラは？」と母親が尋ねると，今度はコアラが目につきやすいところにあったため，Yはきちんとコアラの方を指差すことができた。そして，母親にいわれたように，コアラのヌイグルミを抱っこしにいこうとしたとき，ちょうどそのコアラの足元に犬のヌイグルミがあることを発見し，それを指差す。ところが，母親はYの背後にいたため，それが見えなかったようだ。そこでYはその犬のぬいぐるみを抱っこして母親のところまで持ってきて，はっきりと聞き取れるような声で「ワンワン」という言葉を発したのである。

少なくとも鯨岡が聞いた中では初めての「ワンワン」だったということであるが，こうしたエピソードを見ると，指差しというものが言葉を介したやりとりをいかに円滑にするかということがよく分かる。ここでなされている「○○はどこ？-これ」といった遊びが，子どもが物の名前を覚えていくのに非常に有効なものだということは誰の目にも明らかだろう。もしYが指差しができなかったら，母親の問いかけに対して答える手段を失ってしまうはずで，「○○はどこ？-これ」といった問答自体が成り立たなくなる。また，せっかく犬のヌイグルミを見つけ，それを指差したのに，母親にはうまく伝わらなかったときに，Yがそれを持ってきて「ワンワン」という初めての言葉を発したことを考えると，子どもの言葉というのは他者に自分の興味あること，発見したことを伝えようとする指差しの延長上に現れてくるものだということもよく分かる。自分の見つけた犬のヌイグルミを見てほしい，母親にも自分の発見を共有してほしいというYの気

持ちが，指差しになり「ワンワン」という言葉になるのである。もう一つエピソードを見てみよう。

エピソード32　おせんべいがほしい（1歳5ヶ月24日）

　母親が「Y君お尻が出ているよ，恥ずかしーい」と言う。トイレの後，Yはオムツを着けるのを嫌がって笑いながら逃げ回っている。それを捕まえようとした母親がYの足を踏むかたちになって，Yが「ンアー」と泣きかける。「ああ，痛かった，痛かった，ごめんね」と母親はなだめる。母親と向き合ったところで，Yは母親に「マンマ」と言う。「マンマ，何？」と母親がYに訊き返すと，Yは台所の方を指さす。「あー，牛乳ね」と母親が言うが，Yはなおも台所の方を指して「ンンン」と「魔法の声」を発する。「違うの」と母親は言い，「パン食べるの？」と尋ねる。Yは母親の体を両手で押さえるようにして，また「ンンン」と「魔法の声」を発し，要求を出し続ける。「ん？　氷？」と母親が言いながらYを抱き上げると，Yは冷蔵庫の上の缶を指さす。とうとう母親が折れて，冷蔵庫の上の缶に入っているおせんべいの袋を出し，「牛乳と一緒よ，オムツを替えてから」と言う。今度は仰向けにされても嫌がらず，おとなしくオムツを替えてもらう。母親はオムツを替えながら「オシッコが出たら，オシッコが出たと教えてね」と言う。オムツを替えてもらったところでYは立ち上がり，自分から椅子に座って，おせんべいと牛乳のおやつになる。

(鯨岡，1998より一部改)

　このエピソードはまず，Yがおむつ替えを嫌がって走り回っているところから始まる。ちょうど朝食を食べているときに，ウンチになったようで，朝食を中断しておむつ替えをした場面だという。何とかおむつ替えさせようと母親が追いかけたときに，ちょうどYの足を踏んでしまい，それでYが泣きかけ，母親が謝ってなだめようとした。たいして痛くもなかったようでYはすぐにむずかるのをやめ，その代わりといわんばかりに「マンマ」というはっきりした音声表現をする。この頃のYはかなりしたたかになってきていて，取引にお菓子を要求するようになっていたそうである。したがって，もちろんこの「マンマ」がお菓子を指すことは母親にも分かっていたわけだが，今はまだ朝食中だという思いから，母親はとぼけて「マンマ，何？」と聞き返す。それに対してYは指差しと「ンンン」という不満と要求の入り混じった「魔法の声」を駆使して，「違うんだ，お菓子が欲しいんだ」ということを伝えようとする。最初のうちは「牛乳？」「パン？」などととぼけて朝食の続きをさせようとした母親だったが，Yが冷蔵庫を指差し，さらにはその上のお菓子の缶を指差すと，もうごまかしきれなくなる。それだけYの「違うんだ，お菓子が欲しいんだ」は，明確で，強い意図を感じさせるものになっているのである。そしてついに，足を踏んで泣かせてしまったという引け目もあって，この場では母親が折れることになる。ただし，母親の方も

ただでは引き下がらずに,「牛乳と一緒よ,オムツを替えてから」というさらなる交換条件を出すわけだが,それに対してはYはちゃっかりとおとなしくいうことを聞いて,おせんべいと牛乳のおやつになっていくというあたりも面白い。

まさに,子どもと養育者双方がそれぞれの意図を持ち,微妙な駆け引きをしながら,自分の意図を実現していこうとする〈相互意図性としての相互主体的関係〉が展開していることが感じられるエピソードである。指差しと「ンンン」という「魔法の声」を使って,今やYは非常に明確に自分の意図を伝え,母親とほとんど対等に渡り合えるようになってきている。ここでは「マンマ」というはっきりした言葉が出てきているが,仮にこの言葉がいえなかったとしても,指差しと「魔法の声」があるので事態は全く同じように流れたはずである(例えば「マンマ」をいわずに,はじめから台所にあるお菓子の缶を指差したのだとしてもほぼ同様のやりとりが展開されただろう)。つまり,この「マンマ」という言葉は指差しによって十分代替され得るもの,逆にいえば,指差しの新種として,新しい表示機能の形として,現れてくるものなのである。したがって,言葉が出てくるためには,指差しに代表されるような表示機能が十分成熟していること,指差しと「魔法の声」を使って養育者とのあいだで意図と意図とが絡み合うような円滑なコミュニケーションができるようになっていること,子どもが表示したものを養育者がきちんと受け止められるような関係性ができていることが必要条件だといえるだろう。

このように見てくれば,指差しに代表される表示機能(犬のヌイグルミを母親に見せるようなshowingもその一種である)が言葉の発生といかに密接に絡み合っているかが理解されてくる。ただし,その表示機能は決して子どもの内部で勝手に遺伝的素質が開花することによってではなく,養育者との関係性によってさまざまな側面から支えられることで初めて現れ出てくるものである。つまりは,言葉というのは教えられて出てくるものでも,自然発生的に出てくるものでもなく,今見たような養育者との相互意図性としてのコミュニケーションが煮詰まってくることによって出てくるものなのである。

3. 意図の通じ合いが難しいケース

本章では,1歳前後から見られ始める指差しや言葉の発生を支えるものが表示機能の成熟であること,その成熟のためには養育者が指差しや言葉を積極的に使いながら子どもに関わり,子どもが何かを表示してきたときにはしっかりとそれ

を受け止めていくことが必要であることを明らかにしてきた。このようにして養育者と子ども双方の意図が絡み合うような関係性の中でこそ，養育者に自分の興味や発見を共有してほしいという子どもの表示機能は十全に発展していくのである。

　そのことは，そうした意図と意図との絡み合いが難しくなっている〈子ども－養育者関係〉を見ると一層はっきりしてくる。

エピソード33　自閉傾向を有する発達遅滞児と診断されたT（5歳女児）の事例から
　Tは医師から「自閉傾向を有する発達遅滞児」との診断を受けた女児である。現在は某保育園に通っていて，週に一度M療育施設を母子で訪れている。初回面接時の母親の話によれば，Tは多動傾向があり，こちらの働きかけを避けてスルリ，スルリとすり抜けてゆく感じで，なかなか人と目が合わず，言葉の発達も遅いとのことであった。来年就学なので心配でこの療育施設に通い始めたという。以下のエピソードはM療育施設でTが母親と担当療育者の三人で遊ぶ場面を観察した折りの記録に基づいている。なお，当該エピソードは療育を開始して3ヶ月を経過したころのものであり，Tは担当のY先生に慣れて，Y先生には甘えるようになった頃のものである。

◇母親の関わりを避けようとするT
　Tが窓枠に登ろうとする。担当のY先生が「Tちゃん，そこから何がみえるかなあ」と声をかける。母親は少し緊張した面持ちで，「T，いけません，おりなさい，危ないでしょ」と声をかけ，「家では駄目っていってあるので，先生も禁止して下さい」と少し強い口調で言う。母親がTの体を抱き下ろそうとすると，その手をするりとすり抜けて，トランポリンの方に走ってゆく。そしてトランポリンの上に寝そべる。Y先生はトランポリンの下に潜り込むようにして，「Tちゃん，ほらほらほら，こちょこちょだぞー」と言いながら，トランポリンの下から足でTの体をくすぐるようにする。Tは体をくねらせて，くすぐったそうにし，「ウアア」と声を出してY先生の方を見る。そこでY先生と目が合うとにっこり笑う。Y先生も思わず「ウアア」と声を出して笑う。目が合って笑った感じがある。Y先生が「もっとするぞー，ほらー，こちょこちょだぞー」と言うだけで，Tはもう体をくねらせて，くすぐったそうにする。それを母親は少し難しい顔をして見ている。
　Y先生はトランポリンの下から体を抜き出すと，自分もトランポリンの上に乗り，今度は「いくぞ，いくぞ，いくぞー，こちょこちょだぞー」とくすぐる素振りをすると，Tは歓声をあげて体をくねらせるが，先生に抱きかかえられると，すっぽり抱かれて嬉しそうにする。
　母親は「Tちゃん，お絵描きしよう。ほら，ここにきて，描いてごらん」と誘う。Tは母親の誘いかけに応じようとしなかったが，Y先生も母親のそばにきて，「Tちゃん，お絵描きしようよ」と誘ったので，ようやくそばまできたが，母親の方には寄ってゆかない。Tはマジックペンをもって，紙に殴り書きをする。「うあー，Tちゃん，じょうず，お絵描き上手ねー」とY先生がもちあげる。Tの母親は「T，ほら，お母さん丸を描いたよ，Tも描いてごらん」と誘う。Tがまた紙の上に殴り書きを始めると，母親はもう待てない様子で立ち上がり，Tの背後からTのペンをもった手を掴んで，「ほら，こうして丸を描いてごらん」とTの手をもって紙の上に丸を描く。「うあー，Tちゃん，丸が描けたねー」とY先生が言う。「もう一つ描いて」と母親が再びTの手を持って丸を描かせようとすると，Tはまたす

るりとすり抜けて立ち上がり，隣の部屋に駆けていってしまう。「いつもこうで，私のいうことは全然聞かないんですよ」Tの母親は観察者（私）の方を振り返って，訴えるようなまなざしを送ってくる。

（鯨岡，1999b より一部改）

　読んでいて落ち着かなくなってしまうような，母と子との噛み合いの悪さが特徴的な事例である。母親が関わろうとするとTがするりとすり抜ける場面が多く，このことを母親は「関係がとりにくい」と感じていたようである。ところが，Tと療育担当者との関わり合いはかなり自然な感じがあり，特に担当者がくすぐる動きにTが身体をよじって反応するあたりは，両者の身体に情緒的力動感 vitality affect が通じ合う印象がある。一般に自閉性障がいの子は，こうした情緒的力動感の通じ合いが難しいことが多いが，Tの場合は少なくとも担当者とのあいだではこうした遊びができること，自閉性障がいのもう一つの特徴であるこだわりの強い常同行動が見られなかったことから，鯨岡はこの子どもは自閉性障がいではなく，むしろ母親とTとの噛み合わせの悪さが諸々の問題につながっているのではないかと考察している。

　まず目立つのは，母親の強い主導性である。育児に熱心なのは良いとしても，母親の思いに子どもを引き込もうとする姿勢が強すぎて，Tの出方を待ち，その出方に応じてこちらの出方を決めていくという，相補的な関係性になっていないように見える。第7章で議論したように，養育者が誘いかけて空隙を作り，そこに子どもが乗ってきて，その空隙を子ども自ら埋めるようになるところに子どもの興味や意図が育ち，養育者との意図の絡み合いも生まれてくる。Tの出方にお構いなしのこうした関わりの中では，母親に対して何かをしたい，何かをしてほしいといった意図をTの方から押し出していくような姿勢は育ってこないし，母親と何か面白いことを共有しようとする表示機能も育ってこないのではないだろうか。言葉の発達の遅れは，自閉性障がいによるものというよりは，そうしたTと母親のあいだの〈関係障がい〉として出てきたものだと思われるのである。

　そうした母親からの働きかけが窮屈に感じるのだろうか，Tは母親からするりと逃げて，Y先生と遊ぼうとする。そして実際にY先生と楽しく遊ぶのだから，そのコントラストがあまりに鮮やかで，人はついつい「この母親の関わり方がいけないのだ」というふうに見てしまいがちである。しかし，関係発達論的には，それはやや不十分な見方である。〈関係障がい〉というからには，母親の対応の

仕方に一方的に問題を帰属させるわけにはいかないのである。むしろここでは，幼少の折に母親が誘いかけて空隙を作りTの出方を待っても，なかなかTがそれを埋め合わせてくれなかった結果，その空隙を母親自身が埋めるという対応を続けてこざるを得なかった，その対応が半ば自動化する形で今の母親のTへの一方的な関わり方が育まれてきたのではないかと考えるべきである。仮にTが，母親の創り出した空隙にすっと乗れる子であったならば，母親はそれ以後も十分な空隙を作ってTの出方を待つという関わりを常習化させていたかもしれないのである。しかし，その一方で，Tの側からすれば，母親がもう少しテンポが遅く，Tのゆっくりした出方に応じた十分な空隙を作ってくれる人であったならば，もう少しその誘いに乗れたかもしれない。要するに，母親とTの身体が持っていたちょっとした嚙み合いの悪さ（相補的にしっくりこない感じ，「誘いかけてくれない－応えてくれない」という感じ）が，悪循環し，増幅する形で，今のような固定化した〈関係障がい〉が生まれてきたと考えられるわけである。

　こうして見てくると，どの〈子ども－養育者関係〉においても成り立つかのように語ってきた身体の相補性，意図と意図の絡み合い，さらには指差しや言葉の発生といったものが，決して自明のものではないことが分かってくるだろう。子どもと養育者のあいだのちょっとしたボタンのかけ違いから，複雑にこじれた〈関係障がい〉が生まれ，悪循環が繰り返されて，そこから抜け出すのが難しい状況に陥るといったことが実際にあるのだ。逆に，何らかの器質的な障がいによって言語発達などが遅れたとしても，その他さまざまな補助手段でお互いの意図を通じ合わせるような〈相互意図性としての相互主体的関係〉が開けていれば，通常の生活を送っていくこと，その中で健全な心を育んでいくことが十分できる場合も多い。本章では言語発生の問題を中心的に扱ったため，言語発生がコミュニケーションの目的であるかのような錯覚をしてしまった読者がいるかもしれないが，大事なのはもちろんコミュニケーションそれ自体の方である。世の養育者はしばしばわが子の言葉が遅い，早いということで一喜一憂するが，それ以上に重要なのは，〈相互意図性としての相互主体的関係〉が充実し，発展していくということなのである。

第10章
1歳代の躾と子どもの主体性の育ち

　前章では，生後1歳前後から指差しや言葉などが出現してきて，子どもが自らの意図をより明確に示せるようになり，養育者とほぼ対等に渡り合うような場面も出てき始めることを見てきた。そのように子どもの意図が強く押し出されるようになり，「してはいけないこと」「望ましくないこと」の領域にまでそれが膨らんでくると，養育者がそれを制止したり禁止したりする場面もまた増えてくる。ここにおいて，〈子ども－養育者関係〉はまた新たな展開を見せ始めるのである。子どもにとってみれば，今までほぼ自分の気持ちに寄り添ってくれた養育者が，今や自分のしたいことを妨げるものとして立ち現れてくることになるわけだから，そうした現実はなかなか理解し難いものであるに違いない。一方の養育者も，今まで可愛いがって育ててきたわが子が，聞き分けの悪い子どもとして立ち現れてくるわけだから，そこで非常に複雑な心模様というのを体験せざるを得ない。本章では，特に1歳からの躾をめぐって，今までよりも一段深く，一段ねじれた形へと〈子ども－養育者関係〉が展開していく様相を追いかけていくことにしよう。

1. 養育者の制止の始まり

　まずは次のエピソードを見てみよう。

エピソード34　なんで泣いてるんだっけ？（1歳0ヶ月25日）
　Kちゃんは大好きな母親のノートパソコンを貸してもらってご機嫌である。2～3度キーボードを叩いて，僕の方を見，にっこり笑う。それからさらに，足でキーボードを叩こうとする（写真1）。それを見て壊されそうだと思った母親が「わー，それならやらん」と，慌ててパソコンを取り上げてしまう。するとKちゃんは「ンエ～」という不満の声をあげ，すぐに母親の脇に置かれたパソコンを取り戻しにいく。母親がそれを手で制しつつ，Kちゃんの気をそらそうと，メモ帳をKちゃんの前に置くが，Kちゃんはそれを手に取って，ポイと捨ててしまい，あくまでパソコンに手を伸ばそうとする。制しきれなくなった母親は「どうして子どもはこんなに機械ものが好きですかね」と笑いながら，仕方なくKちゃんにパソコンを取らせてあげる。Kちゃんは手元にパソコンを引き寄せ，また興味津々にキーボードを叩き始める。「そうそう，一個ずつ押さんとね」と母親。Kちゃんは叩きながら，ときどき「ヘヘ」と笑うが，口元からよだれが垂れていて，それがパソコンの上に滴り落ちそうになって

1. 養育者の制止の始まり　127

写真1

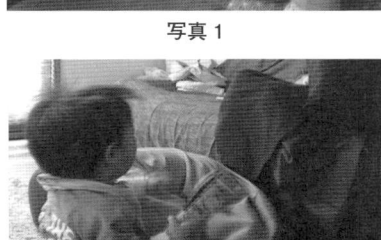

写真2

写真3

写真4

いる。それを拭き取ってやりながら,「ちょっとドキドキするよ,水モノ落としてデータがパーになりましたっていうのは……」と母親がいう。

　少しの間そのまま叩かせていた母親だが,やはり壊されないか気になるのだろう,「Kちゃん,これと交換しよう」と,Kちゃんお気に入りのテレビのリモコンを手渡して,Kちゃんの気持ちをそちらに向けようとする(写真2)。Kちゃんも一瞬それに気を取られ,それで遊び始めたが,その隙にそっと母親がパソコンを取り上げて,袋にしまったときだった。Kちゃんは座ったまま手足をばたつかせて「ンアー!」という不満の金切り声をあげる(写真3)。見たこともないような憤慨ぶりに僕も母親も思わず笑ってしまう。そして,母親は金切り声に合わせたような大きな声で「いいやん,それやったんだから」とリモコンを指差す。Kちゃんはじっと母親を見て,やがて「ンー,ンア〜ン!」と泣き声を出し始める。ただ,すぐに自然と涙が出てくるというよりは,一生懸命泣き顔を作って,涙を搾り出している感があるので,母親はKちゃんに顔を近づけ,ニヤニヤと笑いながら見ている。するとKちゃんは一層大きな「ンア〜ン!」という泣き声をあげて,持っていたリモコンをポイと捨ててしまう。母親は「あっ,ポイした!」といいながら,別のリモコンを渡そうとするが,もはやKちゃんは「ア〜ン,ア〜ン」と泣き続けるばかりである。

　仕方ないと思ったのだろう,母親は再びそっとパソコンを取り出して,Kちゃんの脇に置いてやる。こちら側に振り返るようにして泣いていたKちゃんがそれに気づかなかったので,僕が「Kちゃん,Kちゃん」と指差して教えてあげると,Kちゃんは「ん?」という顔になって振り向く。目の前にパソコンがあったので,Kちゃんは一旦は泣き止み,またパソコンをいじり始めるが,やがて再び「アーン,アーン」と泣き出してしまう。どうも一度楽しい気分を壊されたショックは,もはやパソコンを返してもらっただけでは立て直せないらしい。泣き続けるKちゃんを母親が立たせ,「なんでしゅか」というが,Kちゃんは上を向いて泣き続ける。母親はその泣き声に負けないような少し大きな声で「なんで泣いているか

忘れたやろ，あんた」といい，Kちゃんを抱きかかえてあげる。Kちゃんは母親の胸にもたれかかるようにして甘えながら，まだ少し泣き声をあげている（写真4）。母親はもう一度「なんで泣いているか忘れたやろ，だからパソコンが出てきても分からんのやろ」と茶化すようにいいつつ，甘えさせてあげる。するとようやくKちゃんは泣き止んで，ソファの上にあった手提げ袋を指差す。母親は「なに，これがいるんやった？」とそれを取ってあげ，Kちゃんに持たせてあげた。

　母親のパソコンで機嫌良く遊んでいたKちゃんだが，キーボードの叩き方がやや強く，足で叩こうとしたりもしたので，壊れてしまうのではないかと心配した母親がやはりKちゃんの好きなリモコンとの交換を提案する。最初はあっさりとこれを受け入れ，一見パソコンから興味がそれたかに見えたKちゃんだが，母親がその隙にパソコンを袋にしまってしまおうとすると，手足をばたつかせて激しく抗議する。その様子がこれまで見たこともない強い抗議だったので，思わず僕も母親も笑ってしまうが，Kちゃんはしばらく間を置いて「ンア〜ン！」と泣き出す。自分の欲しいものを手に入れるための指差しや「ンー」といった魔法の声に加えて，最近は母親曰く「涙を搾り出す」技も覚えたのだという。ここでの泣きにも，そうした欲しいものを手に入れるための手段としての側面が多分にあって，実際，泣き始めたKちゃんの背後で母親がパソコンをそっと出したのを見て，僕が「Kちゃん」と指差しをするとその指差しをたどって後ろを振り向き（自分の背後への指差しがはっきり分かったのが観察されたのはこのときが初めてだった），パソコンを発見するとさっと泣き止むのである。

　ただし，機嫌良く遊んでいた雰囲気を壊されてしまったショックは，もはやパソコンを取り戻すだけでは十分修復できなかったのだろう，再び泣き始めてしまう。母親は抱きかかえてあげ，「なんで泣いているか忘れたやろ」といっているが，恐らくKちゃんが求めていたのは単なるパソコンだったのではなく，リモコンやパソコン，そして母親に囲まれていろいろなものをいじっているという楽しい気分そのものだったのではないだろうか。そして，そうした気分へと気持ちを立て直すためには，今や母親に抱きかかえられて，その温かさに包まれることがどうしても必要だったのだろう。母親の方も，口には出さないが，パソコンをこっそりしまおうとしたことで思った以上にショックを受けている様子のわが子に今必要なものが何であるかが分かっているからこそ，自然と抱きかかえるという行動に出ているのだと思われる。

　こんなふうに1歳頃から子どもの意図が徐々に強くなって，養育者の意図とぶ

つかる場面が出てくる。ただし、そうはいってもこの頃の要求というのは、まだまだ容易に他のものへとすり替えられ得るものでもある。Kちゃんも、差し出されたリモコンにすぐに興味を惹かれたり、抱きかかえてもらうことで比較的早く泣き止んだりしている。今子どもがしている行動を何とかやめさせたいとき、興味を惹きそうな別のものを提示してやるという方向転換のテクニックと、「ンア〜ン！」と泣き出したときの抱きかかえでもって、十分子どもの意図を調整していけるわけであり、それゆえまだ養育者が子どもをきつく叱るといった場面はあまり出てこない[44]。それが出てくるのは、今見たような場面が繰り返され、子どもの側が泣いて見せれば養育者は何でもいうことを聞いてくれるという態度を強めてきて、養育者の方が「そろそろきちんとダメなものはダメと躾けていかねばならないな」と感じ始めてからのこと、もうちょっと後のことであろう。

次にKちゃんの母親が制止の言葉を投げかけたときのエピソードを見てみよう。

エピソード35　ママの「ダメ」もちょっとは分かる（1歳2ヶ月5日）

　Kちゃんは今日も僕のビデオカメラに釘付けで、可動式の液晶画面を回したり、引っ張って取ろうとしている。僕は「あ、取りたいの？　取れないよ。取ってはいけません」などと笑いながら、無理に制止することもなく触らせている。ただ、母親はわが子がビデオカメラを壊さないか気が気でないようで、「Kちゃん、ダメ、壊れる。ダメ」と後ろから声をかけている。それでもKちゃんが全く意に介さずにビデオをいじり続けるので、母親はいつもより一段トーンを落とした大きな声で「ダメっていってるでしょうが。Kちゃん！」とたしなめる。それを聞いて何となく僕の方もやめさせた方がいいかなという気分になって、Kちゃんに向かって「怒られちゃった」と声をかける。怒られてるよということを教えるつもりだったのだが、Kちゃんは僕の顔を見て、「ね、怒られたね」とでもいうようにニッと笑い（写真1）、母親のもとへよちよちと歩いていく。傍に寄ってきたKちゃんに、母親はわざと腕を組んで少しだけ怒った顔を作って見せる（写真2）。Kちゃんはちょっとの間それを見て、母親の足に顔を埋め、甘えにいく（写真3）。母親は「反省ザル、反省した？」といって、Kちゃんを覗き込むようにする。こちらからは見えなかったが、Kちゃんが少し笑っていたのだろうか、母親は「反省してないやろ」と笑いながら、ずり落ちかけたKちゃんのズボンを引っ張り上げてやる。そのときにはもうKちゃんは悪びれないご機嫌の顔になっ

---

[44] もちろん、中にはかなり早期のうちから「躾のため」と称して厳しく叱ろうとする養育者がいるのも事実である。しかし、生後1年くらいまではこうした方向転換と抱きかかえでもって十分に子どもの意図を調整していけるのであれば、果たして本当に「叱る」ことは必要だろうか。それに、この時期の子どもに「悪いことはきちんと叱るのだ」といってみても、そのような「分別」や「善悪」自体が子どもに分かるわけではない（とすれば、「叱る」ことは子どもに訳の分からない恐怖の体験を植えつけることしかならない可能性がある）。本章で明らかになるように、それらは養育者の丁寧な相互主体的関わりによって徐々に子どもの中に根づいてくるものであって、この時期の子どもへの一方的な叱責は実は養育者側の苛立ちをぶつけているだけのようにも思える。

ていて（写真4），また僕のビデオをいじりにくる。「もうダメが分かるんですか？」と僕が母親に尋ねると，「私がいっても聞かないけど，パパがいうと泣きますね」とのこと。Kちゃんはちょっとビデオを触って，次の遊びを探し始めた。

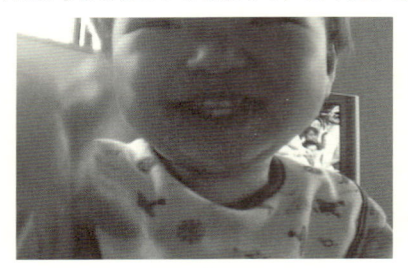

写真1

写真2

写真3

写真4

　Kちゃんが僕の持っているビデオに興味津々で，いろいろといじくり回すので，母親はビデオを壊してしまわないかとちょっとハラハラして見守っている。ソファから「Kちゃん，ダメ」などというが，あまり効き目がないので，少し声色を下げて「ダメっていってるでしょうが」と迫力を持たせていう（といっても，どこかふざけた調子があって，本気では怒っていない感じであるが）。それを聞いて，別にKちゃんの力でならばいくらいじってもビデオは壊れないと鷹揚に構えていた僕の方も，「ちょっと母親のいうことを聞かせた方がいいかな」という気分になり，「怒られちゃった」という。Kちゃんがその言葉の意味を分かったからなのか，それともその前の母親の迫力あるいい方が幾分は効を奏したからなのか定かではないが，Kちゃんは苦笑いを浮かべるようにして，母親にくっつきに行く。本気で怒られたわけではないことはKちゃん自身も何となく分かっていて，だからこそわっと泣き出したりするわけではなく，母親に抱きつきにいくときも半分笑ったままだったのだろう。しかし，かといって全く母親のことを無視してビデオをいじり続けることができたかといえばそれも無理で，何となく怒

られてしまった気まずさを修復する必要はあったのだと思われる。

　リモコンを与えてその隙にパソコンをしまおうとするなど，Kちゃんの行動に直接介入していた先ほどのエピソードと異なり，ここで母親はKちゃんを無理やりビデオから引き剥がしたり，方向転換へと誘ったりせず，Kちゃんに「ダメ」という言葉をかけるだけである。いいかえれば，他者からやめさせられるのではなく，「ダメ」といわれたことについてはKちゃん自らやめることを期待しているわけだ。言葉でのコミュニケーションが徐々に可能になってきて，先ほどよりも一段高いレベルの「分別」が要求されているということである。母親曰く，普段はなかなか母親の「ダメ」は聞かずに，父親の「ダメ」には泣いたりするということだから，まだまだそれをいう人の持っている迫力，言葉の情緒的力動感 vitality affect，「怖い感じ」に大いに左右された「分別」であるが，それでも言語的なレベルの制止に徐々に反応できるようになってきているのである。もう一つエピソードを見ておこう。

エピソード36　「ごめんなさい」をめぐって（1歳5ヶ月19日）

　今日のKちゃんはいつも以上に甘えんぼで，母親から離れようとしない。母親に抱きかかえてもらい，高いカウンターに置いてある物を「ア，ア」と指差しながら，次々と手に取らせてもらう（写真1）。母親の腕の中で，父親の携帯電話をいじったり，数珠を手に取ったり，お金に手を伸ばしたりするが，それらの事物にすごく興味があるわけではないようで（ちょっといじってすぐにカウンターに戻したり，床に落としてしまったりする），むしろ母親とくっついていられること自体，母親が自分の指差しに応じてそれらの物に体を寄せて，取りやすいようにしてくれること自体がうれしいという感じである。実際，Kちゃんが携帯電話を手にしたときなどに，それで遊んでいなさいとでもいうように母親がKちゃんを床に降ろそうとすると，途端にKちゃんは「ン，ン，ヒャー」と泣き声をあげて母親の足元に必死でしがみつき，母親が仕方なく抱きかかえてあげると，すぐに泣き止んでまた次の物を指差していくといったことが何度か繰り返される。母親はそんなKちゃんを抱きかかえて顔を近づけながら，「もう，なんで今日はそんなに『ひっつき虫』になってるの？」というが，その声にはどことなく甘いトーンが混じっていて，普段仕事で家を開けがちなこともあり，「ひっつき虫」に困っているわけではなくて，むしろ甘えさせてあげている，一緒にいることを楽しんでいるといった感じである。

　しばらくして，母親はKちゃんを抱きかかえたまま台所に入っていき，僕にコーヒーを出すための準備を始める。食器棚からカップを取ってKちゃんに持たせ，自分はお盆を取り出す。するとKちゃんは抱きかかえられたままそのカップを手に取り，水道の蛇口の方に手を伸ばしながら「でーぞ」という。「そうそう，先生に『どうぞ』しなきゃね」と母親がいい，僕も「あ，『どうぞ』できるんだ，ありがとうね」とほめてあげる。母親は居間の食卓までKちゃんを抱きかかえてきて，お盆とカップを食卓に置き，Kちゃんを降ろして手をつなぎ，今度は一緒にコーヒーポットを取りにいこうとする。そのときである。床に降ろされたKちゃんがカップを右手に持ち，左手で母親と手をつないで歩いている途中で，カップ

132　第10章　1歳代の躾と子どもの主体性の育ち

写真1

写真2

写真3

写真4

を放り投げてしまった（写真2）。何か悪意があってやったというよりは，先ほどから何度か繰り返していた「つかんだものを床に落とす」という行動パターン（恐らく母親からの反応を引き出すための行為）を，何とはなしにやってしまったという感じであったが，陶磁器のカップが床に落ちたので僕は思わず「あっ」と声をあげてしまった。

　幸いカップはゴンという音を立てて転がっただけで割れなかったが，母親もびっくりしたのか，思わずたしなめるようにKちゃんの頭を叩きながら，「もう知らん。ママ知らん」と怒り出して，カップを拾って台所に入っていってしまう。Kちゃんは再び「ヒー」と泣き声をあげながら，母親の後を追いかけようとするが，母親は「ママ知らんよ。ポイしたの誰？」といいながら，もはやてきぱきとコーヒーの準備をするだけである。今までと明らかに違う母親の突き放した態度に，Kちゃんはびっくりしたような，戸惑ったような，どうしようかと考えているような，何ともいえない表情でその場に立ち尽くし，鼻をいじりながら，僕を見る。僕が「あーあ，怒られちゃった」と声をかけると，Kちゃん自身もどことなく，自分でも何かまずいことをしてしまったことが分かったような，「しまった」という表情をしながら，コーヒーの準備をする母親を見て「アー」という（写真3）。

　母親がまた「知らんよ，ママ」とKちゃんに声をかけると，Kちゃんは再び泣き顔を作りながら，母親に抱きつきにいく。母親はしゃがんでKちゃんを受け止め，怒った声色を作って「ごめんなさいはどうするの？　『ポイしてごめんなさい』ってして」と求める。Kちゃんは母親と目を合わせようとせず，斜め下を向きながら，黙っている。母親がさらに「ごめんなさいは？　ごめんなさいしない子は知らんよ，ママ」と何度も問いかけると，Kちゃんは顔を合わさないように抱きつこうとしたり，おっぱいがほしいとでもいうように服をめくろうとしたりするが，母親は半分はKちゃんに抱きつかせてやりつつもそれを許さず，「ごめんなさいは？」を繰り返す（ただし多少甘いトーンの混じった問い詰め方である）。Kちゃんの方も，甘えを前面に出して押しの強さを発揮していた先ほどまでとは形勢逆転し，悪

さをしてしまった弱みを握られている分それほど強く出られない感じで，ヒーという泣き声にも力がない。むしろ何とか母親の注意を他のことにそらそうと必死で，抱きつくのが無理だと分かると今度は立ち上がり，母親の手を引っぱって台所の方へ行こうとするが，「ごまかそうとしたってダメよ」と母親にいわれてしまう。

　再度母親が「ごめんなさいは？」と問いかけると，Ｋちゃんはごまかしきれないのを感じたのか，ようやくかすかにひざを曲げて腰を落とし，少しだけ「ごめんなさい」のポーズをする。母親もすかさずそれに合わせて「はい，ごめんなさい」とＫちゃんの代弁をしてあげる。ただ，それがやや微妙な仕草だったので，母親が確認のためもう一度「ごめんなさいした？」と問いかけると，Ｋちゃんは母親の手を引っ張ったまま再びひざをちょこんと曲げ，少しだけおじぎをするように「ごめんなさい」のポーズをする（写真4）。その仕草が大変可愛いので，僕は思わず笑ってしまったが，母親もそれに合わせて「はい，ごめんなさい」と代弁してやり，それで許してあげる。それからＫちゃんが引っ張るのに応えて洗面台に抱きかかえてあげ，「自分でさっきの（カップ）を片付けるの？」といって，水洗い遊びをさせてやり始めた。

　母親が前日仕事で家を空けていたこともあって，今日はその代わりとでもいわんばかりにいつも以上に「ひっつき虫」のＫちゃん。母親も前日に寂しい思いをさせたという「負い目」があるのか，そんなＫちゃんを甘えさせてあげている。抱っこして，Ｋちゃんの指差した物の方へ体を寄せてやり，それを取らせてあげるという遊びをしているが，Ｋちゃんとしては物が欲しいというよりは，母親が自分の思い通りに動いてくれること自体がうれしいといった雰囲気である。

　それから母親は僕にコーヒーを出そうとしてくれるのだが，床に降ろそうとするとＫちゃんが嫌がるので，台所にＫちゃんを抱きかかえたまま入っていく。Ｋちゃんと一緒にカップを食卓まで運んできて，次にコーヒーポットを取りにいこうとＫちゃんと手をつないで一緒に台所に戻ろうとしたときだった。Ｋちゃんが持っていたカップを放り投げてしまったのである。何か悪気があってやったのではなく，恐らく先ほどの物を取っては床に落とす遊びのイメージが残っていて，何となく手を離してしまったというふうに見えた。けれど，陶磁器のカップだったので割れるのではないかとひやっとしたのも確かで，僕は思わず「あっ」と叫んでしまう。さすがに母親もこの行為は見過ごすことはできない。母親からすれば，Ｋちゃんが床に降ろされたのに腹を立てて，カップを放り投げたように見えたのかもしれない。「もう知らん」と手を振りほどいて，台所に一人で行ってしまう。

　Ｋちゃんは「ヒー」と情けない声を出しながら母親の後を追いかけるが，ちょっと母親も本気で怒ったのだろう，先ほどのエピソードのように，いつもなら「本

当に反省しているの？」などといいつつも結局は甘えさせてくれる母親が，今日は取りつく島もない。その様子に，Ｋちゃんもただならぬものを感じたのだろう，「ヒー」と情けない声を出す作戦を中断して，母親の行動をじっと見守る。「どうしよう？」とでもいわんばかりに，鼻に手を入れたまましばし立ち尽くす姿が印象的である。そこへ僕がＫちゃんに「怒られちゃった」というと，Ｋちゃん自身も微妙な表情で「アー」という。「あちゃー，しまった」といったところだろうか。

　そこへ母親がもう一度「もう知らんよ，ママ」といってあげる。一見厳しい言葉であるようだが，実はＫちゃんに一旦なくなった「取りつく島」を与えるもの，Ｋちゃんとのコミュニケーションを再開しようとするもので，むしろ救済の機能を持った言葉である。実際，Ｋちゃんもその言葉に力を得て，もう一度「ヒー」と母親に抱きつきにいく。そこへ母親が「ごめんなさいはどうするの？」と要求する。先のエピソードのように，以前ならばＫちゃんが情けない声を出して甘えてくるのを抱きかかえてあげ，それでＫちゃんの気持ちが立ち直ればそれで良しといった対応をしていたところかもしれないが，この時期には「いけないことをしたときには，ごめんなさいをする」ということを母親も求めるようになっている。もちろん，その背景には言葉での「ダメ」が分かるようになってきて，良いことと悪いことの区別はもう十分つくだろうという読みが働いている。実際，まるで王様のように母親を動かしていた前半部とは攻守逆転して，今度はＫちゃんの方が母親に取り入って抱きついたり，ぐずったり，手を引っ張ってごまかそうとしたりするのだが（ということは，Ｋちゃん自身が悪いことをしてしまったということを何となく分かっているということである），母親は譲らない。そこで，最後にＫちゃんはしぶしぶ「ごめんなさい」のポーズをせざるを得なくなったのである。まだしっかりとした謝罪の気持ちからの「ごめんなさい」であるというよりは，半分ごまかしの混じったような「ごめんなさい」，「ごめんなさい」をする代わりに一緒に遊んでよという交換条件のような「ごめんなさい」ではあったが，それでもこうした母親の対応を通して，「いけないことをしてはいけないのだ」ということをＫちゃんも徐々に学んでいくわけである。

　以上，三つのエピソードを見てきたが，子どもが自分の要求をなかなか曲げず，困ったときには泣くといったしたたかさを身につけ，言語的コミュニケーションができるようになってくると，最初は子どもが泣くのをなだめたり，方向転換させたりするだけで良しとしていた養育者も，徐々にそれに応じて「ダメなものはダメ」ということを示そうとするようになってくる。普段は優しい養育者が「ダ

メ」といって自分の行為を制限してくるとき，子どもにも何か養育者とのつながりが切れたような，不安になるような感じが生じるのだろう．思わず養育者に甘えに行くわけだが，そこで養育者が以前のように抱きかかえるばかりでなく，「ごめんなさいは？」などと要求することで，子どもの中には養育者はいつも自分の思い通りに動いてくれる存在ではなく，いけないことをしたときには自分が「ごめんなさい」をしなければならないのだといったことが書き込まれていく．このようにして，次第に子どもと養育者の境に切れ目が入り，養育者が子どもに対峙するような場面が多くなってきて，子ども自身がして良いことと悪いことの分別を身につけていく契機が生じてくるのだと思われる．

　最後に，今のエピソードについてもう一つだけ議論しておかねばならないことがある．それは母親の対応の仕方についてである．Kちゃんがカップを放り投げてしまったときには，怒って「もう知らん」とかなり強く出た母親だが，それで本当に知らんぷりをするのではなく，ちゃんと救いの手を差し出している．上で述べた通り，Kちゃんが呆然と立ち尽くしているときの救済の「もう知らんよ，ママ」である．さらに，Kちゃんに「ごめんなさいは？」と要求しているときの問い詰め方も決して過酷なものではなく，半分Kちゃんに抱きつかせてやりつつ，多少甘いトーンの混じったものになっている．すなわち，一応この場面は母親とKちゃんが対峙しているといって良い場面ではあるが，だからといってKちゃんと母親が完全に切り離されて，真っ向からにらみ合っているわけでもないのである．ポイントは，表面上は突き放しつつ，実はそこでKちゃんが取りついてくる手掛かりを与えていたり，執拗に問い続けつつ，けれどどこかでKちゃんが甘えたり，ごまかしたりできるような隙を与えたりしているといったような，母親の対応の二重性である．これがKちゃんを突き放しすぎず，甘やかしすぎずといった絶妙な距離感を生んでいるのである．

　ダメなものはダメだということを子どもに躾けることは確かに重要なことであるが，だからといってそこで単に厳しく子どもを叱りつければ良いかというと，それは違うだろう．そうしたやり方では，せっかく自分のしたいこと，やりたいことを強い意図でもって押し出していけるようになってきた子どもの自己性は，すぐに萎縮し，縮んでしまう．そうではなく，子どもの甘えたい気持ちや，失敗を何とか取り繕ってごまかしてしまいたい気持ちを受け止めつつ，けれども簡単にはその子どもの気持ちに巻き込まれずに，「ダメなものはダメ」「きちんとごめんなさいして」といった養育者側の気持ちを柔らかく伝えていく態度が非常に重

要なのである．つまりは，子どもを自分なりの思いをもった一個の主体として受け止めつつ，「けれど，私はあなたにこうしてほしい」という養育者自身の主体としての思いを伝えていくという相互主体的な関係の中でこそ，子どもは「養育者とつながれるか切れてしまうか」の二者択一を迫られることなく，「つながれつつ自分の非を認める」ということができるようになっていく．子どもが自分で「ごめんなさい」をできるような一個の主体となるためには，養育者との安心できる情緒的つながりが不可欠なのである．

2. すねるという行動の意味

さて，今のエピソードでは養育者が「ごめんなさいは？」といった要求をしたときに，それをする代わりに遊んでもらうといったギブアンドテイク的な形で「ごめんなさい」ができるようになってくるところまでを見たが，その後，子どもと養育者の関係はどうなっていくのだろうか．もう少し追いかけてみよう．

エピソード37　悔しくてママをぶつ（1歳7ヶ月28日）
　お茶の入ったペットボトルで遊んでいたKちゃん．少し遊び疲れたのか床に寝そべり，そのままの体勢でお茶を飲もうとする．ところが，ペットボトルを傾けすぎて，顔面でお茶を浴びてしまう（写真1）．慌てて起き上がったKちゃんに，母親が「誰がそんなこと……．こぼれたやん．ほら，これで拭いて」といって，バスタオルを放り投げる．しかし，Kちゃんは冷たいお茶の感触が気に入ったのか，床にこぼれたお茶を手で拭き始める．「ちょっと，手で拭かんでタオルで拭いて」と母親がいうが，Kちゃんは意に介さず手で床をこするようにしている．「手で伸ばすな」と笑いつつ，母親が仕方なくタオルで拭き取ろうとすると，Kちゃんはそれが不満だったらしく「ンアー！」と金切り声をあげる．母親はその声にかぶせるようにして「誰が水遊びしよるか！」と思わず強くいう．それからもう一度ちょっと柔らかいトーンで「誰が水遊びしよるん」といい直して，Kちゃんの抵抗に構わずタオルでお茶を拭き取ってしまうと，Kちゃんは悔しそうに手をパンパンと叩いた後，もう一度ペットボトルを手に取り，お茶を床にこぼそうとする．母親は「こら！」と慌てて制止し，ペットボトルを後方の机の上に取り上げてしまう．Kちゃんは「アーン」という情けない声を出して，机に近づこうとするが，母親はそれを腕で制止する．そして，笑いながら「あんた，ちょっと，お顔（お茶で濡れて）すごいことになってるけど」といって，顔拭き用のタオルを取りにいく．
　一瞬母親の制止がなくなった隙をついてKちゃんは再び机の上のペットボトルを手に取り，今度は机の上にお茶をこぼしていく（写真2）．僕は「Kちゃん，だめですよ，アーッ」といいつつも，あえて無理に止めることはしなかったが，ちょうどその近くに母親の携帯電話が置いてあったので，タオルを取って戻ってきた母親は「あんた！」と叫んで，慌てて駆け寄る．そして，Kちゃんの顔を拭いてやってから，そのタオルで机も拭き取り，ペットボトルも片付けてしまう．水遊び（お茶遊び）の道具を全て奪われたKちゃんは悔しそうに机をたたき，ガーンとショックを受けたように床に倒れ込む．

2. すねるという行動の意味　137

写真1

写真2

写真3

写真4

　そこへ母親が戻ってきて，Kちゃんの傍に座り，「もうないよ」という。そして，「ンヘ」という情けない泣き声を出しているKちゃんに「誰が悪い子やった？」と問いかける。それに対してKちゃんは悔しそうに「ンヘ，ンヘ」とぐずりながら，母親の足をすねたように叩く。すかさず母親がKちゃんの体を叩き返す（写真3）。するとKちゃんはまた母親の足を叩く。そんなふうにしてじゃれたように何度か叩き合いをしながら，母親が「誰がいけんの？　なんでママ叩くんよ？　悪いことした子が叩かれるんやろ」というと，Kちゃんはうつぶせになって，少しの間うずくまっている。いい返す言葉もなくて，いかにも悔しいといった感じである。「ヒ，ヒ」と泣きそうになりながら，そこらにある箱やチラシを叩くKちゃんに，母親は「お茶はワックスじゃないんだから，あれで磨いたりせんの」とさらに注意する。
　そこらの物に当たっていたKちゃんだが，何気なくつかんで放り投げたビニール袋が面白い落ち方をしたのに「ん？」と興味を持つ。まだ悔しい気持ちが残っているのはありありだが，その気持ちをぶつけるようにしてもう一度ビニール袋を「オーッ」と放り投げる。そこからビニール袋に八つ当たりするように「オーッ」「アーッ」と放り投げて，ビニール袋の不規則な落ち方を楽しむ遊びに移っていき，やがてまた違う遊びを見つけるべく洗面所に入っていった。洗面所に入る前にもまだちょっと悔しそうに手を叩いていたKちゃんだった（写真4）。

　寝転がったままペットボトルのお茶を飲もうとして顔にこぼしてしまったKちゃん。びっくりして動揺したのかと思いきや，早くもこぼれたお茶での水遊びへと気持ちが向かう。母親がタオルでお茶を拭き取ってしまうと，「ンアー！」と

抗議の声をあげる。それに対して母親も「誰が水遊びしよるか！」と応戦する。先の「なんで泣いてるんだっけ？」のエピソード34ではKちゃんの激しい抗議に折れて，パソコンを再び出してあげたわけだが，もう母親としてもKちゃんが少しずつやって良いことと悪いことの分別がつき始めているということを知っているから，多少強く出られるわけである。ただ，「誰が水遊びしよるか！」がちょっときついいい方になりすぎたと感じたからだろうか，次のいい方は「誰が水遊びしよるん」という多少甘いトーンの入り混じった，笑顔の詰問になっている。そして，母親は「お顔すごいことになってるよ」とそのまま笑顔でいって，顔拭き用のタオルを取りに行くわけである。

　ところが，Kちゃんはその隙にペットボトルのお茶を机の上にまたこぼしていく。傍に携帯電話があったので，僕も携帯電話が水浸しになるくらいたくさん出すのだったらKちゃんを止めようかと思っていたが，そこまでは出さなかった。けれど，向こうから帰ってきた母親からしたら今にも携帯電話にお茶がかかりそうに見えてびっくりしたのだろう，「あんた！」と叫びながらバッと駆け寄り，タオルでお茶を拭き取り，ペットボトルも取り上げてしまう。水遊びの道具を全て取られてしまったわけだが，そこでKちゃんがとった行動が非常に面白い。「ガーン」という効果音がつきそうな感じでひざまずき，ごろんと倒れ込む。机を何回か叩いて，いかにも悔しそうである。そして，「誰が悪い子やった？」といって傍に来た母親の足を叩くのである。「なんで叩くの」と母親が叩き返すとKちゃんも叩き返す。要するに，自分のしたいことがどうしても適わないことを悟って，落ち込み，すねて，八つ当たりしているわけである。ただ，その八つ当たりも憤懣やるかたないものというよりは，ちょっと甘えたような八つ当たりで，母親とじゃれ合っているような感じである。恐らくKちゃん自身，自分のしたことが悪いことだと分かっている，どうやっても母親のいい分には勝てないことを分かっている，そんな感じなのである。そして，最後には傍に落ちていたビニール袋を放り投げる遊びに移っていくのだが，それも半分は八つ当たりのような，投げやりのような雰囲気である。何度か投げて何とか気を紛らわし，違う遊びを見つけるべく洗面所に入っていくのだが，やっぱり少し悔しそうな雰囲気が最後まで残っていた。

　このエピソードで面白いのは，やはりこのすねて，八つ当たりするところだろう。先ほどまでのエピソードでは，Kちゃんは怒られたときに「ヒー」と情けない声を出して，すぐに母親に抱きつきに行っていた。いうなれば，怒られてし

まった心の傷つきを癒してもらうために，まっすぐに母親に向かっていたのである。ところが，そこですねて，八つ当たりができるということは，Kちゃんの気持ちが他者に向かわずにいわば「内にこもっている」ということである。どうあがいても自分のしたいことが適わない悔しさのようなものがひしひしと感じられるが，それはKちゃん自身が「もっと水遊びをしたい。けれどできない」ということを分かっているから，「ママはなんで僕のペットボトルを取り上げちゃうんだ。でも，悪いのは僕だ」ということを分かっているからである。そんなやり場のない気持ちがこちらにも伝わってくるがゆえに，すねて，八つ当たりしているという感じが生じているのだと思われる。そして，実際Kちゃんは多少甘えて母親を叩くところがありながら，最終的には自分自身でやり場のない気持ちを処理していっている。それがビニール袋を放り投げる遊びである。半ば悔しさをぶつけたような遊びではあるが，それでもこの行為を通してKちゃん自身が気を紛らわし，次の遊びに移っていっているのである。

このように見てくると，養育者から怒られたときにまっさきに養育者に甘えに行き，養育者に許してもらうことで気分を立て直していた先のエピソード，あるいは良いか悪いかは別にしてとりあえず養育者に許してもらうためにギブアンドテイクで「ごめんなさい」をしていた先のエピソードと違って，ここではKちゃん自身が悪いことをしたということを分かり始め，その気持ちをKちゃん自身で立て直せるようになってきている。すねて，八つ当たりできるようになってきたというのは，実はKちゃんの中にやって良いことと悪いことの区別がしっかり定着してきたということの裏返しなのである。

3. 相互主体的関係の中で育つ両義的主体

最後に，このエピソードのさらに2ヵ月後のエピソードを見てみることにしよう。

エピソード38 茶せん（1歳10ヶ月12日）
Kちゃんは台所で掃除機を持って，お掃除ごっこをして遊んでいる。一通り掃除機をかける真似をした後，棚の上にあった抹茶をたてるための茶せんを手に取る。そして，それをブラシに見立てて，勝手口のドアの隙間や床，置いてあったビンなどの埃を払っていく（写真1）。茶せんで何をするのかと思って見ていた僕は，「なるほど，そういうことか」と感心しつつ「お兄さん，ちょっとそれ違うと思うんですけど」と笑う。Kちゃんはそれから台所を出て，洗面所に続く扉や壁などもサッサと茶せんで払っていく。
そのとき居間でテレビを見ていた母親がKちゃんの姿を見咎めて，「Kちゃん，それで掃

第 10 章　1 歳代の躾と子どもの主体性の育ち

写真 1 　　　　　　　　　　　　　写真 2

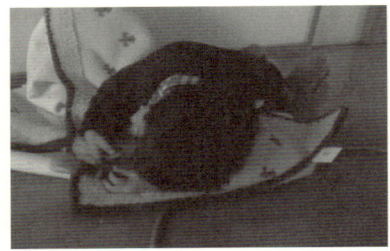

写真 3 　　　　　　　　　　　　　写真 4

除しないで」と注意する。けれど，Kちゃんは一向に構わずにブラシをかけ続けるので，「思い切り掃除してますけどね」と僕が苦笑しつつ茶せんを取り上げようとするが，Kちゃんは渡そうとはしない。すると，居間の方で母親が本物のブラシを掲げながら「Kちゃん，これと取り替えっこしよう」と誘う。Kちゃんは黙ってそちらを見る。「ほれ，これと取り替えっこ」と母親がブラシを振るが，やはりKちゃんはその場に立ち尽くしてそれを見ているだけである。僕が「Kちゃん，あれと取り替えっこだって」と背中をツンツン押してみても動かないし，「ほら，これはダメだって」と茶せんを取り上げようとしても体をよじって決して渡そうとはしない。
　しばらくじっと母親の方を見ていたKちゃん（写真2）だが，いじっていた茶せんを落としてしまう。その隙に僕が拾い上げようとすると，Kちゃんは「ぼかぁ（ぼくのだ？）」と茶せんを奪い，それを抱きかかえるようにして床にはいつくばる。なかなか茶せんを離そうとしないKちゃんに対して母親は少し強い調子で「Kちゃん！」と呼びかけ，Kちゃんが手に持った茶せんを黙って見つめていると「知らん顔しないの，気がつかんふりしないの」とたしなめる。さらにKちゃんがそのままでいると，学校の先生が注意するときのようにブラシで机をカンカンと叩きながら「○○○○君（Kちゃんのフルネーム）」と注意する。Kちゃんはハッとしたように母親の方を見ていたが，それから何とも悲しげな「ガーン」という感じで顔を腕に埋める。それから，どうしようかなと考えるようにして茶せんを少しの間指ではじいていたが（写真3），しばらくしてから意を決したように上体を起こして「ナイナイ」という。そして，そのまま立ち上がり「アッチ」といいながら，自ら茶せんを元あった棚に戻しにいく。僕が「そうそう，それ直して（戻して）」といいつつ台所までついていくと，Kちゃんは茶せんを戻し（写真4），傍に落ちていた掃除機を再び持って，何事もなかったかのように先ほどのお掃除ごっこの続きを始めた。

3. 相互主体的関係の中で育つ両義的主体

　ここでは，Kちゃんが茶せんをブラシに見立ててお掃除ごっこを始めたのもさることながら，それ以上に母親の働きかけに対するKちゃんの反応が面白い。母親としては茶せんではなく本当のブラシを使わせたいのだが，かといって，先のエピソードのように無理にそれを取り上げたり，「ダメ」と叱ったりするわけではない。ずっとブラシを掲げて，Kちゃんの方からそれを取り替えに来るのを待って，やや強めに「Kちゃん！」と呼びかけるだけである。すなわち，実はここでも第7章で述べたような「誘いかけて空隙を作る」という関わりが行われているのである。Kちゃん自らがやってはいけないことを分かり，ブラシを自分から取り替えにいくということができるようになるためには，こうした「間（空隙）」，養育者がしてほしいことを伝えて子どもがそれに応えてくれるのを待つような相互主体的な「間」がどうしても必要である。このエピソードでは，かえって僕の方がKちゃんの手から茶せんを取り上げようとしたりして待てないでいる。「今のKちゃんならきっと取り替えに来てくれるだろう」という子どもへの理解度や信頼感の点で，やはり母親には適わないということだろう。

　こうした母親の働きかけに，Kちゃんはどうやら茶せんでお掃除ごっこは続けられないということを悟ってガーンと落ち込む。ここまでならば先の「悔しくてママをぶつ」のエピソードに近いのかもしれないが，このエピソードでは興味深いことにしばらく悩んだ末に，茶せんで遊び続けるでもなく，母親のブラシと取り替えにいくわけでもなく，やがてKちゃん自ら茶せんを戻しに行く。Kちゃんの気持ちを言葉にしてみると「せっかく見つけた茶せんを手放したくはない。でも，どうも茶せんで遊ぶのはまずいようだ。これ以上自分の思いを貫くと母親に怒られるかもしれない。けれど，だからといってここで母親の誘いに乗って，ブラシで妥協するのもちょっと違う。それじゃ面白くない」といったところだろうか。その中で自らひねり出した解決策が，元あった場所に茶せんを戻しに行くという行動だったように見えるのである。つまり，遊んでいたものを取り上げられて落ち込み，八つ当たりした先のエピソードよりもさらに一段深い水準で，Kちゃんが「茶せんで遊びたいけど，もう遊べないんだ」という悔しさを自分の中にぐっと収め，八つ当たりすることもなく，次の遊びに移っていっているということである。叱る，取り上げるといった実力行使に養育者が出る前に，Kちゃん自身がこのままやり続けたら怒られそうだということを分かり，その行動をやめることができるということ，しかもそのやめた悔しさを自分の中で上手に処理できるということ。これこそ，まさに「分別」の名にふさわしいものだろう。実

際，このエピソードの日には，母親が「最近は怒られるっていうのが分かってきたんですよ」といっていた。自分のやっていることが良いことなのか悪いことなのか，このままやり続けたときに怒られるかどうかというのが分かってきて，養育者が実際に怒る前に自分の気持ちを立て直すことができるようになってきたわけである。

　ただし，このようないい方をすると，養育者の顔色をうかがって，怒られないようにできることが望ましいことだと誤解する読者がいるかもしれない。しかし，自分のしたいことを押さえ込んで，養育者にひたすら付き従うだけの子どもが望ましいのかといえば，もちろんそんなことはない。先にも述べたように，子どもに「ごめんなさい」を迫るときにも，子どもの気持ちを受け止め，子どもとの情緒的なつながりを保ちつつ，自分の気持ちを柔らかく押し出していくことが養育者には求められる。逆に，そこで「ママ（パパ）のいうことを聞かないと放り出すよ」「私とつながるか切れるか，どちらかを二者択一しなさい」というような過酷な問い詰めを子どもに行ってしまう場合，圧倒的に弱い立場の子どもとしては結局養育者とつながることを選ばざるを得ない。そして，その交換条件として自分の気持ちを押し出すことを早々とあきらめてしまうわけである。こうしたあまりに早熟な「お利口さん」ぶりは決して好ましいものではない。というのも，その子どもが得ているのはあくまで「養育者のいうことを聞いたときだけ得られる条件付きの愛情」に過ぎないのであって，「自分が何かをやらかして，ときに叱られることがあっても，根本的に養育者は自分のことを受け止め，愛してくれている」という絶対的な安心感ではないからである。人間が健康なパーソナリティを育んでいくために必要なのは，もちろん後者の愛情であり，安心感である。

　したがって，今のエピソードでもＫちゃんが養育者に怒られる前に，自分の気持ちをうまくコントロールしたということが尊いのは，この前段階にあったいくつかのエピソードのようにＫちゃんが自分の思いを押し通そうとし，母親といろいろな形で衝突しながらも，母親がその都度二重性を含んだ相互主体的な対応をしてきてくれたことによって，Ｋちゃん自身の中に「自分は本当はこうしたい」「けれど，母親を怒らせたくもない」という二重の気持ち，自己充実欲求と繋合希求性がしっかり育っているということがあるからである。自己充実欲求を早々と押し殺し，今にも切れそうな養育者との情緒的つながりを必死に保っているというだけの「お利口さん」とは違うのである。その証拠に，Ｋちゃんは「ブ

ラシと取り替えっこしよう」という母親の要求に答えるわけでもなく，自分で茶せんを片付けに行くという非常に独創的な解決策でこの場を乗り切っている。自分の「したい」をひたすら貫くばかりでもなく，相手に合わせるばかりでもなく，自分の中の自己充実欲求と繋合希求性の葛藤にKちゃんなりの折り合いをつけた形が，「自分で片付けに行く」だったわけである。そうした意味で，ここでのKちゃんの行動は，また一段とKちゃんが主体らしくなったということを強く感じさせるものだった。

　以上，本章では意図と意図とがときに通じ合い，ときにぶつかり合う，子どもと養育者の相互意図的な関係の中で，徐々に養育者の制止や禁止が出てきて，やがてそれが子どもの中に取り込まれていく様子を明らかにしてきた。最後のKちゃんのように，子ども自らしてはいけないこと，やったら怒られることを読めるようになり，分別を身につけてくると，子どもの中に自己充実欲求と繋合希求性の葛藤が芽生えてくる。いいかえれば，自分の意図や思いをひたすら押し通すか，それともひたすら養育者に甘えるかという両極端な行動，傍目にも「分かりやすい」行動が一段ねじれて，「自分は本当はこれがしたい。でも，これをやったら養育者に怒られる」といった葛藤の中で子ども自身がより個性的な，その子なりの行動というものをするようになっていくわけである。関係発達論における「主体」という言葉の意味は，「さまざまな両義性を抱えつつ，それら相反するベクトルを自分なりの仕方で折り合わせていける主体」ということであるが，それゆえ，この段階において子どもはようやく本当の意味での「主体」になってくるのだともいえる。こうして，これ以後〈相互意図性としての相互主体的関係〉は，徐々により本格的な相互主体的関係，〈両義性の錯綜する相互主体的関係〉へと移行していくことになるのである[45]。

45　まとめると相互主体性は〈いのちの相互主体性〉から始まり〈要求と情緒的応答の相互主体性〉，〈相互意図性としての相互主体性〉，〈両義性の錯綜する相互主体性〉へと展開してくることになる。最後の〈両義性の錯綜する相互主体性〉は，これ以降の各時期それぞれに特徴的な両義性によってさらに細分化できるだろう。例えば，養育者との関係における自己充実欲求と繋合希求性の両義性が主な問題になる幼児期初期，保育所などの場で「私」と「私たち」の両義性を経験する幼児期後期，教師や友達などのうち，誰の，どんな評価を求めるかが大きな問題になる児童期，二つの性の狭間に立たされる思春期，さまざまな両義性に対する自分なりのスタンスをもう一度見定めようとする青年期などである。まだまだ単純な図式ではあるが，こうした骨組みに肉づけをしていくことが今後の関係発達論の一つの課題だろう。

第11章
「私」の意識の発生――1歳半から2，3歳にかけて

　前章で見たように，1歳代も後半になると「自分が〜したい」という自己充実欲求と「でも養育者を怒らせたくはない」という繋合希求性を子ども自身が調整する場面が出てくる。今や子どもと養育者双方ともに自己充実欲求と繋合希求性を調整する力をある程度備えた主体として並び立ち，これまで以上に複雑な駆け引きを繰り広げていく〈両義性の錯綜する相互主体的関係〉が展開し始めるわけである。

　ところで，この時期以降，2，3歳くらいまでの〈子ども－養育者関係〉を見ていこうとする際に，どうしても避けては通れない重要な問題がある。それは，どうやらこの時期に子どもの中に「私」という自我意識が発生してくるようだということである。

　僕たちは皆誰でも「私」とか「自分」という意識を持っていて，他者もまた同じように「私」や「自分」という意識を持っていることを知っている。むしろ，そうした「私」の意識がない状態[46]を思い描く方が困難なくらいである。しかし，ではこの「私」の意識がいつからあったのかと考えてみると，これが結構難しい問題である。個体発生の順番に従って見ていけば，まず，誰もが母親の胎内の受精卵から出発するわけだが，この細胞のような状態のときに「私」の意識があったとは考えにくい。それから徐々にヒトらしい形になって，やがてこの世に誕生してくるわけだが，こうした胎児期から乳児期初期にもまだ「私」の意識はないのではないかと思われる。実際，乳児は「私」などという言葉を話せるわけではないし，鏡を見せてもそれが自分の姿だとは分からない（e.g. 麻生，2002; 浜田，2002; 大倉，2008b; Wallon, 1954/1983）。一方，乳児期後半になると自分でいろいろなことをしたり，他者と交わったりすることができるようになるから，養育者などからすれば乳児にも「私」という意識があるかのような気がするかもしれな

---

[46] 統合失調症の急性発作などでは稀にこうした状態があると思われる（Lacan, 1981/1987; 新宮，1989）。

いが，周囲の受け手効果として「私」がありそうに見えるということと，乳児が「私」という意識体験をしていることとは同じではない。

では，今まで「私」という意識を持たなかった存在がそれを持つようになるまでのプロセスとは一体どのようなものなのだろうか。本章では，この問題に重要な示唆を与えたワロン（Wallon, 1956a/1983, 1956b/1983）に従って，「私」の意識の発生について考えていこう[47]。

1. 交替やりとり遊び

この問題に関してまずワロンが重視するのが，生後1歳半前後から見られ始める「能動－受動」の交替を楽しむかのような遊びである。ワロンは次のように述べる。"たたくこととたたかれること，逃げることとつかまえること，隠れることと探すこと，といったことを交互にやりとりして，子どもはする者とされる者のふたつの役割を演じるのです。こうした遊びのなかで，子どもは最後に相手の人格，他者の人格を発見するのです。つまり，役割を交互に演じることによって，それまで未分化であった自分自身の感受性の内部に，他者性（l'alterité）を認識していくのです"（Wallon, 1956a/1983, p.27）。ここでワロンは何をいわんとしているのだろうか。

第7章で見たように，誕生間もない頃から子どもと養育者の身体と身体を通じたコミュニケーションは始まっており，そこでは「見る－見られる」「すっぽり抱く－しっくり抱かれる」「食べさせる－食べさせてもらう」「誘いかける－応じる」といった相補的なやりとりが盛んに行われてきた。原理的にいえば，乳児は「～をされる」という受動的感覚の中に「～をしてくれる」養育者の存在を感じ取っていたはずで，そこにはすでに最も原初的な形での他者性への気づきがあったはずである。ただし，こうしたコミュニケーションはほぼ身体と身体とが自然な形で反応し共鳴しあうことによって行われるものだから，その他者性があえて意識に上るということはなかった（「未分化」であった）と思われる。強いていえば，いつもと違う「され方」，自分の予期とはずれた養育者の対応などに対する「びっくりする感じ」の中に，ときどき「何か異質なもの」を感じ取っていたというくらいだろう。

しかし，1歳を過ぎて子どもの行動能力が増大し，子どもの意図が明確化して

---

[47] より詳細な理論的検討については本書第16章も参照のこと。

くるにつれて，子どもはいろいろなことを自ら「する」ことができるようになってくる。その中で養育者が普段することの模倣，今まで「される」一方だったある場面で「する」側に回るということが起こってくる。例えば，次のエピソードを見てみよう。

エピソード39　ママにお菓子をあげる（1歳3ヶ月3日）

　おやつの時間で，Kちゃんは目の前のお皿からクッキーを1枚つかんで口に入れる。しかし，クッキーが大きすぎたようで吐き出してしまう。「大きくない？」と僕が笑うと，Kちゃんはそれを母親に手渡し，もっと細かく割ってくれるよう無言で要求する。母親が「ハイ」と笑って食べやすい大きさに割ってやり，皿の上に置くと，Kちゃんはそれをつかんで，僕の方に差し出す（写真1）。「うん？　くれるの？」と思わず訊くが，これは最近Kちゃんがよくやる単に見せるだけの行動だとすぐに気がつく。案の定，Kちゃんは差し出したクッキーを次の瞬間には引っ込めて，自分の口元に運んだので，僕は「見せびらかすだけね，ハイハイ」と苦笑する。それからしばらくKちゃんはテレビを見ながら黙って口を動かしている。

　口の中のクッキーがなくなったようで，Kちゃんは次のクッキーを手に取り，今度は母親の方に差し出す。今度はただ見せるだけというよりは口元の方まで運んでいくが，母親がそれにつられて大きく口を開いた途端（写真2），さっと手を引っ込めて自分の口にクッキーを運ぶ。肩透かしを食った母親が「それ，ママにくれるんじゃなかったの？」と苦笑するが，Kちゃんは別にからかおうと思ってそうしたわけでもないらしく，無表情のままもぐもぐと口を動かしている（写真3）。ただ，そういわれて初めて何を求められているのか分かったのだろうか，自分の手元に残った食べかけのクッキーを母親の口元に再度運ぶ。「食べかけは

写真1

写真2

写真3

写真4

いらんよ」と母親は最初笑いながら首を横に振っていたが，Kちゃんが構わずクッキーを押し込んでくるので，結局食べさせられてしまう（写真4）。Kちゃんは「よし」とでもいわんばかりにうなずき（「ありがとう」という意味でペコンと頭を下げた？），次にお皿に残っていたもっと大きなクッキーを手に取って，これも母親に食べさせようとする。母親は口に入り切らないのでそれをくわえ，Kちゃんが再び頭を下げたのに合わせて，ペコンとおじぎをする。それからKちゃんは母親がくわえたままのクッキーを再び手に取って，それを自分で食べ始める（自分の口に入れたときに，またちょこんと頭を下げたので，恐らくKちゃんの中では食べるのとワンセットの動作になっているのだろう）。少し食べた後，また母親の口元に残りのクッキーを運ぶが，今度はまた口に入る直前で手を引っ込めて自分の口に入れてしまう。母親が「おーっ」という不満の声をあげるが，それを意に介さず，Kちゃんはテレビを見ながら黙々と口を動かしている。

　これは初めてKちゃんが母親にクッキーを食べさせてあげるという行動が観察された場面である。麻生（1990）によれば，生後7～8ヶ月頃からすでに「食べさせる」という行動は見られるということだから[48]，この行動自体は観察場面以外の日常生活では結構見られるものだったのかもしれない。ただし，そうだとしてもここでのKちゃんの「食べさせ方」には，この時期の特徴がよく現れている。

　まず，最初の僕や母親への「見せびらかし」だが，この場面に限らず，この時期のKちゃんは持っている物を「あげる」といわんばかりに持ってきて，こちらがそれにつられて「ありがとう」と手を差し出すと，それをすっと自分の方に引き寄せて，また向こうの方へ行ってしまうということがよくあった。こういうことをされると，大人の側はいかにも肩透かしを食った気分になって，「からかわれた」と感じるものだが，どうもそんなつもりでやっているのでもないらしい。というのも，本当にからかっているのであれば，肩透かしを食って悔しがっているこちらの様子を見てニタニタと笑う，といった様子が見られても良いはずなのだが，それがなかったからだ。他者の注意をちょっと引きつけただけでもう満足したかのように，別の行動に向かうことが多かった。

　一方，この場面では「それ，ママにくれるんじゃなかったの？」という母親の声かけがあった以降は，明らかに母親に食べさせてあげるべく手を運んでいる。そういう意味では，相手からの要求にきちんと応えられるだけの一歩進んだ「他者意識」を感じさせる場面ではあるのだが，ただし，その食べさせ方たるや「食

48　ただし，麻生の子どもは生後2ヶ月後半からヨーグルトを与えられ，5ヶ月前後には大人の食べているものを欲しがり，すでに食卓の席について皆と一緒に食事をしていたとのことだから，Kちゃんよりは「食べる-食べさせる」といったやりとりに関してかなり「早熟」な感はある。

べかけはいらんよ」と首を振る母親の様子にはお構いなくその口めがけてまっすぐにクッキーを押し込んでいったり，明らかに母親の口には入らない大きな塊のままくわえさせたりと，あまり母親への「配慮」を感じさせるものではない。さらに興味深いのは，母親が目の前でくわえている一度「あげた」はずのクッキーを，再び当り前のように手に取って食べたり（つまり「あげた」という意識でくわえさせたわけではないということだ），まるで「食べる」という行動とワンセットの「儀式」のように（食べるのが母親であっても自分であっても）ペコンと頭を下げたりしたりしている点である。

　単に「見せびらかし」をして他者の反応を引き起こすだけで満足する段階を超え，行動面ではようやく「食べさせる－食べさせてもらう」という相互的やりとりが生起してきたかにも見える場面——そういう意味で「他者性への気づき」が生じたかにも見える場面——だが，ここにはやはり「Kちゃんがクッキーを食べさせてあげる－母親が食べさせてもらってうれしい気持ちになり，お礼をいう」といったような気持ちの交流は，まだ成立していないように見える。いいかえれば，Kちゃんは母親に求めてられていることを何となく感じて，クッキーを「食べさせる」まではできるようになってきているのだが，その「食べさせる」の向こう側で，「食べさせてもらう」他者がどんな体験をしているのかということには十分気づいていないように見えるのである。あるいは，Kちゃんにおいては，単に「食べさせる－お礼をする」という行動のつながりが身についているだけであって，誰が食べさせるのか（食べさせてもらうのか）とか，誰がお礼をいうのか（感謝してもらうのか）といった行動主体はまだ問題ではないのだといっても良い。

　もちろん，今までは「食べさせてもらう」ことが多かったKちゃんが，自ら「食べさせてあげる」という行動を見せるようになったことは，大きな進展である。恐らくは母親からの求めに応じて，大きく開かれた母親の口に吸いこまれるようにクッキーを入れてしまったというのが最初のきっかけだと思うが，いずれにせよ，受動性から能動性へのこうした役割転換を経験することによって，Kちゃんは日ごろ母親がどんな感覚，どんな気持ちで食べさせるという行動をしているのかを，何となく感じ知っていくのだと思われる。僕たちの日常生活でも，今まで他者からしてもらっていたことを自分がやるようになって初めて，その他者がどんな気持ちでそれをしてくれていたかが分かるということがあるが[49]，それ

49　その最たる例は，「育てられる者」が「育てる者」になったときに初めて，かつての「育てる者」がどんな思いで自らを育ててくれていたかを知る，ということだろう。

と似たような意味での「他者の内的情態」への気づき（あるいは理解の深まり）が生じてくるのではないかと思われる[50]。

　ただし，今見た通り，このエピソードでは「食べさせる」側の能動性と「食べさせてもらう」側の受動性がうまく絡み合った円滑なやりとりであるという印象がまだ十分ではない。恐らく，能動的な「食べさせる」がどんな体験であるかを感じ知ることはできても，それが受動的な「食べさせてもらう」体験とどんなつながりがあるかについては，まだKちゃんの中で十分な関連づけができていないのだと思われる。例えば，Kちゃんが母親に食べさせてあげ，母親がおいしそうな顔をし，Kちゃん自身もそれを見て嬉しそうな顔をするといったふうに事態が流れれば，そこには非常に円滑な「食べさせる－食べさせてもらう」が成り立っているように見えるだろうが，このエピソードはまだそこまでには至っていない。Kちゃんは，自分が「食べさせてあげる」ことによって，日ごろ自分が体験しているような「食べさせてもらってうれしい」という感覚を母親もまた感じているのだということに十分気づいていない。いうなれば，能動的な「食べさせる」体験と受動的な「食べさせてもらう」体験，それぞれがどんなものかをKちゃんは少しずつ分かりつつあるのだが，あくまで両者はバラバラな体験としてつながりを欠いたまま把握されている状態なのではないだろうか。

　この両者が関連づけられていくのは，恐らく次のような場面を通してである。

エピソード40　追いかけっこ？（1歳6ヶ月16日）
　Kちゃんは押入れの棚からタオルを取り出してきて，それで机の上を拭くというお掃除ごっこを始めた。「お掃除好きだねえ」と僕がいうと，Kちゃんは机の上に置いてあった別のタオルをポンポンと叩いて僕にもやるよう促す（写真1）。「ハイハイ，じゃあこれでやりましょうか」と僕もKちゃんの右隣でお掃除ごっこに加わる。「ごしごし，ごしごし」と効果音を出して少し机を拭いた後，僕が「きれいになった？」と訊くと，Kちゃんは「まだまだ」という感じで首を横に振る。そして，徐々に右の方（僕がいる方）に寄ってきて，まだ拭いていない机の右上部のあたりを拭こうとする。Kちゃんが右側にずれてくるので，僕もそれに合わせて右に寄っていき，二人で机の縁に沿って半周ほど回る（写真2）。最初にいた場所の向かい側のあたりも「ごしごし」と拭き終わると，再びKちゃんは左側にずれていき，元いたあたりまで机を拭きながら戻っていく。僕もそれに合わせて，同じように左側に横移動していったときだった。
　Kちゃんが「キャハ，クー」とうれしそうに笑う。「一緒にお掃除ごっこができて喜んで

50　もちろん，間身体的・間主観的回路を通じた他者の内的情態の把握は，このエピソードよりもずっと以前から生じているのだが，あくまでそれは自動的・非意識的な「感染」「伝播」であった。それに対して，ここで問題になっているのはまさに他者性への意識的な「気づき」，自分自身と区別されるものとしての他者の内的情態の「理解」である。

第 11 章　「私」の意識の発生

写真 1

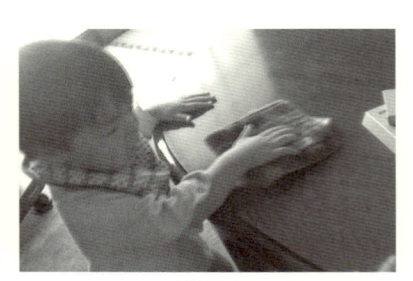

写真 2

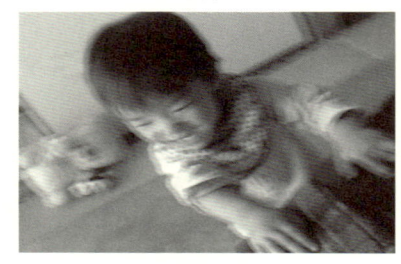

写真 3

写真 4

いるのかな，もっとこの遊びを続けようかな」と思って，そのまま「ごしごし，ハッハッ」と息せき切る真似をしながら再度右方向に折り返すと，Kちゃんも僕の後を追いかけるようにして「キャハハ」と楽しそうに笑いながら右方向にずれてくる（写真3）。そして，すぐに今度は自分から左へと方向転換し，笑いながら逃げるように遠ざかっていく。僕がそれに合わせて後を追いかけると喜ぶので，この追いかけっこみたいな雰囲気が楽しいのだなと分かる。そして，それから何度か二人で「ごしごし，ハッハッ」と拭きながら，右へ回ったり，左へ回ったりするが，Kちゃんが追いかける側になったり，僕が追いかける側になったりするたびに，Kちゃんは大喜びである。そして，ついにはタオルを放り出して，かけっこで逃げ出してしまった（写真4）。

　すぐに戻ってきたKちゃんはまたタオルを手に取って，僕と一緒にしばらく大喜びでこの遊びを続けることになった。

　最初はタオルを出してきて，僕と二人でお掃除ごっこを始める。何となく机の反対側も磨きたくなったのだろう，右方向にKちゃんが寄ってくるので，僕もそちらに移動して，二人で机の反対側を磨く。すると，今度は再び元の場所を拭きたくなったのだろう，Kちゃんが左方向に移動するので僕も左方向に移動する。Kちゃんが何かの面白さを発見したのは，この瞬間である。今度はKちゃんが右に寄ってきて，僕が右へちょっと移動すると，「キャハハ」と笑い出す。お掃除ごっこというよりは，押しては引き，引いては押すとでもいうような，身体の動かし合いがどうも面白かったみたいで，この後はちょっとした追いかけっこのよ

うな遊びに発展していく。

　ここでは上の「ママにお菓子をあげる」のエピソード以上に積極的でリズミカルな能動と受動の交替が起こっている。自分が追いかければ他者は逃げる，他者が追いかければ自分が逃げるという，他者との駆け引き遊びの原型が生まれているわけである。こうなってくれば，もはや「追いかける」体験と「追いかけられる」体験は決してバラバラなものではあり得ない。今他者が体験している「追いかけられる」という感覚は，今自分が体験している「追いかける」という感覚の相関項であり，次の瞬間には自分が体験する「追いかけられる」という感覚の向こう側で，他者が「追いかける」体験をしているのだということは，容易につかむことができるだろう。

　ワロンがいわんとしたのは，こうした交替やりとり遊びを通じて，自分が能動的（受動的）感覚を感じている向こう側で他者が必ず受動的（能動的）感覚を感じていること，能動と受動の相補性に子どもが気づいていくということである。いいかえれば，これまでは半ば自動的・自然的に生きているだけだった身体の相補性を，子どもは改めて発見し，意識するわけである。単に机の回りを左右に移動しているだけで，大人から見たら何がそんなに面白いのだろうと不思議な感じもする場面であるが，ここでKちゃんはそんな「感覚的相関項としての他者」，自分と同じ「体験者としての他者」を発見し，そんな「他者」との新鮮な駆け引きを面白がっているのではないだろうか。テレビゲームでコンピュータ相手よりも他者との対戦の方が燃えるのは，自分が「うまくしてやった」ことの相関項として他者が「してやられた」体験をしていることを知っているからであるが，子どももまたこの頃からそんな他者との駆け引きの世界に入っていくのだと思われる。

　実際，この頃からKちゃんと「やりとり」をしているという印象が一層強くなり，僕が嫌がるのにわざとビデオカメラの電源を切ろうとするようなイタズラのような行動や，前章で見たような母親とのじゃれたような叩き合いの場面（本書pp.136-137）が出てきた。自分がしていることが他者にどんなふうに受け止められるか，どんなふうに見られるかということが，徐々に分かってきて，それが前章で議論した「すねる」といった行動にもつながってきていたと考えられるのである。

2.「私」と「内なる他者」の成立

　ワロンによれば，今見たような交替やりとり遊びを通して，子どもは他者性を発見していくわけだが，まだこれだけでは「私」の意識の成立というところにまでは至らない。それというのも，交替やりとり遊びにおいては，まだその遊びの場面でのみ他者の役割と自分の役割が相補的・相関的な関係にあるということが体験されているだけであって，その遊びの場面を越えるような一貫したものとして「私」が意識されているわけではないからだ。いうなれば，先ほどの遊びでKちゃんは「追いかける者」になっているとき決してそれ以上の者ではなかったし，「追いかけられる者」になっているときにもそれ以上の者ではなかったのだが，Kちゃんが「私」を意識するというのは「追いかける者」にも「追いかけられる者」にもなりうる者，両者をつなぐ同一の者，一貫した視点として「この自分」を意識するということである。それは一体どのように可能になるのだろうか。次のエピソードを見てみよう。

エピソード41　ウッキーに絵本を読んであげる（1歳8ヶ月18日）
　Kちゃんは二階の寝室のベッドに横になり，おやすみごっこをしている。母親がいつもの観察場所である一階に降りてきてほしいと思ってか「Kちゃん，おやすみー，バイバイ」などといって，暗に「ママは下に行っちゃうよ」ということを匂わせつつ誘うが，Kちゃんは「バイバイ」と手を振って寝転がったままである。母親はあきらめたのか，僕とKちゃんを残して階下に降りていってしまう。
　しばらく横になって「グー」といびきの真似をしていたKちゃんだが，ふと起き上がると，ベッドの上を横切ってきて，上手に足から床に降り（写真1），脇にあった棚の上から何かを手に取る。よく見ると，三冊くらいの絵本の入ったケースらしい。Kちゃんは絵本を持ったままもう一度ベッドによじ登ろうとするが，段差が高くて上れないので，ベッドの上にあったサルのヌイグルミ（ウッキー）を右脇に抱え，左手に絵本を持って，段差の低くなっている向こう側のベッドに回り込む（写真2）。そして，そこからベッドに上がり，バランスが取りにくい掛け布団の上を「おーととと（おっとっと）」とたどたどしく歩いてくる。掛け布団がない場所までやってくると，「おっとー，おっとー」と盛んにいいながら腰を下ろし，ウッキーを自分の目の前に寝かせる。それから絵本をケースから取り出そうとするが，きつく入っていてうまく取り出せないので，僕の方にそれを差し出し，絵本を取り出すよう要求する（写真3）。「出せって？」と僕が笑いながら出してあげると，絵本を受け取ったKちゃんはウッキーの脇の方に少しだけ位置を変え，絵本を読む真似を始める（写真4）。まだ字が読めないことはもちろん，言葉も数えるほどしか出てきていないKちゃんだが，格好だけでなく「ジジ，ムルルク」などと適当に発声をしながら，あたかも本当に絵本を読んでいるような気分になっているようだった。
　この後，母親に尋ねたところ，ウッキーは先日一度，一緒に寝たことがあってそれからお気に入りとのこと，絵本は母親が寝る前に読んであげることがあるとのことだった。

2.「私」と「内なる他者」の成立　153

写真1

写真2

写真3

写真4

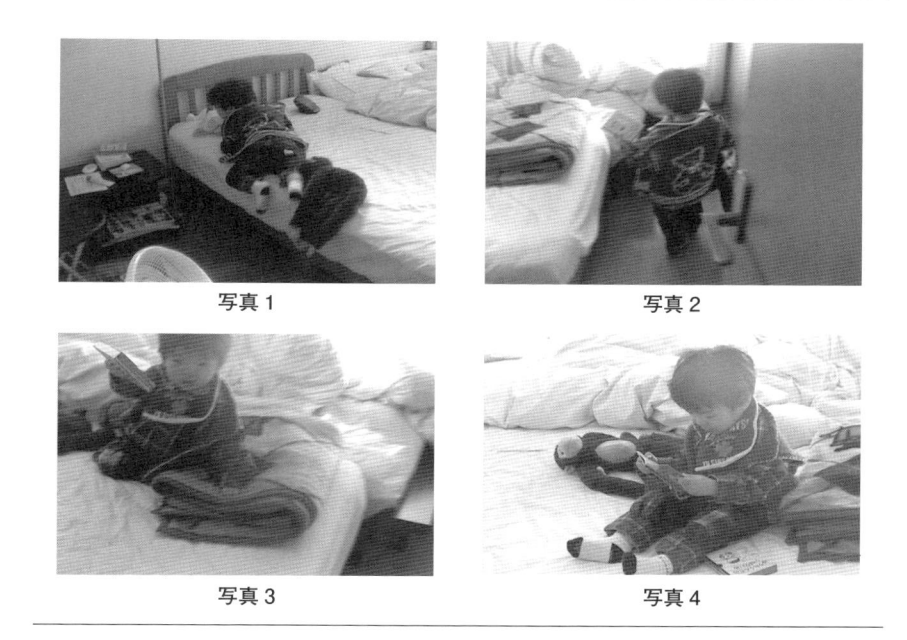

　最初，おやすみごっこをしている場面から始まる。しばらくしてＫちゃんは起き上がり，絵本を取りに行く。寝る前に母親が読んでくれる絵本らしく，「そうそう，これがなくちゃおやすみにならない」といったところだろうか。興味深いのはその際，お気に入りのサルのヌイグルミをベッドに寝かせ，あたかもそれに読んであげるかのごとく，絵本を読む真似をするところだ。つまり，この場面でＫちゃんは自分が母親役になり，サルを自分役に見立てて，お休み前の絵本読みの場面を再現しているのである。サルを自分自身を表すシンボル（象徴）として用いているわけである。

　先ほどの追いかけっこでは，あくまで目の前にいる他者との相互的な役割交替を通して，能動と受動を体験していた。ところが，この場面では，役割交替は一人二役的な様相を呈している。すなわち，Ｋちゃんは読んであげるという能動の立場に立ちつつも，サルがまさに自分自身であるという意味では「読んでもらう」という受動をもどこかで味わっているのではないだろうか。いうなれば，Ｋちゃんはサルを自分のシンボルとして用いることによって，「読んであげる」という能動の位置と，「読んでもらう」という受動の位置を交互に体験している，あるいは能動的立場と受動的立場を超越した第三の視点からそれら役割交替の構造全体を

再現しようとしているわけである。

浜田（1999）も，これとよく似た麻生のエピソードを引いて，「私」の成立について論じている。麻生の子どもUが1歳10ヶ月29日のときのことである。

エピソード42　麻生の観察事例（1歳10ヶ月29日）
　私（麻生）が食卓で夕刊を読んでいるとUは「デューチャン（Uのこと）チンブンヨムジョー」など言い，私の見ている新聞をのぞきこもうと，うるさくまとわりついてきます。そこで「U君，ピータやスヌーピーちゃんにコーヒー作ってあげた？　スヌーピーちゃんコーヒーほしいって，ぼく飲みたいなあって」と言ってやると，Uはママゴトの散らばっている隣室にまた戻っていきました。少しすると隣室から「エーンエーン，ミンナエーンエーン」「デューチャンミンナノンジャッタノ」と言ったUの声がするので，のぞいてみると，ママゴトのコーヒーカップやヤカンのそばに置いてあったペンギンやスヌーピーの人形がすべて床にうつぶせにされています。どうも人形たちがもらえるはずだったコーヒーを自分で飲んでしまい，人形たちに悔しがらせていたようです。

（浜田，1999より）

　Uはママゴトで人形相手にコーヒーを作って飲ませてあげるという遊びを，それまで好んで繰り返していたという。人形を使ってのママゴトはそれ自体が「飲ませてあげる−飲ませてもらう」という一人二役の遊びである。この場面でも，麻生が新聞を読んでいるのを邪魔してくるUの気持ちをそちらに向けようと「コーヒーを作ってあげた？」などという。それを聞いてUはいつものようにママゴトに向かうわけだが，この日はいつものように「飲ませてあげる」遊びではなく，「飲ませてあげない」遊びになったようである。ただし，それでもやはり「飲ませてあげない−悔しがる」という一人二役になっていることには変わりはない。すなわち，ここでUは「飲ませてあげない」という意地悪な気分と，「飲ませてもらえない」という悔しい気分を同時に味わっている，あるいはその両方の役割を俯瞰するような第三の視点からこの役割交替構造自体を再現しているわけである。上のKちゃんのエピソードでは，Kちゃんがサルになって「読んでもらう」体験をしているかどうか少し微妙なところがあったが，Uの場合は言葉が出ているのでそれは明らかである。

　ここで生じている第三の視点は，どんな帰結をもたらすだろうか。それ以前の子どもというのは，各々の場面でその都度場当たり的に能動的役割をとったり，受動的役割をとったりする存在にすぎなかった。ところが，今見たような形で，能動的役割と受動的役割の両方をとり得る視点ができあがってくるということ

は，単なる役割以上の何か，役割交替に関わらず不変な何か，つまりは絶対的な「私」と絶対的な「他者」の意識を生み出す。例えばUは人形の立場に立って「デューチャン，ミンナノンジャッタノ，エーンエーン」という受動的役割をとっているときに，まさに「飲ませてあげない」という意地悪を働く者として「デューチャン」，つまりは自分自身を眺めていることになる。役割が交替しても，Uという軸は変わらず，UはU自身になったり，自分自身を外から見たりしているわけである。恐らく，こうした第三の視点ができる以前は，Uは全面的に意地悪な気分と，全面的に悔しい気分を行ったり来たりするだけの存在だったはずである。あるいは，そもそも「意地悪」とか「悔しい」とかいった感情自体が他者あってのものだということを考えると，以前のUはそうした駆け引きがまだできない存在，単に相手の気持ちも考えずにコーヒーを飲んでしまってうれしいと感じたり，単にコーヒーがなくなってしまって悲しいと感じたりするような存在だったといっても良いかもしれない。それが今や「私」の能動性の向こう側では「あなた」が受動性を感じていること，「私」の受動性の裏側では「あなた」が能動的行為をしていることをしっかり意識できるようになってくるわけである。

　まさに，これこそが「私」という意識の萌芽である。このように「私」は「あなた」，つまり「他者」と同時に成立してくるものである（Wallon, 1956a/1983）。他者の位置に入って私自身を眺めると同時に，その私の立場を生きることができるときに初めて，「私」が成立するのである。そういう意味で，「私」はその構造の内部に自分自身を外から眺める視点としての「内なる他者」を抱え込んでいる。今見てきたように，「内なる他者」は最初のうちはサルのヌイグルミや，ママゴトの人形のような具体物として登場してくる。僕たち大人ならば，自分が他者に対して親切や意地悪をしたときに相手がどう感じるかということを頭の中で思い描く（表象する）ことができるが，まだ表象機能が十分に発達していない子どもではそれが難しい。したがって，子どもはまず具体的な事物を使ってその場面を実際に再現してみようとする。サルのヌイグルミに絵本を読んできかせてあげるという体験を味わい，次にヌイグルミの立場に立って絵本を読んでもらうという体験を思い返す。あるいは，ママゴトの人形に対してコーヒーを飲んで意地悪をしてみせた上で，次には人形の気持ちになって悔しがる。具体物を用いると，非常にこの一人二役がやりやすいわけである。ワロンは，子どもがその未熟な表象機能を支えるために，具体物を用いて場面を再現する現象を〈投影〉と呼んでいる。

"子どもたちは，言葉によるのと同じくらい，身振り動作を用いて自分を表現します。そして，すぐに萎えてしまう思考を身振りで表し，そのイメージを現実の環境の中にふりまいて，それに一種の現前性を与えているようにみえます"（Wallon, 1956c/1983, p.145）と彼は述べる。子どもはまだ十分頭の中でイメージを作ったり思考したりすることができないために，今にも「萎えて」しまいそうなイメージや思考を現実の身振りに投影することによって支えようとするわけである。

こうした投影の助けを借りて，子どもの表象能力は発達していく。そして，子どもはやがて具体物がなくとも，例えば頭の中の想像上の人形と一人二役のやりとりができるようになっていく。まさに，想像上の人形が「内なる他者」として機能するのである。さらに，もっと大きくなると人形や具体的な人物を思い描かずとも，匿名の他者とのやりとりができるようになってきて，僕たち大人と同じような「私」の意識が徐々に形作られていく。

ともあれ，こうした投影の働きによって一人二役が可能になり，さらにはその一人二役を頭の中でできるようになってくるということ，つまりは「内なる他者」が成立してくるということ，これこそが「私」の意識の発生プロセスである。谷村（1989）の挙げている例でいえば，道で1万円を拾ったときに，「交番に届けなきゃ」とか「いや，誰も見ていないからネコババしちゃえ」とか「落とした人も見つからなくて当たり前だと思っているさ」とか，「私」の中にはさまざまな「内なる他者」の声が聞こえてくる。子ども時代の「内なる他者」が人形であったり，両親などの具体的人物であったりするのに対して，青年期以降の「内なる他者」はもっと匿名の，不特定多数の他者になるが，いずれにしても「内なる他者」とのやりとりが「私」の意識を支えているということには変わりはないわけである。

3.「私」の成立と〈子ども‐養育者関係〉

ここまで「私」の意識がどのように成立してくるかを見てきたが，これによって〈子ども‐養育者関係〉がどのように変化してくるかを見ていこう。まずは次の鯨岡による観察エピソードを見てみよう。

エピソード43　ごみ収集車ごっこ（2歳3ヶ月）
中に何かが入った本物の紙のゴミ袋（当時この市では紙のゴミ袋が正規のゴミ袋でした）が部屋のなかにいくつも置かれています。お母さんは「最近，Yくんはごみ収集車ごっこを

3. 「私」の成立と〈子ども‐養育者関係〉   157

写真1   写真2

するんですよ」と言っていました。Yくんは本物のゴミの袋の脇に，オモチャの小さなゴミ収集車を持ってきて置きました。お母さんがゴミ収集車がやってくるときの音楽を口ずさんで「ゴミを集めに参りました」というようにゴミ収集車の真似をします。Yくんは大きなゴミの袋と小さなゴミ収集車を見比べてしばらく思案をしていましたが，急に「見ないで」と言うなり（写真1），観察者の前でふすまをピシャッと閉めてしまいました。そこで観察者は「そこ，閉めてしまうと，おばちゃん，お仕事にならない」と言い，お母さんも「どうして？ 見てないよ」とふすまを開けますが，Y君はまた「見ないで」とふすまを閉めます。観察者が「Yくん，意地悪しないで，おばちゃんも，一緒に遊びたいなー」と言うと，Yくんは「イヤだ，見ちゃだめ」と言います。そこで観察者が「寂しいなー」というと，今度はYくんは無言です。そこで観察者がもう一度，「Yくんが遊びにまぜてくれないなら，おうちに帰ろうかな」と言いますが，やはりYくんは無言です。観察者が「Yくん，じゃあ，帰っちゃうよ」とさらに言うと，Yくんはしばらく無言でしたが，「いいよ，見ても」と言ってふすまを開けました。

　Yくんは実物のゴミ袋の山と小さなオモチャの収集車を見て思案顔です。お母さんが「収集車，ちっちゃいね，ゴミ，入らんわ」と言うと，Yくんはオモチャの収集車のゴミ搬入口を触って，「ここ，ちいさい」と言います。お母さんが「そうだねー，ちいさいねー，どうしようかYくん」と言いますが，Yくんは無言です。お母さんが「どうしたらいい？」と聞いても，Yくんはどうしていいか分からない様子です。そこでお母さんが「じゃ，ゴミ，入れる真似だけでもするか」とゴミをつまんで入れる真似をしました（写真2）。そうすると，Yくんもゴミを入れる真似をして，何とかこの遊びは終わりました。

(鯨岡，2006 より)

　母親が「最近，ごみ収集車ごっこをするんですよ」といったのを受けて，Yはごみ収集車ごっこをしようとするが，本物のゴミ袋に比べてあまりに小さいおもちゃの収集車にどうやってごみを積んだら良いのか，考えあぐねてしまう。興味深いことに，そんなふうに考えあぐねている自分自身が先ほどから観察者に見られていることを何か具合いが悪いと感じたのか，ふすまを閉めてしまった。恥ずかしいというほどではないにしても，ここからは，他者から見られるということの気持ち悪さをYが感じ始めていることがうかがわれる。こうした「見られる」

ということへの気まずさは，1歳代にはあまり見られないものである。

　もちろん，子どもはすでに乳児期から「見られる」という感覚を体験してはいる。養育者と視線を交わらせて微笑む3ヶ月微笑などに明らかなように，恐らく養育者と視線を合わせることができるようになる生後1〜2ヶ月の頃から，すでに周りの事物と人間のまなざしには根本的な違いがあるということ，つまり人間のまなざしには「見られている」ということを感じ知っているわけである。ところが，まだこの段階では「見られる」という受動性の向こう側に，見ている「他者」がいるということを十分には意識していないのではないかと思われる（そうした相補性はごく自然な形で生きられているだけである）。対照的に，自分が「見られている」と感じるときに，じっとこちらを「見ている」他者がいるということ，「私」の「見られる」と「あなた」の「見ている」の対応に気づくのは，まさに「私」の意識が成立してくることによってなのではないだろうか。つまり，「私」の意識が成立してくることによって，「内なる他者」の視線を感じ始め，それに伴い現実の他者の視線に対してこれまで以上に敏感になってくるのである。これこそまさに自意識の始まりであり，恥ずかしいという感情が生まれてくる母体でもある。ここでのYはまだそうした過敏な自意識，恥の感情まではいっていないのかもしれないが，うまくできない自分を他者がどんな目で見ているかということが何となく気になったがゆえに，ふすまを閉めてしまったのだろう。

　ところが，それでは観察ができないものだから，観察者は何とかふすまを開けてもらおうとする。その際の「おうちに帰ろうかな」も非常に興味深い発言である。Yは一人っ子で，家に人が来てにぎやかな雰囲気になるのが好きで，いろいろな人の訪問をとても喜ぶ子どもだったようだ。だから，ここでの「見せてくれないなら帰ろうかな」はYにとって十分な揺さぶりだったわけである。結局，見られたくないという気持ちと，帰ってほしくないという気持ちにY自身が収まりをつけて「いいよ，見ても」と納得したわけだが，面白いことに，この「おうち帰ろうかな」をこの後Yは自分でもしばしば利用するようになったという。例えば，友達のうちで遊んでいて，おもちゃの取り合いになったときなどに「おうち帰る」といったり，自分の家で友達と対立したときに「帰ってもいいよ（おうちに帰るといってもボク平気だよ）」といったというのである。

　おもちゃの取り合いなどをしているときなどの「おうち帰る」という言葉は，「それ貸してよ」とか「それ返せよ」といった言葉に比べれば一段複雑な，間接的な相手への働きかけであることは明らかだろう。これが効果を持つとYが思う

のは，Yが「ボクがおうち帰るといったら君は困るよね」とでもいうような他者への意識を有し，その他者（友達）が感じるだろうことを把握しているからである。「おうち帰る」というのは，いい方を変えれば「すねて見せる」ということであるが，恐らく，自分がしたことが相手にどのように受け止められるか，ある行為をした自分自身を相手がどのように見るかということをYが考えられるようになったことと，こうした言葉を使って「すねて見せる」ことができるようになったこととは密接につながっているはずである。「私」と「あなた」の意識の成立は，こうした形で子どもの対人関係をより複雑なものへと彩っていくのである。

最後に，「私」の意識の成立と似たようなメカニズムによってもたらされる，もう一つの要素に言及しておかねばならない。

エピソード44　お母さん，ダメって言って　（3歳0ヶ月）

　Y君は畳の上にオモチャの通行止めの札を置いて，ショベルカーとダンプカーとトラックを並べています。工事現場をイメージしているようです。自分は運転手さんで，工事をしたり，車を動かしたりしています。そして棚から大きなドナルドダックのヌイグルミを「お父さん」と言いながら下ろしてきて，お母さんに押し付け，そのそばに小さなドナルドダックの人形（ガーガという愛称で呼ばれている）をもってくると，工事現場に近づけながら，「お父さん，近づいたら，ダメって，言って」とお母さんに要求しました（お父さんドナルドダックが，子どものドナルドダックを叱ることをイメージしている様子です）。そこでお母さんは「近づいたら，ダメ」と言います。Yくんはなおもガーガを工事現場に近づけながら，「そんなに近づいちゃ，ダメ，って言って」とまた言うので，お母さんは「そんなに近づいちゃ，ダメ」と言います。Yくんは今度は「つかまえにきて」と言い，お母さんはお父さんドナルドダックをガーガに近づけて，ガーガを押さえ込んでしまいました。

　それからYくんはガーガをロープを張った工事現場の中に入れ，またお母さんに「入っちゃ，ダメって，言って」と言います。そこでお母さんはまた「入っちゃ，ダメ」と言います。それなのに，Yくんはガーガをトラックの荷台に載せてしまいます。お母さんが「あっ，トラックに乗っちゃった」と言うと，Yくんはロープをはずしてトラックを動かし始めました。そしてなおもトラックを動かしながら，大声で「お父さん，たすけてー」と言いま

写真1　　　　　　　　　　　写真2

す．お母さんはお父さんドナルドダックを近づけながら，「大変だ，トラックが砂と間違えて（ガーガを）運んで行っちゃった」と言うと，Yくんは「運転手さんが間違えたんだよ」と訂正しました．

(鯨岡・鯨岡, 2001 より)

　このエピソードは父親と工事現場を見に行ったときのことを再現しているようである．恐らくYはそのときダンプに乗ってみたくなって近寄ったところ，父親に「近づいたらダメ」といわれたのだろう．これも先ほどの人形のエピソードとよく似ていて，ガーガを自分に見立てて対話を作り上げているわけだが，いくつか違う点もある．
　一つは，先ほどのエピソードでは，子どもが自分自身に見立てたヌイグルミや人形と対話しているとき，その対話者はあくまで子ども自身だった．ところが，このエピソードでは自分自身に見立てたガーガと対話しているのは，大きいお父さんドナルドダックである．つまり，対話者が二人とも象徴化されている点が，先ほどとまず違うところである．しかも，そのドナルドダックを母親に持たせて，母親に「ダメ」といわせている．完全な一人二役だったUの場合とは違って，台詞を母親にいわせているという点も微妙に異なるところである．こうした違いは何を意味するのだろうか．
　まず一ついえることは，先ほどのKちゃんやUのエピソードよりも，より自由な立場の交替が可能になっているということである．「一つの人形」と「自分」が対話するよりも，二つの人形に対話をさせる方が，自分はそれを俯瞰する視点に立って，より自由にガーガとお父さんダックを行き来できるわけである．そして，今は投影の働きによって可能になっているこのやりとりが頭の中でできるようになるということは，「入りたいな－でも，入っちゃダメだよ」という一人二役対話ができるようになるということである．いうまでもなく，これは自分の中で制止・禁止を働かせて，自分の行動を自制する際に働く対話，すなわち超自我（Freud, 1923/1970; Lacan, 1975/1991）との対話である．そういう意味で，ここでのエピソードは，自分の中に何とか工事現場での父親の制止を取り込もう（納得しよう）としている遊びだと見ることができるのではないだろうか．
　恐らく，ダンプに乗ってみたいという強い欲求を持っていたYにとって，今までのように自分がすんなりと父親役の位置に入って，父親になりきって，ガーガを叱るということがしにくかったのではないだろうか．父親の制止をまだ内面化

できていないがゆえに，父親役になりきれないわけだ。ところが，ここで再び働くのが投影の機能である。すなわち，まだ十分には受け入れがたい制止をお父さんドナルドダッグ（を演じる母親）に請け負わせることによって，とりあえず具体的に再現するのである。そして，自分は制止する者の位置と，制止される者の位置とを自由に行き来しながら，両者の気持ち（特に制止を聞かなかった場合の両者の気持ち）を味わっていく。こうした遊びを繰り返すことによって，徐々にYは制止する人の気持ちや，制止を聞かなかったらどうなるかということを，自分なりに理解していくのだろう。

　前章で見た「茶せん」のエピソード（本書 pp. 139-140）は，母親に「Kちゃん，それを使わないで」と注意されるという状況が生じたときに，その具体的場面においてうまく自分の中で気持ちを収めることができたというものだった。しかし，このエピソードを通して内面化されていく制止は，実際に親に注意されるか否かにかかわらず，具体的状況を離れて「いつも，すでに」Yの中で働くものとなっていく。このように，「私」の意識の発生と非常によく似たメカニズムで，「〜してはいけない」という規範意識の芽が育まれていくのである。

第12章
保育の場の両義性と相互主体性

　関係発達論は，子どもが周囲の他者との関係性の中で育ってくるさまを詳細に明らかにしていこうとする理論である。前章までは，養育者との関係の中で子どもがいかに育ってくるかを議論してきたわけだが，実は〈子ども－養育者関係〉というのは関係発達論が取り扱っていくべき関係性のうちのほんの一部である。すなわち，子どもが育つ場には母親や父親の他にもきょうだい，祖父母，近隣の人々やその子ども，幼稚園や保育所の先生や友達など，乳幼児期の頃からたくさんの人々が存在し，そうした人々の織り成す複雑な人間関係の影響を受けながら子どもは自己性を育んでいく。したがって，本当の意味で関係発達ということを謳うのであれば，子どもと養育者ばかりでなく，その他の人々も含んだ人間関係の網の目の中で子どもが育ってくるその全貌を明らかにしていかねばならない。

　とはいうものの，いきなりそうした全ての人間関係を取り扱っていくことは困難だし，話もあちこちに拡散してしまいかねない。そこで，本書ではまずは子どもがどのように育ってくるのかについての基本的な見通しを立てることを目指して，乳児期から幼児期初期にかけてやはり子どもの生活の中心をなすと考えられる〈子ども－養育者関係〉を中心に見てきたわけである。

　しかしながら，2～3歳にもなってくると多くの家庭の子どもが幼稚園や保育所などに通い出し，そうした保育の場での人間関係も子どもの育ちに大きく影響してくるようになる。たくさんの子どもたち，さらには保育士たちが一緒に生活する保育の場では，それまでの家庭生活には見られなかったような複雑な人間関係の力学が働く。そこでは，ある子どもの「○○したい」という思いと別の子どもの「××したい」という思いがぶつかる事態や，同じ一人の子どもの中に「○○したいけれども，××もしたい」といった両義性が生じるような事態が頻繁に生じる。また，育てる者としての保育士の側でも，「この子のいうことも分かるけれど，あの子の気持ちも大事にしたい」とか「一人ひとりの子どもに丁寧に寄り添っていきたいけれど，集団としての生活も大事にしたい」といった両義的な思いをしばしば経験せざるを得ない。まさにそれぞれの人の思惑が絡み合い，ときにぶつかり合いながら，育てるという営みが展開されている保育の場において，

他の子と衝突したり，両義的な事態を経験したり，養育者とはまた違った保育士の姿に触れたりすることが，子どもの育ちにとって非常に積極的な意味合いを含んでいると考えられるのである。

　本章では第1部の総まとめと，2〜3歳以後の子どもの育ちを見ていくという意味を兼ねて，この保育の現場でのエピソードを中心に見ていきたい。保育の場で子どもや保育士たちがどのように過ごしているのか，ときに非常に難しい対応を迫られる現場で保育士たちがどんなふうに子どもを育てようとしているのか，さらに保育の場を通して見えてくる現代日本のさまざまな家庭環境とはどんなものなのか，そうしたことを肌で感じていただければと思う。また，保育の場の力学が実に複雑であるがゆえに，関係発達論というものの見方の有効性や今後の課題なども浮き彫りになってくるはずである。

1.「ちょっと気になる子」

　本書で取り上げてきたエピソードの多くは，恐らくは現代日本の「平均的」な家庭でのものであり，そういう意味では「どこの家庭にでもありそうな一コマ」という感じのものが多かったと思う。そこでは子どもと養育者がときに衝突しながらも，一番の根本では養育者が一個の主体である子どもの気持ちを受け止める相互主体的な関係がきちんと維持されていて，その中で子どもは自分の興味や意図を押し出していこうとする自己充実欲求と，他者と気持ちがつながってうれしいという繋合希求性の両者を十全に育んでいた。

　しかし，子どもを育てるという営みがいろいろな意味で困難な今の社会の中では，もちろん全ての〈子ども‐養育者関係〉がそうした望ましいあり方を維持できているわけではない。養育者が己の自己充実欲求を満たそうとする方向に傾きすぎたり，周囲からの必要なサポートが得られなかったり，肉体的・精神的・経済的その他の諸々の困難が重なったりして，子どもが一個の主体としての自分の思いを受け止めてもらえていないケースも多々見られるのである。もちろん，それがある閾値の範囲内に収まっているならば，子どもの育ちに重大な障がいを及ぼすということはないだろうが，しかし，中には家庭ではほとんど自分の思いを受け止めてもらっていないのではないかと思われるような子どももいて，そういう子どもが保育の現場で「ちょっと気になる子」として捉えられることがある。次のようなエピソードを見てみよう。

エピソード45 「チョキチョキしたのは私，Kちゃんじゃない！」

E 保育士

〈背景〉
　Sは2歳5ヶ月の女児。家族構成は祖母，母，叔父，叔母，本児の5人家族。
　2歳児クラスで子ども12人を，保育士2人で担当している。私は4年目の保育士で今年度より転園してきた。祖母は時折送り迎えをしてくれるが，自分も働いているため，早番，遅番になることがほとんどである。基本的な保育時間は8時～19時。母親は夜勤もある仕事をしている。
　Sは入園してしばらくは表情が硬く，甘えることが少なかったが，少しずつ表情も和らぎ，担任に関わりを求めることが増えてきた。その一方で，他児の送迎時に当人よりも早くその保護者の元へ行き，他所の母親に「ママー」と呼んでは話しかけ，そこから離れないため，他児とトラブルとなることもあった。いつも遅いお迎えのため，早くお迎えに来る子をうらやましく思う気持ちもあるのかなと感じていた。
　気になる姿として，保育士の気を引きたいのか，他児を注意するとわざわざその場へ行き，保育士の方を見ながら当の他児に注意されたことを繰り返したり，他児が嫌がることをしつこくやり続けたりする姿がある。母親は夜勤もあり，家庭で本児が満足のいくように甘えられていないのかなと思う部分もあったので，少しでもSの気持ちが満たされるよう関わる機会を多く持つように心掛け，他の子が嫌がるのとは違う形で気持ちを表出してほしいと思っていた。
　そんな中，ちょっとしたトラブルの場面でSが相手の悲しい気持ちに気付き，自ら「ごめんね」と声をかける姿が見られたのが嬉しかったので，このエピソードを取り上げる。

〈エピソード〉
　午睡後トイレへ行き，パンツをはこうとしていた時のこと。目が覚めた子からトイレへ行くので時間差があり，また布パンツの子はトイレでパンツの上げ下げを行うので，そこにいたのはSだけだった。ゆったりと関われるチャンスだと思い，短く切ったSの前髪を指さし「誰がチョキチョキしてくれたの？」と聞いてみた。Sはいつものきょとんとした表情で，「ママだよ」と答える。そこへ，トイレを終えたK（2歳5ヶ月）がやってきて「Kちゃんもママがチョキチョキしてくれたの」と話に入ってきた。すると，Sは「Sがチョキチョキした！　Kちゃんしてない！」と怒ったような口調で言葉を返す。それを聞いたKは目を細め，口を尖らせ，明らかに怒っているという表情。"SはKとの間にKが入ってきたのが嫌だったのかな"と感じ，Sに対して「もっとやさしく言えばいいんじゃない」等の否定的な言葉をかけるのをやめ，Kに対してだけ小さな声で「Kちゃんも前にママにチョキチョキしてもらったのね」と声をかけた。するとそれが聞こえたのか，「チョキチョキしたのはSだよ！」と，さらにSの口調がきつくなる。Kは口を尖らせ，今にも泣き出しそうな顔。"Kを受け止める言葉をかけたのが嫌だったのかな。Sの気持ちもわかるけど，Kの悲しい気持ちにも気付いてほしい"そう思ったので，Sに対してきつい口調にならないように気をつけながら，「Sちゃん，Kちゃんこんな顔になっちゃったよ」と言ってみた。"またSは怒ってしまうかな"とドキドキしながらSの反応を見る。すると，Sはゆっくりとkの表情を見て「ごめんね」と声をかけた。Kの表情がガラリと変わり，にっこりと笑う。それを見たSも思わずにっこり。Sが「（チョキチョキしたの）いっしょだねー」と言うので，"なんてかわいいのだろう"と思いながら，私も「チョキチョキしたの，いっしょだねー」と言葉を重ねた。3人の心が通じ合ったような気がして嬉しくなった。

〈考察〉
　このところ，他児に「やめて」と言われても，Sはやめずにしつこくやり続けることが多かった。その行為だけを見ると，思わず「なんでそんないじわるするの」と注意したくなってしまうが，そうせざるをえないSの気持ちを考えると，その根底には「先生，もっと私のこと見て」というSの心の叫びがあるように思えてならなかった。そんなSなので，トラブルの場面ではとにかくSのあるがままの姿を受け止め，Sに対しての言葉がけには特に注意し，自分から相手の思いや表情に気付けるように，待ったり言葉をかけたりしていた。そんななか，SがKの表情を見て，Kの悲しい気持ちに気付き，自然に「ごめんね」と言葉をかけたことがとても嬉しかった。
　途中でKが入ってこず，Sと2人きりだったら，このようにSが怒ることもなく，会話を楽しめただろう。しかし，保育園という集団生活の場では，そういった1対1で関わる機会を持つことはなかなか難しい。しかし，ちょっとした場面を捉えて，その子だけに目を向け，大切に思っていることを伝えていくことは大切だと思う。Sはそれを誰よりも母親に求めており，そういった甘えたい気持ちを私たちが母親に代弁していくことで，家庭において密に関わってもらう時間が少しでも増えればと思う。

(鯨岡・鯨岡，2009より)

　まず，背景の家族構成に父親が入っていないことに気づく。複雑な家族構成の中で，母親も夜勤のある忙しい仕事のようで，子どもとゆっくり関わる時間が持てないのか，2歳5ヶ月のSが何か満たされないものを感じていることがうかがわれる。友達の母親でも，先生でも，誰でも良いから自分のことを見ていてほしいという強い欲求は，恐らく普段の生活の中で十分にそれが得られていないことの裏返しだろう。それが非常に強いために，普段のSはなかなか他の友達の気持ちを思いやったりする余裕を持てないで，大人の目を引くためについ友達に意地悪をしてしまったり，トラブルになったりしてしまう。このエピソードでも「Sがチョキチョキした！　Kちゃんはしてない！」という言葉があるが，Sとしてはせっかく保育士から認めてもらっている大事な時間を，Kに横取りされたような気持ちがしたのかもしれない。こうした場面に出会うと，たいていの大人はつい「どうしてそんな意地悪するの」「もっとやさしくいえばいいじゃない」と注意したくなってしまうものだが，Sの気持ちを汲み取らないままにされるそうした言葉かけは，恐らくSの心には決して響かないだろう。したがって，考察のところにある通り，保育士がたとえトラブルになってもまずはSのあるがままを受け止めようという構えを持っているということは，とても大事なことだと考えられる。
　ところが，そこからが大変である。Sの「もっと私のことを見て」という心の叫びも感じるし，それに応えてあげたい気持ちも確かにあるけれど，だからとい

って友達のKにそこまできつい口調で出てしまう今のSの姿をそのまま受け入れることはできない，できればKの気持ちにも気づいてほしいという思いが，保育士の中に生じるのである。こうした両義性は，およそ子どもを育てるという営みに携わる人ならば必ず感じざるを得ないものだろう。こうした二つの相反するベクトルに引き裂かれるということは，結構苦しい状況であるわけだが（実際，経験の浅い保育士などは，どうしたら良いか分からず身動きがとれなくなってしまうかもしれない），このような状況の中で，保育士はとにもかくにも次の対応を繰り出していかねばならないのである。そして，そこにおいて保育士自身の人としてのありよう，主体としてのありようが問われてくることになる。

このエピソードでは，E保育士は「SちゃんKちゃんこんな顔になっちゃったよ」とKの気持ちに気づかせるような対応に出たわけだが，これがとても良かったようである。実際，Sに限らずこの時期の子どもは，他者にも自分なりの気持ちがあるのだということが分かってくる一方で，とても自己主張が強く[51]，他者がどういう体験をしているかということに思いを馳せることがおろそかになってしまいがちである。そんなときに，他の友達がどんな思いをしているかを気づかせてあげるような関わりを保育士がしてやると，厳しく叱ったりせずともそれだけで子ども自ら「ごめんね」と素直に謝るような，いじらしい側面が引き出されてくることがあるわけだ。力的にはやはり圧倒的に強い大人が無理に謝らせたような「ごめんね」と，子どもの中から自然と出てきたここでの「ごめんね」とでは，その意味が全く違うことは明らかだろう。子どもの中に他者の気持ちを思いやるという繋合希求性がしっかり根づくためには，外的な圧力によるのではなく，本来子どもの中にあるはずの繋合希求性の芽を刺激してやることがとても重要である。実際，E保育士も自分の思いを何としても貫きたいという強力な自己充実欲求の陰にSなりの繋合希求性が存在していることを信じ，そこに働きかけた結果，幸いにしてSの自発的な謝罪が引き出されてくることになったのである。

もちろん，これが可能になるためには，普段の関わりを通して子どもの中に「先生は自分の思いをきちんと受け止めてくれる」という保育士に対する信頼関

---

[51] ワロンによれば，2歳過ぎからのいわゆる自己主張期（第一次反抗期）は，「私」の意識の発生と密接に絡むものである（Wallon, 1956a/1983, 1956b/1983）。すなわち，どんな場面であってもとにもかくにも相手の意志に対して頑なに自分の意志を突きつけていくことによって，子どもは芽生えたばかりの「私」の意識を支えようとしているのだという。他者にも自分なりの気持ちがあるということの発見と，強い自己主張は，芽生えたばかりの「私」の意識の二側面である。

係が育っていなければならないだろう。信頼できる先生がSの気持ちも十分汲み取った上で、「Kちゃんこんな顔になっちゃったよ」と気づかせてあげる。Sのあり方を責めるでもなくそのまま受け入れるでもないような、その微妙なニュアンスがSにも身体を通して伝わったからこそ、Sは自ら「ごめんね」と謝ることができたのだと考えられる。子どもは自分自身が主体として受け止められることによって、実際に他の人の気持ちを受け止められるような主体へと育っていくのである。

2. 厳しさに耐えて生き残ることの大切さ

もう一つ、「ちょっと気になる子」のエピソードを見ておこう。

エピソード46 「つばしても スキ?」

K保育士

〈背景〉

Aくんは4歳の男の子。0歳からの入所。母親が感情の起伏が激しく、Aくんに対して体罰を加えたり、激しい口調で叱ったりすることが0歳のときからみられ、目を離せない家庭環境でそれが今日まで続いている。2歳頃から友達とのトラブルが多く、会話で自分の希望や意志をうまく伝えられず、すぐに手が出てしまい、3歳、4歳と成長するに従い、友達やその保護者にまで「乱暴な親子」と見られることが多くなってきた。人なつっこい面もあり、友達と遊びたい、仲良くしたい、という思いも強くあるのだが、関わりが一方的でしつこくなってしまうこともあり、同年齢の友達と長い時間遊びを継続させることが難しい。担任をはじめ、園全体でAくんが友達と仲良く遊べることや、安心して園で過ごすことを目標にケース会議などを重ねている。少し表情がおだやかになってきたかと思えば、また乱暴な言動が見られたり……という毎日だ。私はAくんが0歳、1歳のときは担任だったが、いまは主任の立場なので、現担任の苦労を共感して受けとめながら、Aくんに対して毎日話しかけたり、だっこしたり、乱暴な言動に気づいたときには、頭ごなしにならないような叱り方で、「みんなのなかの大切なAくん」ということを分かってもらえるような関わり方を心がけている。

〈エピソード〉

夕方、お迎えを待つ自由遊びの時間のことである。「Aくんがブロックを黙って取ったー!」とBちゃんが泣きながら私のところに来たので、Aくんのそばにいって話を聞こうとした。「だってこれが欲しいんだもん! これがいるんだもん!」と顔を真っ赤にして大声でまくしたてるAくん。「うん分かった。このブロックを使いたかったんだね。欲しかったんだね」「そうだよ! Bちゃんがかしてくれないんだもん。だからとったんだよー」とだんだん興奮してきて、話を聞こうとしてしゃがんだ私の顔につばを吐きかけた。私は顔につばがとび、一瞬とても不快で、腹が立ち、多分露骨に嫌な顔をしたと思う。AくんもハッとしてN私と目が合い「しまった」という顔をした。私は、内心の怒りをおさえて、「Aくん。先生、Aくんのつばが顔にとんで、すごく嫌な気持ちだよ」と言った。Aくんはうなだれたまま黙っていた。「先生は、Aくんと話をしたいんだよ」と私が言うと、Aくんは上目づか

いに私を見て「つばしてもAくんのこと好き？」と小さな声で聞いてきた。私もハッとして「うん。つばしてもAくんのこと好きだよ」と答えると，Aくんは自分のTシャツの裾で黙って私の顔のつばをふき，またうなだれていた。私もすっかり気持ちが落ち着いたので，「Aくん。Bちゃんのブロックを使いたいときには『貸して』って言うんだよ。そしてBちゃんが『いいよ』っていったら貸してもらおうね」と言うと，Aくんは黙ってうなずき，Bちゃんにブロックを返しに行った。Bちゃんはびっくりしてそれを受け取り，私を見たので私が頷くと，そのままそのブロックで遊びはじめ，Aくんも別な友達のところへ行って遊びはじめた。

〈考察〉

日頃から友達やその保護者にまで，仲間はずれにされがちな雰囲気が一部にあり，「自分は他の人から嫌われている」ということを何となくAくんも肌で感じているようで，私はそのことがとても気になっていた。Aくんにも良いところは沢山あるのだが，その良さを認める前に，乱暴な言動や職員を手こずらせるような言動が目立ってしまい，Aくんの良さを丁寧に見つけ出して認めたり褒めたりしていくことがなかなかできないことを改めて反省する。Aくんは自分の言動によって周りから否定的な関わり方をされることが多いので，自尊感情や自己肯定感が育ちにくく，そのことでますます言動が乱暴になってしまうという悪循環を繰り返しているように感じている。そのことを何とかしたいとの思いはあるのだが，それほど密に接する立場ではないので，朝夕の自由遊び時や姿を見かけた時に，意識して褒めたり認めたり「Aくんスキだよ」という思いを伝えてきたつもりである。しかし，私のことばが心からのものなのか単なる口先だけのものなのか，今回の件で鋭くAくんに問われたようで，本当にハッとした。「スキだよ」と言うことは簡単なことだが，自分の子どもを思うように，本当に心から大事に思い愛しているのかと問われれば，返事に窮する。私が簡単に「スキだよ」と言ってきたことがAくんに良かったのか悪かったのか。ことばは人の命綱にもなるし，「凶器」になることもある……そんなことも考えた。Aくんには担任の2人もとても一生懸命関わっているし，私たちは諦めたり投げだしたりせずに，Aくんが安心して自信を持って楽しく友達と園生活を送ることを願って，みんなで育てていきたいと思っている。

（鯨岡・鯨岡，2009より）

　家庭での影響なのか，つばを吐きかけるというかなり乱暴な振る舞いをするA君の姿や，そうされても怒りをじっとこらえて丁寧に対応するK先生の姿，さらには「つばしても，好き？」と尋ねてくるA君のやはり子どもらしいいじらしい姿がとても印象的である。

　エピソードをなぞってみると，A君とBちゃんの衝突の場面で，K先生はまずA君のいい分を聞こうとする。ところが，A君は興奮のあまり思わずK先生につばを吐きかけてしまう。普段のK先生というのは実に穏やかな性格の人だということだが，さすがにこのA君の振る舞いに腹立たしい気持ちになったようで，怖い顔をしてA君をいさめようとする。そのとき，A君と目が合い，A君が「しまった」という顔をしたのに気づくのである。普段，他の先生に対しては

つばを吐きかけてあっちに行ってしまうだけのこともあるというA君だが，このときのK先生に対する「しまった」という表情はどうして生じたのだろうか。

　背景を読むと，K先生は今は主任だが，A君が0歳，1歳の頃は担任だったこと，それからもずっとA君のことを気にかけてきたことが分かる。荒れた行動が目立つA君だが，そうした長い関係の歴史の中で，K先生とのあいだには特別な信頼関係，「K先生のことは大好き」といった思いが育まれていたのではないだろうか。恐らく，大好きなK先生に思わずつばをかけてしまったがゆえの「しまった」という表情だったのだろう。それに対してさすがにK先生も露骨に見せざるを得なかった嫌な表情に，A君は自分にとって最も大切なもの（大好きな先生）をも壊してしまったのではないかという不安を感じたに違いない。

　このときのK先生がすごいのは，このA君の「しまった」という表情，不安の方に即座に反応している点である。普通はA君のこの表情の意味を受け止める前に，「どうしてつばをかけるの！　だめでしょう！」と強い調子の言葉をかけてしまうのではないだろうか。けれども，K先生はそのように頭ごなしに叱りつけるのではなく，腹立ちを抑えて，「先生，すごく嫌な気持ちだよ」と自分の気持ちを伝えるのである。先に述べたように，このように子どもがした振る舞いに対して，そうすることで相手（この場合はK先生自身）がどう感じるかを伝えることは非常に重要である。この時期の子どもにおいてまず先立つのは「私」の主張であって，「私」がすることの背後で他者がどんな体験をしているかにまで思いが回らないことがしばしばあるからだ。そこで他者の体験に気づかせ，他者が悲しい思いをすることが子ども自身にとっても悲しいことなのだという体験ができるよう働きかけることが，本当の意味での他者への思いやりを育てていくのである（逆に，大人が頭ごなしに「つばをかけてはいけません！」と規範性を振りかざしてみても，その大人の迫力の前に一旦子どもがシュンとなるだけで，本当の意味でそれは子どもの中に根づかないことが多い）。ただ，そういう理屈はこねまわせても，実際の現場でここにあるK先生のような対応はなかなかできるものではない。K先生の懐の深い対応によってこそ，A君のいじらしい部分，「つばしても，好き？」という問いかけが引き出されてきたわけである。

　このとき，K先生はその言葉に戸惑いながらも，気持ちを鎮めてもう一度「A君のこと好きだよ」といってあげる。このK先生の対応は，A君の中の大切な「優しい先生」のイメージ，さらには「良い子としての自分」のイメージが「生き残る」ために，決定的に重要だったと思われる。どういうことか。

クラインやウィニコットら対象関係論学派（Klein, 1946/1985; Winnicot, 1951/1990, 1954-1955/1990）の教えるところによれば，僕たち人間は愛する対象（重要な他者）との安定した関係を維持しているとき，自分自身もその対象も「良いもの」として感じ，世界や他者に対する安心感と自己の存在の充溢感を感じることができる。逆に，愛しているはずのその対象を攻撃し破壊してしまうような傾向もまた人間の中にはあるが，そうした攻撃性に身を任せて対象を破壊し続けているときには，「悪いもの」としての自己が「悪いもの」としての世界や他者から復讐されるのではないかという不安感にさいなまれることになる。まさに，自己のあり方とは対象との関係のあり方そのものであるわけだ。

そんなふうに考えてみるとき，A君が保育所で他の子どもや先生に乱暴をする理由がより鮮明に見えてくる。すなわち，普段の養育者との関係の中で体罰を受けたり，激しい口調で叱られたりしているA君にとって，自己と他者（世界）との関係はまさに「乱暴をする－される」という攻撃性に満ちた危険な関係なのであって，彼は恐らくいつも何かに脅かされているような不安な感覚―あるいは痛烈に他者を求めつつも，近寄るのが怖いようなアンビバレントな感覚―にさいなまれているのではないだろうか。そこにおいては，今自分が傷つけている他の子どもたちは普段傷つけられている自分自身でもあり，自分を傷つけてくる恐ろしい養育者の姿がどこか保育士に重ねられ，攻撃的な行動につながっているのだと考えられる。いいかえれば，A君はまさにあらゆる他者を傷つけつつ自分自身を傷つけていく者として，この世界を生きているのである。

ところが，そんなA君にとって，まだ自分のことを好きでいてくれる他者がいた。K先生である。このK先生とはその長い関係の歴史の中で「好きだと思う－思われる」という「良い」関係を育むことができていたのだろう。K先生とのあいだでは，「大好きなK先生－愛されるに値する良い子の自分」といったイメージが維持されていたのだと思われる。しかし，この場面ではつばを吐きかけるという形で，A君はその「大好きなK先生」をも傷つけてしまったわけである。そこで非常に大きなターニングポイントを迎える。すなわち，他の他者たちと同様の「傷つき－傷つけられる」関係性に陥っていくか，それともこれまでK先生とのあいだで維持されてきていた「大好きなK先生－良い子の自分」のイメージが維持されるかという分岐点である。

K先生は，そこで，自分自身傷つきながらも「それでも先生はA君のこと好きだよ」といって，優しく良い対象として「生き残って」みせたのである。自分の

ことを好きだといってくれる大好きなK先生が生き残ることによって，A君自身の「良い子の自分」も初めて生き残ることができる[52]。ここでのK先生の対応は，A君の自己愛と周囲の他者への愛を生き延びさせる上で非常に大きな重要性を持ったと考えられるのである。もう少しいえば，ここでの対応は，これまでは恐らくA君の中にバラバラなもの（未統合のもの）としてあるだけだった「大好きな他者‐良い自分」と「傷つけるべき他者‐悪い自分」という二つの要素を統合させることにつながっていくかもしれない。というのも，ここでK先生は，他の他者たちと同様，一旦は傷つけられたからである。そこでK先生が生き残って「好きだよ」といってくれたことは，A君にとって今自分が傷つけている他者たちからも「好きだよ」といってもらえる可能性を感じさせる出来事であったかもしれないのである。

ともあれ，こうした事例を見て再度確認されることは，育てる者がまずは子どもの気持ちをしっかり受け止めつつ，自分はこのように感じているということを丁寧に返していく相互主体的な対応がやはり重要だということである。とりわけ子どもが見せる負の振る舞いに対して，育てる者がいかに粘り強く関わり，最後の最後のところで生き残り，抱えてあげられるかというところが，決定的な分岐点だということが分かるのではないだろうか。自分は育てる者としてA君を最後まで抱えられるのか──まさにそれを試されたということが，「A君に本当に心からスキだよといっているのかどうか問われた気がした」というK先生の印象につながっているように見えるのである。

3. 関係の場の中で育つ子ども

最後に，今のエピソードと似た部分もあるが，保育の場の関係力動がさらによく現れているエピソードを見ておこう。

エピソード47 「こんな保育園，出ていったるわ！」

K保育士

〈背景〉

もうじき6歳の年長男児Sくん。3歳下に弟がいる。とても複雑な家庭事情を抱えてい

---

[52] ウィニコットは，このとき子どもの中に良い対象を破壊してしまった罪の感覚が自然発生的に生じるのだという。彼は"健康な子どもは，罪の感覚のパーソナルな源を持っているのであって，罪あるいは思いやりを感じることを教えられる必要はない"（Winnicot, 1954-1955/1990, p.160）ということを強調している。実際，このエピソードのA君も次に見るS君も，その罪の感覚は誰に教えられるわけでもなく，保育士が彼らの攻撃に「生き残る」ことによって生じている。

て，そのせいか，クラスの中での乱暴な言動が目立ち，担任として困ることが多い（弟も噛みつき等の乱暴が目立つと聞いている）。母親は精神障碍があって，いまも病院に通っている。気分の浮き沈みが激しく，不安定になったときは，Ｓくんにもしょっしゅう手をあげているらしい。あるときお迎えの折に，「こいつのせいで私の頭がおかしくなる！」と言って，私の目の前でＳくんを強く叩くこともあった。最近父親が家を出ていってしまったので，それ以来，母親の精神状態はいっそうひどくなっている。母親は就寝が遅く，朝も遅いので，兄弟の登園が昼近くになることもしばしばである。なお私の園は４，５歳の異年齢保育をしている。

〈エピソード〉

朝のお集まりのとき，Ｓくんの隣に座った４歳児のＫくんがアニメのキャラクターのついたワッペンを手に持っているのに気づき，Ｓくんは「見せろ」と声をかけると強引にそれを取り上げようとした。Ｋくんが体をよじって取られまいとすると，Ｓくんはくんの頭をパシーンと強く叩き，立ち上がってＫくんのお腹を思いきり蹴り上げた。大声で泣き出すＫくん。あまりのひどい仕打ちに，私はＳくんの思いを受け止めるよりも先に，「どうしてそうするの！　そんな暴力，許さへん！」と強く怒鳴ってしまった。くるっと振り返って私を見たＳくんの目が怒りに燃えている。しまったと思ったときはすでに遅く，Ｓくんは「こんな保育園，出ていったるわ！」と肩を怒らせて泣きべそをかき，部屋を出て行こうとした。

私はＳくんを必死で抱きとめて，「出て行ったらあかん。Ｓくんはこのクラスの大事な子どもや！」と伝えた。泣き叫び，私の腕の中で暴れながらも，私が抱きしめているうちに少し落ち着き，恨めしそうな顔を私に向けて，「先生のおらんときに，おれ，死んだるしな」と言った。

私とＳくんのやりとりを他の子どもたちが不安そうに見ていたので，「みんな，朝の会やのにごめんな，いま先生，みんなに大事な話をしたいんや」と子どもたちに声をかけた。そしてＳくんを抱きとめたまま，子どもたちに「みんなＳくんのことどう思った？」と訊いてみた。子どもたちは，「ＳくんがＫちゃんを叩いたんは，やっぱりあかんと思う。そやけど，Ｓくんはやさしいところもいっぱいある」。「Ｓくんは大事なぞう組の友達や」。「朝も一緒に遊んでて，めちゃ面白かったし，またＳくんと遊びたい」。「出て行ったらあかん，ここにいて」と口々に言う。私が心配しているのとは裏腹に，子どもたちはＳくんを大事に思う気持ちを次々に伝えてくれた。私は涙が出るほど嬉しかったが，ふと気がつくと，Ｓくんが私の体にしがみつくようにしている。そこで，子どもたちにお礼を言って，「Ｓくんが先生に話があるみたいやし，今日は朝の会は終わりにして，みんな先に外に出て遊んでてくれる？」と声をかけた。

子どもたちが園庭に出て室内で２人きりになると，Ｓくんは「あのな，うちでしばかれてばっかりやねん。うち出て行って，反省して来いって，お母さんいつもいうねん。出て行って泣いてたら怒られるし，静かに反省したら，家に入れてくれるんや」と話し出した。私は「そうやったんか，Ｓくん，しんどい思いしてたんやな」と言ってＳくんを抱きしめた。「先生はＳくんのこと大好きや，先生，何が嫌いか知ってるか？」と言うと，「人を叩いたり，蹴ったり，悪いことすることやろ？」とＳくん。そして「遊びに行く」と立ち上がると，「Ｋちゃんにごめん言うてくるわ」と言って，走って園庭に向かった。

〈考察〉

Ｓくんが難しい家庭事情にあることは十分把握していたはずなのに，あまりにもひどい暴力だったので，ついカッとなってみんなの前で不用意に叱ってしまった。集団でＳくんを責める結果になり，「出ていったる」「死んだる」と言わせてしまったのは担任としての私の大

きな反省点である。けれども，周りの子どもたちの優しさに助けられ，クラスの大切な1員であることをSくんに伝えることができてほっとした。
　2人きりになったときのSくんの話は，本当に胸の詰まる思いがして，「しんどい思いしてたんやな」としか言えなかった。Sくんが厳しい家庭環境の下で健気にも一生懸命生きていることがひしひしと伝わってきた。
　そういうSくんが少しでも落ち着いて家に帰って行けるよう，保育園ではSくんの辛い思いをていねいに受け止めて，Sくんがみんなと同じ大切な存在であることを伝え続けたいと思った。

（鯨岡・鯨岡，2009より）

　冒頭のSくんのひどい暴力，それを思わず厳しく叱るK保育士，それを受けての「出ていったるわ！」「死んだるしな」というS君の言葉，それを必死で抱きとめて「出て行ったらあかん。S君はクラスの大事な子どもや！」と伝えようとするK保育士の姿など，これが本当に保育所での一コマかと思う読者もいるかもしれない。しかし，残念ながらこうした事例が決して例外とはいえないほどに，難しい家庭環境に置かれている子どもが少なくないというのが，今の社会の実情である。母親から「こいつのせいで私の頭がおかしくなる！」と頭を叩かれるとき，叱られて家から放り出されるとき，泣きたい気持ちを我慢しないと家にいれてもらえないとき，6歳のS君がどれほど傷つくか，その気持ちを察するにはあまりある。
　そうした親からのひどい扱いや言動はいつのまにかS君に取り込まれ，他の子に対するひどい扱いや言動となって現れてくる。「罵声を浴びせる－浴びせられる」「しばく－しばかれる」「放り出す－放り出される」といった普段の〈子ども－養育者関係〉が，自己と他者（世界）との関係を色づけ，子どもはついついその関係性を他の他者たちとのあいだでも再現してしまうのである。S君も頭では暴力はいけないことだと分かっているわけだが，他者との関係性のありようは，なかなか理性ではコントロールできないような，身体の奥底のもっと深いレベルに刻まれたものなのかもしれない。
　そんなS君にとって頼りとなるのは優しいK先生であるが，その先生からも厳しくいわれてしまうと，「こんな保育園，出て行ったる！」「先生のいないところで死んでやる」といった激しい言葉が口をついて出てしまう。こうしたS君の言葉もまた，家庭で大人たちがいい争いをしているのを見聞きしたり，実際に自分が浴びせられた言葉を取り込んだものだと思われるが，その一方で一見ひどく自分勝手に見えるこうした言葉の中にある独特のニュアンスが匂っているのを見

逃すわけにはいかない。それは，「やはりK先生にだけは受け止めて欲しい」というS君の思いである。

　「保育園出て行ったる」「死んだる」というのも，もし実際に自分がそうなったらK先生はきっと悲しむに違いないということを感じているからこそ出てくるものだろう。いいかえれば，自分の気に食わないことばかりのこんな保育園から出て行ってやるという激しい自己充実欲求と，それでもK先生にだけは分かってもらいたいという強烈な繋合希求性が，S君の中でせめぎあっているわけである。また，K先生の内部でもS君を受け止めてあげたいという気持ちと，この暴力だけは絶対に許せない，受け入られないという思いが交錯しているのは明らかだろう。先のエピソードよりもさらに先鋭化された形で，子どもと保育者の中に相反するベクトルが生じ，それがぶつかり合い，絡み合い，事態を動かしていっているのである。

　このように保育の場というのは，それぞれが両義性を抱えた一個の主体である子どもと保育者が，体と体，気持ちと気持ちをときにぶつけ合いながら，お互いの両義性の収めどころ，着地点を探していくような現場である。それゆえにこそ，子どもが実際に一個の主体として育っていく上で非常に積極的な意味合いが保育の場には含まれているのだろうし，保育士の仕事というのは自分のあり方そのものを日々試されているような厳しい側面を持っているのだろう。

　実際，この事例でも当初怒り狂っていたS君が，「S君はクラスの大事な子どもや！」という保育士の必死の抱きかかえや，他の友達の「S君にはやさしいところもいっぱいある」といった言葉によって，徐々に怒りを収めていく。ここらあたりからは，恐らくは養育者から十分に気持ちを受け止めてもらえない今のS君にとって，保育士やクラスの友達がいかに大きな心の支えになっているかがうかがわれる。そして，最後にK先生と二人きりになったときに苦しい自分の胸のうちを聞いてもらい，抱きかかえてもらうことによって，S君自ら「Kちゃんにごめんいうてくるわ」といい出すのである。こうしたところからも，やはり子どもは自分自身を受け止め，抱えてもらうことによって，他の人のことを思いやり，受け止められるようになっていくのだということ—困難な家庭環境の中で非常にすさんでしまっているように見えるS君の中に残っていた素直な一面が引き出されてくること—が，分かるだろう。

　そういう意味で，ここでのK先生の対応には感嘆せざるを得ないわけだが，ただ，保育論の観点からは，「みんなS君のことどう思った？」という発言は物議

をかもすことがあるかもしれない。それというのも、この問いかけに対して、「S君が悪い、S君は乱暴だから嫌い」といった発言が周りの子どもから出てきたとしたら、ますますS君を追い詰めることになってしまうからである。これについては、鯨岡がこのエピソード場面以外でS君のいるクラスを見る機会があって、そのときの印象を述べているのが参考になる。

　鯨岡が見たところ、普段のS君は確かに言葉遣いが大人びていて荒く、気分の浮き沈みのある子だなという感じだったというが、その一方でブロックを組み上げて遊ぶ様子などは、周りにいる年長児たちと何も変わらない一人の子どもに見えたという。またこのクラスにはS君以外にも難しい問題を抱えている子どもがいる割には、全体の雰囲気としては特に荒れているというわけではなく、「どの子どもも先生にしっかり受け止めてもらっているな、子どもたち一人ひとりの表情がとても子どもらしいな」という印象だったそうだ。恐らく、そうしたことが子どもと先生のあいだの目には見えない信頼関係につながっていたのではないかというのである（鯨岡・鯨岡，2009）。

　そういうことを踏まえて、もう一度エピソードを読み直してみると、まず「みんなS君のこと、どう思った？」というK先生の発言は、他の子に意見を求めるためのものというよりは、むしろS君との息が詰まるような緊迫した関係を何とか打開しようとして思わず出たものであること、けれども、何とかしてS君を抱えようとするK先生の必死な思いが他の子どもたちにも間主観的に伝わって、他の子どもたちも今は先生を助けてあげなければならないという気持ちになり、結果S君を擁護するような発言が出てきたのではないかということが見えてくる。K先生自身が他の子どもたちからの援助を期待してこのような発言をしたわけではないのだが、その一方で、自分がやろうとしていることを周りの子どもたちに伝えたときに、きっとひどいことにはならないだろうというような漠然とした読み、あるいは安心感のようなものもK先生の中にあったのではないだろうか。

　だとすれば、このエピソードでS君を抱えたものは決して「いま、ここ」のK先生の対応だけではない。日ごろから子どもと保育士とのあいだで築き上げられてきていた信頼関係や温かい場の雰囲気そのものが、実は「いつも、すでに」S君を包んでいたのである。このように、子どもが育つ場で人々が織り成している安心できる人間関係の全体が、一個の主体としての子どもを根本的なところで支えていくのである。

最後に，このエピソードに関する以上のような議論の中で，誤解を招きやすい点について注意を促しておかねばならない。それは，子どもが引き起こす今見たような問題行動を全て家庭環境のせい，養育者のせいにしようとすることが関係発達論の主眼ではないということである。確かに，S君の母親のわが子への対応はかなりひどいものではある。S君がついつい破壊的な方向へと突き進んでいってしまおうとするのを，必死の思いで抱きかかえ，S君を受け止めようとするK先生の姿，あるいはそうした保育士や周りの子どもから支えてもらうことによって健気にも自分を立て直していこうとするS君の姿を見ると，「もう少し養育者が何とかなれば……」と思いたくなるのは確かである。実際，すべての保育士がここでのK先生のように関わるわけではなく，「この子の問題は家庭での育て方が悪いから」「家庭にできないことを私たちができるわけがない」とさじを投げてしまう保育士も現実にはいるのかもしれない。また，保育士自身がそうした養育者から理不尽ないいがかりをつけられたり，人格を傷つけられるような言葉を浴びせられたりすることも多いようだ。

　しかし，関係発達論の視点からいえば，そうした養育者たちもかつては「育てる者」によって「育てられる者」であったのだし，今も周囲の人々との関係性を生きる一個の主体なのである。それらの関係性のどこかに難しい局面があったり，現実生活の困難が重なったりして，今の子どもへの対応も歪んだものになってしまっているのだとすれば，「問題の多い」養育者を何とかさせようとする以前に，まずは一個の主体としての養育者の思いをできる限り受け止めていこうとする姿勢がやはり重要になってくる。その人の気持ちを理解し，受け止めた上で，自分たちにとって受け入れられないことについて丁寧に伝えていくことが大事だという点では，養育者に対する対応も子どもに対する対応も変わるところはないのだ。ただでさえきつい仕事をこなしている保育士たちに，養育者までをも育てるような視点を持って事に当たれというのは多分酷なことなのだろうが，しかし，ふとしたときにそのような関係発達論的な視点で事態を眺めることによって，むしろ気持ちが楽になったりすることもなきにしもあらずのように思う。関係発達論は決して「悪者探し」の理論ではないし，養育者であれ，保育士であれ，誰か一人に過度の責任を押しつけるようなものでもないのである。

4. まとめ

　本章では，保育の場のいくつかの事例を通じて，そこがいかに両義性の絡み合

4. まとめ

う場であるか，今日の子どもたちを取り巻く状況がどのようなものであるか，子どもたちに一番必要なものとは何であり，それを提供するために保育士たちがどんなところでがんばっているかということを紹介してきた。保育の場は，例えば一人ひとりの子の思いを大切にしつつ，けれども集団で協調していけるように誘っていかねばならないという「個と集団の両義性」や，今の子どもの姿をありのままに認める一方で，けれども将来のために今の姿のままではだめだよと教え，導いていかねばならないという「養護と教育の両義性」，さらには子どものびやかで自由な遊びを支えていきつつ，けれどうしてもやってはいけないことについては規範を示し制止していかねばならないという「自由と規範の両義性」など，実にさまざまな両義性が混交している場である（鯨岡，2010; 鯨岡・鯨岡，2004）。

　こうした両義性に悩みつつも，保育士たちは一個の主体としての自分のありようをかけて，そのときそのときの対応を紡いでいる。その際の一番の基本は，やはり一人ひとりの子どもを一個の主体とみなして，その思いを受け止めていくということである。保育士とのそうした相互主体的関係の中でこそ初めて，子どもたち一人ひとりが，自分を伸びやかに発揮する自己充実欲求と，他者のことを思いやる繋合希求性の両者をバランスよく併せ持った主体，さまざまな両義性を自分なりの仕方で調整できる主体に育っていけるわけである。

　そういう意味で，多くの子どもたちにとって保育の場は非常に意味深いものである。今日の社会の中ではときに養育者との関係が難しくなっている子どもも相当数おり，そうした子どもたちにとっては保育の場こそがまさに心の拠り所でもあるわけだ。僕たちは例えば自分が保育所でどんなふうにして過ごしたかなどといったことを事細かに覚えているわけではないが，恐らくここで積み重ねた経験が何か身体の奥底の方に刻まれ，その人の今後のあり方に大きな影響を与えていくというのは確かなのではないだろうか。その点で，保育の問題は後の学校教育の問題に勝るとも劣らない重要なものだといえるだろう。

　最後に，関係発達論の考え方というのは，保育の現場でめまぐるしく動いている子どもと保育士たちのやりとりの機微を捉えるのに，また保育士がどんなふうに子どもたちを育てていこうとしているかを捉えるのに，非常に有効なものである。ある意味では，関係発達論の重要な考え方全てが保育の場の一コマ一コマに凝縮して現れてきているといっても過言ではないかもしれない。本章で保育の場のエピソードを扱ったのは，もちろん2～3歳以降の子どもたちがどんな場にお

いて育っていくのかについておおよそのイメージを描き出すためでもあったわけだが，もう一つの理由としては，そうした関係発達論的な考え方の総まとめとして有効だと考えたからである。

とはいうものの，保育の場の諸問題にしても，子どもを取り巻くその他の人間関係の諸問題にしても，まだきちんと議論できていない事柄は数多く残っている。特に，これまで乳幼児期中心に組み立てられてきた関係発達論がまだ十分取り組めていないものとしては，例えばきょうだい関係が子どもに与える影響，学校教育が子どもに与える影響，青年期（e.g. 大倉，2002，2011），中年期，老年期，死（e.g. 近藤，2010）の問題等がまず挙げられる。こうした諸問題に対して実際に応用を試みる中で，恐らくこの理論自身が今後さらに鍛えられていかねばならないだろう。まだ発展途上にある関係発達論を展開させていく鍵は，この理論ができあがってきた経緯がまさにそうだったように，現実の問題に臨みつつこの理論を修正していくという，現実と理論との往復運動の中にこそあるのである。

●第2部

理論編●

現実に向き合ってみて理論を鍛える一方で，新たに修正を施した理論をもって再度現実の問題に取り組んでみる—そういった終わりのない作業を実践していくことが，本当の意味での関係発達論なのだ。

第13章 ピアジェの発達論

　第1部では関係発達論の実際がどんなものなのかを，妊娠・出産から幼児期に至るまでの〈子ども-養育者関係〉の展開過程を追いながら概観した。第1部を先に読まれた方は，この理論が，子どもを育てるという営みがどんなものであり，養育者の積極的な働きかけの中で子どもがいかにして育ってくるのか，また子どもをいかに育てていくべきかといった諸問題について，極めて具体的・実践的に考えていこうとするものであることを感じていただいたのではないかと思う。

　第2部では，この理論が成立してくる上で重要な意味を持ったいくつかの先行研究—それへの不満が関係発達論成立のための動機づけとなったものから，逆にこの理論にとっての大きな参照点となったものまで—を概観していく。関係発達論はこれまでの発達心理学研究とはいろいろな点で異なる「新たな」理論だと述べたが，それがどんな意味で「新しい」のかを明らかにしていくというのが，ここでの狙いである。趣向ががらりと変わるので，第1部を先に読まれた読者には戸惑う方もいるかもしれないが，関係発達論のさらなる理解のためにはこうした「勉強」も不可欠な作業である。第1部と第2部の雰囲気の違いこそ，関係発達論と従来の研究の最大の違いなのだということを念頭に置きつつ，それはそれでなかなかに興味深い諸説を見ていくことにしよう[53]。

　まず本章で取り上げるのは，現代の発達心理学の礎を築いた偉大な研究者ピアジェである。子どもの知能の発達段階を「美しい」体系—それが妥当なものかどうかは別にして—によって照らし出して見せた彼の理論は，子どもの内部の何らかの能力の自然発生的展開を問題にする現代発達心理学の個体能力論的風潮と，それへのアンチテーゼとして関係発達論が登場してくるための地盤を用意したものである。ある意味では極めて説得的な彼の理論のどこに問題（欠陥）があったのかを考えることで，関係発達論が主張していることの重要性もより際立ってくるに違いない。

53　ただし，ここでは各研究者の理論の全貌を詳細に明らかにするというよりは，関係発達論との絡みの中でその理論のポイントとなる部分を重点的に取り上げていく。

1. ピアジェ理論の基本的前提

　ピアジェの問題意識は，生物学的なシステムから人間の知能がどのような経路をたどって発展してき，やがて論理学や数学などの高度な諸法則を理解するまでに至るのかということだった。彼の理論には次のような前提がはじめから孕まれている。"言語的知能（反省的知能）は，実用的知能（感覚運動的知能）に基づく。そして，この実用的知能は，獲得性の習慣と連合に基づき，それらをたがいに組み合わせるものである。またこの習慣と連合は反射系を前提し，さらにこの反射系は明らかに生体の解剖学的，形態学的構造と結びついている。それゆえ，形態発生とか環境への適応という純粋に生物学的な過程と知能とのあいだには，ある種の連続性が存在する"（Piaget, 1936/1978, p.1）。

　冒頭から少々難解だったかもしれないが，要するに，あらゆる生物が反射などによって環境に適応するのと同様に，知能（や認識）もまた適応のための活動であるというわけだ。ここで彼は，〈同化〉と〈調節〉という用語によって適応を定義する。

　同化とは，生物が外の事物を自分の都合の良い仕方で取り込むことである。例えば，人間は食べた物をブドウ糖やアミノ酸，水などに分解して吸収するが，これは食べ物を体の仕組みに合わせて取り込む同化の一例である。これと同様に，僕たちは何か新しいものに出会ったときなどに，「これは○○の一種だ」とか「こういう場合にはこう対処すれば良い」などと，自分のすでに持っている知識の体系に合わせてそれを理解しようとしたり，馴染み深い行為の図式によって応じたりすることがあるが，これも同化として捉えるのがピアジェの考え方である（Piaget, 1947/1960）。こうした知識の体系や行為の図式を〈シェマ〉という。すなわち，同化とは外の事物を自分のシェマの中に取り込むことだと定義される。

　一方，調節は外の事物に合わせて自分のシェマを修正することである。例えば「服を着る」というシェマを用いるときに，どこに出かけるか―ショッピングなのか，デートなのか，何かの記念パーティなのか，お葬式なのか―に応じて服装を変えるだろう。普段はカジュアルなスタイルの人でも，お葬式にその格好で行ったら適応的とはいえない。手持ちのやり方にこだわるのではなく，状況に応じた柔軟な仕方でシェマを修正するのが調節である。

　適応とは，この同化と調節のバランスがとれている状態である。同化作用が強くなりすぎれば状況に合わないシェマを頑なに繰り返すことになるだろうし，調

節作用が強くなりすぎれば生物としてのまとまりを欠いてしまう（自分のスタイルというものを持たずに，毎日「一から」服装を考えるというのは大変すぎるだろう）。

　ところで，同化と調節は外の事物（ないしは環境）と個体のあいだの調整作用だが，個体内部の調整作用として〈体制化〉というものもある。例えば，ある人からAというものの見方を，別のある人からはBというものの見方を教わったときに，二つの考え方が矛盾するとしよう。こうしたとき，僕たちはたいていAとBそれぞれから役に立つ要素だけを取り出してきて，それらを組み合わせてCという考え方を形作ったり，AとBそれぞれをA'とB'へと微修正することで矛盾を取り除いたりするだろう。それぞれのシェマはさらに分化した細かい要素（シェマ）から成っているのだが，そうした要素を組み合わせたり，各シェマを微修正したりしながら，全てのシェマがうまく協調して働くように，全体として矛盾なく組織化していく働きが体制化である。

　以上述べたことを，もう少し子どもの発達に即してまとめると次のようになる。

　例えば，音の出るガラガラを「叩く」というシェマを身につけた乳児は，同じようにしてテーブルやソファを叩いたり，母親の顔や背中を叩いたりする。そうやって，自らのシェマに外の事物を取り込んで（同化して）いくわけだ。それと同時に，やがて対象によって強弱を変えたりして，微妙に叩き方を変化させるようにもなってくる（調節）。また，当初は「ガラガラを鳴らす」という文脈のもとで使われていた「叩く」というシェマが，後にその文脈を離れ，「障害物を除去する」という全く新しい文脈で（より高次な目的のための手段として）使われるようになったりもする（これをシェマの可動化という）。シェマはこのように絶えず分解したり，複合したり，再編されたりしていくのである（体制化）。

　ピアジェによれば，僕たち大人が「面」という概念で捉えるものを，乳児は感覚運動的なシェマ（動作型）によって，いわば「叩けるもの」「なでられるもの」として捉えていることになる。逆に，そうした感覚運動的な知能から，「面」というような数学的概念が成り立ってくると見て，その発達過程を追うのがピアジェの理論なのである。

　ピアジェは，僕たちがものを認識する際の基本的カテゴリー（論理的カテゴリー）を，同化や調節，体制化の機能から生まれてきたものとして位置づけている（表1）。例えば，僕たちがものを認識するときに全体と部分に分けて，できる限り整合的に捉えようとするのは，体制化の働きが発展したものだという。また，

表1　生物学的機能と論理的カテゴリー（Piaget, 1936/1978 より）

生物学的機能		知的機能	カテゴリー
体制化		調整機能	全体性×関係性 理想（目的）×価値（手段）
適応	同化	含意機能	質×クラス 量的関係×数
	調節	説明機能	対象×空間 因果性×時間

　本来は一つひとつが個性的で，同じものなど一つとしてないさまざまな事物を，質に応じたクラスに分類したり，同質のものとみなして「〜個」というように数えたりすることは，自分の理解の枠組みに合わせて事物を取り込む同化である。さらに，空間や時間，因果といった形式で世界を認識し，その形式に沿うようにさまざまな説明を作り出していく働きは，調節機能の現われだということになる。このように，同化，調節，体制化といった生物学的機能が発展していって，僕たちの認識機能ができあがっていく過程を明らかにしようというのが，ピアジェの大目標だったわけだ。

2. 感覚運動期

　ピアジェの基本的な考え方を確認したところで，ここからは有名な彼の発達段階を概観していこう。彼によれば知能の発達過程には三つの大きな区切りがあることになる（図5）。一つ目は事物の代理[54]となるイメージや記号，言葉などを頭の中に思い描く働き（表象機能という）を持つか否かの区切り（2歳前後），二つ目はそうした表象を頭の中で操作できるか否かの区切り（7〜8歳前後），三つ目はその表象操作が抽象的次元で自由に行えるか，それともまだ具体的事物に縛られているかの区切り（11〜12歳前後）である。
　まずは，感覚運動期から見ていこう。この時期の一番の特徴は，頭の中のイメ

54　実際の事物の代わりとしてその事物を表すものを〈能記〉といい，それによって表される事物それ自体を〈所記〉という。能記の例としては，イメージや象徴，記号，言葉などがある（より正確にいえば，それらの視覚的・聴覚的な側面が能記であり，それによって意味される側面が所記である）。例えば，言葉の音（「イヌ」など）は能記で，犬それ自体（犬という意味）が所記である（厳密にいえば，指示対象となる事物と意味は区別されねばならないのだが，ここでは簡単にこのように説明しておく）。

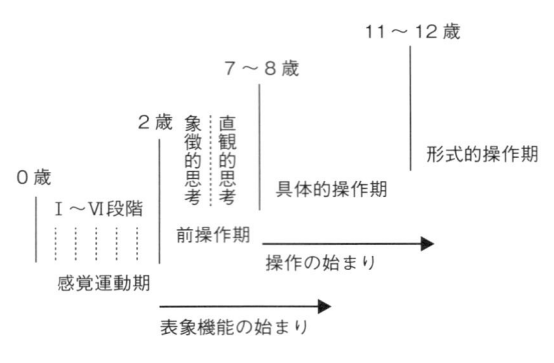

```
                                    11〜12歳
                          7〜8歳      |
                    2歳   象 直        |
                     |   徴 観        |
                     |   的 的       形式的操作期
       0歳           |   思 思
        |   Ⅰ〜Ⅵ段階  |   考 考   具体的操作期
        |   ┊┊┊┊┊┊    前操作期
        |                         操作の始まり
       感覚運動期     →
                    表象機能の始まり
```

図5　ピアジェの知能の発達段階

ージや言葉などの表象をまだほとんど持っておらず，感覚されるものと運動とが緊密に結びついている点にある。感覚運動期は六つの小段階から成っている。

①第Ⅰ段階（生後0ヶ月以降）

新生児の口元に手で触れると，口をそちらに向けて吸い付こうとしたり，口に入ってきたものをチュウチュウと吸ったりする。これらの行動はスムーズに授乳してもらうために生得的に備わった反射であり，前者を口唇探索反射，後者を吸啜(きゅうてつ)反射という。このように何かを意図して体を動かしているのではなく，脳の最も原始的な層に刻み込まれた（生命維持にとって重要な）反射的シェマの行使によって外界に応じていくのが，この段階の特徴である。他には手の中に入ってきたものをつかもうとする把握反射や，不快なときの泣き，衝動的な手足の運動などが見られる。

②第Ⅱ段階（生後1〜2ヶ月以降）

例えば吸啜(きゅうてつ)反射と手の動きが協応し，上手に口元に指を持っていって親指を吸うといった獲得的な行動シェマ（生得的には持っていなかったシェマ）[55]が見られ始める。自分の身体を使って，興味深い結果を持続させたり，反復させたりする。他には手の開閉をしたり，同じような発声を続けてみたりなど，ある種の能動性が出てくるのがこの段階の特徴である。乳児が繰り返すこうしたいくつかの行動パターンを「第一次循環反応」と呼ぶ。

---

[55] ただし，近年の研究では，すでに胎児も親指を吸ったりしていることが明らかになっているようだ。それによって必ずしもピアジェ理論が覆るわけではないと思うが，いずれにしても「生得的」か「獲得的」かを決定するのはかなり難しいことだといわざるを得ない。

③第Ⅲ段階（生後3〜6ヶ月以降）

第一循環反応が自分の身体の行使に限ったシェマの反復であったのに対して、外界に働きかける行為としての「第二次循環反応」が成立してくる。ガラガラを繰り返し振って喜ぶなど、事物が取り入れられたシェマ（第二次シェマ）であることが特徴である。ここでは、「見る」というシェマと「つかむ」というシェマが複合し、「見たものをつかむ」というシェマが生まれているわけだが、その結果、何かに注意を向けた意図性らしきものが徐々に感じられるようになる時期でもある。ただし、ガラガラを振って喜ぶといった以上の、文脈を超えたシェマの適用（シェマの可動化）はまだ見られない。

④第Ⅳ段階（生後8〜9ヶ月以降）

第二次シェマどうしが協応しあって、ある目的のために使われるようになる。すなわち、直接には近づけない目的に到達しようと主体が意図し、それまでは他の状況に関わっていたシェマをこの意図のもとに手段として働かせるようになる。例えば、エピソード27（本書pp.104-105）を振り返ってみよう。あの場面でKちゃん（生後9ヶ月20日）は手の届かないコーヒーカップを取ってもらおうと、「ヒー」という情けない泣き声をあげ、母親に抱きつきにいっていた。本来は空腹を訴えたりするためのものだった「泣く」というシェマを、ここでは「カップをつかむ」という目的のための手段として用いることができるようになっていたわけだ（実際、それは空腹の訴えとは違った、「同情」を引こうとするようなニュアンスを持っていた）。違った文脈に手持ちのシェマを応用するというシェマの可動化が見られるということで、ピアジェはこれを「真の知的行動が初めて姿を現す段階」だとしている。

このシェマの可動化の意味は大きい。自己の行為と物とが分かちがたく結びついている（つまりシェマによって物を識別している）この時期の子どもにとって、シェマどうしが協応するということは、とりもなおさず物どうしを互いに関係づけることにつながる。その結果、対象を自己の行為との関わりにおいてだけでなく、現に知覚されている物と物との客観的関係において捉えるようになるのである。

例えば、この段階以前の子どもは、目の前の人形に興味を惹かれて手を伸ばそうとしたときに、その人形に布をかぶせてしまうともう手を伸ばそうとしなくなる。あたかも「見えなくなった物は存在しない」かのようである。ところが、この第Ⅳ段階になると、見えなくなった物を探すということ、布を取り除いて目当

ての人形を探し出すことができるようになる。ピアジェはこれを，子どもが人形と布の位置関係を理解し，たとえ視界から消え去っても対象は（遮蔽物の向こう側に）ずっと存在しているのだという観念を形作った結果だと考えるのである。これを「対象永続性の成立」という。これに伴い，自己の行為と独立した客観的空間野が構築されてくることになるのである。

⑤**第Ⅴ段階（生後10～12ヶ月以降）**

既知のシェマを組み合わせて興味深い結果を再生すること（「欲しい物を手に入れたら終わり」）を越え，一種の実験によって，出来事の新しさそのものを探求するようになる。いろいろなことを実験的に試みて，積極的に新しいシェマや新しい結果を生み出して楽しむのがこの段階の特徴である。

例えば手の届かない位置に物があるというような場合に，そばにあった棒で何となく叩いてみたり，突いてみたり，押してみたりといろいろやってみる（これを第三次循環反応という）。そして，たまたま棒の先が物の向こう側にゆき，引いたときに物が手前に来たならば，次からはその方法を用いるようになる。このように，既存のシェマを積極的に組み合わせて，新しいシェマを発見していく段階である。

⑥**第Ⅵ段階（生後13～18ヶ月以降）**

シェマが内面化されて，頭の中である程度シェマを動かしたり，組み合わせたりできるようになってくる。表象機能の萌芽が出てくるわけで，その結果，実際にいろいろ試してみなくても，演繹的発明によって目的に到達するのが見られる。第Ⅴ段階で挙げた例でいえば，試行錯誤なしにいきなり棒で物を引き寄せることができるのがこの段階である。

この頃に表象機能の萌芽が出てくることは，例えばエピソード41（本書 pp.152-153）などにもよく現れている。あそこでKちゃん（1歳8ヶ月）は，自分に見立てたサルのヌイグルミを横に寝かせ，夜に母親から絵本を読んで寝かしつけてもらう場面を再現しようとしていた。「絵本読みごっこ」とも「母親の絵本読みの延滞模倣」ともいえる行為だが，「ごっこ遊び」では何らかの事物（この場合は自分自身）をイメージしながら別の何か（サル）を用いるということが必要だし，延滞模倣ではかつて自分が目撃した他者（ここでは母親）の行為を思い返

---

56 より正確にいえば，芽生えたばかりの表象機能は，「ごっこ遊び」や延滞模倣の助けを借りて自らを表現し，そのことによってさらに鍛えられていく。第16章のワロンの「投影」を参照のこと。

しながらそれをなぞるということが必要だろう[56]。ピアジェはこれら「ごっこ遊び」や延滞模倣を，子どもに表象機能が成立してくる際に重要な働きをするものだとして重視している（Piaget, 1945/1988）。

ともあれ，こうした第Ⅵ段階をもって子どもが表象の世界—さらには言語の世界—に入っていくための準備が整い，次の前操作期へと移っていくのである。

3. 前操作期

前操作期には，象徴的（前概念的）思考段階と直観的思考段階という二つの下位分類がある。まずは前者から見ていこう。

①象徴的（前概念的）思考段階（2歳から4歳まで）

いよいよ表象機能が本格的に働き出す。眼前にないもののイメージ（心象）が発生し，それに基づく象徴的行動が開始される。いろいろな物を他の物に見立てて遊ぶ象徴的遊び（積み木を電車に見立てるといった遊びや先ほどのような「ごっこ遊び」）が極めて盛んになるとともに，「意味するもの＝能記」と「意味されるもの＝所記」が分化し—つまり「積み木」を能記として，それとは全く異なる「電車」（所記）を表すことができるようになる—，象徴的意味の世界に生活するようになるわけだ。

ところで，人間が用いる最も重要な表象といえば，やはり言語である。「イヌ」という音でもってあの「犬」という意味（概念）を表すといったことは，能記と所記を分化させる能力が一定程度進むことによって可能になる。実際，この2歳過ぎくらいから言葉の組織的獲得が急激に前進するのである。

ただし，そうはいうもののこの時期の言語活動を支えているものは，やはり「前概念的な象徴」であり，それは，社会における慣習的な記号体系としての言語—事物そのものとは全く無関係な音でもってその事物を表す—よりも，事物そのものにより密着した能記体系である（Piaget, 1964/1968）。実際，この時期の子どもの言葉においては，類とそれに属する個との関係（体系）の把握が十分でなかったりする。例えば，Kちゃんは話し始めの頃，僕のことを「ジジ」「パパ」などと適当に呼んだり，犬のヌイグルミを「バロン」（Kちゃんの家で飼っていた犬の名前）と呼んだりしたことがあった。一応それらしい言葉は使うけれども，どの言葉がどの範囲の事物に適用できるものなのかを，きちんと把握しているわけではないというのが，この時期の特徴である。また，自分から近い物については成立したはずの対象永続性の観念が，遠い空間の場合や時間的に隔たった事柄につ

いては完成されていなかったりもする（遠足の途中で遠くの山が形を変えていくのを見て違う山だと思ったり，先ほど見つけたナメクジに道すがら何度も出会うと思っていたりする）。

②直観的思考段階（4歳から7〜8歳まで）

　各概念の関係づけが進み，事物を分類したり，概念体系を理解する能力も進歩してくるが，その際の推理や判断がいまだ直観作用に大きく依存している。いいかえれば，事物の分類や状況理解の仕方がそのときどきの知覚的に目立った特徴によって左右され（その特徴に〈中心化〉され）てしまい，一貫した論理的操作は見られないのがこの時期の特徴である。

　例えば，同じ量の水の入った同じコップのうちの一方を，細長いコップに移し変えたときに水の量はどうなるかという問題（Piaget, 1978）で，次のようなやりとりがなされる。

　子ども：多くなるよ。
　実験者：どうして？
　子ども：だってこっちは細いでしょう。だから水は高くなる。
　実験者：それは水が多くなるということなの？
　子ども：うん。
　（そこで，実際に水を移し変えてみる。この子は水面の高さを見比べている）
　子ども：ほら，多くなったよ。
　実験者：ではね，水を元に戻したらどうなるかな？
　子ども：そしたらまた同じになる。
　実験者：今は多いけれども，注ぎ戻せば同じになるの？
　子ども：うん，こぼさなければね。

（Bower, 1979/1982 より）

　細長いコップに移せば水の高さが高くなることも，元に戻せば同じになることも，また「こぼしさえしなければ」という条件も分かっているにもかかわらず，この段階の子どもは「量は同じであること」を認めようとはしない。見かけが変わっても変わらない何か—この場合は「量」—が存在するのだということが分からず，どうしても「水面が高くなった」といった知覚的特徴に吸い寄せられて（中心化して）しまうのである。一つの知覚的特徴にこだわるのを止め，「水面を高くする」という操作と「底面積を小さくする」という操作を同時に考慮に入れること（二つ以上のシェマを協応させること）を〈脱中心化〉と呼ぶが，これによって「水面が高くなった分だけ底面積が小さくなっているので量は同じだ」といった量の保存性が確立するためには，次の具体的操作期を待たねばならない。

他にもピアジェはこの時期の思考の特徴を明らかにするために興味深い実験をいくつも行っているのだが，もう一つだけ紹介しておこう。

　中が見えなくなった筒に，色の異なるABCの玉を突き刺した針金を通して，子どもに反対側から出てくる順番を予想させるとどうなるか。まず筒を最初の状態のままにしておいたときには，子どもはきちんと向こう側からABCの順に出てくるだろうと答える。ところが，次に三個の玉が筒の中に入った状態で筒を180度回転させると，今度はCBAの順に出てくるということが分からなくなってしまう。さらに，それを何度かやって見せて理解させた後に，今度は360度回転させてみると，子どもは1回転してABCの順に戻るのだということが分からずに，やっぱりCBAの順に出てくるだろうと予想するのである。挙句の果てには，そうやってAが最初に出てきたり，Cが最初に出てきたりすることがあるのだから，次はBが最初に出てくるのではないかといった予想まで飛び出してくる。

　僕たちならたとえ筒の中にあって玉が見えなくとも，その玉の状態を思い浮かべ，その表象を頭の中で回転させることによって玉が出てくる順番を正しく答えることができるが，この時期の子どもにとっては表象を頭の中で自由に回転させるということが難しいのである。すなわち，今の自分からの見え方を離れて表象を自由に操作するということができないわけだ。このように，この時期の子どもの回答の仕方は，何だか場当たり的で直観的だということで，直観的思考段階という名が付いているのである。

4. 自己中心性

　今見た直観的思考段階に顕著であったように，ピアジェによれば子どもの知能（思考）の最大の特徴は，事物の目立った知覚的特徴に注意が中心化されてしまい，さまざまな観点から自由に事物を眺めることや，観点が異なっても変わることのない客観的な何か——例えば「量」など——を見出すことが難しい点にある。これを子どもの〈自己中心性〉という[57]。この状態から，成長とともに，さまざまな観点を同時に考慮に入れること（脱中心化）が可能になっていき，ついには客観的な科学的認識や記号の正確な操作に至るというのが，ピアジェが考える知能発達の流れであった。したがって，彼の理論を一言で要約するとすれば，「自己中心性から脱中心性へ」ということになるのかもしれない。

---

[57] 日常使われる「あいつは自己中心的だ（自分勝手だ）」という意味とは異なるので注意されたい。

ピアジェは上記のようなさまざまな課題に対する子どもの回答の中にその自己中心性を読み取った他に，3〜4歳の子どもに特徴的な次のような発話にも注目している。

「たばこ飲んだら？　だってぼく子どもなんだもの」
「フライパンって食べれる？　食べれない。どうして？　うーんとね，ソーセージとか焼くものだから」
「ぼくは南の国のバナナです。食べてほしいな。えーっ，誰に？　人間に。じゃあ，食べてあげる」

(明神，2003 より)

こうした言葉を子どもが独り言のようにつぶやいているとき，僕たちはその子がまさに自分の世界に入って，一人で遊んでいるのだと思う。他者に向けられたものというよりは，自己の内部で完結したこのような発話を，ピアジェは〈自己中心的言語〉と名づけた。そして（初期の）ピアジェは，この自己中心的言語を，子どもが他者の立場を考慮して自らの発話を調節できるようになる（脱中心化された発話に至る）前の，過渡的段階とみなした。彼は，子どもが自己中心的思考を脱して，さまざまな観点（他者から見た客観的な視点）を考慮できるようになるのに呼応して，子どもの言語も「自己中心的言語から社会的言語へ」発達していくと考えたのである。ただし，次章で見るように，この考え方は旧ソビエトの心理学者ヴィゴツキーの痛烈な批判を受け，ピアジェ自身もある程度それに納得している（柴田，2001）。しかし，「自己中心性から脱中心性へ」という基本的な道筋自体は，それにもかかわらずその後も堅持され，ピアジェ理論の骨格となっていったのである。

5. 操作期

再びピアジェの発達段階を追っていく作業に戻ろう。学齢期にもなると，いよいよ表象の操作が可能になる操作期に入ってくる。操作期は，具体的操作段階と形式的操作段階に分けられる。

①具体的操作段階

自己の知覚の影響を強く受けつつ，場当たり的に「全体的関係」を類推していた直観的思考段階から，ある意味では180度思考法が変わり，まずはじめに不変の全体性や一貫した関係性があることが理解され，整合性や必然性の意識が突然生じてくる。例えば，先ほどの水の移し替えの問題でも，「何度移し替えても量

が変わらない」ということを「そんなことは当たり前」といわんばかりに理解する。また，ABCの玉の回転の問題では，①ABCを逆にするとCBAとなる，②360度回転すると元の順序に戻る，③540度回転は180度回転に等しくそれ以降は全て同じ要領だ，などと予測するようになる。すなわち，①〜③を使って演繹的推論を行えるようになるわけである。

ただし，あらゆる事柄について，こうした論理的操作を行えるわけではない。例えば，同じ球形で，同じ大きさ，同じ重さの二つの粘土の塊がある。このうちの一方をソーセージ型のものに変えて，子どもに粘土の量や重さ，体積が保存されるかどうかを尋ねるとどうなるか。7〜8歳頃には材料の量は変わらないということは分かるのだが，重さが保存されているとはいわず，細くなった方が軽くなると答える。また，9〜10歳頃から重さの保存が分かるようになるが，11〜12歳ごろまでは体積の保存が分からない。すなわち，同じ論理形式が，問題になっている事柄の具体的な内容（与えられた課題）と無関係にはなっていないのである。いいかえれば，論理的操作を行えるようになったといっても，それはまだ具体的に経験し，確かめられるものに限られており，具体的現実の束縛を受けているということである。

実際，11〜12歳以前の子どもに「密度」や「距離・速さ・時間の関係」など，比を用いる概念を教えるのは相当に難しい。体積や重さといった個々の要素は直接感覚で確かめられるものであるが，それらの割り算で表される「密度」——これは具体的に経験できない——が何を意味するのか，うまくつかめないのである。

②形式的操作段階

11〜12歳頃から具体的現実の束縛を超えて，可能性の世界の中で，仮説演繹的に思考を進めることができるようになる。論理的に導いた結論が実際の経験や具体的現実と一致しなくとも，形式による推論そのものの必然性を信頼して，現実世界を可能的世界のうちの一つの現われと見るようになってくる（可能的論理世界が現実よりも優位となる）。

例えば，「PならばQである」という命題に違反しているのは次の四つの命題のうちどれだか分かるだろうか。ア「PではないのにQではない」。イ「PではないのにQである」。ウ「PであるのにQである」。エ「PであるのにQではない」。

正解はエだが，なかなか難しかったという人が多いかもしれない。しかし，これを次のような形にしてやると小学生でも分かる問題になる。

図6　違反しているのは誰？（岩田・吉田・山上・岡本，1992 より）

　図6で「遠足の日に女の子（P）は必ず赤い帽子（Q）をかぶってきてください」という約束に違反しているのは誰か。
　左から「PであるのにQではない」「PではないのにQではない」「PであるのにQである」「PではないのにQである」という命題に対応した絵になっているが，これならばすぐに正解を見つけられるだろう。逆にいえば，このような具体的な材料から離れた，PだとかQだとかいった抽象的な論理操作が可能になるのが，形式的操作段階なのである。
　また，思考の対象が具体的事物に限られていた前の段階から，自己の思考そのものを思考の対象とすることもできるようになり，「操作の操作」「二次的操作」が可能になる。例えば，子どもに違った長さの糸，違った重さのおもりをいくつか渡し，「振り子の糸の長さ，おもりの重さ，振り始めの位置，振り始めの速度のうち，振り子の振動数に影響するのはどれかを調べなさい」といった課題を与えると，具体的操作段階までの子どもは，適当な糸に適当なおもりをつけて，手当たり次第に調べようとし，結局いくつもの変数を同時に変えてしまうために正解にたどり着けない。しかし，形式的操作段階に達した子どもは，糸の長さ，振り始めの位置，振り始めの速度を固定しておいて，おもりの重さだけを変えていくとか，他の変数を固定して振り始めの速度だけを変えてやるとかいった形で系統的に調べていくことができる（正解は「糸の長さだけが振動数に影響する」）。こうしたことは，自分がこれから行うべき操作を頭の中で順序よく組み立てて，調べ落としがないような実験計画を立てるという「操作の操作」によって可能になるのである。
　このように，形式的操作段階に到達することをもって，客観的な論理操作や科学的な認識が可能になってくる。ピアジェ理論における知能の発達プロセスは，一応，ここがゴールとなるのである（正確にいえば，形式的操作段階においても，比較的狭い，自分の視点に囚われたものの見方からより客観的なものの見方

へと，徐々に脱中心化が進む）。

6. ピアジェ理論の問題点

　以上，感覚運動的知能から客観的論理操作に至るまでの道筋を，とても「美しい」体系として示して見せたピアジェの理論を概観してきた。ある意味で大変精緻で説得力があるようにも見える彼の理論だが，関係発達論の立場からいえば，それは子どもの育ちを考えていく上で決定的に重要な要素をいくつか取りこぼしている。

　その一つとしてまず挙げられるのは，いうまでもなく，対人関係の問題である。

　ピアジェの理論は，生物体としての子どもが環境を同化したり，それへと自らを調節したりしながら，脱中心化を繰り返し，やがて論理的・数学的知能を身に付けるまでに至るという「事物の認知についての自然的発達」を明らかにしようとするものである。このように，ピアジェ理論は個体と環境との相互作用に着目している点で，彼以前の発達論以上に環境要因の影響を強調したものとして見られているが，しかしそこでいう「環境」はあくまで個体によって同化されたり，調節されたりする対象としての受動的環境，環境それ自体には何らの変化や動きも想定されていない静的環境である。しかし，果たして子どもを取り巻いている環境というのはそんな静的なものだろうか。

　例えば，まだ言葉も話せないし，視線の定位もままならない子どもに対して養育者は一生懸命話しかけ，何とかその子との対面状況を作り出そうとする。あるいは，まだ返事ができない子どもに対して「○○ちゃん，ハーイは？　ハーイ」と自ら手を取って返事をさせてあげる。子どもはそうした極めて積極的あるいは先取り的な養育者の働きかけの中でこそ，実際に養育者のまなざしを見つめることができるようになったり，名前を呼ばれたときに返事ができるようになったりするのである。そういう意味では，子どもを取り巻いているのは事物が織り成す静的環境というよりも，むしろ子どもに常に積極的に働きかけてくる人々が織り成す能動的な対人環境である。この周囲の対人環境のあり方が，子どもの（知能の，あるいはそれ以外の）発達に極めて大きな影響を及ぼすということは明らかだろう。ピアジェは子どもと「環境」との相互作用の中で自然発生的に知能が発達していくように語るわけだが，実は子どもの成長はもっと強く周囲の他者からの働きかけの影響を受け，他者によって「引き出されてくる」側面を持つ。ここに関係発達論が，子どもを一個の観察単位とするのではなく，〈子ども – 養育者関

係〉を一つのユニットとして見ていこうとする理由があるのである。

　そうやって，日々生き生きと営まれている〈子ども - 養育者関係〉に目を向ければ，「事物についての認知」，対物認知を中心に組み立てられたピアジェ理論の偏りがはっきりと見えてくる。というのも，現実の〈子ども - 養育者関係〉を動かしていくのは，事物の認知という以上に，お互いが相手の気持ちをどのように感じ取り，それに対してどのように応対していくかということ，いいかえれば相手との気持ちのつながり（間主観性）と，子ども・養育者それぞれの自己性のあいだに生まれる関係性（相互主体性）だからである。

　考えてみれば，ピアジェの描く感覚運動期の子どもは，事物を操作する「シェマの塊」「シェマの束」のようですらある。ところが，実際の2歳までの乳幼児の生活の中心をなすのは，対物関係よりはむしろ対人関係なのだ。物への興味というのが，確かにピアジェのいう第Ⅲ段階（生後3〜7ヶ月頃）に強く出てくるが，第1部でも見た通り，そうした興味の基盤には，子どもの目の前におもちゃを掲げてあげたり，子どもの興味のありそうなものに向けて子どもの姿勢を変えてあげたりといった形で，その興味を支える養育者の存在があるのである。この時期の子どもはシェマの塊などではなく，養育者から見ればいろいろなものに興味を持ったり欲求を持ったりする一個の主体であるし，実際子どもも養育者の気持ちを間身体的・間主観的に肌で感じている（そこに生まれる「気持ちの理解」は事物の認知で問題となるような論理的推論とは別種のルートで行われる）。そうした養育者との気持ちのやりとりの中で子どもがどのようにして一個の「自己性」ないしは「人となり」を作り上げてくるのか—それこそがまさにこの時期の子どもの育ちの中心的側面なのではなかろうか。

　実はピアジェは対人認知の発達について何もいっていないわけではなくて，例えば具体的操作期における道徳性の発達などを扱ってはいるのだが，しかし，基本的に彼の理論のベースにはすでに紹介したような対物認知の発達段階がある。その発達段階に沿って，対人認知も可能になっていくというのがピアジェの立場なのだ（浜田，1994）。しかし，実際は，子どもは対物認知が成熟するずっと前から他者の気持ちをつかむことができるし，それが子どもの育ちに非常に大きな影響を与えている。現実の子どもに目を向けて見れば，子どもは決して他者から独立した一個の個体なのではなく，最初から他者に対して開かれた存在だということは明らかである。そのことを看過し，他者から切り離された子どもの内部でいかに対物認知が発達し，それに応じていかに他者の気持ちの理解が可能になって

いくかといった，極めて限定的な，厳しくいえば偏った問題の立て方をしてしまった点に，ピアジェ理論の最大の落とし穴があったわけである。

ピアジェは彼なりの問題関心に基づいて子どもの対物認知に焦点を当てて研究したのだから，そこに人間関係の理論が欠けているからといって責めるのは不当だという意見もあるかもしれない。しかし，子どもの生活の主要な関心が他者との対人関係にあり，対物認知をはじめとするあらゆる能力もそれと密接に関連するものなのだとしたら，やはりいきなり「対物認知の発達」に焦点を絞ってしまったピアジェの戦略は先入観に満ちたものだったといわざるを得ないのではなかろうか。

7. 個体能力発達論

要するに，ピアジェの理論は，現代の発達心理学の大きな流れともなっている個体能力発達論の代表例なのである。彼の理論，および彼以降の発達心理学研究の多くに見られる次の二つの特徴を確認しておこう。

第一に，それらは成人期に完成を見る何らかの能力の発達のみを扱っている。知能，言語能力，社会的認知能力，対人関係能力，「自我」の能力等々，扱っているものが何であれ，そこにおいては，大人というゴールに向かって，ある「能力」が乳児期からどのように発達していくかという右肩上がりの図式が前提されている。そうやって構成されてくる「能力の束としての人間」は，本当に僕たちが普段接する子どもや青年，大人のありように迫っているだろうか。

これに対して，人間存在の全体的な生き生きとしたありようを，生涯発達過程にわたって問題にしていこうとするのが関係発達論の立場である。そこではもはや右肩上がりの図式そのもの，あるいは「発達」という概念そのものの妥当性すら保留されている（鯨岡，1986a）[58]。

第二に，ピアジェ以降の多くの発達心理学研究では，そうした能力が，基本的

---

58 現象学の用語を用いていえば，「発達」というもの自体を「還元」している（Husserl, 1950/1965, 1950/2001; Merleau-Ponty, 1962a/1966）。すなわち，何が発達的であり，何が発達的でないかという通常暗黙のうちに行われている判断を一旦停止（エポケー）し，どういった条件が人間の育ちを構成しているのかをもう一度事象そのものに立ち還って見つめ直し，「発達」と呼ばれるべきものの内実を見極めていこうとするわけである。そして，そこにこそ本書が50近くもの詳細なエピソード記述を提示し，「育てる‐育てられる」という営みの具体的様相を描き出そうとする理由もある。本書でメルロ＝ポンティを再三参照していることからも分かるとおり，関係発達論はこうした現象学の精神から強く影響を受けた理論である。

に個体内部において自然発生的に発達していくものとされている。周囲の環境からの影響を全く考えないわけではないが，それはあくまで個体がそこに働きかけ，そこから刺激を受けるような，静的・受動的環境である。

　人間がまず個体として誕生し，その個体の内部でさまざまな認知能力や言語能力，他者理解能力や社会的能力といったものが生まれてくると考えると，現実の〈子ども-養育者関係〉で盛んに気持ちの交流が行われているという事実をうまく説明することができなくなる（Merleau-Ponty, 1962b/1966）。関係発達論では子どもを周囲から閉じた個体とみなすのではなく，他者や社会・文化といった能動的環境に対して徹頭徹尾開かれているものとみなす。はじめは他者と切り離されていた個がいかに他者のことを理解できるようになっていくかといった「内から外へ」の枠組みで考えるのではなく，むしろ生まれた頃からずっと子どもに話しかけ，働きかけ，教育してくる周囲の他者たちとの関わりの中で，子どもがどうやって個としての意識を持つようになるのか，どういった内面性を育んでいくのかといった「外から内へ」の枠組みで考えていこうとするのである。

　こうした関係発達論的な枠組みの下地を用意した発達心理学者といえば，やはりヴィゴツキーだろう。次章では彼の理論を紹介しながら，ピアジェ理論の問題点についてさらに突っ込んだ議論をしていくことにしよう。

第14章
ヴィゴツキーのピアジェ批判

　本来幼い子どもにとって生活上，第一の主要な関心となるのは養育者をはじめとする周囲の他者との対人関係であり，その周囲の他者との関係性のありようが子どもの諸能力や全人格的な発達に大きな影響を与えている。にもかかわらず，ピアジェの理論では，他者から切り離された一個の個体である子どもが周囲の環境を同化したり，そこに自らを調節したりしながら独りで認知能力を発展させていくかのようである。彼の語る環境は，人というよりは物によって織り成されている静的環境，個体によって同化されていく受動的環境であるが，実際は子どもを取り巻いているのは他者たちが盛んに子どもに対して働きかけてくるような極めて能動的な環境である。本章ではこうした側面からピアジェを批判したヴィゴツキーの理論を紹介しつつ，ピアジェ理論の問題点についてさらに突っ込んで考えていきたい。

1. 思考と言語

　ヴィゴツキーのピアジェ批判は，まず，ピアジェが「思考」と「言語」の関係を単純化して捉えているという指摘から始まる。
　前章でも述べた通り，ピアジェのいう感覚運動期の第Ⅵ段階において，子どもにはいろいろな事物や出来事を思い描く表象機能が芽生え始める。例えば，実際の事物を別の何かで代用する見立て遊びや，誰かになりきる「ごっこ遊び」，一度見た場面をある程度の時間が経ってから再現する延滞模倣などが，事物や人物のイメージを保持する表象機能と結びつけられたわけである。ピアジェによれば，言語もこうした表象機能の一つの現れでしかない。いいかえれば，ピアジェ理論においては，表象機能が言語獲得のための必要条件とされる一方，言葉を話せるようになるということが当の表象機能（思考作用）にどんな影響を与えるかということは，十分議論されていなかった。
　実際，ピアジェ理論においては，言語そのものの発達はほとんど明らかにされていない。というより，ピアジェは，各時期の言語はそれぞれの時期の思考操作の一部が外に表現されたものにすぎないという程度の位置づけしかしていないの

である。ピアジェの発達論を見ると，言語の発達とは無関係に，前操作期から具体的操作期，形式的操作期へと，思考操作の発達は一本道で進んでいくといわんばかりである。このように，ピアジェにおいては思考と言語の関係は単純化されすぎている。

例えば，前章でも少し触れた通り，言語の発達についてピアジェは，幼児期の自己中心的言語から脱中心化された社会的言語へといった大枠の流れは思い描いてはいる。しかし，それらは「自己中心的思考から脱中心化された思考へ」という内面的な思考の発達が，外に現れたものでしかないのである。ここにあるのは，「思考の表現手段」「思考の外皮」に過ぎないものとしての言語観である。

しかし，思考と言語の関係はそれほど単純ではないことは明らかだ。例えば，僕たちが何かを話すときに，別に「これを話そう」と考えて（思考して）から話すわけではなく，すでに話す（言語化する）ということが思考それ自体になっているのではないか。あるいは，頭の中でなされる思考自体，しばしば言語を使ってなされるのではないでか。つまり，まず思考があってそれが言語として表現されるわけではなくて，むしろ言語化することそれ自体がそのまま思考することになっているのではないだろうか。

このように，実は思考と言語は，単純に前者の表現が後者であるといったことでは片付けられない大変複雑な関係にある。しかし，ピアジェは，まず思考があってそれが言語として表現されるという一面だけしか見ていない。ヴィゴツキーが批判したのは，まさにこの点であった。

ヴィゴツキーは，ピアジェが前操作期に見られる発話形態として「自己中心的言語」と名づけたものの意味を再検討した。他者に向けられたものというより，自分の中で思いついたままをつぶやいているように見える発話。これをピアジェは素朴に「自己中心的なもの」と捉えたのに対して，ヴィゴツキーは違った見解をとる。彼は子どもに自由に絵を描かせる際に，必要な色鉛筆，紙，絵具などが子どもの手元にないようにして，子どもを困らせるようにした。すなわち，子どもの活動の自由の流れの中に，実験的に破壊や障がいをもたらした結果，彼は次のような興味深い事実を見出すのである。"われわれの研究は，このような妨害のあるばあいに計算した子どもの自己中心的ことばの係数は，ピアジェの普通の係数や妨害のないときに同じ子どもについて計算した係数と比較してほとんど二倍にまで急に増大することを示した。……（略）……妨害につきあたった子どもは，その事態を理解しようとしてつぎのように言っていた。「鉛筆はどこ，こんど

は青鉛筆がほしいんだよ。いいや，かわりに赤でかいて，水でぬらしちゃおう。こくなって，青みたいだ」これはすべて，自分自身との議論である"（Выготский, 1934/2001, p.58）。

　つまり，こうした発話は他者を想定できない結果生じる自分の中で完結した未熟な思考（自己中心的思考）の現われなどではなく，むしろ子どもが積極的に困難な状況に対処するときの思考活動そのものなのだということである。欲しい色鉛筆がないといった難しい状況になればなるほど，「どうしようか」といった思考活動が活発になり，この種の発話が増えてくることを，ヴィゴツキーは示したわけである。

　さらに，この種の発話はもう少し年長になって小学校に通う頃になると見られなくなる。しかし，それは就学前の子どもが行っていたような「自分自身との議論」が消失したことを意味するわけではない。そうではなく，いちいち言葉に出さずとも，自分の中でその種の「議論」を行えるようになってくるのである。したがって，こうした「自分自身との議論」は，むしろ大人においてこそ豊かなものだろう。大人が黙って考えていることの全ては，コミュニケーションに用いるための社会的言語でなく，まさにこうした自問自答だからである。

　こうして，ヴィゴツキーは自己中心的言語というのは，子どもの自己中心的思考の表われというよりは，むしろ言葉によって思考するということの最初の形態であり，はじめは外言だった自問自答が，徐々に内言化されていくのだということを明らかにしたのである。つまり，ピアジェが，「自己中心的言語から社会的言語へ」という発達ラインを思い描いたのに対して，ヴィゴツキーは言語の発達は全く逆の道筋を通ると主張する。すなわち，言語の最初の形態は，コミュニケーションのための社会的言語であり，それが就学前くらいになって思考と絡まり始め，思考に影響を与えるものになると同時に，徐々に内言化されていくというのである。

　例えば，次のエピソードを見てみよう。

エピソード 48　ドウゾ（1 歳 9 ヶ月 28 日）

　今日の観察も終わりに近づき，祖母が僕にはコーヒーを，K ちゃんにはお茶を出してくれる。K ちゃんはかきまぜ用のスプーンを僕の方に差し出し「ハイ」というが，僕が「はい，ありがとう」といって受け取ろうとすると，離してくれず，再び自分の方に引き寄せ，自分のお茶をかきまぜる。K ちゃんがよくやる「見せびらかし」だったかと苦笑しつつ，僕は「あれ？　くれるんやなかったの」という。K ちゃんはそれに構わずちょうど大人がやるように，かきまぜた後にスプーンをカップの縁にコンコンと打ちつける。祖母が「あれおかし

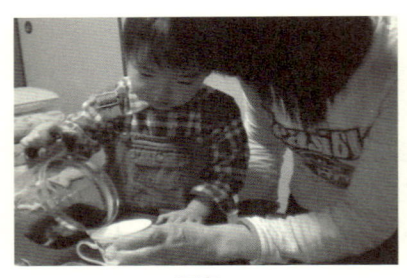

写真1　　　　　　　　　　　　　　写真2

いでしょ。大人がするから全部真似する。仕草も何も全部真似するから」と笑う。僕は先ほどKちゃんが祖父の焼酎ビンで晩酌の真似をしていた場面を思い出して，「さっき，おじいちゃんのあれで，お酒飲むのを真似していましたよ」と応える。

　その間にKちゃんがスプーンを僕のコーヒーカップに入れてくれたので，僕は「ありがとう」という。続いてKちゃんは僕のコーヒーもかきまぜようとしたのか，立ち上がったのだが，そのとき僕のコーヒーがすでになくなっていることに気づいて「ノー」という（Kちゃんの家では，英会話教師の父親が英語で話しかけたりしていることもあって，ちょっとした英単語が出てくることがある）。そして，僕のカップを台所の方に持っていく。どうもコーヒーのおかわりを探しにいってくれたらしい。見つからなかったのでそのまま戻ってくるが，僕は「もういいよ，Kちゃん，ありがとう」とお礼をいう。ただ，Kちゃんはそれでも何となく物足りないらしく「ノ，ノ」といっている。

　それを見た祖母が台所に行って，コーヒーメーカーのサーバーを居間に持ってきて，「Kちゃん，これ，少しだけ入れてあげて」という。Kちゃんは机をぐるりと回って祖母の側に行き，サーバーを自分で持って，僕のカップに注いでくれる。祖母は「アッチーからね，気をつけてね，すこーしだけね」と声をかけつつ，コーヒーがうまく注げるようにカップを支えてやっている（写真1）。そしてKちゃんが少しだけコーヒーを入れると，「はい，ありがとう。じょうず，入れるのが。どうぞっていわな」とKちゃんに促す。Kちゃんは左手を差し出すようにしながら，「ドウジョ」と小さな声でいう。僕が感心しながら手をつけないで見ていると，再び今度はしっかりとした調子で「ドウジョ」と右手を差し出す（ただしそのいい方は心からの「どうぞ」だというよりは，どこか演技的で棒読みのような感じ，コーヒーを注いで差し出すという行為にはめ込まれた儀式のような感じがある）。僕も「はい，ありがとうございます」といって，コーヒーを飲み始める。台所の方から祖母が「食事に行ったときもビールをみんなに注いだり，お酒を注いだりするもんだから。で，前みたいにもうこぼさない。ちゃんとね，覗いて，並々になると止めるんですよ。じーっと見よる，やっぱりそれがすごいですね，じーっと見てて」と教えてくれる。

　祖母が再びKちゃんに「要りますかっていわな，先生に要りますかって」と話しかける。それを受けてKちゃんは「そうだ」とでもいうように人差し指を突き上げ，再びサーバーを手にして，僕にまたコーヒーを注いでくれる。今度は祖母の支えなしに一人で注げたので，祖母が「じょうず，じょうず，ああじょうずねえ」とほめてあげる。Kちゃんは慎重にカップを受け皿に乗せて，僕に差し出してくれるが，それに合わせて祖母が「どうぞっていわな，先生にどうぞって」という。Kちゃんは再びしっかりとした調子で，右手を差し出し，ポーズをとりながら「ドウゾ」といってくれる（写真2）。僕は「ありがとうね，Kちゃん」と改めてお礼をいう。

ここで，Kちゃんは僕に対して盛んに「ドウゾ」をしてくれているわけだが，それはKちゃん一人だけで可能になっているわけではない。スプーンを渡してくれなかった冒頭の部分からも分かるとおり，まだ「僕のために」何かをしてくれるというより，「自分が」それをしたいからする，といった雰囲気がある。Kちゃんとしては客のコップに飲み物を注ぐという行為も，周囲の大人たちがビールの注ぎ合いなどをしているのを見ていて，何となく自分もやりたくなってしまったという類のものだろう。ところが，そんなKちゃんの興味を，ここで祖母が巧みに刺激している。僕をもてなしてくれているかのような一連の行為は，僕のカップにコーヒーを入れたいというKちゃんの気持ちを察してサーバーを持ってきてくれ，Kちゃんがきちんと注げるように手伝いながら，「先生にどうぞしなきゃ」と促す，といった祖母からの働きかけに支えられ，導かれて出てきたものであることは明らかである。

　恐らく，ここでのKちゃんは「どうぞ」という言葉の意味も，また客をもてなすという気持ちもまだ十分には理解していない。けれども，このようにして周囲の大人から促され，自らも周囲の大人の振る舞いを取り込みながら，実際にさまざまな場面で「おもてなし」の振る舞いをしていく中で，次第に「どうぞ」に込められている本当の意味，本当の心を身に付けていくのだと思われる。それはちょうど茶道において，型から入って，次第に真の茶心を分かるようになっていくのにも似たプロセスである。

　このように，最初の言葉というものは，社会的やりとりの中で，人とのコミュニケーションにおける身振りとして出てくる。この後，語彙が増えてきて，やがて3歳から5歳にかけて自己中心的言語が見られ始めるわけだが，これは，もっぱらコミュニケーションのための手段だった言語が，「思考の手段」あるいは「思考そのもの」としての位置をも獲得し，内言化されていく過渡期に生じるものなのである。

　したがって，自己中心的言語は子どもの自己中心的思考の反映などではなく，適当な条件のもとでは極めて早くから子どもの現実的思考の手段となるものだといえる。思考と言語の関係について，ヴィゴツキーの主張するところをまとめると，次のようになるが，これに従えば，ピアジェ理論においては思考（知能）が発達していく際の言語の影響力というものが，いささか軽視されすぎている感は否めないのである。

①思考と言語は異なる発生的根源を持つ。言語発生以前にも子どもは道具的知能を持つ（ピアジェの感覚運動的知能を思い返せば良い）。この道具的知能は，言語とは無関係である。一方，乳幼児の叫び声，片言，最初の単語などが前知能的なものであることも明らかである。

②しかし早い頃（ほぼ2歳頃）に現れる一定の時期に，それまで別々に進んでいた思考と言語の発達路線が交叉し，一致するようになり，人間に固有の全く新しい行動形式の出発点となる。これ以後，思考は言語的となり，言語は知能的となる。

2. ヴィゴツキーの概念発達論

では，ヴィゴツキー自身は思考と言語が相互に絡み合いながらどのように発達していくと考えているのだろうか。もう少し詳しく彼の理論を見ていくことにしよう。

彼はサハロフと共同で概念発達を調べるための実験を行った（Выготский, 1934/2001）。これは子どもの前にさまざまな色や形，大きさの積み木を並べ，見本となる積み木と同じ仲間に入れるべきものを選ばせるというものである。それぞれの積み木には，僕たちが通常持っていないような概念を意味する「ムル（高さがあって小さい）」「ビク（平たくて大きい）」などといった名前が付けられており，子どもはそれらの名前を手掛かりにして，正しいグルーピングをしていくことを求められるわけである。

この巧妙な実験により，ヴィゴツキーは各年齢の子どもたちがどんなふうに概念を形成していくのかを明らかにしていった。彼によれば，子どもが大人のような概念を持つに至るまでには，大きく分けると次の三つの段階がある。

①混同心性的段階

混同心性というのは客観的な事物の属性というよりは自らの主観的な印象に基づいて事物を名指していくような認識様式である。例えば，幼児期の子どもはこの実験に対して，これだと思う積み木を当てずっぽうに選んで，それが間違っていると分かるや別のものを指差すということを繰り返したり，空間的に見本と近い場所にあるからという理由だけで何となく選んだりするだろう。そうして集められた個々の積み木群はまさに子どもの漠然とした印象の塊のようであり，そこには何の客観的一貫性もないわけだ。

したがって，この段階での言葉と思考（意味）はまだほとんど無関連である。

子どもはいろいろな事物をいろいろな言葉で呼ぶだろうが，その仕方はほとんど当てずっぽうに近く，その言葉と必然的に結びついた意味を意識してそうしているわけではないのである．仮に「マンマ」とか「ドウゾ」とか発話することがあったとしても，それらの言葉は単なる大人の身振りの模倣である，といった段階である

②複合的思考段階

①に比べて，客観的な事物の属性に基づいた命名，グルーピングが可能になる段階である．例えば，ダーウィンの幼い孫はあるとき池で泳いでいるカモを見て，その音声を真似たのか，あるいは大人がつけた名前を真似たのか，それを「ウーワ」と呼び始めた．子どもはその音を池のそばで水面を泳いでいるカモを見たときに作り出したのだが，それからというものテーブルの上にこぼれたミルク，あらゆる液体，コップの中のワイン，ビンの中のミルクさえも，全く同じ音で呼び始めた．明らかにそこに水，液体があったからである．さらに，この同じ子どもが，鳥の絵のついた古いお金で遊んでいたときに，それらのお金をやはり「ウーワ」と呼び始めた．ついには，お金（ボタン，メダル）を想起させる，全ての小さな丸い光る対象が「ウーワ」と呼ばれるようになったのである（Выготский, 1984/2002）．

要するに，「カモが水の上を泳いでいる」という状況と何か似た印象を与えるものであれば，ことごとく「ウーワ」という名前が与えられたわけだ．そういう意味では①とかなり似通った心性に基づくものだともいえるが，ミルクやワインの液体性，あるいは池の上のカモとお金に描かれた鳥など，それなりに事物の客観的類似性に対応したグルーピングができてくるのがこの段階になる．ただし，ミルクを呼ぶときの「ウーワ」とコインを呼ぶときの「ウーワ」では，その意味が違うものになってしまっていることに注意しよう．大人の概念ではそういった「矛盾」は決して認められないものだが，この段階の子どもはそうしたことには頓着しない．集められた各々の事物全てに通じるような内的一貫性に注意するのではなく，あくまで具体的特徴の外的なつながりだけで次々と事物が結びつけられていくわけである．

したがって，この段階の言葉は事物を単に複合する，括るという機能だけを持っている．それはちょうどある家族のメンバーを同じ姓で呼ぶのにも似ている．個々のメンバーはそれぞれ個性があって全員に共通する特徴などはないが，よく見ると長男と父親の目つきが似ていたり，母親と次男は鼻立ちが似ていたりとい

った部分的な共通性は持っている。そして，家族全員は同じ姓を持っているということで結びついている。ヴィゴツキーはこの段階の言葉は，事物に姓を与える機能を持っているのだという。

③**前概念的段階**

②の複合的段階では，事物を具体的特徴の断片的な類似性に基づいて寄せ集めるだけだったので，集められた事物全てが共通する特徴を持っているということはなかった。実際は「たまにはある」のだが，それはあくまで「たまたま」子どもの複合が大人の概念が指示する対象の範囲（外延）と一致しただけである（一見したところ大人の概念に似たこのような複合をヴィゴツキーは「擬概念」と呼ぶ）。ところが，学齢期にもなると徐々にそれぞれの具体的事物の共通特徴（内包）を「抽出」するといったことができるようになってくる。例えば，「大きな三角形」という特徴を抽出して，今度は逆にその特徴に基づいて事物を集めてくることができるようになる。このような具体からの抽象（ボトムアップ）と，抽象からの具体の整理（トップダウン）といった往復ができるようになってくるために，集められた事物全てが共通の特徴を持つようにグルーピングすることができるようになるのである。

もしこれが完璧にできれば，大人の概念と変わりないわけだが，やはりまだ抽象された特徴が曖昧で不安定であったり（その結果例えば小さな三角形が混じっていたり，大きな台形が混じっているかもしれない），あくまで具体的事物・状況と「距離」の近い抽象化しかできない（例えば「理性というのは暑いときに私が水を飲まないことです」といった）点が真の概念にまでは高まっていないということで，前概念と呼ばれているのである。

ただし，この段階になってくると，言葉は思考にとって非常に重要な働きをするようになってくる。いうまでもなく，それは抽象されたものに「形を与える」という働きである。例えば「大きな三角形」という具体的事物を離れた抽象概念は，まさに「オオキナサンカッケイ」という音と結びつくことによって初めて形を与えられ，事物を分類するための枠組みとなったり，思考操作の材料となったりするわけである。言葉はここに至って内的に「矛盾」のない，一貫した意味を持つようになってくる。もはや「ウーワ」の意味が水やコインへ無限定に拡大されていくといったようなことは起こらず，逆に「大きな三角形」という明確な境界を持った言葉によって事物が整理されていくのである。

以上，三つの段階を経て，思春期ぐらいになってくると，子どもはようやく具体的事物を離れた抽象概念を理解し，操作できるようになってくる（この点はピアジェが形式的操作段階への移行が 11 〜 12 歳に起こるといっていることと一致する）。具体的事物から抽象化した概念を集めてさらに抽象化したり，それを別の抽象概念でもって定義したりといったこともできるようになってくる。

このように見てくると，言葉と思考とが徐々に絡まり合ってくる過程，言葉と思考の関係それ自体が発達してくるのだということが非常によく分かる。例えば小さな子どもが犬を見て「ワンワン」といえば，僕たち大人は「ああ，この子はしっかり犬という概念を持っているのだ」と考えてしまうが，そうとも限らないのだということである。ヴィゴツキーに従えば，小さな子の「ワンワン」は，おそらく混同心性的な当てずっぽうや，複合的思考に基づく単なる事物の「姓」なのであり，思考と言葉が絡まり合い，具体から抽象し，抽象されたものによって具体を整理するといった概念的作用が始まるのは，やはり思春期以降なのである。こうした思考と言葉の関係の発達こそ，ヴィゴツキーがこの実験で最も主張したかったことだといえる。

ただし，以上の説明に関して，ヴィゴツキーは二点ほど注意を促している。

一つは，三つの各段階は子どもの現実の発達においてはもっと複雑に錯綜し，共存しているということである。例えば，1 歳半ぐらいの子どもでも，おもちゃをつつくのにいつも使っている棒がなければ，別の細長いもの（箸やペン，細長いスリッパなど）で代用するといったことは可能である。この場合，最も原始的な形で棒や箸，ペン，スリッパなどに共通する「細長いもの」といった特徴を子どもが見て取っているのだと考えれば，それは前概念的段階で見たような簡単な抽象化の働きそのものである。ただし，それが「細長いもの」といった言語的実体を与えられていない，言葉と絡まり合っていないという点が前概念とは違うわけである。

逆に大人が夜に見る夢などは，非常に漠然とした印象の類似性に基づいて，ある人物が次の場面では別の人物に変わったりするから，混同心性的段階や複合的段階の思考作用そのものである。また，夢でなくとも大人はいつも必ず概念的に考えているわけではなく，その思考作用には以前の段階のものが混入・共存しているのである。

もう一つの注意点は，今の実験があくまで子どもの概念の自然的発達を追ったものにすぎないという点である。上で行ったような説明をすると，子どもが「ウ

ーワ」といった言葉や「大きな三角形」といった言葉を自ら考え出したかのような印象を与えてしまう。ところが，現実の生活の中では，子どもは大人から言葉を取り込んだり，教えてもらったりしながら身に付けていく。そして，その言葉はすでにある明確な意味を持っていて，間違った使い方をすると大人から修正されるわけだ。別に子どもが一人で頑張って，各事物の共通特徴を抽出していかなくとも，大人がそうした教育を通して「これらの事物にはこういった共通特徴がある」といったことを指し示すことの方が圧倒的に多いと考えられる。とりあえず実験で単純な状況を作って概念の自然的発達は明らかにしたが，これを踏まえて，こうした文化的影響も考慮した現実の複雑な発達過程を追っていかねばならないのだというのが，ヴィゴツキーの真意だったのである。

例えば，ある子どもは机，イス，戸棚，ソファなどの言葉は容易に覚えたが，家具という言葉だけはなかなか習得することができなかったという。つまり，具体的事物の名称ではなく，用途の共通性を示すようなより一般的な概念は理解できなかったわけである。これはこの子どもが複合的思考段階に留まっていたために，いくら抽象的な概念を教えようと思っても難しかったという例だろう。

これに対して，学齢期の子どもにはある程度この抽象化への準備ができている。したがって，ここで「家具」という言葉を教えることはもちろん効果的だろうし，さらには，例えば社会科で「リサイクルのための分別」といった概念も教えることができるかもしれない。というのも，ごみの分別はまさに次の用途に応じて行われるわけで，そういう意味では家具の用途を理解するということとある種の共通性があるといえるからだ。逆にいえば，学校で習うような一見子どもの生活には直接関連がないかに見える知識の体系（科学的概念）を学ぶことは，子どもの生活概念の自然的発達を促す作用を持っているのではないだろうか。実は，これがヴィゴツキーの有名な「発達の最近接領域」の考え方につながってくる。これは，子どもの自然的発達よりも少しだけレベルの高い（発達の最近接領域の範囲にある）科学的概念を教授することが，子どもの概念の自然的発達を促すと同時に，科学的概念を効果的に吸収していくことにつながるのだという考え方である（Выготский, 1935/2003）。

こうして，思考と言語の関係の発達を明らかにすることを通じて，ヴィゴツキーは大人からの働きかけや，文化の影響力を強調していくようになっていくのである。

3. 精神間機能から精神内機能へ

　ヴィゴツキーが強調する文化的発達というのは，学校で教師が子どもに教えることによるものばかりではない。ヴィゴツキーによれば，就学前の子どもたちの思考は，口論の状態の内部への移動，自分自身との議論として現れるという。例えば，「これは私の席よ」「いや，私のよ」「私がその席を先に取ったのよ」といった社会的なやりとりを経験する中で，やがて子どもは「これは私の席かな？　あの子のかしら。でもこの席を先に取ったのが私だから私のものだ」といった思考を行うようになっていく。最初は，二人の人間のあいだで営まれていたやりとり（機能的役割）の過程が，一人の子どもの脳の内部に生じ，その子どもが元々持っていなかったような「諸機能間の新しい結合」が生じるのである。

　このことをヴィゴツキーは，あらゆる高次機能はその発達において二度現れる，すなわち"一度目は行動の集団的形態として，精神間機能として，次には精神内機能として現れる"（Выготский, 1930/2008, p.17）と定式化している。はじめは社会的なものだった諸機能が個人の内部に取り込まれていくという，この考え方は，個人の内部で脱中心化が起こり，社会的に適応可能な諸機能が発達してくるとするピアジェの考え方と正反対である。いわばピアジェが「内から外へ」という形で諸機能の発達を思い描いたのに対して，ヴィゴツキーはむしろ「外から内へ」という方向性を強調したわけである[59]。

　実際は，ピアジェは単純な「遺伝 – 前成説論者」（発達を規定するのは遺伝である）とも，「経験 – 後成説論者」（発達を規定するのは経験である）ともいえないところがあって，その両者を統合しようとした人，あるいは，どちらかといえば後者の立場に立って子どもの発達に対する環境要因の影響を重視した人物だと目されている。しかし，その際にピアジェの想定する「環境」というのは，あくまで個体が同化と調節を繰り返してそこに適応していくところの静的な環境（受動

---

[59] ヴィゴツキー自身は，ピアジェ理論においては"発達における新しいものは，外から発生する"（Выготский, 1934/2001, pp.238-239）ことになっているという言い方で，これを批判している。本書の表現と全く逆だが，彼の批判の要点は，ピアジェ理論においては，より高次の思考形式がそれ以前の子どもの特質と無関係に異物として差し込まれることになっており，結局，外からの教育的働きかけと子どもの内的発達との絡み合いを問題にできなくなっている，という点にあった。したがって，ピアジェが「内から外へ」，ヴィゴツキーが「外から内へ」という流れであるといった単純な表現にもやや問題があるのだが，本書では大雑把なイメージを思い描くために，このように整理しておく。

的環境）であり，やはり基本的には生物体の内部で自発的に次々と構造変化が起こっていく過程，自然的発達を明らかにしようとしているといえる。ところが，ヴィゴツキーの「環境」は，やがて個体の中で重要な機能の一翼を担う，非常に動的なもの（能動的環境）として思い描かれており，ここに彼が社会や歴史，さらには教育といったものによる文化的発達を重視する理由があるのである。

　ともあれ，〈子ども‐養育者関係〉のあり方が，子どもの中に沈殿し，子どもの自己性のあり方を規定していくというのが，関係発達論の骨子であり，一番の「売り」となる着想である。「内から外へ」というピアジェ理論を痛烈に批判しながら，「精神間機能（外）から精神内機能（内）へ」という流れを強調したヴィゴツキーの理論は，関係発達論にとっても大きな参照点となるものだといえるだろう。

第15章
ウェルナーの有機体論的発達論

　前章では，周囲の他者との関係性が子どもの自己性へと沈殿していくという「外から内へ」のアイデアを与えてくれたものとして，ヴィゴツキーの理論を積極的に評価した。ただし，私見では，ピアジェにおいては多少なりとも取り上げられていた身体の働きについての考察があまりないこと，子どもと周囲の他者との言語的なコミュニケーションを強調する一方で，その基盤となる間身体的・間主観的コミュニケーションの問題が扱われていないことなど，ヴィゴツキーの議論にもやや不十分な点はある。とりわけ，彼が「混同心性」とか「複合的思考」と呼んだ独特の思考回路の背後で，子どもたちがどんなふうに世界を体験し，生きているのかという部分がまだまだ見えてこないという感は否めない。ある意味では，ピアジェにしてもヴィゴツキーにしても，正確な概念操作や事物の客観的・科学的認識が可能になる最終段階からの欠如態として，子どもの存在様式を説明してしまっているところがある。大人というゴール地点からのマイナスとしてではなく，もっと積極的に子どもの世界体験を位置づけたような理論，子どもの生きている世界への真の共感や了解を助けてくれるような理論はないものだろうか。本章では，こうした問題意識に答えてくれる可能性を持つものとして，ウェルナーの理論を見ていくことにしたい。

　ウェルナーは元々オーストリアの出身で，当時ドイツ語圏を中心に新たな展開を見せつつあった全体論的・有機体論的立場──ゲシュタルト心理学[60]やユクスキュルの環境世界論（Uexküll & Kliszat, 1934/2005）といった諸学問──の影響を強く受けつつ，独自の有機体論的発達論を構想した人物である。有機体論というのは，一言でいえば，人間存在を諸要素（知覚，認知，情動，運動といった）に分解して各要素の因果的連環によって人間の行動を説明していくアプローチとは対照的に，人間存在（さらにはそれを取り巻く環境）をそれ以上分割できない一つ

60　知覚は個々の事物からの感覚刺激の単なる総和としては説明できず，それら各要素の位置づけを決定する全体構造（ゲシュタルト）によって大きく影響されるという立場から研究を行った心理学派。

の全体だと捉え[61]．その全体がどのような形態（かたち）をとるかということを問題にしていく立場だといったら良いだろうか。人間を要素的な「○○の能力」の束としてみるような個体能力論的傾向が強い昨今の発達心理学界の中で，再度取り上げ，検討してみる価値のある心理学者であることは間違いない。

1. 分化と階層的統合化

　ウェルナーの有機体論的発達論の全体像を要約すれば，発達を「分化と階層的統合化」（Werner, 1948/1976）として捉えるということになる。平たくいってしまえば，はじめ未分化だった全体から各特殊機能が分化してくるとともに，それら特殊機能は全体構造へと統合されて中心的機能の統制下に置かれていくこと，それが発達というものの基本的方向性だということである。

　例えば動物の神経系の進化過程をたどってみると，まずサンゴの神経系は，散漫で未分化で中心を持たない一連の神経細胞でできている。図7（左）のように神経回路が体のあらゆる部分に無差別に伸びているわけだ。これがクラゲになるとかすかに分化と中心化（階層的統合化）の傾向が見られ始める。すなわち，網状神経がいくつかの点に集まって他の部分から区別されるようになってくるのである（図7（右）のように，中枢をなすいくつかの基幹神経と末梢の神経とが分かれている）。さらに，ミミズなどになると神経系にさらに目立った分化が見られ，身体の前方が比較的感受性が高く，後方ほど感受性が鈍くなる。頭部神経節が現れて，方向性を持った運動が可能になるとともに，身体の前方に集中した受容細胞の興奮は一旦頭部神経節を経てから身体の各部分にて放出されるようになる。さらにカニなどの節足動物になると，その神経系はより分化し，中心部には

図7　サンゴの神経系（左）とクラゲの神経系（右）（Werner, 1948/1976より）

---

[61] したがって，一個の生命体（通常の意味での有機体）だけではなく，それを取り巻く環境も合わせた全体を「有機体」と考えるのが，ウェルナー理論読解のコツだと思われる。

脳にあたる部分が，各体節にはそれぞれ一対の神経節が備わるという形になってくる。ミミズは身体を切ってしまってもそれぞれの部分がしばらく動き続けるが，カニは頭部の脳を除去するともはや局部刺激を与えない限りは足を動かさなくなる。カニの方が各部分の独立性が減少し，相対的に脳機能の重要性が高まっているわけだ。

　こんなふうに下等な生物では一様でのっぺりとした，区別のつかなかった各器官，神経系が，高等な生物になるほどメリハリのある，分化した構造へと変わってくる。いいかえれば，各器官，神経系が身体のどの部位においても同じような働きをしていた状態（各部位が独立して働いていた状態）から，部位ごとに特殊な機能が割り当てられ，それら各機能を中枢が統制しているという状態へと変わってくるのである。これが進化過程（系統発生）における分化と階層的統合化の例である。

　一方，こうした傾向は子どもの発達過程（個体発生）においても見られる。例えば10種のテストを組み合わせた知能テストを9歳から15歳までの子どもに実施してみると，年齢が高くなるにつれて言語能力，数能力，空間的能力，一般的記憶などの各テスト間の相関性が低くなるという。つまり，幼い子どもほど能力が無定形で一般的であり，子どもが大きくなるにつれて各特殊能力の独立性が高まってくるわけだ。

　また，アメリカのニュールック派の知覚実験に，子どもに貨幣（コイン）と，円形のボール紙の大きさを評価させるというものがある（Bruner & Goodman, 1947）。その結果は，子どもはコインの方を過大視しがちであり，さらに裕福な家の子どもよりも貧しい家の子どもの方がその傾向が強いといったことであるが，これも，子どもにおいては知覚過程と欲望・情動過程とがまだはっきりとは分化していないこと（欲しいものほど大きく見えること）を示すものである。ニュールック派はこの結果を「欲望・情動過程が知覚過程に影響を与える結果，客観的知覚が歪められることがある」と解釈するのだが，ウェルナーに従えばそのようにはじめから知覚と欲望・情動とを切り分けて考えるのは誤りである（鯨岡, 1976）。そうした考え方では，なぜ次元の異なる二つの機能が相互に影響を与え合うのかを決して説明できないからだ。一方に純粋な知覚過程があり，もう一方にそれとは別個の欲望・情動過程があって，後者が前者を「修飾」したのだと考えるのではなく，それぞれの過程は一つの有機的全体としての生体がその状況に対してとる一つの構え，一つのゲシュタルト形成作用の異なる側面なのだと理解

せねばならないのである。

　例えば，自分の右手と左手を前に出して，あいこにならないように両手で次々とジャンケンをしてみると，これがなかなか難しい。どうしても右手と左手がグーならグー，チョキならチョキと，同じ形を目指してしまう。ただし，練習を積んでそれぞれの手の動きをより随意的なもの（意識的中枢の支配下のもの）にすることができれば，右手と左手とを独立に動かすことができるようになってくる。これに似て，元々はある一つの形態へ向かおうとする全体的過程の一部だった知覚過程と欲望・情動過程とが，子どもから大人になるにつれて脳の中枢機能が発達し，その統制化に置かれるようになると，それぞれが独立した働きをするようになっていくのである。

　このように，分化と階層的統合化が，系統発生的な意味での「発達」にも，個体発生的な意味での発達にも，さらには民族発生的な意味での「発達」（未開社会の原始的思考から文明化社会の科学的思考へという流れ）にも見られるというのがウェルナーの主張になる。ウェルナーにとって分化と階層的統合化こそ，あらゆる「発達」に共通する一般原理だったわけである。

2. 行動物と相貌的知覚

　それでは，分化と階層的統合化が十分進んでいない，「未分化」で「原始的」な世界把握の仕方——ウェルナーによれば動物や子ども，未開人，精神病者等に共通する世界把握——がどんなものかを見ていこう。

　ウェルナーは次のように述べる。"対象と主体，知覚と純粋感情，観念と行動などの二項間が未分化であることこそ，原始的な心的生活の特徴"であり，"原始的生活の事物は，認知主体の外に，しかも主体とは区別されて，意味の一定したものとして存在しているのではない。むしろ事物は，心－身一体的な体制によって，つまり生き生きとした運動－情動的状況全体によって本質的に型どられ，またその欠かせない一部となっているのである。そこで，私たちはこのような原始的世界の事物を《行動物》とか《シグナル物》と呼ぶことにする"（Werner, 1948/1976, pp.59-60）。ここでウェルナーが行動物と呼んでいるものはどんなものだろうか。

　例えば，犬に図形を学習させる実験をする際に，犬の運動の範囲を制限すると，制限がない場合には容易に学習し得る図形に対しても，その学習はまったく不可能になるか，少なくとも大変難しくなってしまう。あちこち自由に走り回るのを

許されているときには円と三角形の弁別を容易に学習する犬が，拘束されてじっとしている条件下ではそれが不可能になったりするのだ。また，水平に置かれた小さい一枚の板を踏んで戸を開けるよう訓練された犬が，その板を垂直に置かれた途端に途方に暮れてしまったという実験もある。要するに，犬は対象に対して具体的に働きかけることを通してしかその対象を知らないのであり，犬にとって図形や板などのシグナルはそれ自体が客観的にシグナルとしての特性を持っているというよりは，それに対してどうやって働きかけ得るかという行動と不可分に結びついているということである。自分が動けなかったり，働きかけ方が変わってしまったりした途端，それはシグナルとしての特性を失ってしまうのである。このように主体の行動と不可分に結びついた対象のあり方を，行動物と呼ぶわけだ。

興味深いことに行動物としての対象の把握は，何も動物に限ったものではないという。例えば，ある幼い女の子は，「ピン」という言葉で「針」「パン屑」「ハエ」「毛虫」までを表した（Werner & Kaplan, 1963/1974）。大人から見れば支離滅裂なこうした言葉遣いというのは，言葉を覚えたての幼児にしばしば見られるものであり，ピアジェなどはこれを子どもが正しく言葉の意味を理解していない結果（前操作期の象徴的思考の結果）だと見たわけだが，実際はやはり子どもは子どもなりの理屈に基づいてこれらの事物を「ピン」と呼んでいるのだというのが，ウェルナーの主張である。

実は詳細に観察してみると，この子は床から指でつまみあげるものを全て「ピン」と呼んでいることが分かった。つまり，この子にとって概念設定の基準となっているのは「何か小さいものを指でつまみあげる」という行動だったわけである。したがって，この子の「ピン」概念は当の事物だけではなく，その行動の全体，文脈全体を含んでいる。子どもにおいては，事物と，その事物に対する活動がなされる文脈とが融合していて，事物を含む活動全体が一つの概念単位を形成しているのである（尼ヶ崎，1990; Werner & Kaplan, 1963/1974）。このように，動物だけでなく人間の幼児にとっても，対象は行動物として把握されているわけだ。

さらにいえば，行動物が見られるのは何も子どもに限った話ではない。大人の場合でも，森で道に迷ってひどく疲れたときにはただの木の切り株が「座るもの」に見えたり，まっさらに積もった新雪が「ふかふかのじゅうたん」のように見えて思わず踏みつけたくなってしまったりすることがある。ある欲望・情動が高ま

ったときなどに，大人にとっても対象がある行動を誘引するような力を持って立ち現れてくるのである。このように主体自身の運動‐情動的反応と対象とが不可分に結びついているのが行動物の特徴であるが，こうした場合，その対象の把握の仕方は静的というよりは力動的なものになる。いうなれば，対象がある種の表情や力動感を持って，生き生きとした知覚のもとに捉えられるのである。こうした知覚をウェルナーは〈相貌的知覚〉と名づけた。

　例えば，幼児のいかにも子どもらしい言語表現の中に，事物が何らかの表情や内的生命力を持っているかのような表現が見られることは広く知られている。

　①ある2歳の男の子は，ビスケットが2つに割れているのを見て，ビスケットが痛がっていると感じ，「かわいそう，ビスケット」といった。
　②ある2歳の男の子は，コップが倒れているのを見て，「かわいそう，コップくたびれている」といった。
　③ある5歳半の女の子は，あたりが薄暗くなる頃に母親と雨の中を一緒に歩いているときに，「ママ，何も見えないわ，とてもぼんやりして。みんなささやいているみたい」と言った。

(Werner, 1948/1976 より)

　生命を持たない事物があたかも感情を持った生き物であるかのように表現されているわけで，この相貌的知覚は従来，無機物と有機体（生命体）の区別のつかない，子どもらしい擬人的な表現と考えられてきた。しかし，そもそも生き物ではないと分かっていながら，そこに後から「生き物であるかのような」表現を与える擬人法とは違い，相貌的知覚というのは，まさに子どもにとっては事物がそのような表情をもって迫ってきている，そのありのままの知覚であるということに注意しよう。子どもは生きているものであれ，生きていないものであれ，あらゆる対象について表情や何らかの力動感を見るのであって，こうした生き物と事物の融合，主体と客体の融合こそが，幼児期の知覚の特徴なのだ。

　一方，大人の場合，相貌的知覚が生じるのは，まず第一に人間の表情や姿勢を知覚するときである。他者の表情や姿勢から，怖くて逃げ出したくなる感じや，とても魅力的で惹き寄せられる感じなど，僕たちはさまざまな相貌性・力動感を感じ取っている（不可避的に感じ取ってしまう）。恐らくそれは，僕たちが他者を知覚するときに，いつもすでに他者の身体に自分の身体を重ね合わせつつ，相手

の情動情態を感じているからである（浜田，2002）。通常これは〈間身体性〉と呼ばれるが（鯨岡，1997; Merleau-Ponty, 1945/1967, 1945/1974; 村上，2008），ある意味ではこの間身体的現象というのが身体と身体のあいだばかりでなく，身体と事物とのあいだでも起こることがあるということを，ウェルナーは教えてくれているわけだ[62]。確かに身体と事物とのあいだに間身体的現象が起こるというのはやや不正確な言い回しなのだろうが，しかし間身体性にしても相貌的知覚にしても，主体と客体とのあいだに明確な境目がなくなるという意味で，ほぼ同じ現象を指すものと考えて良いのではないか。

　もちろん大人の場合，先に挙げた切り株や新雪のような例を除けば，事物が何らかの行動を引き起こすほどの誘因力を持って迫ってくるというケースはそれほど多くはないかもしれない。大人になるにつれて，生き生きとした相貌的知覚が失われて，事物は事物として，自分の感情を交えずに，主客を切り分けた形で客観的に知覚されていくようになるのが一般的である。しかし，例えば芸術家など，大人になっても事物に対する豊かな相貌的知覚様式を残存させている人たちはいるものだし[63]，芸術家のような特別な才能がない，僕たち凡人にも次のような相貌性は了解することができるのではないか。図8はA，Bともにただの幾何学図形に過ぎないはずだが，恐らく多くの人はAに「とげとげした感じ」や「イライラした感じ」を，Bに「柔らかく滑らかな感じ」「軽やかで陽気な感じ」を感じると思う。それらは，僕たちがこの図形に後から与えた解釈などではなく，むしろ何か直接的にこの身体に感じられるもののように思われる。僕たちはこの図形からまず最初に何らかの表情性や力動感を感じ取ったわけだ。実は普段あえて注意しないけれども，このようなちょっとした相貌的知覚は日常生活の何気ないところで結構行われているものなのである。

62　ただし，ウェルナー自身は間身体性といった用語を用いてはいないし，以下に述べるような「大人の日常生活でも結構行われている相貌的知覚」について十分言及してもいない（つまり，ここでの解説には僕なりのウェルナー解釈が混じっている）。ウェルナーの力点は，どちらかといえば「子ども＝相貌的知覚」「大人＝客観的知覚」と捉え，前者から後者への展開（距離化）を「発達」と見ることにあったといえる。
63　私見では，一部の発達障がいの人の中にも，この相貌的知覚様式や以下に述べる共感覚的体験様式を強く残している人たちがいると思われる（泉，2003; 岩崎，2009; 村上，2008; ニキ，2005; ニキ・藤家，2004; Williams, 1992/2000）。

図8　日常的な相貌的知覚（鯨岡，1997 より）

3. 共感覚と相貌的知覚がもたらす豊かな体験世界

　ところで，こうした相貌的知覚において興味深いのは，視覚，聴覚，味覚，触覚，嗅覚という各感覚モードを超えた次元，それら各感覚を貫く次元で，身体の中に「ある感じ」が生じているように見える点である。例えば，割れたビスケットという視覚情報が，痛みという痛覚として感じられたり，ぼんやりとした雨の風景が，聴覚的なささやきと結びつけられたりするのは，各感覚モード共通の「感じ」に支えられてのことのだと思われるのである。ウェルナーは，こうした共感覚現象（Cytowic, 1993/2002; Duffy, 2001/2002; 岩崎, 2009; Ramachandran, 2003/2005）についても詳細に検討している。

　例えば，よく知られる例としては，音を聞いたときに色を感じる色聴共感覚がある。ウェルナーが引用しているいくつかの文献によれば，次のような事実があるという。

①色聴は子どもの間ではごく普通のものである。子どもはしばしば，楽音や言葉，騒音を特定の色に結びつける。
②幼稚園児のほぼ40%は，種々の楽器が奏でる音を色によって記述する。
③11歳以降，この能力は明らかに減退する。11歳において，色聴能力を持つ者の持たない者に対する比率は25〜30%の範囲内であった（つまり11歳では100人中20〜24人が色聴能力を持つ）。
④大人の場合，色聴能力を示すのは，12〜15%程度である。

（Werner, 1948/1976 より）

また，音だけではなく，文字や数字に対して色を感じる色彩共感覚現象も存在し，例えばアムステルダムの幼稚園において，20人のうち半数の子どもが色彩共感覚を示したという。

　共感覚現象について注意しなければならないのは，これは個々別々の感覚どうしのあいだに学習によって連合が生じた結果などではないということである（岩崎，2009）。例えば，ある音を青だと感じる被験者に対して，その青をどこに見るのかと尋ねれば，「青がその音のすぐ傍に見える」とか，「青がその音の周りで揺らいでいる」などとは答えずに，「音そのものが青色なのだ」と答える。このような人にとっては，音は，それが「強さ」や「高さ」といった属性を持つのと全く同じ意味で「青」という属性を持つのであって，音の強さや高さを外的に青色と結びつけているといったことではないのである。

　つまり，見かけ上は区別される各感覚領域を一つの内的関係が結び合わせていて，それが視覚や聴覚等，一見異なる感覚モードをつないでいるということである。もう少しいえば，全ての感覚はこの身体において発生した原初的状態においては有機的統一性をもった「ある感じ」―ウェルナーはこれを「諸感覚の原初的基盤」と呼ぶ―だったのであり，それがさまざまな感覚モードへと分化していくのである。この分化がまだ明確に達成されていないとき―いわば「諸感覚の原初的基盤」がそのまま感じられるとき―に見られるのが，共感覚現象や相貌的知覚なのであり，これらは通常は年齢が進み，各感覚の分化が進むにつれて減少していく。それによって客観的知覚や科学的認識が可能になる一方で，子ども時代のような事物との生き生きとした出会いや，豊かな世界体験は味わいにくくなってしまうのだ（大倉，2010）。

　ただし，繰り返していっておけば，共感覚現象や相貌的知覚は大人になっても完全になくなってしまうわけではない。例えば，僕はバイクツーリングが好きで，よく夏の北海道に行くのだが，あるとき稚内の近く，サロベツ原野という最果ての荒野を一人バイクで走ってきて，海にまで出たことがある。そのとき眼前の海上に大きく聳え立つ利尻富士に，真っ赤な夕日が沈んでいく情景に心を奪われてしまった。僕の他には誰一人いない最北の海辺で，ただ波が打ち寄せる音と風の音だけを聞きながら，刻々と空の色を変える夕日を見ていたそのひととき，何もいわない利尻富士がものすごく偉大で，神々しい存在として感じられ，何か利尻富士に迎え入れてもらったような，利尻富士と対話しているような，そんな不思議な感覚が生じていたのを覚えている。うまく言葉にすることができないの

だが，この情景に出会ったとき，僕はいわば世界の一部になって，北の大地の風の冷たさや波の音，赤々とした夕日が織りなすある独特の表情性や力動感の中に身体ごと浸されていたような気がする（Merleau-Ponty, 1964/1966）。

　恐らく，子どもたちが生きている世界というのは，この種の体験に似た，非常に豊かな相貌性を持った世界なのではないか。例えば，エピソード 23（本書 p.90）の写真 1 を見返してほしい。生後 5 ヶ月の N 子が，兄の掲げて見せた人形に吸い寄せられるように見入っている場面だが，ここで N 子に生じているのは，それを「対象」として捉える以前の知覚，まさに僕が利尻富士に捉えられ，自分が利尻富士を見ているのか，利尻富士が自分を見ているのか分からなくなったような状態と同じような，主客未分化の知覚のようにも思える。あるいはまた，次のようなエピソードを見てみても良いかもしれない。

エピソード 49　シャボン玉（1 歳 11 ヶ月 21 日）
　縁側で K ちゃんと僕とでシャボン玉を飛ばして遊んでいる。K ちゃんは，まだそれほど上手にシャボン玉を作れないが，「フー」と精一杯息を伸ばしながらストローを吹いている（ときどき実際に「フー」という高い声も出している）。そのストローの先からシャボン玉が飛び出して，フワフワと高く上がっていく。K ちゃんがストローの先ばかり見ていて，シャボン玉が上がっていくのに気づかない様子なので，僕は「すごいすごい！　ほら，K ちゃん，あそこにあるよ，ほら，二つある」と指さす。K ちゃんも「あ」と気づいて，「あっこ（あそこ）」という。僕が「高い高い，すごい」というと，「たいたいー（高い高いー），すおいねー（すごいねー）！」と驚いたような声の K ちゃん。
　それが割れてしまうと，K ちゃんはさらにシャボン玉を作る。ストローを吹いた先からまた小さなシャボン玉がいくつも同時に飛び出し，漂っていくのを見ながら，K ちゃんは「フ〜〜〜」と頑張って息を吹き続ける（最後は声になっている）。自分が吹くのを止めたらシャボン玉が消えてしまうといわんばかりである。それからも何度か同じようにシャボン玉を飛ばす。僕自身もストローを口にし，何となくシャボン玉を作っては眺めていたが，太陽の光に照らされて七色に輝きながら，フワフワと漂うシャボン玉に，思わず「ワー，きれい」とつぶやいたり，僕たちの周りがシャボン玉だらけになったときには，少し興奮して「K ちゃん，一杯，ほら，一杯！」と声をかけたりしてしまう。

写真 1　　　　　　　　　　　　　　写真 2

再びKちゃんが次のシャボン玉を膨らませようと「フー」と吹いていたとき，上空を漂っていた大きなシャボン玉が風でKちゃんの目の前にスーッと流されてくる。Kちゃんはキャッと笑いながら，それをよける。そして，そのシャボン玉が床に落ちて割れてしまうと，Kちゃんは「すごい」という。さらに僕が「フー」と吹いて小さなシャボン玉がたくさん飛び出すと，Kちゃんは「わ！　出た」と驚き，笑う（写真1）。
　それからしばらく二人でシャボン玉を飛ばしていたが，今度は僕が「でっかいの作るから」といって，大きなシャボン玉を作る。フワフワと漂い始めたシャボン玉に気づかず，下を向いていたKちゃんだが，僕が「Kちゃん」といたずらっぽく呼びかけると顔を上げて気づいた様子。思わず「おっきー！」と声が漏れるKちゃん（写真2）。そのシャボン玉はかなり長く空中を漂っていて，二人でキラキラと光りながら回転しているシャボン玉をじっと眺めている。シャボン玉が空中に静止したように浮かび，細かく揺れていて，本当に生き物のようだ。「すごいねえ，あれ」と僕がいうと，Kちゃんも「すおいねー」とつぶやく。そのシャボン玉もやがて床に落ちて割れてしまったが，Kちゃんはそれに引き寄せられるように近づいていった。

　僕も久しぶりにシャボン玉をして，とても楽しかったエピソードである。ストローの先から飛び出したシャボン玉が，キラキラと光りながら，そよ風にのってフワフワと漂っている様は，とても魅惑的で，まるでシャボン玉が妖精のように生きていて，語りかけてくるようにも感じられた。実際，Kちゃんはあたかも自分が息を切ったらシャボン玉の呼吸までが止まってしまうといわんばかりに「フ〜」と息を伸ばしたり，急に自分の方に迫ってきたシャボン玉の「襲来」に面白がって笑ったりする。そして，最後にはかなり長い間「生き延びた」シャボン玉を追いかけるように近づいていくのである。
　冷静かつ客観的に見ていたら何ということもない場面，二人が何をそんなに面白がっているのだろうかと不思議に思う場面なのかもしれないが，七色に光るシャボン玉がフワフワと当てもなく漂っていく様子や，からかうように僕たちの周りを飛び回る様子など，簡単には言葉にはできない豊かな体験を子どもと一緒に生きてみれば，子どもがどんなことを面白がっているのかということ，そしてその体験がどんなにかけがえのないものであるかということが理解できてくる。相貌的知覚に対する感受性を高めるということは，子どもが生きている体験を了解していくために非常に重要なことなのである。

4. 言葉は相貌性を持つ

　ところで，ウェルナーは言葉の発生についても興味深い見方を提出している。次に彼のシンボル論を見ていくことにしよう。

言葉というものに対する彼の立場を一言で要約すれば,「言葉は相貌性を持つ」ということに尽きる。特に子ども時代には,今述べてきたような相貌的知覚が言葉に対しても生じるのだというのが,ウェルナーの考え方である。例えば,次のような例が挙げられている。

①ある人は子ども時代を回想して,crocodile（ワニ）という長い綴りの言葉が,本物のワニのクネクネとした長い身体つきと重なって見えたものだと述べた。
②ある女性は子ども時代を回想して,bonbon（お菓子）という名前を初めて聞いたとき,たいそう不快に感じたという。鼻母音（母音の次にnが来たときに,舌を上口蓋につけないで発音する「ン」）のonや,それが繰り返されることに,みだらで下品なものを感じ,それを食べようとしなかったと。
③3歳半のある女の子はカリコリという造語を作って,こういった。「ママ,私たちカリコリの上を歩いているわ」。カリコリとは形をそろえてカットされた小石が地面に半分埋められた歩道の意味だった。

(Werner, 1948/1976 より)

また,ウェルナーは次のような実験も行っている。7歳から10歳の子どもたちに,単語を提示して「あなたの書き方を見ていますから,その書き方からそれがどの語か私たちに分かるように書いてごらんなさい」と教示した。すると,例えば図9のようにängstlich（おびえた）の方は狭く窮屈そうに書かれているのに対して,frohとfröhlich（うれしい）の方は,丸っこくゆったりと広く書かれたの

図9　子どもが感じる単語の相貌性
(Werner, 1948/1976 より)

である。こうした課題を，子どもたちはとても自然なこととして受け取り，実に簡単にやってのけたという。

こうした例からは，子どもにとって，言葉の音や書かれた文字の持つ相貌性が，その言葉の意味と深く関連していることが分かるわけだが，実は言葉が相貌性を持つのは，何も子どもに限った話ではないのである。

例えば，milとmalという二つの言葉は，ある同じものを指す言葉なのだが，一方が大きいそれを，他方が小さいそれを指すという使い分けがある。どちらが大きい方を指すと思うかと質問すると，多くの大人がmalだろうと答える。どうしてこういうことが起こるかといえば，malとmilそれぞれが持っている相貌性を比べたときに，何かmalのaのあたりに「より大きい感じ」が，miliのあたりには「より小さい感じ」が漂っているからだと考えられる（Werner & Kaplan, 1963/1974）。

さらに，ウェルナーは次のように大変興味深い実験も行っている。この実験では，瞬間露出機を用いて，被験者に一語，二語文，三語文などを50分の1秒だけ提示する。一回提示するたびに被験者は提示されたものを読みとれたか否かにかかわらず，それをどのように感じたか報告するよう求められる。そして，その語の意味が被験者にはっきり分かるまで，同じ語を繰り返し提示するのである。

次の例はSanfter Wind（そよ風）という語を五回目の提示で読み取ることに成功した被験者のものである。

一回目：「__? Wind」　Windの前にあるのはどのような風かを表す形容詞のようです。warm（あたたかい）とか何とかそれに似たようなものだと思います。
二回目：「__er Wind」　今度はその前の語がwarmというよりschwerer（より激しい）だと思います。……もう少し抽象的な……。
三回目：「__cher Wind」今度は方向を表す形容詞という気がします。
四回目：「__ter Wind」今度はまたもう少し具体的な感じです。その語は私に面したとき，何か「weicher Wind」（柔らかい風）といった感じです。しかし「ter」というのが引っ掛かります。
五回目：今度は非常にはっきり見えました。「Sanfter Wind」です。ちっとも意外な気はしません。私は，実際に，その前からこの語を，その特徴的な感じやそうした様子でつかんでいたのですから。

(Werner & Kaplan, 1963/1974 より)

ここで注目すべきは，五回目の報告である。つまり，被験者は単語の意味がこれだと分かる前から，その「一般的な意味領域」，漠然とした「感じ」を感知していたというのだ。「あたたかい」とか「柔らかい」とかいった感じが一回目の

提示，四回目の提示あたりですでに感じられていたために，この被験者は最後に「全然意外な感じがしない」と報告しているわけである。こうした結果は次のような大変興味深い見方を可能にする。

　僕たちは常識的にはまず文字を視覚情報として捉え，それからその意味を考えたり，知っている意味を当てはめるのだと考えている。しかし，この実験が示すのは，僕たちが視覚情報をはっきりと認知する以前に，文字情報はまず生体全体，身体全体によって捉えられ，各感覚モードに共通する「ある感じ」（諸感覚の原初的基盤）を生じさせるのだということである。それが何らかの意味をもった言葉としてはっきり認知されるのは，むしろ時間的には後のこと，すなわち「ある感じ」が分化する結果なのである。その「ある感じ」が一方では視覚情報へと，もう一方では何らかの意味の感覚へと分化するからこそ，僕たちはその文字とその意味とのあいだに結びつきを感じられるわけである。

　ウェルナーはこうした意味の把握プロセス（分化のプロセス）が，どんな文字，どんな音声言語に対しても必ず起こっているのだと考え，これを〈微視発生〉（micro-genesis）と呼んだ。僕たちは普段慣れ親しんだ既知の言葉に接するときに，まさか自分の中でこの微視発生過程が起こっているとは考えもしないが，それでもこれは100分の1秒とかいったものすごい早さで起こっているものなのである。この微視発生過程が起こらないと，文字や言葉が何らかの意味を持って感じられるということは起こり得ない，文字は単なる線と化し，音声言語は単なる音と化してしまうというのが，ウェルナーの考え方なのである。

5. シンボルの発達

　ウェルナーによれば，言葉は単に意味を表すための音の道具なのではなく，その具体的な相貌性によって対象そのものと密接に結びついている。例えば ball という言葉は一見その指示対象である実際の球とは何の関連性もないような気がするかもしれないが，"しかしながら多くの人々は，この語の響きの中に，あるいはその文字の中に，その柔らかさ，丸み，ころがるような性質などを感じとるのであって，それらの性質が，多かれ少なかれその語の概念的な内容に対する具体的な枠組みとなっている"（Werner, 1948/1976, p.263）というのである。言葉（シンボル）の相貌と，指示対象の相貌が似通っているということ，言葉（シンボル）と指示対象が「ある感じ」を通じて結びついていることが，言葉（シンボル）が何かを意味していると感じられるための条件だということである。これを

踏まえて、ウェルナーが描くシンボルの発達を概観することにしよう。

　まず、子どもがシンボル的な活動に入っていく前段階としてウェルナーが重視するのが、「見る」という働きが出てくる時期である。ピアジェが明らかにしたように、乳児の活動の大部分は、さまざまな感覚運動的活動によって占められている。しかし、ウェルナーはこのように「事物に働きかけたり、事物を用いて活動したりすること」からはシンボル的活動は生まれてはこない、むしろシンボル的活動は「事物を静観すること」から始まるのだと説く（この点、行動的シェマの内面化と表象機能の発生を結びつけるピアジェとは対照的である）。シンボル的活動の対象とは、"直接的な生物的欲求－充足のために主体がそれに対して単に働きかけるものという意味での事物ではなくて、主体が〈まなざしを投げかける〉対象でなければならない"（Werner & Kaplan, 1963/1974, p.67）というのである。

　ウェルナーによれば、全ての事物が働きかけるための対象であった最初期から、事物を静観するという行動が見られ始めるのがだいたい生後4～5ヶ月頃だという。例えば、それまではつかんだものを何でもかんでも自動的に口に入れていた乳児が、つかんだものを口に入れずに注意深く見ているといったことが見られるようになるのである。先に示した概念を用いていうならば、ひたすら行動物として事物を把握していた段階から、相貌的知覚をするだけの段階が生じてくるとでもいおうか[64]。もちろん、行動物として事物を把握するということはその事物に対して相貌的知覚を行っているということだから、そもそもこの両者は混濁した形で始まるものなのだが、そこにある種の静観の態度が生じてきて相貌的知覚のみが分化してくるというイメージである。そして、この静観的態度が出現してくると基本的な対象への志向性が立ち現れてきて、対象を触ったり、いじったりするために手を伸ばすのではなく、対象を指し示すために手を伸ばすという指差し行動が見られるようになってくる（本書第9章）。指差しという身振りを用いて何らかの対象を指し示すという活動は、シンボルを用いて対象を指し示すという言語的活動と、密接に関連するものである。

---

[64] この点に関し、やまだ（2010）は、ウェルナーの「行動物から相貌的知覚へ」という図式はやや単純すぎるのではないかと述べている。彼女によれば、静観的態度はすでに生後1ヶ月頃から見られ、行動物と共存しているという。僕はそれをさらに敷衍し、大人においても行動物、相貌的知覚、客観的知覚は（後に出てくるものほど「優勢」ではあるが）共存しているというべきだと思う。

ところで，この指差しが行われる状況には，必ず指差す当人以外にもう一人の人間（養育者）が含まれている。このことは，対象形成やシンボル的活動が可能になってくる上での，対人関係の重要性を示唆している。この時期の乳児は，さまざまな欲求や不安を自分一人では解決できない，まだ無力な存在であり，その精神生活は頼りなく，安らぎのないものであることが考えられる。唯一安らぎが得られるとすれば，それは養育者との一体といえるほどの密接な接触，養育者とのつながりがもたらす温かい雰囲気の中にあるときだろう。ウェルナーは，この雰囲気の中でこそ，乳児は自らの欲求や不安から比較的距離を置くことができ，対象形成が可能になるのだという。"母親によって安全を保障されているという特権を背景として幼児が立ち向かう対象は，母親の雰囲気の中にいわばひたっているものだから，安心して親しみやすい事物となり，それゆえこの事物は驚きや不安を惹き起こすことなく眺められる"（Werner & Kaplan, 1963/1974, pp.71-72）のである。

　つまり，乳児は何も一人で対象を静観し，それを指差すといった行動を身につけるのではなくて，養育者が傍にいるという安心感のもと，養育者と対象を共有するという形で初めてそれが可能になるわけだ。いうなれば，この状況にあっては「子ども−養育者−対象」といった三者はほとんど分化していないわけだが（子どもは対象から十分距離をとっているとはいえ，養育者からも十分切り離されているとはいえない），こうした対人的関係と対物的関係とが入り混じったような原初的母体から，対象とシンボルは発生してくるのである。シンボル機能はシンボル機能だけで現われてくるのではなく，その基盤に養育者との一体的な雰囲気があるというウェルナーのこの指摘は大変重要なものである。実際，エピソード33（本書p.123）で見たように，養育者との関係性に何らかの障がいが起こっていると，対象形成や言葉の発達に遅れが出たりする場合もある。

　さらに，こうした指差し行動が出てきてしばらくすると，もう一つ身振りを用いた興味深い行動が出てくる。模倣である。ウェルナーによれば，模倣というのは，対象が持つ何らかの相貌的特性をこの身体を使って再現しようとするもので，対象をシンボルによって再現しようとする言語的活動とやはり密接に関連するものである。特に1歳代後半くらいから出てくる延滞模倣は，目の前に存在しないものを身振りによって表現していると見ることができるわけで，これは僕たちが行っている言語的活動（シンボル的活動）とかなり近いものだといえる。このように言語・シンボル・表象といったものの根っこに，身振りによる相貌性

（ある種の情動性）の表現を置くあたり，ウェルナーと次章で紹介するワロンはかなり近い位置にある。

　さて，ここまではシンボル的活動と関連の深い身振りに着目してきたが，音声言語の発達という観点から見た場合，この延滞模倣が見られる時期に出てくるのが擬音語・擬態語である。

　①1歳10ヶ月のある子どもは，ö- ö- öという音声パターンで馬車を示した。この子はこの音声パターンをリズミカルに，また力を込めて発音したが，これが馬車を引っ張っている馬の力んだ様子を現していた。
　②1歳5ヶ月のある子どもは，マッチ棒を示すのに f-f-f というマッチの火を消すときの息を吹きつける音を真似た音声パターンを用いた。その後，このパターンによってろうそくやランプ，その他明かりを出すものを表すようになった。
　　　　　　　　　　　　　　　　　（Werner & Kaplan, 1963/1974 より）

　このように，擬音語や擬態語というのは，明らかに対象の持つ相貌性を真似たものである。言語活動の最初の形態は，音声による対象の相貌性の描出（模倣[65]の一種）なのである[66]。

　ただし，馬車を表す ö- ö- ö やマッチ表す f-f-f のように，擬音語や擬態語というのは，しばしば特定の人とのあいだだけで成立するものである。これが，徐々にその言語文化の中で一般的な慣用語へと変化していく。例えば，子どもはしばしばある物を指す自分独自の語と，それを指す慣用語とを組み合わせて用いる。すなわち，「ワンワン犬（wau-wau-dog）」，「モーモー牛（muh muh-cow）」，「シュッポシュッポ列車（shu shu-train）」などである。そして，やがてこの擬音語・擬態語の部分が取れて，「犬」や「牛」，「列車」など一般的な慣用語を使えるようになっていく。ウェルナーは，擬音語・擬態語から慣用語へのこのような移行的時期を，擬音語・擬態語の持つ相貌性が慣用語へと転移される時期だと考える。つ

---

[65] 模倣とは，単に対象をコピーすることではなく，対象のどのような相貌性を取り出し，それをどのように表現するかに関してさまざまな可能性に開かれた創造的行為だということに，ウェルナーは注意を促している。

[66] 言葉はまず何よりも対人的コミュニケーションにおける「伝達」の機能を持つものとして出てくるというのが，前章での議論だった。一方，言葉は対象の相貌性の「（創造的）描出」であるというウェルナーの考え方は，それとは少し異なった言葉の側面に光を当てるものである。この伝達性と描出性が絡み合いながら，言語活動は発展していく。

まり,「ワンワン犬」や「シュッポシュッポ列車」といったシンボルを使いながら，もともと擬音語や擬態語が表現していたような相貌性が,「犬」や「列車」の部分に移されていくのである。

　こうして，犬という指示対象とそれを表す音声（イヌという音）は，一見似ても似つかないものになっていく。シンボルが指示対象からどんどん隔たったもの，距離の遠いものになっていくのである。ただし，それは，関係の深い特定の人とだけでなく，その言語文化の不特定多数の人とその意味が共有できるようになっていく過程でもある。このように，シンボルと指示対象の距離が離れ，伝え手と受け手の距離が離れていくことをウェルナーは〈距離化〉と呼ぶ（図10）。

　当初,「子ども‐養育者‐対象」という未分化な原初的母体（図の中心部）から芽生えたシンボル的活動は，擬音語・擬態語という中間段階（シンボルが対象に縛り付けられているために，子どもの身近にいる人々にしか理解されない言葉）を経て，慣用語（シンボルと対象の相貌的類似性は薄れるが，その代わりに不特定多数の人と共有できる言葉）へと至る。しかし，そうやってシンボルと対象に距離化が起こるとしても，両者が何らかの形で共通の相貌性（ある感じ）を有していない限りは，シンボルに意味が感じられるということは起こり得ないというのが，ウェルナーの立場なのである。

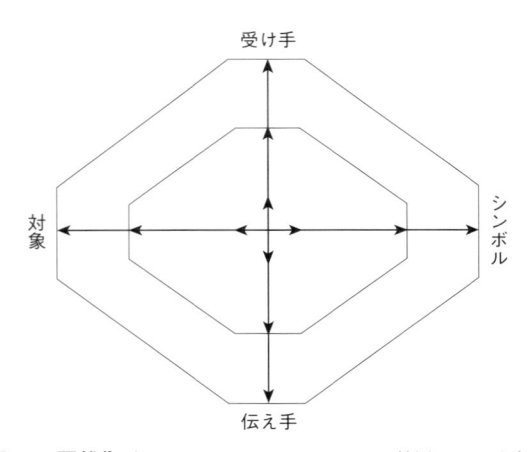

図10　距離化（Werner & Kaplan, 1963/1974; 鯨岡, 1997 より）

第16章
ワロンの身体・情動・自我論

　前章では，子どもがどんな世界を生きているのかを了解するための手掛かりを与えてくれるものとして，ウェルナーの相貌的知覚論などを概観した。対人関係や欲望・情動過程と切り離された知能の発達を語っていたピアジェと対照的に，そうしたさまざまな要素が有機的に織り合わされた一つの全体として人間を捉えていこうとする彼の発想は，関係発達論の考え方にも多大な影響を与えたものである。ただし，その反面，子どもと養育者の関係性の具体的描写が不十分であることや，ウェルナー自身は主体と客体との距離化が進み，相貌的知覚から客観的知覚へと移っていくことを単純に「発達」とみなしている節があること[67]など，ウェルナーさえもまだ個体論や右肩上がりの発達論を脱し切れていない側面がある。また，その議論はやはり知覚論やシンボル論なのであって，子どもの人格的な育ちが十分扱われているとはいいがたい。

　そこで，次にワロンの理論に目を向けることにしよう。ヴィゴツキーにおいて欠けていた身体論や，ウェルナーにおいて十分でなかった対人関係論などを議論の中心に据えながら，子どもの生活がどのように変遷していくのか，そこから「私」という自我意識がどのように芽生えてくるのかを論じていくワロンのスタイルは，ウェルナーとはまた違った意味で有機体論的である。同時代を生きたピアジェとはいろいろな面で対照的な理論を組み立てている点で―それゆえに単純で分かりやすい能力発達論を求める現代的風潮からはなかなか理解されないのだが―，ワロンが目指した方向性は関係発達論のそれと大きく重なっていたのだと思われる。

1. ワロンの「身体」

　ピアジェの描く子どもが何か「シェマの束」「能力の束」のようで，どこか無機的な印象を与えるのはなぜだろうか。恐らくそれは，ピアジェの問題にするのが

---

[67] 私見では，ウェルナーの理論そのものは客観的知覚や科学的認識とは別種の，非常に豊かな世界体験—相貌的・共感覚的・芸術的知覚様式—の大切さに目を開かせてくれるものなのだが，彼自身はやはり科学的認識の方を重視していたように見える。

「操作される身体」——「叩く」「つかむ」といった行動図式の集合体としての身体——のみだからである。ところが，本来人間存在にとってより一層大きな問題となるのは，何かを「感じる身体」なのではないだろうか（浜田，1994）。

僕たちは何も身体を動かさずとも，「いつも，すでに」この身体でもってさまざまなことを感じている（Gendlin, 1962/1993, 1981/1982）。そして，そうした「感じ方」が，実は僕たち一人ひとりの「生」を色づけているといっても過言ではない。あるいは，僕たちが誰か他者のことを分かりたいと思う，そう思ったときに了解したいのは，他者がどうやって身体を動かしているかではなくて，他者がその固有の身体でもって，どういったことを感じながらその人なりの生を送っているか，どんな体験世界を生きているのかといったことではないだろうか（大倉，2008a）。それを目指そうとするときに，「操作される身体」よりもむしろ「感じる身体」の働きをこそ注意して見ていく必要が出てくる。ワロンの身体論は，そうした「感じる身体」に焦点を当てようとするものだと要約できる。

あらかじめいっておくと，ワロンの理論における「身体」は，さまざまな外界刺激に生理的に反応すると同時に，自ら作り出した情動を感じ，体験する身体，さらには他者の身体と自然に共鳴して，他者と情緒的交感を行う身体である。いいかえれば，それは生理的現象，心理的現象，社会的現象の基盤，結節点となるような，この生きた「からだ」のことである（浜田，1994）。人間存在を全体的に捉えるために，生理－心理－社会の各レベルの有機的関連性を記述していく必要がある，そのためにそれらが織り合わされている「場」としての身体に注目しようという発想なのである。そして，そうした独自の身体論を編み上げるための彼のキーワードが，いわゆる姿勢－情動機能であった（Wallon, 1934/1965）。

いうまでもなく，身体全体を統括しているのは神経系である。この神経路を電気信号が流れることによって情報を送っているわけだが，各神経路を電流が伝わる方向は決まっている。すなわち，無数の一方通行路が集まって束になり，網目となって，巨大な情報回路ができあがっているのだ。

この情報回路は，まず大きく求心系と遠心系に分かれる。前者は身体全体の感覚器官から情報を取り入れ，中枢へと送る入力・受容系の回路であり，後者は中枢で処理された情報を身体全体の作用器官へ流して具体的な活動に変換していく出力・作用系の回路である。

さらに，ワロンは神経系を外界に関わるもの，姿勢に関わるもの，内臓器官に関わるものという三つに分類する（Wallon, 1934/1965）。外界に関わるものは，

外界からの刺激を取り込んだり（浜田（1994）にならって外受容系と呼ぼう），外界に働きかけていったり（外作用系）する回路。姿勢に関わるものは，現在の各筋肉の緊張状態を集約して自己の姿勢を把握したり（自己受容系），緊張を適切に配分して自己の姿勢を形成・維持したり（自己作用系）する回路。内臓器官に関わるものは，内臓感覚や平衡感覚のような身体内部からの刺激を取り込んだり（内受容系），各内臓器官への指令を送ったり（内作用系）する回路である。通常は外界に関わる回路と自己身体に関わる回路という二大別がなされることが多いところにあえてこの三区分を持ち出し，さらにこのうちの姿勢に関わる機能（自己受容系や自己作用系）の中に情動というものを理解するための鍵を見出そうとするのが，ワロンの独創性である。

例えば，怒りは刺激興奮が過度に高まり，それを取り払う能力を超えてしまったときに生じる反応である（Wallon, 1938/1983）。怒りに震えるとき，僕たちは「頭に血が上る」とか「ムカムカする」といった内臓感覚とともに，身体全体の筋肉が緊張して固くなり，あふれ出てくる興奮を抑えようとして，抑え切れなくて，小刻みに震えてしまうのを感じる。他の多くの動物の怒りの表情と同様，目は吊り上り，歯を食いしばっているかもしれない。ダーウィンなどはこうした反応を生存競争に勝ち抜くために有利だった外界への適応的反応として位置付けるわけだが，ワロンは，こうした情動反応を外界に対して働きかけていく行動とは独立した次元にある，自己の身体をかたどる表出活動（自己塑形的活動）だと捉える。それが外界への適応に役立つか否かに関わらず，さまざまな興奮を各筋肉へと配分して，独特の表情なり姿勢なり—喜び，苦悶，恐れ，おじけなど—を生み出していくというのが，情動反応の本質なのである。

ただし，今の説明から分かるとおり，情動反応は姿勢機能（自己受容系や自己作用系）とのみ結びついているわけでもない。「頭に血が上る」「ムカムカする」といった内臓感覚は怒りという情動の主観的側面を形成するのに欠かせないものだし，姿勢を司る自己作用系への配分だけでは処理しきれない興奮が，運動を発動させる外作用系へわずかにあふれ出ているのが「震え」である（ときに，それは実際の攻撃行動や自暴自棄の行動となって処理されねばならないかもしれない）。外受容系－外作用系や内受容系－内作用系とは独立したものとして姿勢機能（自己受容系－自己作用系）を取り出し，これと情動との密接な関連を強調しながらも，むしろこれら三者の絡み合いによって生起する人間の内面的・外面的なさまざまな生活・活動（知覚，運動，情動，思考等）を説明していこうという

のが，ワロンの目標だったわけである。

2. 適応する身体（ピアジェ）と感じる身体（ワロン）

　ワロン独自の身体の捉え方を簡単に見たところで，ピアジェとワロンの理論の違いを整理しておこう。

　今，人間の神経系を三つに分類したが，ピアジェが問題にしているのは，このうちの外受容系 - 外作用系のみである。同化や調節といった活動が発動されるのも，外界への適応に関するこのルートを通してである。いいかえれば，ピアジェは全ての生体の機能を適応のための活動としてしか捉えていないことになる。しかし，こうした枠組みの中では，人間の全ての活動を「できないことがいかにしてできるようになるか」というふうにしか捉えることができない（浜田，1994）。

　例えば，僕たちは出会った状況に対していつも適応できるわけではなく，手持ちのシェマではどうしようもないということがしばしばある。そんなとき，ピアジェの枠組みでは，ただ手をこまねいて見ているか，手持ちのシェマを頑なに繰り出すか，そのどちらかの選択肢しかないことになってしまう。しかし，もちろん，僕たちはそんなに単純な存在ではない。恐らく，そんなどうしようもないときにこそ嘆いたり，悲しんだり，怒ったりといった喜怒哀楽が動くのが人間というものだろう。そのように感情を動かしてみても，外の世界そのものは何も変わらず，相変わらず適応はできないかもしれない。それでも感情がどうしても動いてしまう。そうした人間のありようを描くためには，外受容系 - 外作用系のみを見ているだけでは明らかに不十分である。

　これに対してワロンは，自己受容系 - 自己作用系の働きを，情動との絡みで強調する。上で述べた通り，それは外界への適応（外受容系 - 外作用系）とは独立した，自己塑形的な表出活動である。

　例えば生後１〜２ヶ月の乳児は床の上にうつぶせに寝かせられると，やがてその姿勢を嫌がり始める。けれど，首もまだ座っていない時期だから，その姿勢を自分ではどうすることもできない。手足をばたつかせるくらいが関の山で，外作用系は適応のために有効に働かないわけだ。そこで，ついに乳児は泣き出すことになる。怒りや悲しみ，苦しみといった明確な情動として分化しているかどうかはともかく，これは間違いなく一つの情動反応である。この情動は，内作用系に働いて呼吸器 - 循環器 - 消化器内部の状態を変化させる一方，自己作用系に働いて全身の緊張を高め，特に顔面には泣き顔特有の表情を形作る。

注意しなければならないのは，乳児は最初，別に自分の苦しみを周りの人に訴えるために泣くわけではないということである（後述するように，しばらく後には訴えるための泣きも出てくるが）。大人の場合もそうだが，苦しい場面や悲しい場面ではおのずと泣いてしまうわけで，そうした場合，興奮は外作用系というよりは内作用系や自己作用系に流れ込んで，自己身体を塑形する方に向けられるのである。

　ところが，本来はそうした個体の適応のためということを意図しないで起こる情動が，周囲の他者に自然と伝播するということこそ，ワロン理論の最大のポイントである。うつぶせで苦しんでいる乳児を前にするとき，僕たちは居ても立ってもいられなくなり，何となく自分自身までもが苦しくなって，抱きかかえ，乳児の姿勢を整えてやらざるを得なくなってしまう。情動が身体を塑形し，独特の姿勢や表情となって現われたとき，それを感知した周囲の人間におのずと伝わり，彼らの身体をもかたどってしまうことがあるのである（Wallon, 1953/1983）。

　僕たち人間は各々が別個の身体を有しているという点では切り分けられた存在だが，実はその身体それ自体に他者に感応してしまう働き，それによって自己と他者とを結び合わせる働きが備わっている。それは決して経験的な推測や，自己の内面性の投射だとかいったことによるものではない。例えば，乳児は近くで他の乳児が泣いていると自分も泣き出してしまう。乳児を抱いた養育者が不安や恐怖で身を固くすると，乳児も身体を固くする。さらに，生まれたばかりの新生児の目の前で，実験的に口を開閉したり，舌を出したりすると，新生児も同じように口を開閉したり，舌を出したりするということがある（e.g. Bower, 1979/1982）。これは「共鳴動作」として知られる現象だが，まだ鏡も見たことがないような新生児が，いかにして大人の口の動きの見えと自分の口の動きの運動感覚とを対応させることができるのか，といったことを考え出すと，ほとんど奇跡としかいいようがなくなってしまう。これを説明するためには，身体というものはすでに生まれついたときから，他の身体と何らかの形でつながり，重なる可能性を有しているのだということ，同様に相手の身体が表している情動がこちらの身体に直に伝わってくることがあるのだということを認める他ないように思われる。

　こうした現象を，関係発達論ではメルロ＝ポンティの身体論（Merleau-Ponty, 1945/1967, 1945/1974）なども踏まえて間身体性と呼ぶ（鯨岡，1986b, 1997）。ある身体の姿勢－情動は，間身体的に他の身体に伝わり，その身体における何らかの反応（姿勢－情動）を引き起こすことがあるのだ。本来的に，人は他者に対

して開かれた存在である，と関係発達論がいうとき，その主張の基盤にはこの間身体性がある．ワロンは早くから身体の持つこうした働きの重要性に注目していた研究者だった．

ただし，ここで「本来的に」という言葉をつけるのは，いつも必ず人は他の身体とつながれるとは限らないからである．例えば，僕たち大人は，苦しんでいる他者を目の前にして，ほとんど感情を揺り動かされないということもある．乳児を目の前にしても，どう接したら良いか分からないという戸惑いに圧倒されて，乳児の情動を感じられない場合もある．恐らくは，大脳の脳幹部周辺による支配が大きい原初の頃から，次第に大脳皮質が発達してきて，この間身体的現象も皮質の働きの中に組み込まれ，ある程度随意的な側面が出てくるのだと思われる．相手の身体から何を感じるかということがコントロールの対象となって，本来的に有していたあまりに敏感な感じ方が抑えられてくるわけである．

しかし逆にいえば，生後間もない乳幼児は，大人以上に，周囲の他者の情動に大きな影響を受けるということである．実際，人間の乳児は，生まれたときは一人では姿勢を変えることすらできないほど無力な存在である．その生命が維持されるか否かは，全面的に他者に依存している．そうした生物学的条件も重なって，まず最初の数ヶ月から1年間は，この情動的活動を軸として，他者との共生状態を生きるところから始まるのだと，ワロンはいう（Wallon, 1952/1983）．これは周囲から切り分けられた個体としての乳児が，生まれついたそのときから外界へ適応していく様を描こうとしたピアジェとは対照的な見方である．個体としての「できる - できない」を越えて，「できる」にしろ「できない」にしろ，乳児も，そして僕たち大人も，他者とさまざまな情動を交感しながら生きている．人間の生き生きとしたありようの全体を捉えるために，外界への適応云々だけを問題にするのではなく，（もちろんそれも視野に入れながら）むしろこの情動的活動に重点を置いて見ていこうというのがワロンの発想なのである．

こうした身体・情動論を基礎にしながら，彼が乳幼児の生活の変遷をどのように描き出していったのか．特にその中で子どもの自我意識が芽生えてくる過程をどのように説明して見せたのか．以下では，大変豊かな，彼の自我発達論（Wallon, 1956b/1983）を見ていくことにしよう．

3. 衝動的運動性の段階

生後2〜3ヶ月の間，乳児は個体能力において外界に関わっていく力はほとん

どなく，同時に自ら他者の介助を引き出す力もわずかしかない。自分で呼吸をし，母乳を消化器で吸収するという植物的機能はあるが，周囲からしっかりと呼吸できる姿勢にしてもらい，母乳を与えてもらうといったことがなければ，その植物的機能をまっとうすることすらできないわけだ。したがって，この時期の乳児は，周囲の大人へのいわば「生理的共生」を必要としており，その点でこの時期はなお胎児期の延長上にある生活様態なのである。

この時期の子どもの運動には爆発的なところがあって，何かに方向付けられているということがない。腕はぎくしゃくした曖昧な動きを見せ，足はバタバタと自動的に動く。協応した運動というよりは，運動発作に似ているので，この段階を衝動的運動性の段階とワロンは名づけている。ただし，ワロンの段階にはこれといった明確な切れ目があるわけではなく，次の情動的段階の萌芽はこの段階からすでに生じてくる。すなわち，栄養の欲求と姿勢の欲求（姿勢を変えてほしい，ゆすってほしい等）という二大欲求に結びついた条件反射[68]が形成されてくるのである。

例えば，空腹を感じた乳児はこれを自分で満たすすべがないから，おのずと泣き出すだろう。先にも述べた通り，自らが置かれた状況に対して無力で，有効な適応活動をとれないとき，そこにおいて生じた興奮は自己作用系や内作用系に流れ込み，情動反応を引き起こすわけだ。これは，そもそもは誰に向けるともなくおのずと生じる表出的・自己塑形的な情動反応であったものなのだが，これが間身体性を介して養育者に伝わり，そのたびに養育者が乳児に母乳を飲ませるということが繰り返されると，やがて泣きの表情になるという自己作用系の活動と，母乳を飲むという外作用系の活動とに連合が成立してくる。いわば，乳児は泣くという情動的活動の中に，母乳を飲むという活動を漠然と予期するようになるのであり，泣きは，養育者にとってだけでなく乳児にとっても，（乳児の）空腹の「しるし」になっていくわけである。

4. 情動的段階

生後2〜3ヶ月も経つと，今述べたような条件付けがさらに確固たるものにな

---

[68] パブロフの犬は食餌のたびにベルを聞かせられるうちに，やがてベルを聞いただけで唾液を流すようになる。ベルの音を聞くという外受容系と，唾液を分泌するという内作用系の連合が成立してくるわけである。これと似たような神経回路の連合が，乳児にも起こるというのが，以下の議論の骨子である。

ってきて，さまざまな情動的反応が単なる「しるし」という以上の「表現」的性格を持つようになってくる。例えば，養育者にとっても子どもにとっても，泣きは空腹や不快の表現として，微笑みは満足や喜びの表現として明確に位置づけられ，その表現を相手に差し向けるといった活動が見られるようになる。このようにして，養育者と子どものあいだには"動作・態度・姿勢・身振りなどによる相互理解のシステムが作り上げられて"（Wallon, 1956b/1983, p.235）いき，生後6ヶ月にもなると，怒り，苦痛，悲しみ，嬉しさ，喜びなど，場面場面に応じたさまざまな情動がさらにはっきりと分化してくる。あらゆる種類の情動のニュアンスが示せるようになって，他者と情緒的に共生することが，この段階に優勢な生活様態になる。これが，ワロンのいう情動的段階である。

　これを単に，生命維持の必要性から子どもはさまざまな欲求表現を使いこなすのだといった，外界適応の観点から見るのは正しくない。客観的に見たときには「生命維持の必要のために養育者と結びつく必要がある」ということが事実であるとしても，子ども自身が「生命維持のために」と思って表現を差し向けているわけではないのだ。そうではなく，子どもにとってはまず養育者とさまざまな情緒的交換を行うということそれ自体が，一次的な重要性を持つものとして現われるのである。そういう意味で，この時期の子どもにとっては情緒的な対人関係こそが全てだといっても過言ではない。実際，スピッツ（Spitz, 1945）によれば，母親から引き離され，栄養その他の条件が十分に整った乳児院で育った子どもと，刑務所のように物質的には恵まれない環境であっても母親のもとで育った子どもとでは，生後6ヶ月を境に後者の方が心的発達・身体的発達ともに良好になることが分かっているが，ワロンはこの研究に注目しつつ，子どもの心的発達と身体的発達とが分かちがたく結びついていることを強調する（Wallon, 1952/1983）。養育者との情緒的結びつきの重要性は，単に生命維持のための物理的諸条件を満たすことに還元できるものではないのである。

　一方，意識の発生という観点から見てみても，この時期は注目に値する。前の衝動的運動性の段階では，内外の刺激に対して自動的に反射的反応が生じるだけだったから，そこに意識の介在する余地はなかった。僕たちは，普段，今この目で知覚している世界を「意識」していると思っているが，実はただ単に知覚しているものに対して自動的に，あるいは滞りなく応じているだけであれば，それは意識と呼び得るものにはならない（例えば，映画に没入して見入っているときには，意識がないまま視覚的印象をただ追いかけているのである）。したがって，外

受容 - 外作用系の回路を信号が滞りなく循環しているときではなく，むしろ，外界への適応がうまくいかずに，興奮が内作用系や自己作用系に流れ込み，情動というエネルギーの渦が高まったときにこそ意識が生じるのである。

ワロンによれば，ある状況が（単に知覚されるという以上に）意識されるためには，その状況が内的な興奮や情動を生み出す必要がある。いわば，乳児は自らの内に沸き起こった情動によって，状況を認識するのである（Wallon, 1956c/1983）。例えば，養育者との情緒的共生を経て，最初未分化な興奮に過ぎなかった乳児の情動が，苦痛や喜び，悲しみや怒りといったさまざまなニュアンスに富むものに分化してくるが，それに応じた形で乳児は外界を分節し認識していくということである。そうした考え方はウェルナーの相貌的知覚の議論にも通じるものがあるし，次章で紹介する精神分析の対象関係論などには，乳児は空腹な状況に置かれた怒りに支配されているときの乳房を「悪い乳房」として，快適さや喜びに満ち足りた中で差し出される乳房を「良い乳房」として捉えるという考え方もある（Klein, 1952a/1985, 1952b/1985; 新宮, 1995）。乳児の内部で高まった情動が乳児の世界を分節していくという形で原初的な意識が発生してくるわけだが，そこにおいては，外界の対象と自らの内面性の区別がまだ十分ついてはいない。したがって，この時期をワロンは徹底的な「主観主義」「主観的癒合」の時期とも呼んでいる（Wallon, 1956b/1983）。

5. 感覚運動的活動の段階

どちらかといえば乳児が自らの内面性によって方向づけられていた情動的段階に続いて，生後1年頃にはより外界の方に向いた段階がやってくる。それが感覚運動的活動の段階である。ピアジェが見出し，詳述したような，諸々の感覚運動的活動が盛んになってくる時期である。

もちろん，ピアジェのところで見たように，たまたま自分の指が口に触れ，それを吸ったという経験があった後に，ある種の能動性とともに乳児が指吸いをするようになるといった第一次循環反応や，そこに事物が取り入れられた第二次循環反応は，生後2ヶ月から生後6ヶ月くらいの間にもすでに見られるような感覚運動的活動である。ただし，その時期はまだ十分に自分の体を動かせないこともあり，これら循環反応は，周囲の人との情緒的関係ほどには乳児の生活を左右するほどの決定的重要性を持ってはいなかった。

しかし，1歳頃になり，這い這いや二足歩行ができるようになってくると，子ど

もはより積極的に外界の事物に働きかけていくことができるようになってくる。つまり，循環反応では自分でたまたま行った行為に対して興味深い感覚を得た場合にそれを繰り返すというだけに留まっていたのに対して，1歳頃には与えられた状況に触発されて，まず目的を設定し，そのために運動や知覚を力動的に調整するようになってくるのである。同時に，自ら身体を動かすことによって，次々とたどっていく環境を一つの連続空間の中に統合していく。この移動空間を発見すると，子どもははじめそれに熱中して部屋から部屋へと動き回り，いったん見失った物を意図的に探し出してくるといったこともできるようになってくる。いうなれば，この時期の子どもには，自分の目的を実現するためのさまざまな知的行動，実用的知能が見られるようになってくるのであり，ワロンはこれを「場面の知能」（Wallon, 1942/1962）と名づけている。

　以上のように，ワロンの感覚運動的段階はピアジェの感覚運動期第Ⅳ段階以降と基本的には重なるものである。ただし，ピアジェが感覚運動的な実用的知能の内面化により表象的知能が発生してくると考えたのに対して，ワロンはこの「場面の知能」と表象的知能のあいだには根本的な断絶があるのだと考える。すなわち，直接的な行動空間の中で事物との関係を把握していく「場面の知能」と，そこに潜勢的な心的空間を重ね「いま，ここ」を大きくはみ出る知的活動を可能にしていく表象的知能とは，その発生の起源が異なるのだというのがワロンの立場である[69]。そして，そうした彼の考え方を支える重要な鍵となるのが，次の投影的段階というものなのである。

6. 投影的段階

　これまで述べてきた衝動的運動性の段階，情動的段階，感覚運動的段階では，いずれも子どもは「いま，ここ」に与えられた世界に生きている。しかし，僕たち大人は，そうした「いま，ここ」の世界を超えて，時間的な未来や過去，さらに生活場面を大きくはみ出す空間世界を思い描き，そうした潜勢的な可能世界の中に「いま，ここ」に広がる現勢的世界を位置づけながら生きている（浜田，2009）。そして，それが過去から未来に至るまで一貫して存在する「私」の感覚，自我の意識というものを支えているのでもある（Erikson, 1950/1977; 大倉，2011;

---

[69] この点は，2歳頃を境に思考と言語が絡み始め，それまでの前言語的思考とは根本的に異質な思考生活が始まるとするヴィゴツキーや，シンボル的活動は事物に対して働きかけるところにではなくそれを静観するところに発生すると見るウェルナーなどとも共通性を含む見解だといえる。

鑪, 1990)。実は，子どもがそうした潜勢的な可能世界に入り始める助けとなるのが，1歳頃から芽生えてくる〈投影〉の働きなのである。

ワロンのいう投影[70]とは，まだ十分に心内表象を維持したり操作したりできない子どもが，実際の運動的身振りによってそれを意識に与えようとする行為である。例えば，代表的な投影的活動として，ワロンが重視するのが模倣である。実際，ピアジェのところで見たように，1歳代半ばから，一度見た印象深い場面を一定時間後に自分の身体を使って再現しようとする延滞模倣が出てくるようになる。「いま，ここ」にないものを，身振りによって現前化させているわけだから，これは確かに表象的な働きと密接に絡んだ現象である。

しかし，それは，表象機能が成立したから延滞模倣が可能になったということでは必ずしもない[71]。そうではなく，この時期の子どものイメージというものは，まだイメージそのものとして目の前の状況と独立に存立しているのではなく，むしろ具体的な身振りを通してしか存立し得ないのだというのである。"子どもたちは，言葉によるのと同じくらい，身振り動作を用いて自分を表現します。そして，すぐに萎えてしまう思考を身振りで表し，そのイメージを現実の環境の中にふりまいて，それに一種の現前性を与えているようにみえます"(Wallon, 1956c/1983, p.145) とワロンは述べている。このように，子どもの不十分な表象能力による脆弱なイメージや思考は，最初は現実の身振りに投影されることによって何とか形を与えられるのである[72]。

実は，投影が持つこうした働きは，僕たち大人にとっても役に立つことがある。例えば，難しい文章を読んでいてなかなか頭に入ってこないときに，単に目で追うのではなく声に出して読んでみると「あ，そういうことか」と意外とすん

---

[70] 次章の精神分析学がいうところの「投影」とは意味が異なるので注意されたい。
[71] 延滞模倣について，僕たちはまずモデルの行動を頭の中でイメージし，そのイメージを手本として体を動かすのだ（そのイメージがなければ模倣できないのだ）と考えがちだが，それは必ずしも正しくない。例えば，獲物を銃で狙う猟師の模倣をしようとするとき，僕たちがイメージするものは何か。モデル（猟師）のイメージは単にきっかけを与えるにすぎず，一旦模倣が始まってしまえばむしろそれは銃口の先にある「獲物」なのではないか。模倣とは相手の行為をそのまま模写することではなく，むしろ相手の身体に自らの身体を重ね合せ，相手の行為が目指すところを共に目指そうとすることであり，仮にその目標物が目の前に与えられている場合には，必ずしも確固たるイメージを必要としないのだと考えられる（Merleau-Ponty, 1964/1993)。
[72] 第14章のエピソード48（本書 pp.199-200）について，Kちゃんはまず「どうぞ」の型を覚え，それを繰り返すうちにこの言葉の本当の意味を身に付けていくのだろう，と述べた。このように，実は言葉の意味—「いま，ここ」を超えた一般的・表象的な意味も，投影の働きによって根づいていくものだと思われる。

なり分かったりすることがある。具体的な身体の動きに移し変えてみることで，ようやくその文章がいわんとする事柄を確保できるということがあるわけだ。

7.「私」の意識の発生

ところで，この投影的段階は「私」という自我意識の発生にとって極めて重要な意味を持っている。

少し遡ると，まず生後数ヶ月頃の情動的段階においては，乳児は養育者とのあいだで姿勢 – 情動の相互理解のシステムを確立し，その情緒的共生の中を生きている。この時期には，"子どもは周囲の身近な人びとと非常に密接に結びついて，他者と自分とを区別できないほどになり"，"子どものパーソナリティは，自分に触れるすべてのもののなかに拡散してしまっている"（Wallon, 1956b/1983, p.236）。

しかし，そうした他者と密着した情緒的共生の中には，実はすでにかすかな自他の差異が含まれてもいる。例えば，養育者が乳児を「抱く」ときに，乳児は養育者に「抱かれ」，乳児が養育者に「抱きつく」とき，養育者は乳児に「抱きつかれる」。そこにおいて，乳児は自己自身の感受性の内部にかすかな他者性を感じ取っていく。つまり，相手の身体の感じていることがこの身体に伝わってくるという間身体性によって，自分が「抱かれている」という受動性の中に，相手の「抱く」能動性を捉えると同時に，自分が「抱きつく」という能動性の中に「抱きつかれる」相手の受動性を捉える，といったことが起こっているわけだ。

こうした能動 – 受動のやりとりは，乳児の感覚運動的な能力が増大するとともに，よりダイナミックなものになってくる。第11章のエピソード40（本書pp.149-150）で，Kちゃん（1歳6ヶ月）とのお掃除ごっこが「追いかける – 追いかけられる」という交替やりとり遊びに発展していった場面を取り上げたが，これと同様に子どもは"たたいたりたたいてもらったり，いないいないばあを交互にやったり，要するにある状況の一方の側から反対の側にかわるがわる移ってみて，対立した情緒を体験しようとする活動に"（Wallon, 1934/1965, p.238）夢中になっていくのである。こうした遊びを通じて，子どもは自分と他者との相互的関係や，今やかなりダイナミックに感じられるようになった能動 – 受動の交替構造を楽しんでいるわけだ。

ただし，ここで自他の相互的関係といっても，まだ子どもが確固とした「私」の意識を持っているわけではないという点には注意が必要である。ここでの自と他

は，まだ相対的なものであり，自はいつでも他に替わりうるものとして，他はいつでも自に替わりうるものとして体験されているに過ぎない。ワロンはこの時期の子どもの体験している自他の区分について次のようにいう。"子どもにとって，遊びの相手は自分と離れた存在ではありますが，両者は本質的にはおたがいに等価なのです。ただ時間のずれがあるだけで，二人は同じ動作をし，同じ印象を持つのです。言いたければ，二人の個人がいると言うこともできましょうが，この二人はまったく同質で，交換可能な二人でしかありません"（Wallon, 1946/1983, pp.61-62）。すなわち，こうした交替やりとりの場面の中で生じた自他の区分は，あくまでこの場面に密着した具体的体験であって，この文脈を離れた一般性を持ってはいないし，他とは異なる一個の自としての「私」の意識が確立しているわけでもないのである。

　ところが，こうした具体的場面での自他のやりとりが定着すると，今度は他者がいないところで，一人で能動－受動のやりとりを交互にするのが見られるようになってくる。エピソード41，42（本書 pp.152-154）で見たような，一人二役の遊びや，一人二役の対話などである。これは身振りや言葉で一人二役を演じてみることによって，イメージの世界でのやりとりを立ち上げようとしているものであり，延滞模倣と同様の投影的行為である。そして，まさにこの投影の助けを借りながら，子どもは自と他の交替やりとりを，表象世界に敷き写していくことになる。こうして，「いま，ここ」での具体的なやりとり場面に，潜勢的・可能的な表象的やりとり場面が重ねられてくるようになるのだ。

　やがて，もはやいちいち投影の働きを借りなくても，子どもの表象世界の中に確固たる対話的やりとり構造が定着していく。これこそ，「私」という自我意識の始まりだとワロンは見る。例えば，ある女の子は3歳頃に一人対話を突然やらなくなってしまったという。そして，自分をいろいろな人に見立てて遊ぶのを止めて，自分の絶対的な視点を立て，恒常的に存在する特定の自分という視点を得，自分自身の視野の下に，他者を自分との関係の中で位置づけるようになったのである（浜田，1994; Wallon, 1934/1965）。

　交替やりとり遊び場面の「こちら」はいつでも「そちら」と入れ替わり可能であり，「同質な個人が二人いる」状態に過ぎなかった。ところが，今やそうした交替やりとり構造が具体的場面を離れて，表象の世界で確立すると，現実場面である一つの役割をとっている「こちら」とは，潜在的には「そちら」にとっての「そちら」であることを知っている超越的な第三の視点が生じる。それは，可能性

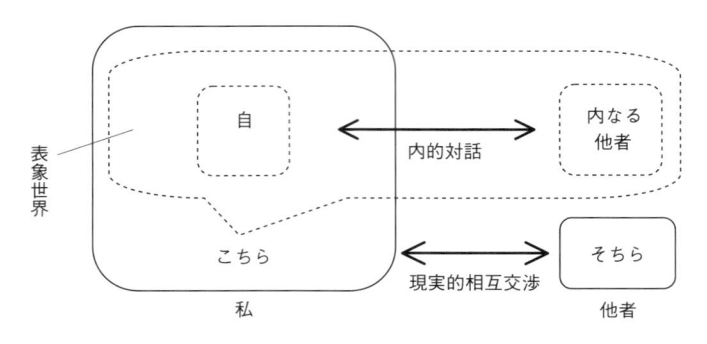

第16章　ワロンの身体・情動・自我論

図11　「私」の意識構造

としては「追いかける」「追いかけられる」いずれの役割もとることができるけども，今ここでは一方の役割を「こちら」として引き受けている意識のことだといっても良い。まさにそれが「私」という自我意識なのだ。「私」とは，常に他にとっての他の位置にあるものとしての自の意識，可能性としてどんな役割をとることもできるが，その都度その役割を「こちら」の役割として，それ以外の役割を「そちら」として振り分けるような第三の視点のことである（したがって，図11のように「私」の意識の裏側には常に「内なる他者」（Wallon, 1956a/1983）が貼り付いている）。こうして，可能的・潜勢的な「きのう－きょう－あす」といった時間軸の中の，また「ここ－あそこ－むこう」といった空間の中のある一点として，「いま，ここ」が位置づけられていくとき，そこに「私」という自我意識が登場するのである。

　これ以降，子どもは「私」や「僕」という言葉を乱用するようになっていくと，ワロンはいう（Wallon, 1946/1983）。最初は，周囲の他者が指し示すあらゆるものに対して反対することによって「私」の形式を確固たるものとし（自己主張期），もう少し後には「僕のもの」「君のもの」という所有の形で事物を振り分けることで，その「私」に中身を与えていく。さらに，青年期に問題になるような純粋な表象としての，あるいは論理的なカテゴリーとしての「私」ができあがっていくまでにはその後も長い道のりが続くわけだが，ともあれ，この3歳くらいまでの時期に，一応「私」の意識の原型ができあがるというのが，ワロンの考え方なのである。

8. 関係発達論から見るワロン

　身体，情動，知能，言語，自我意識，対人関係など実にさまざまな側面から，乳幼児期の子どもの生活の変遷過程を全体的に描き出して見せたワロン理論の概要を示してきた。多元的な要因が有機的に絡み合った人間のありように目を開かせてくれる彼の理論は，関係発達論にとっても非常に大きな参照点となるものである。しかし，そのことを認めつつも，やはり彼の理論においても，まだ〈子ども－養育者関係〉の捉え方が不十分なのではないかというのが関係発達論の立場になる。

　例えば，ワロンの自我発達論において，養育者はどのようなものとして登場してきただろうか。自動的な反射活動に支配された生後間もない衝動的運動性の段階では，子どもの植物機能を支える存在として，子どもが生理的に共生する相手として，養育者が描かれていた。それからしばらく経つと，今度は子どもが盛んに情動を表現する相手として，情緒的共生のパートナーとしての養育者になる。さらに，感覚運動的段階になると，子どもと一緒に交替やりとり遊びをしてやる他者として，養育者が描かれる。これら各段階を通じていえることは，養育者は子どもの姿勢－情動に間身体的に共鳴し，子どもの必要性を満たしてやるような「もう一つの身体」として思い描かれているということである。

　しかし，それで本当に養育者の存在の意味を十分に明らかにしたことになるだろうか。というのも，生理的共生の相手，情緒的共生の相手，交替やりとり遊びの相手となって，子どもからの必要性を満たしてやるというだけでは，まだそれは子どもからの働きかけに対して反作用を返すだけの「受動的環境」とほとんど変わらないからである。けれど，実際の生活場面ではもっと盛んに養育者の側から子どもへの働きかけがなされているし，養育者は単純に子どもの必要性に応えるばかりの存在ではなく，ときにどうしても許されないと思うことについては子どもに禁止を迫ったりする存在でもある。要するに，養育者自身が固有の思いを持ち，子どもに対してその場その場で独自の働きかけをしていく一個の主体，いうなれば固有の「顔」を持つ主体だということである。本来，子どもはそういう意味での能動的環境，具体的他者との関係を生きているわけだが，どうもワロンの理論からはそうした具体的な養育者の姿，固有の顔を持った養育者の姿が見えてこない。

　これに対して関係発達論が問題にするのは，そうした個々具体の養育者のあり

方を規定する条件とは何であるのか，そしてそれが子どもの育ちにどのような影響を与えるかということである．したがって，関係発達論では養育者は固有の自己性を備えた一人の人間として描かれ，〈子ども－養育者関係〉におけるさまざまなコミュニケーションがワロン以上に具体的に分析されていくことになる．養育者は子どもの身体にただ共鳴し，応える「もう一つの身体」としてではなく，共鳴することもあればしないこともある一人の人間として，さらには子どもの要求に応えてあげたり，応えなかったりするような具体的な他者として描かれ，その具体的な他者との関係を生きる中で子どもがどのような自己性を作り上げていくかが問題にされるのだ．

　私見では，こうした両理論の（微妙な，大きな）違いは，その根底にある実践的関心の差だと思う．すなわち，関係発達論の諸々の議論展開を動機づけているのは，突き詰めれば，「親になること，子どもを育てることがますます難しくなっている現代という時代の中で，子どもを育てるとはどういう営みであり，子どもをいかにして育てていったら良いのか」という問題意識である．関係発達論から見たワロン理論の物足りなさというのは，結局，この「いかに育てるか」に真正面から答えてくれるような形では，ワロンが議論を展開していないということに尽きる．多分，医者であったワロンにとっての実践的関心は，また少し違ったところにあったのだろう．例えば，「内なる他者」という彼の考え方は，嫉妬や幻聴，自己内対話といったさまざまな心的現象のメカニズムを理解するために，非常に有力な手掛かりを与えてくれる（Wallon, 1946/1983, 1956a/1983）．ワロン自身は自らがどういった実践的関心を持っているかということを明確にしてはいないが，恐らくはより内面的な心理現象や病理的現象への興味関心が，彼の理論を導いていたように見える．

　ともあれ，「いかに育てるべきか」という関係発達論の実践的関心に応えるためには，実際に養育者がどのような思いや願いを持ち，どのような葛藤を経験しながら子どもを育てているか，また養育者との具体的な関わりを通じて子どもはどのような思いや葛藤を抱きながら，どのような自己性を育んでいくのかといった問題に取り組んでいかねばならない．この問題に取り組むときに，避けては通れないのが，非常に不可思議な人間の願望や葛藤についての議論，すなわち欲望論である．ヴィゴツキーにしろ，ウェルナーにしろ，ワロンにしろ，私見ではこれまでの発達心理学理論というのは，この欲望論への取り組みが必ずしも十分とはいえない．やはりそれに関して一日の長があるのは，精神分析学だろう．〈子ど

も‐養育者関係〉を，あるいは関係発達論を理解していく上で欠かすことのできない作業として，次章では関連する精神分析学の諸理論を概観していくことにしたい。

第17章 精神分析学的な諸研究

　前章の末尾で述べたように，本章では人間の欲望について発達心理学よりも一歩踏み込んだ知見を提出してきた精神分析学的な諸研究を概観していく。精神分析学はフロイトが神経症の治療法を模索する中で創始し，今では非常に精巧かつ複雑な体系になった学問分野である。夢や症状に表現された無意識の欲望（Freud, 1900/1969, 1916-1917/1971），エス・自我・超自我といった心的システム（Freud, 1923/1970），有名なエディプス・コンプレックス論（Freud, 1909/2008）など，非常に独特な考え方が精神分析学から生まれ，今では単なる治療論を超え，ある種の人間観を示したものとして，哲学，言語学，歴史学，心理学，社会学，芸術学など，広い分野にわたって影響を与えている。これだけ広大な学問体系の全てをここで見ていくことは不可能なので，ここでは特に「子ども（特に乳児）はどのような主観世界を生きているか」とか「いかに子どもを育てるべきか」といった問題に対して示唆を与えてくれる学説を取り上げたいと思う。具体的には，フロイトからクライン，ウィニコットなどに至るイギリス対象関係論学派の系譜や，精神分析学と発達心理学の調停を目論んだスターンの自己心理学などに注目し，関係発達論が精神分析学から取り入れるべきこととは何かといったことを考えていく。
　まずは，フロイトの描く子どもの姿から見ていくことにしよう。

1. フロイトの布石

　実に豊穣で多岐にわたるフロイトの学説だが，ここでは後に対象関係論という非常に独特な理論が展開されていくための布石となった，乳児期に関する彼の考え方を中心に見ていくことにする。
　フロイトが乳児期をどのように思い描いていたのかを知る最初の手掛かりは，1905年に発表された『性理論のための3篇』（Freud, 1905/2009）にある。ここで彼は「純真無垢な子ども」という世間的な常識とは裏腹に，子ども時代からすでに性欲動が現れていること，もう少しいうと性器を結合させることを目指す大人の性欲（性器的段階）に至るまで，性欲の形態が順次発達していくものであるこ

とを明らかにしている。

　まず最も初期に見られる性的活動はおしゃぶりすること，なめること，すなわち指や唇，舌，その他さまざまな対象を吸う活動である。フロイトは，乳児にとってこれはかなりの快感を伴うものであり，"吸い心地のよさは，それに向けた関心を食いつくし，そのまま眠りへといたるか，あるいは，一種のオルガスムスである運動反応へいたることすらある"と述べ，その脚注として"早くもここに，人の一生涯を通じて妥当することが示されている。すなわち性的な満足は最もすばらしい睡眠薬である"（Freud, 1905/2009, p.231）といった文言を添えている。わが家の息子 H もお腹が満たされているはずなのに泣くときがあって，そんなときおしゃぶりをくわえさせてあげるとしばらくその感触を楽しむように夢中になって吸った後，安心したように眠りに落ちることが多かった。ああした様子などを見ていると，乳児にとって吸うという活動が非常に大きな意味を持っているのだということは何となく分かる。このように，フロイトにとって乳児期というのはまず口や唇の周辺が主要な性感帯となっている時期，つまりは口唇期として位置づけられるものだった。

　その後，肛門期，男根期と主要な性感帯が変わっていき，やがて性的活動が一時的に抑制される潜伏期を経て，思春期から成人になるにつれて性器期を迎える。性器期に至って口唇的欲動，肛門的欲動，男根的欲動などが統合され，異性との性的結合を目指す性器的欲動が成立する。したがって，大人の場合は乳児のように口唇的な快だけを追い求めるわけではないが，それでもキスをはじめとするいくつかの性的行為や喫煙などの「口寂しさを埋めるため」の行為はどこかでそれを目指したものとして理解することができるわけだ。

　ところで，口唇期のもう一つの特徴は，自体愛的であるということである。吸うという活動は，確かに最初は母乳を摂取しようという生存欲求と一体のものだが，それを繰り返すうちに，やがて口唇部周辺の感覚が敏感になってきて，性感帯としての意味を持つようになってくる（ちなみにフロイトは身体のどの部位でも潜在的にはそうした形で性感帯になり得る可能性があるとしている）。こうして吸うことそれ自体に性的快を見出した乳児は，母乳を摂取するということとは別に吸うことそれ自体を求める性欲動に導かれて，例えば自分の親指を吸い，それによって満足を得るようになる（乳房が最高の満足を与えてくれるものだとすれば，いわばこれは代理満足である）。いいかえれば，生存欲求と性欲動が分化し，性欲動は性欲動として満たされる必要が出てくるのである。ただし，ここで

性欲動は大人が異性という対象を求めるのとは違って，自分の身体を用いて満足しているのであり，そういう意味で自己完結している。これが口唇期の性欲動が自体愛的だとされる所以である。

さて，口唇的かつ自体愛的であるということに加えて，もう一つ重要な乳児期の特徴がある。それは快原理による支配ということである。フロイトは1911年の『心的生起の二原理に関する定式』（Freud, 1911/2009）の中で，我々の心はまず第一に快を得ようと努め，不快を起こすかもしれない行為からは身を引くようなものだと述べる。その結果，心は容易に幻覚を作り出し，それによって一時的な満足を得ようとするというのである。フロイトはこの論文の注の中で次のように乳児期を描写している。"乳児はどうやら，自らの内的な欲求の満足を幻覚しており，刺激が高まったり満足が得られない段には，叫び声を上げたり手足をばたつかせたりするなどの運動的な放散によって不快をあらわにし，次いで，幻覚していた満足を体験する"（Freud, 1911/2009, p.261）。これはちょうど，我々大人が夢の中で欲望を実現して一時的な満足を得るのに似た状態だとフロイトはいう。我々が楽しい夢を見ているとき実際の現実を否認してでもその夢を見続けようとするのと同様に，快原理に支配された乳児にとって，例えば自分の空腹を満たしてくれる母親の乳房がないという現実の状況は二次的なもの，否認されたものなのである。

しかしながら，もちろん，幻覚でもって実際の空腹を埋めることはできない。快原理はこうしてしぶしぶ現実原理に主役の座を明け渡すのである。"ところが期待した満足が得られず幻滅に終わった結果，ようやく，幻覚という方途によって満足を得る試みは放棄された。その代わりとして，心的装置は，外界の現実の実態を表象し，現実の変革を目指すことを決断しなくてはならなかった。かくして，心の活動の新たな原理が導入された。もはや快適なものが表象されるのではなく，たとえ不快であろうとも現実的なものが表象されるようになった"（Freud, 1911/2009, p.260）。

このように，赤ん坊は現実的な世界を正しく認識しているというよりは，むしろ快原理に導かれた幻覚的ないしは空想的な体験世界を生きているのだというのが，フロイトの考え方である。いや，もしかすると，最初はある程度適切に現実を知覚していたのかもしれないが，口唇的欲動が活発化し，快を求める傾向が増大するがゆえに，結局赤ん坊は快原理の支配下に置かれていく。そこでは，快を与えてくれるものを幻覚し，不快を与えてくるものからは距離をとる，あるいは

それを無きものにするといった活発な心的活動（空想的活動）が行われていくことになる。

　さて，ここまでの話を総合すると，乳児はどんな心的世界を生きていることになるのだろうか。恐らく次のような事態が生じるのだと思われる。空腹で泣き喚く乳児のもとに母親から乳房が差し出されてくる。客観的には，その乳房から母乳をもらい，それによって満足を得ているというだけに見える。ところが，快原理に支配されている状態では，乳児には実際の乳房と幻覚の乳房を見分ける術はないということに注意が必要である。このとき乳児の体験としては，ちょうど親指しゃぶりによって代理満足を得るのと同様に，自分で作り出したその幻覚の乳房によって満足を得ていることになる。しかも，乳児にとってその幻覚の乳房は親指と同様自分の一部であるかのように感じられる，というのも大事な点である。逆に，空腹で泣き喚く乳児のもとになかなか母親からの乳房が差し出されてこないという状況を考えてみよう。このときにもやはり乳児は幻覚の乳房を作り出すだろうが，しかしその幻覚によって十分な満足が得られることはない。こうした幻滅の体験を繰り返す中で乳児は乳房がないという現実に気づくための能力（現実原理）を獲得していくというのが，先のフロイトの説明だったわけだが，実はそこに至る前段階があると考えられる。つまり，満足を与えてくれないその幻覚の乳房を，自らに空腹という不快を与えてくるものとして感じ，それをその不快感ともども無きものにしてしまおうとする空想が生じるのである。

　ここらあたりの事情について，フロイトは1915年の『本能とその運命』（Freud, 1915/1970）において次のように述べる。この箇所こそ，クラインらの対象関係論へとつながる道筋をはっきりとつけた一節だといえる。"自我はさし出された対象を，それらが快感の源泉となるかぎり自己の自我の中にとり入れ摂取する（フェレンツィの表現による）。さらに他方では，自分自身の内部で不快の原因になるものを自分の外に押し出してしまう（後述の投影 Projektion の機制を見よ）"。"外界は自我に同化された快感部分と，自我には無縁の部分に分けられる。自我は自分自身の中からその一部分を分離して，それを外界の中に投げ込み敵として感じる"（Freud, 1915/1970, p.74）。

　ここらあたり，かなり難解だと感じられるかもしれないが，実はこうした乳児の空想世界の詳細についてフロイトの意志を継いで明らかにしようとしたのが，イギリス対象関係論学派なのである。したがって，この一節の意味は対象関係論を見ていくことで明らかになるだろう。今はとりあえず，フロイトが乳児期の特

徴を口唇的,自体愛的,快原理による支配といった形で捉えたことによって,その空想生活に踏み込む対象関係論への道が開かれたのだということを押さえておこう。

2. クラインの妄想－分裂態勢

　以上のようなフロイト理論と,子どもたちへの精神分析的治療の経験を踏まえ,クライン (Klein, 1946/1985, 1952a/1985, 1952b/1985, 1957/1975) は乳児の主観的体験の詳細を明らかにした。

　まず,赤ん坊の内的世界は最初のうち非常に混沌としており,多数の断片的な自己や断片的な対象群があるだけで,一つのまとまった自分や一つのまとまった母親といったものが実感されているわけではない。例えば,母親の声,肌触り,におい,乳房やその他の身体の一部の視覚映像といったものは赤ん坊に快を与えてくれるものだが,それらは一人の母親の一部としてというよりは,個々バラバラな対象群として内的世界に存在しているものである (松木, 1996)。こうした対象のあり方を部分対象という。そして,これら部分対象がバラバラなのに応じて,例えば乳房を吸っている口,母親を見ている目,乳房をつかんでいる手など自己もバラバラなものとして感じられている。これら部分対象のあるものは内的世界の中にしばらく漂うだけですぐに消えてしまうが,あるものは相互に結びついてよりまとまりある確実な対象になったりする。そして,例えばそれらがまとめあげられ一人の母親という対象ができあがると,それは全体対象と呼ばれることになる。全体対象としての母親は,最初のうちは断片化されていた諸特徴―その中には赤ん坊にとって良いものとして感じられる部分も悪いものとして感じられる部分もあっただろうが―を全て併せ持った一人の人間として認識されているわけである。クラインの理論というのは,この部分対象から全体対象に至るまでに,乳児の内的世界で繰り広げられる激しい葛藤を明らかにしたものだといえる。それがどういうものなのか,さっそく見ていくことにしよう。

　乳児の断片化された対象群は大きく二つのまとまりに分けられていくと考えられる。一方では,空腹という不快感を取り除いてくれ,温かく,気持ちの良い,安心感に満ちた気持ちにさせてくれる「良い乳房」についての印象がまとめられてくる。それは実際に母親の乳房から感じられる肌の温もりやにおい,視覚的映像などの集合体である。そして,そうした良い乳房に対応したものとして心地良い感覚に満ちた「良い自己」も明確に実感されていく。その逆に,空腹という不

快感をいつまでも取り除いてくれないばかりか，むしろそれが存在しているときにこそどんどん不快感が高まってバラバラになってしまいそうになる，不安で，冷たい「悪い乳房」についての印象もまとめられてくる。具体的には先に述べたような，「幻覚の乳房だけがあり，現実の母親の乳房が差し出されてこない」状況を思い描けば良いだろう。乳児は母親の乳房の不在を，「良い乳房がない」と体験するのではなく，自分を攻撃してくる破壊的な「悪い乳房がある」と体験するわけである。そしてまた，「悪い乳房」に対応した「悪い自己」の感覚も生じてくる。「悪い自己」というのは，一言でいえば解体・破滅の不安により，不確かで，バラバラになってしまいそうな自己の感覚である。

　快原理こそが世界を分節するための第一原理である赤ん坊は，快を与えてくれる「良い乳房」「良い自己」と不快を与えてくる「悪い乳房」「悪い自己」とを明確に切り分けるのであるが，このことはいいかえればそうした「分割 splitting」により「良い乳房」「良い自己」を「悪い乳房」「悪い自己」の迫害性・解体性から守ろうとしているということである。そして，さらに良い乳房を吸い込み，「取り入れ」，同化し，良い自己の一部として同一視していくとともに，悪い自己は汚物を体内から出すように排出し，自己以外のものとして悪い対象群の中に「投影」[73]し，敵としてみなしていく。こうして，良い自己はますます充溢し，強化され，安定したものになっていく一方で，悪い破壊的な対象群にはさらに悪い自己の破滅性が付け加わり，ますますその破壊性・攻撃性が強まっていくのである。分割，取り入れ，投影というのは，快を追求し不快を遠ざけるという快原理に基づく心的機制であるが，乳児は空想生活の中でこれらの機制を用いて内的世界を何とか良い対象，良い自己で満たそうとしているわけである。

　そういう意味で，乳児にとって以上のような心的操作は避けられないことであるわけだが，その結果として，良い自己が悪い対象群から激しく攻撃され，解体されてしまいそうになるという新たな不安が，赤ん坊に生じてくる。クラインはこうした妄想性の迫害不安にさいなまれる時期を妄想‐分裂態勢と呼んだ（Klein, 1946/1985）。この時期を特徴づけるのは，今述べたような良い乳房と悪い乳房の分割，良い乳房の取り入れ，悪い乳房の排出（投影），そしてそれによってさらに悪い乳房の迫害性が強まるという一種の悪循環である。赤ん坊にとっ

---

[73] 本章で用いる精神分析学的な「投影」は，ワロンの「投影」とは全く意味が異なるので注意されたい。

ては悪い対象とのまさに身を削るような戦いの中で，ついには悪い対象に圧倒され，自己が解体されてしまうのではないかという不安に襲われてしまうような時期だといえる。

　また，クラインはこの時期の乳児を支配している感情は羨望であるとした (Klein, 1957/1975)。羨望とは良いものをそれが良いものであるがゆえに恨み，憎むという，ある意味では最も破壊的な感情である。つまり，妄想－分裂態勢にある乳児の前にあるのは客観的・現実的には「悪い乳房」などではなく，本来的には乳児を気持ち良くさせてくれる「良い乳房」であるはずだが，ある意味では乳児は以上のような妄想的世界を発展させ，その良い乳房を分割・解体し，バラバラなものにしようとしていると見ることができるわけだ。乳児にとっては，「良い乳房」が不在のときには「悪い乳房がある」という幻覚が生じたのだが，その悪い乳房というのは自分を決して気持ち良くさせてくれない意地悪な乳房である。良いものを自分が持てないとき，その良いものを所有している相手を悪いものとして憎む，それが羨望である。また，羨望という感情に支配された乳児は必然的に貪欲になる。良い乳房の良さを徹底的にむさぼりつくしてしまおうとする姿勢であり，そこには対象を慮るようなゆとり（現実の乳房をそれとして認識するような静観的態度）は一切ない。

3. 抑うつ態勢

　さて，かなり破壊的な結果に終わることになる妄想－分裂態勢について見てきたが，乳児の情緒発達が望ましい形で進むならば，やがて今まで徹底的に切り離されていた良い対象と悪い対象とがつながり始めることになる。すなわち，良い乳房と悪い乳房が実は同じ一つの乳房であったこと（悪い乳房というものがあるのではなく，むしろ良い乳房の在と不在があるのだということ），自己も愛情ある部分と憎しみや破壊性を持った部分との両面を備えた一つの自己であることが実感されてくるのである。ある意味では非常に妄想的・幻覚的であった態勢から，ようやく現実に気づいてくるわけで，フロイトが「満足を与えてくれない幻覚をあきらめ，快原理に現実原理が取って代わる」と述べた一つの転回点が訪れることになる。もちろん，これが可能になるためには，妄想－分裂態勢の格闘の中で悪い対象によって良い対象，良い自己が破壊し尽くされていないこと，それらがある程度の強度で生き残っていることが必要である。いいかえれば，乳児にとって，自分が泣き叫んだときにはいつも必ずというわけではないにせよ，たい

ていは良い乳房が現われて，自分を満足させてくれるのだという基本的信頼感（Erikson, 1959/1973）が生まれることが必要なのである。乳児は「良い乳房がたとえ今は不在であっても，もうしばらく後には帰ってきて自分を満たしてくれるのだ」というこの基本的信頼感に支えられて，良い乳房の不在という現実を引き受けていけるようになるわけだ。

　ところで，このように良い対象と悪い対象の統合が進むと，乳児の中には次のような対象像が新たに芽生える。すなわち，"ぼろぼろに傷を負っている愛情対象，破壊され，崩壊しかかっている，死にかかっているよい対象，もはや死んでしまったと思えるよい対象，汚れ腐れかかっているよい対象，傷つけられた怒りから報復してくるのではないかとの恐れを抱かせるよい対象"（松木, 1996, p.80）などである。つまり，ここで乳児は新しい不安に直面することになるのである。例えばそれは，自分自身が持つ悪しき側面，破壊的な側面によって良い対象を傷つけてしまったのではないかという後悔，罪悪感，寂しさ，悲哀といった抑うつ的な心の痛みである。クラインはこのように現実への気づき，良いものと悪いものの統合，抑うつ的不安といったことによって特徴づけられる時期を抑うつ態勢と名づけた。

　妄想－分裂態勢から抑うつ態勢への移行というのは，子どもの発達にとっては非常に大きな一歩である。不安が生じるという点では両者は共通だが，破壊的な方向にまっすぐ突き進んでいく妄想－分裂態勢とは対照的に，抑うつ態勢はむしろ建設的・生産的な方向に進んでいき得る。乳児は自分が傷つけてしまいぼろぼろになったものとして良い乳房を感じ，後悔や罪悪感に満ちた抑うつ的な気分になるかもしれない。しかし，それでも何とかその良い乳房は生き残ってくれたわけだ。それは乳児にとっては非常に大きな喜びであると同時に，自らの攻撃性が良い乳房を破壊し尽くすほど残虐なものではなかったという安堵を与えるものである。また，良い乳房と悪い乳房が実は同じものであったという気づきは，それを持った一人の人物，すなわち母親の存在への気づきをもたらす。断片化された部分対象は今や母親という全体対象へと統合されていくのである。妄想－分裂態勢の中で羨望にかられ，徹底的に良い対象を攻撃してきたにもかかわらず，現実には一人の母親がいつでも自分にお乳を与えてくれていたのだという気づきは（羨望と対照的な）感謝を生む。それと同時に，良い対象がしっかり生き延びて，今や一人の母親というこれまで以上にどっしりとしたまとまりとなって自己を守ってくれているということは，大きな安心感・信頼感を生み出すのである。そし

て，そうした感情に支えられて，傷ついた対象との関係を修復していこうとする思いやりや前向きな意欲も芽生えてくる。

　もう一点，この抑うつ態勢に関して重要なことは，一人の母親には良い部分と悪い部分（乳児の欲求にいつも応えてくれるわけではないという側面）とが混在しているということに気づき，良い部分に対する愛情と悪い部分に対する憎しみを併せ持つことができるようになるということである。すなわち，完全無欠の良い対象に対する完全無欠の愛情と，愛すべきところなど何もないおぞましい悪い対象に対する完全無欠の憎しみとが，入れ替わり立ち替わり体験されていた妄想－分裂態勢と対照的に，一人の人物に対する愛と憎しみのアンビバレンス（両価的感情）を体験できるようになるということである。これは人が成長する上で，非常に大事なプロセスである。というのも，全く欠点のない完全無欠の愛すべき対象や，すべてが悪で塗り固められた憎むべき対象など，現実には存在しないからである。成熟した人物とは，相手の長所も短所も丸ごと受け止めて，自分の中のアンビバレンスを抱えながら，粘り強く相手と関係を取り結んでいける人物のことである。もちろん，さすがに乳児にそこまでのことは期待できないわけだが，それでも一人の人物に対するアンビバレンスを感じる最初の体験というのは，やはり妄想－分裂態勢から抑うつ態勢に移行して初めて可能になるものなのである。

　以上，クラインの基本的な考え方を見てきた。彼女の理論は精神分析治療の現場から導かれたものとして，実際これによってよく説明される症例があるのは確かであるし，僕たちが普段経験するような諸々の葛藤を理解するのにも役立つものである[74]。しかし，その一方で，本当に乳児の中でこのような空想が繰り広げられているとはやはりどうしても信じがたいという印象を持たれる方も多いのではないだろうか[75]。また対象関係論とはいいながら，実際にクラインの理論が問題にしているのはあくまで乳児の空想世界の中での対象（母親）との関係であって，現実の母親との関係が子どもの発達に及ぼす影響についてはほとんど何も述べられていないという問題もある。

---

[74] 私見では，青年期に起こる親離れに伴う内的格闘（河合，1996; 大倉，2011）や，激しい恋愛状態にあるときの愛憎入り乱れる苦しい空想生活などの際に，妄想－分裂態勢から抑うつ態勢へというプロセスが繰り返されることがある。いいかえれば，これらの空想生活は，僕たちが人生の諸問題にぶつかり，危機的状況に陥ったときにこそ，活性化してくるものであり（Fairbairn, 1952/1995），基本的に満たされた生活を送っているときには潜勢的なものに留まっているのではないか。

以下ではここらあたりの問題点を修正しながら，養育者との現実的な関係の中で子どもの自己感（自己についての主観的感覚）がどのように育ってくるかを理論化したウィニコットやスターンの理論を見ていこう。まずはウィニコットからである。

4. 原初の母性的没頭（ウィニコット）

　クラインが乳児の空想世界の中での対象関係を問題にしたのに対して，ウィニコットは現実の母親と乳児の関係がどのようなものであるか，まずはそこから議論を始めようとする（Winnicot, 1964/1985, 1987/1993）。ウィニコットにいわせれば，生まれたての数週間，乳児は絶対的依存の状態にあって，あらゆる生理的ニードを母親によって満たしてもらう必要がある。乳児は自分の中に突如として生じる空腹という不快感がどうやったら解消されるのかも知らないし，満たされくつろいだときの静かな自分と，突然生じる不快感に苛まれ，怒って泣き出してしまう自分とが同じ一つの自分であるという感覚もまだ持っていない。そうした乳児に対して，出産直後の母親は極めて特殊な心理状態，「原初の母性的没頭」とウィニコットが呼ぶような非常に感受性の高い状態で世話をする。いうなれば，母親は子どもを包み込む温かい環境として，子どもの生理的ニードを敏感にキャッチし，これに応えるとともに，外界の危険や子どもの中から生じる危険に対して子どもを守っているわけだが，こうした状態を指してウィニコットは「抱っこholding」と名づけている。

　ここで重要なのは，例えばおっぱいがほしいという乳児のニードを母親が毎回満たしやることによって，乳児がそのおっぱいを自分で作り出したのだと「錯覚」するということである（Winnicot, 1951/1990, 1952/1990）。ちょっと泣けばすぐにおっぱいが出てくるものなのだ，自分はおっぱいをいつでも呼び出せるのだという万能感が乳児に生じなければならないのである。もし乳児のニードが適切に

75　実際，彼女の内的空想についての理論は，乳児期には表象的世界がまだ確立していないという，ピアジェからワロンに至るまでの発達心理学者が主張する事実と矛盾するように見えるかもしれない。私見では，彼女が描いて見せた乳児の空想世界は，「あえて言葉で語るとすればそう説明せざるを得ない」欲動の動きそのものを追ったものであり，前表象的なものである。逆にいえば，空腹や不快感の高まった乳児にとって，「悪い乳房」というのは表象的な空想世界の出来事などではなく，眼前に生じる紛れもない「現実」だということである。抑うつ態勢を経て，その「現実」は客観的側面と心的・表象的側面に分化するが，何らかの欲求不満が高まったときにはとかく両者が未分化な状態に退行し，その心的現実によって圧倒されるということが，大人においても起こる。

満たされないことがあまりに多く，こうした錯覚や万能感が生じないとすれば，乳児はただ単におっぱいを与えられるだけの受動的な存在に留まり，外の世界に対して積極的に関わっていこうとする意欲を持つことはできなくなるだろう。もちろん，現実には乳児はおっぱいを作り出せるわけではないし，万能の存在でもないから，そうした錯覚はいずれ「脱錯覚」されていかねばならない。そして，その際必要なのは母親が乳児のニードに応えることに適度に失敗することである。その失敗によって，乳児は徐々に母親と自分が異なる存在だということに気づいていくことができるからである。そういう意味では，乳児のニードにあまりに完璧に応えてあげる母親も，あまりに応えなさすぎる母親も，どちらも乳児の健全な発達を妨げてしまうことになる。重要なのは「ほど良く（good enough）」（Winnicot, 1951/1990）抱っこすることなのである。ただし，あくまでそうした失敗は乳児の成長に伴い徐々に増やされていくべきものであり，新生児期にはほぼ完全に乳児のニードが満たされ，乳児が錯覚するということが非常に重要である。

　さて，このようにほぼ完全にニードを満たしてもらうことを通して，乳児は「存在し続ける」という感覚や，この身体の内に住まっているという感覚，つまりは自己が存在するという感覚を感じられるようになっていく。逆に，乳児のニードが適切に満たされないことがあまりに多い場合，乳児は次々に生じる不快感や衝動的な怒り，恐怖などにただ翻弄されるばかりで，すべてがバラバラであるという感じにさいなまれ，身体が自分のものであるという感じを持てないことになる。これをウィニコットは絶滅の脅威とか，想像を絶する不安などと呼んでいる（Winnicot, 1956/1990, 1987/1993）。それは「自分が死ぬ」という死の恐怖にも先立つような，自分も何もない，すべてが解体していくようなすさまじい恐怖である。ウィニコットは不幸にも乳児期初期に何らかの理由によってこの絶滅の脅威にさいなまれ，それに基づいたパーソナリティを発展させた人が，後年，統合失調症をはじめとする精神障がい—まさに絶滅の脅威に再び見舞われる障がい—を引き起こすのだと考えた。

　しかし，多くの場合は，世の母親たちが当たり前のように（Winnicot, 1987/1993）行っている「原初の母性的没頭」「抱っこ」の中で，乳児は自己の感覚を育んでいく。そういう意味では，最初期の乳児は一個の独立した存在などではなく，母親と一対になって初めて自己を保てるような存在である。原初においては一個の子どもがいるのではなく，一組の母子がいるのであり，子どもの発達

を語る上で母親の存在を切り離すことは決してできないというのが，ウィニコットの主張である。この主張はまさに関係発達論の主張と重なるものだということについては，改めて言及するまでもないだろう。

ところで，こうした原初的な母子関係に支えられて，ようやく子どもはさまざまな経験を組織化し，自己と自己でないもの，身体の内と外のあいだの境界膜を備えた一つの「ユニット」になってくる。ウィニコットは，クラインのいう取り入れとか投影とかいった心的機制が動き出すのは，あくまでこれ以降のことであるとする。確かに，自分の内側に何かを取り込むとか，外側に排出するといったことが意味を持つためには，内側と外側とを仕切る境界がある程度成立していなければならないだろう。そういう意味で，今述べたような，子どもが絶対的依存の中で一つの「ユニット」になってくるまでのプロセスというのは，クラインの妄想 - 分裂態勢にも先立つものであり，「絶滅の脅威」というのも投影された悪い対象に迫害されるという不安以前の，もっとも根源的な，形をなさない圧倒的な恐怖なのである。ウィニコットにいわせれば，妄想 - 分裂態勢といった段階に子どもが入っていくことができるのも（対象と関係する能力を手に入れるのも），それまでの母親の原初的没頭があるからこそであり，それだけ母親の存在の意味というのは大きいのだということになる。

5. 抑うつ態勢への移行を支えるもの

さて，こうして乳児が参入してくる妄想 - 分裂態勢について，クラインは良い対象と悪い対象をめぐるドラマとして説明したわけだが，ウィニコットは少し力点を変えた説明の仕方をする。すなわち彼は，空腹時の乳児がむさぼりつくように求めてしまう「対象としての母親」と，乳児を抱っこし，安らぎや穏やかさで満たしてくれる「環境としての母親」とを，乳児がなかなか統合できないのだという説明をするのである。

彼は次のように述べる。"'静かな'母親との興奮したり本能的であったりする関係，または襲撃というような生な事実を，人間は受け入れることができない，というのがクライン理論の前提であるように私には思える。子どもの世話をする環境と興奮させる環境（母親の2つの局面）の間の分裂を，子どもの心の中で統合することは，ほど良い育児と一定期間を越えて母親が生き残ること以外には成し遂げられないのである"（Winnicot, 1954-1955/1990, p.156）。

空腹で泣いていた乳児は差し出されてきた母親の乳房にさらに興奮させられ，

まさにむさぼるようにそれに吸いつく。そこにあるのは欲求を満たされる喜びである以上に，愛するものを食い尽くしてしまおうとする貪欲さやカニバリズム，さらには欲求不満の状態に置かれたことへの怒りといった攻撃的な成分であり，そういう意味での母親に対する無慈悲な襲撃である。哺乳が終わった後の乳房は，つい先ほどまでのまばゆいばかりの魅力を失い（というのも乳児はもう空腹を満たされているから），空っぽで，みすぼらしいものになってしまった，それは自分の襲撃のせいだと乳児には感じられるのである。こうした乳房との本能的な荒々しい関係と，いつも自分を快適に保ち，優しく抱っこしてくれる環境としての母親との穏やかな関係とを，乳児はなかなか統合できない。いうなれば，自分自身の中の愛と攻撃性，良いものと悪いもの，穏やかさと荒々しさの整理がつかないのである。これらがある程度整理されるためには，かなりの時間がかかる。ちょうど食べたものをゆっくり消化していくように，知的にというよりは身体的に，日々興奮と休息を繰り返しながら，何日もかけて乳児はこれらの対立する要素を消化していくわけである。そしてその結果ようやく，乳房を与えてくれるのも，抱っこしてくれるのも，どちらも同じ一人の母親なのだということが乳児に納得され，その母親から取り入れるばかりでなく，何か良いものを返すことで，自分が時折行うような襲撃の結果を修復し，償えるのだという感覚が芽生えてくるという。

　これが抑うつ態勢への移行に関するウィニコット流の説明である。対象としての母親と環境としての母親が統合され，一人の全体対象としての母親との関係が始まる。同時に，自分が無慈悲な襲撃を加えていたことに対する罪の感覚や，それにもかかわらずいつも母親が自分を抱っこし，母乳を与えてくれたことに対する感謝の感覚が芽生え，母親に贈り物を与えたい（この贈り物は最初のうちしばしば遊びの中で行われる），そうすることで母親との関係を良いものにしたいという願望も生じる。人と人とが相手を思いやりながら生活していくということの最も原初的な形が，ここにおいて初めて成立するのである。

　こうした意味において，抑うつ態勢への移行はウィニコットにとっても非常に大きな前進を意味するわけだが，これが可能になるために欠かせない条件を彼は強調する。それは，乳児の貪欲さや怒りに対して母親がしっかりと生き残り，抱っこし続けること，さらには乳児からの贈り物を受け取るものとしてそこに居続けることである。抱っこという発達促進的な環境の中でこそ初めて，良いものと悪いものを統合していく乳児の内的過程は進み，また，贈り物を受け取ってくれ

る母親がいるからこそ，乳児はそこに自分の罪を償う可能性を見出すのである。逆に，泣き叫び，貪欲にさまざまな要求を突きつけてくる乳児に母親の方が耐えかねて，怒りをぶつけたり，放り出したりしてしまうと，乳児は良いものと悪いものをじっくり自分の中で消化していくことはできなくなり，罪を修復する可能性も見出せなくなってしまうだろう。そういう子どもは，結果として，罪を感じる力を持てない人に育ってしまうことがある。ウィニコットによれば，罪の感覚とは道徳教育や叱責などによって教え込まれるものなどではなく，適切な養育環境の中で自然な成長を遂げれば必然的に芽生えてくるものなのである。

"健康な子どもは，罪の感覚のパーソナルな源を持っているのであって，罪あるいは思いやりを感じることを教えられる必要はない"（Winnicot, 1954-1955/1990, p.160）と彼はいう。他人を傷つけてしまうような自らの行為に対して罪の意識が乏しい子どもが多いということが指摘される現代において，こうしたウィニコットの指摘は極めて重要である。そういう子に対してまずなされるべきは，叱責や教育というよりはむしろ，その子をしっかり抱えてあげること（holding）なのである。

以上のようにウィニコットの理論は，あまりに空想的なクライン流の対象関係論を，子どもと養育者の現実的な関係により即した言葉で修正したものであり，「子どもをいかに育てたら良いか」という問題について，いくつもの示唆を与えてくれるものである。

6. スターンの理論

今，ウィニコットが〈子ども‐養育者関係〉のより実際的な側面に即して対象関係論を鋳直したことを見たが，これと似た問題意識に立って，子どもが各時期にどのような自己感—自己や他者についての主観的体験—を有しているか，可能な限り客観的な証拠に基づいて検討しようとしたのが，スターン（1985/1989, 1985/1991）である。

スターンはフロイトやクラインによって描き出された乳児の主観的世界が，精神分析の臨床場面で再構成されたものであるという点に注意を促す。すなわち，それはあくまで現在の患者が語る過去の記憶や転移現象（かつての重要な人物との関係が分析家との関係の中で再演される現象）の解釈に基づいて得られた一つの物語であって，それが実際にあった出来事をどこまで正確に反映しているのか確かめる術はない。そこでは意識的・無意識的な歪曲や誤認，現在の視点の混入

などが起こっているかもしれないし，実際，患者が治癒するとその物語はしばしば大きく変わるものなのである。精神分析が再構成する「臨床乳児」には，そうした危うさが孕まれている。

では，現実の乳児がどのような主観的世界を生きているのか，それを直接観察によって確かめてみてはどうか。乳児を直接に観察し，そこから知見を得ようとしてきた学問といえばやはり発達心理学が挙げられるだろう。ところが，現在主流の発達心理学は「～歳になると○○ができる」という各種の行動能力，認知能力の目録を作るばかりで，乳児が自己や他者，世界をどのように感じているかという体験世界についてはほとんど何も語らない。これまでの発達心理学が描き出してきた「被観察乳児」はあたかも能力の束のようであって，その主観的世界についてはうかがい知ることはできないものだったのである。スターンが目指したのは，精神分析的な「臨床乳児」と発達心理学的な「被観察乳児」を折り合わせ，両分野における諸々の知見を統合しながら，乳児がいかなる主観的な自己感を持っているかを理論化していくことだったわけである。

この試みによって描き出された自己感の発達を簡単にたどってみることにしよう。

①新生自己感（0～2ヶ月）

約2～3時間おきに覚醒しては母乳を求めて泣き，それ以外の時間はほとんど眠っているような生後2ヶ月間，乳児はどのような体験世界を生きているのだろうか。単に生理的ニードに突き動かされているだけのように見える新生児が，実は想像以上に「有能」であるということが最近の発達心理学における実験研究で明らかになってきた（e.g. Maurer & Maurer, 1988/1992）。

例えば変圧器の入ったおしゃぶりを乳児に加えさせ，そのおしゃぶりをテープレコーダーやスライドと接続し，乳児がある特定の速さで吸うとそれらが動き出すという装置を作る。すると乳児は自分で吸う速さを調節して，聞こえる音や見える映像をコントロールすることが分かったという実験がある（Siqueland & DeLuca, 1969）。また，同様の装置を用いて，単なる物音よりも人の声に対してより興味を示すといったことも分かっている（Friedlander, 1970）。

このように新生児は，おしゃぶりを吸うという行動と音や映像が流れるということのあいだの関連性を察知する能力（物事を因果的に捉える傾向）や，単なる物音と人の声を識別する能力，どちらか一方を好むという能力（つまりはさまざまな物事を「評価」する能力）などを生得的に備えている。こうした能力によっ

て，世界で起こる出来事を急速に分類し，組織化していくということが起こっていると考えられるのである。

　もちろん，そうはいっても，新生児は自分に起こるさまざまな体験全てをまとめあげるところまではまだ達していないから，その体験を経験する一貫した自己の感覚はまだできあがってはいない。空腹の体験，満足の体験，眠りの体験，おしめが濡れる体験，手足をばたつかせる体験など，それぞれの体験は恐らくまだバラバラなままだろう。しかし，今述べたような有能さによって，自分に起こるさまざまな体験を急速に組織化し，関連性を持たせ，まとめあげていくようなプロセスが進んでいると考えられる。いわば，まだ一貫した自己の感覚はないものの，そこに向かって急速に各体験がまとまっていくような感覚，萌芽的な自己の感覚はこの時期から存在しているのだとスターンは考える。これが新生自己感である。

　さらに，もう一つの重要な概念が，「情緒的力動感 vitality affect」である（翻訳では「生気情動」と訳されているが，本書ではこのように意訳している）。例えば世界で起こるあらゆる現象には「波のように押し寄せる感じ」だとか「ゆったりした感じ」，「爆発的な感じ」といったさまざまな力動感が常に伴っているが，こうしたものが情緒的力動感 vitality affect である（ウェルナーの相貌的知覚の議論を思い起こせば良いだろう）。喜びや怒りといった通常の情動カテゴリーには収まらないものの，私たちがあるものを知覚するときに常に感じているようなより広義の情動的特性や表情性，平たくいえば「ある感じ」のことを，情緒的力動感 vitality affect と呼ぶのである。

　スターンは喜びや悲しさといった明確な情動をまだ示さない新生児であっても，この情緒的力動感 vitality affect は非常に確実なものとして感じているのだという。例えば泣いている乳児を母親があやすときに，あるときは「ほら，ほら，ほら……」と最初の部分を少し強めに入って，後にひっぱるようにいい，また別のときにはその言葉を発する代わりに，全く同じ調子，同じような時間配分で背中をさすってあげるかもしれない。このとき乳児はこの二つの体験を別のものと感じるのではなく，「なだめてもらう」という同じ情緒的力動感 vitality affect を持つ類似の体験として感じるのである。つまり，乳児がさまざまな体験を組織化していく際に，言葉をかけられたか，背中をさすられたかといった細々としたこと以上に，それがどのような情緒的力動感 vitality affect を持っているかということがグルーピングの基準として役に立つわけである。

②中核的自己感（2〜6ヶ月）

　生後2〜3ヶ月になると，乳児が与える印象がそれまでとはかなり違ってくる。突発的な生理的ニードに突き動かされているようにも見えた新生児段階に比べると，より一個の人間としてまとまってきた印象を与え，養育者と相互に交流する場面や，出来事の先行きをある程度見通しているような様子を見せ始める。今や乳児は確固とした一個の肉体を持ち，かなり統合された自己感を持っているように見えるのである。スターンは，新生児期からの体験の組織化が進んだ結果，一貫して存在し続ける自己の感覚がここにおいて生じたのだと見て，これを中核的自己感と名づける。ウィニコットが，母親の抱っこに包まれて，子どもが一つの「ユニット」となるといったのも，この段階のことだろう。

　中核的自己感の基本的要素として，スターンが挙げるのが次の四つである。

①自己-発動性　　自分の行為を発動しているのはこの自分であるという感覚。
②自己-一貫性　　自分の行為にはまとまりがあり，断片化されていないという感覚。
③自己-情動性　　自分の内部にあるものとして，いくつかの典型的情動を体験すること。
④自己-歴史性　　自分の過去とのあいだに連続性があるという感覚。

　要するに，自分というものがこの身体の内に住まって，さまざまな行為を発動したり，さまざまな内的感情を感じたりしながら，まさに一個の自己としてここに存在し続けている感じのことを，中核的自己感というわけである。これは後々積み重なっていくより精巧な自己感の基礎をなすものであり，一部の精神疾患を除いてこの自己感は犯されることはない。

③主観的自己感（7〜15ヶ月頃）

　生後7〜9ヶ月頃になると，また大きな自己感の進展が生じる。一言でいえば，自分にも他者にも心があるのだという発見が生じ，自己および他者に関する新たな感じ方が生じるのである（Tomasello, 1995/1999）。これを主観的自己感という。例えば，この時期には養育者と一緒にある事物に注意を向ける行動（Butterworth, 1995/1999; 常田，2007b）や，養育者の意図を読み取り自分の意図を伝えようとする行動（Baldwin, 1995/1999），養育者とある情動状態を共有しようとする行動が出てくる（Trevarthen & Hubley, 1978/1989）。すなわち，中核的

自己感の段階ではまだ養育者の行動や表情など可視的なものに対して反応するという意味での相互交渉（中核的関わり合い）だったのに対して，そうした可視的な行動を支えている養育者の内的・主観的過程までをも考慮した，気持ちのレベルでの相互交流（間主観的関わり合い）が可能になってくるのだと，スターンはいう[76]。

ただし，気持ちの相互交流といっても，この時期の乳児はまだ言葉を話せない。だとすると，一体それはどのようにして行われるのだろうか。ここで重要になるのが情動調律という考え方である。例えば次のような例が挙げられている。

"生後10ヶ月になる女の子が，ジグソーパズルの1枚をやっとはめ込むことができた。彼女は母親の方を見て，頭を振り上げ，腕をバタバタさせ，喜びのあまり興奮して，今にも体を投げ出しそう。母親はそれに対し，'YES，いい子ね'という。このとき 'YES' の方を特に強調する。飛び上がりそうなその子のしぐさや姿勢と呼応して，突然飛び上がるような感じで"（Stern, 1985/1989, p.165）。

子どもがパズルを完成させたのを単にほめただけのエピソードに見えるかもしれないが，この母親が「YES」の部分に強い抑揚をつけたという点に注意が必要である。すなわち，喜びのあまり興奮しきっているその子どもの情動状態は，その子の表情や仕草，姿勢などから漂う情緒的力動感 vitality affect として，直に母親に伝わってきている。母親はその情緒的力動感 vitality affect を，強い「YES」に込めて，映し返したのである。これによって，まだ言葉を十分に話せない乳児にも，母親が自分の情動状態を共有してくれたのだということが伝わる。こんなふうに子どもの情動状態を養育者が捉え，それと共鳴・同調するような情緒的力動感 vitality affect を持つ言葉や行動を返していくこと，これが情動調律[77]であり，言葉がまだ十分に話せない乳児と気持ちを交流させるための最も重要な方策である。

さらに，もう少し複雑な例としては次のようなものも含まれる。わが家の息子

---

76 この点，他者に開かれた姿勢-情動機能により，生後2〜3ヶ月の頃からすでに乳児は養育者との豊かな情緒的交流を行っているとするワロンなどとは対照的である。はじめに可視的な行動や表情のレベルで養育者と関わり，徐々にその内面にまで乳児の認識能力が「届いていく」という流れは，「個体内部での社会的認知能力の発達」という典型的な「内から外へ」の枠組みであり，本書が与することのできない考え方である。現在の発達心理学研究に根強い，客観主義的枠組みをスターンが引きずってしまっているというのは（後述），こうした点にも現れている。はじめは他者と切り離されていた個体が，いかにして他者を理解できるようになっていくかという問題の立て方をしてしまうと，他者理解の問題は決して解けなくなる。ただし，この時期に，養育者の主観性との新たな関わり合いの段階に入るというのは事実である。

Hがどうにも泣き止まないとき，僕の妻はしばしば「はい，はい，はい……」といって，ぽんぽんと背中をパッティングしながら，はじめの方は強く，それからだんだん優しく穏やかな調子に変えていくことがある。あたかも泣き叫ぶ子どもの興奮状態に一旦合わせておいて，それからあえて穏やかなトーンに変化させることで，子どもの興奮状態を鎮めていこうかとしているかのようである。こんなふうに子どもの情動に養育者が合わせるだけでなく，一旦合わせた上で，その情動を養育者の願う方向に持っていくという情動調律もある。

④**言語的自己感（生後 15 ヶ月〜）**

　生後2年目に入って徐々に言葉が話せるようになると，自己や他者というものの感じ方がまた大きく変わる。一つには，言葉という道具を用いることによって，世界が飛躍的に広がるということがある。言葉という形式が登場する以前は存在しなかったような新しい意味を体験することができるようになるとともに，ついには言葉を使って自分自身の人生物語を作っていけるようにすらなる。言葉によって捉え直された新しい自己の形態が生じるわけだ（ワロンのいう「私」の意識の成立などは，その最たるものだろう）。

　ただし，言葉の世界，公共の世界に生き始めることで豊かに広がる世界がある一方で，言葉で表しにくい生の体験，感覚や情動，知覚が一体となったような曖昧な私的体験は置き去りにされていくという点に注意が必要である。いうなれば，言語は自己体験の分裂を引き起こすのである。自己体験のうち言葉になりやすい側面は他者と共有することが容易であるがゆえにより強調されていくだろうが，言葉になりくい側面はその反動として忘れられ，抑圧され，意味のないものとされがちで，それによって自己体験の非常に重要な要素が切り捨てられていってしまう危険性が孕まれている（ウェルナーの章で見た，豊かな相貌的知覚世界が失われていくというのも，その一側面であろう）。そういう意味で，言語的自己感の成立というのは諸刃の剣なのである。

77　情動調律の原語は affect attunement であるが，attune というのは「合わせる」ことである。したがって，この語の本来の意味は「調子合わせ」くらいであるが，その「合わせ方」に必ず養育者の願望―「もっと大きな喜びを共有したい」「もっとゆったりとした気持ちになってほしい」といった―が反映され（Kaye, 1979/1989），結果的に子どもの情態がそのようにかたどられて（調律されて）いく側面があるわけだ。あくまでも，まず最初に「調律」されるのは，養育者側の情動であることに注意されたい。

7. 関係発達論から見るウィニコットとスターン

　以上見たように，ウィニコットとスターンにおいては，活発な空想生活を送るクラインの乳児に比べて，より現実的な子どもの姿，より具体的な養育者の関わりが描かれている。特にウィニコットの「一人の子どもがいるのではなく一組の母子がいるのだ」という指摘や，しっかり抱っこされることによってこそ子どもに罪の感覚が芽生えてくるのだという発想，さらにはスターンの情緒的力動感 vitality affect や情動調律といった考え方は，関係発達論にとっても非常に重要なものである。その他の面でも，精神分析学の諸理論というのは従来の発達心理学が十分に切り込めないできた乳児の主観世界について，大胆ではあるが実に示唆的な理論化を行っているという魅力があるのは確かである。

　ただし，そうはいうものの，両者の理論に全く問題がないわけでもない。

　まず，ウィニコットに関していえば，やはり「原初の母性的没頭」という概念が気になるところだ。もちろん，生まれたての子どもが絶対的依存の状態にあることや，自分ではどうにもならないさまざまなニードを逐一満たしてもらうことを必要としているということは否定できない事実だろう。ただし，それに献身的に対応する母親の「原初の母性的没頭」は，ウィニコット（Winnicot, 1987/1993）のいうように，「ごく普通のお母さん」に「ごく当たり前」のこととして自然に生じるものなのだろうか。女性の社会進出が進む一方，育児支援体制は決して十分でないといった現代の社会・文化的条件の中で，一人の女性が妊娠し，出産を経て，子育てに向かうといったことは，そんなに簡単なことではないように思われる。例えば，育児に没頭するというよりはむしろ生まれたてのわが子に否応なく振り回されるという感覚，子どものニードに適切に応えていくというよりは初めての子育てに戸惑い，迷いながら，何とか子どものニードを探り当てていくという感覚の方が，現代の養育者たちにはしっくりくるのではないだろうか。はじめから自然と母子一体的な状況が始まるわけではなく，むしろそれはそうした試行錯誤を通して徐々に実現されていくものなのではないだろうか。このように，養育者がどんなことを思いながら子育てに入り，どんなふうに一人の親として成長していくのかという観点が，ウィニコットにおいてはやや不十分だといえる。

　一方，スターンについては，主観的な臨床乳児と客観的な被観察乳児を折り合わせようという発想によって，かえって対象関係論が描き出していたような子どもの生き生きとした主観的過程がスポイルされてしまっているのではないか

という問題がある。新生児の「有能な」認知能力を示す実験研究や，生後7～9ヶ月に共同注意が始まるという事実（Corkum & Moore, 1995/1999;Tomasello, 1995/1999; 塚田，2001; 常田，2007b; やまだ，1987）など，発達心理学の知見を随所に織り込んだスターンの議論展開には，クラインやウィニコットなどにはない説得力があるのは事実である。しかし，その一方で，二人が描き出してみせたような妄想-分裂態勢から抑うつ態勢へという発達過程について，スターンは批判的な見解を示す一方で，これに代わる理論化を行ってはいない（Stern, 1985/1991）。私見では，これらは僕たちの普段の生活における諸々の葛藤や，子どもにおける罪の感覚の発生などを説明するための極めて有力な手掛かりを与えてくれるものなのだが，スターン理論ではその手掛かりが失われてしまっているのである。発達心理学の客観主義的観察に引きずられすぎる結果，スターンは目に見える能力や行動の発達から乳児の主観性を推測するのみに留まり，人間の非常に複雑な感情の揺れ動きにダイナミックに迫っていく精神分析学の鋭さを失ってしまったのではないか。いうなれば，せっかく欲望論を求めて精神分析学を参照したのに，スターンは子どもがどんなことを思い，どんな葛藤を経ながら，情緒的にどのように成長していくのかについて，これまでの発達心理学と同様，ほぼ何もいってくれていないという恨みがあるのである。

　こうした両者の弱点を踏まえ，関係発達論が子どもと養育者の実際の姿をどのように捉えていくのか，どのような欲望論を構えていくのか。次章からは，いよいよそれを積極的に語っていくことにしよう。

第18章
関係発達論の基本概念①──間主観性

　関係発達論ができあがってきた背景にどのような思想があるのかを理解するため，前章までは発達心理学や精神分析学の諸研究を概観してきた。それらを踏まえて，最後の三つの章では，関係発達論とはどのような理論なのか，その屋台骨をなす三つの基本概念について解説しながら，その具体的な中身を示していく。まず取り上げるのは関係発達論の出発点ともなった重要概念，間主観性である。

1. 戦略的概念としての間主観性

　これまで身体が他者の身体に対して，あるいはときには事物に対しても，不思議と共鳴してしまうという現象に注意を促してきた。例えば，ワロンの身体を介した情動の伝播という考え方，ウェルナーの相貌的知覚やスターンの情緒的力動感 vitality affect といった概念は，全てこの現象を記述するためのものだといえる。各研究者がそれぞれ自分の理論的な文脈に引きつけて概念化しているわけだが，関係発達論では特にこうした現象を〈間主観性〉という言葉で名指している。

　一つ注意をしてほしいのは，前章で紹介したスターンも間主観性という言葉を用いているということである。すなわち，生後7～9ヶ月頃になると乳児は自分にも他者にも心があるのだということを発見し，養育者と注意や意図，情動などを共有しようとする行動が出てくる，それを間主観的かかわり合いと呼ぼうというのがスターンの議論だった。一方，関係発達論では間主観性という概念をもっと広い意味で用いている。つまり今いったように，子どもと養育者の身体が共鳴しあい，明確な意図や情動とはいわずともそこに何となく気分や雰囲気の共有といったものが生まれるような場合にも，それを間主観的なコミュニケーションとして捉えるわけだ。したがって，明確な意図や情動が分化してくる生後7～9ヶ月以前にも間主観的コミュニケーションは活発に行われているというのが，関係発達論の考え方になる（この点はワロンに近い）。例えば，エピソード20（本書p.84）で見た3ヶ月微笑についての記述を再度見返してほしい。

　わずか生後3ヶ月のN子が，母親にも心があるのだということを理解してい

るとか，何らかの明確な意図や注意，情動などを共有しようとしているなどというと，やはりそれは少しいいすぎだろう。しかし，それでも母親が自分を見て微笑んでくれるというその状況がうれしくて，N子がさらにご機嫌になったということは明らかである。N子のそうした気持ち，情態性は，喜色満面の笑みや機嫌のよい「アウ，アウ」という声が持っている情緒的力動感 vitality affect として，母親にも，見ている観察者にもはっきりと伝わってくる。そして，母親がそれに対して「オウ，オウ」と応じるとき，そこには明確な言語的やりとりではないがある幸せな気分の交流のようなものが起こっていると見ることができるわけである。こうした意味でのやりとりや気持ちの共有が行われる事態，身体を通して相手の気持ちや情態性が何となくこちらに伝わってくる事態というのは，何も生後7ヶ月を待たずとも起こり得るわけで，こうした事態を総称して間主観性と名づけようというのが，関係発達論におけるこの概念の位置づけである。

　ところで，さらりとN子と母親のあいだに生まれたやりとりを記述しただけのようにも見えるエピソード20は，実は学問的な現象記述としては極めてラディカルなものになっている。例えば，前章で紹介したスターンの情動調律についての記述（本書 p.261）と比べると，明らかに異色の一文が盛り込まれているのに気づかれるだろうか。

　それは「その笑顔があまりに可愛いので，観察者もつい引き込まれて思わず声をあげてしまう」という観察者について記述された一文である。通常，科学という営みの中では一般法則を導くために観察者の主観を排し，現象をできる限り客観的に記述することが重要だとされている。いうなれば観察者はあたかも隠しカメラのような冷静な目でもって，起こった出来事を忠実に記録していくべきなのであって，「笑顔があまりに可愛い」といった観察者の主観や，「思わず声をあげてしまう」といったこちら側の行動についての記述は余計なもの，むしろ主観を排すことができていないという点でその観察者の実力不足を露呈するものだとされている。しかし，関係発達論の現象記述では，子どもと養育者のあいだで行われている相互作用をスターンのように客観的に（可視的行動レベルにおいてのみ）記述するばかりでなく，そのやりとりが観察者にどのように感じられたかを積極的に—何となく混じってしまったという形ではなく，はっきりと意識的に，苦労しながら—盛り込んでいく（鯨岡，2005a; 大倉，2008a）。

　なぜか。端的に，こうした一文によって，N子の笑顔がどんなに可愛かったかがより生き生きと伝わるからである。もう少しいうと，恐らく観察者以上に母親

がこのN子の可愛さに引き込まれてしまって，N子の「アウ，アウ」に対して思わず「オウ，オウ」と答えたのではないかということが，この一文によって見えてくるわけである。したがって，主語は一応「観察者」になっているが，この一文の目的は単に「観察者がかわいいと思った」ということを示すだけに留まらない。むしろN子の表情や姿勢がどのような相貌性，どのような情緒的力動感 vitality affect を持っていたか，そしてそれが母親にどのように感じられ，その結果母親がどのような行動をとるに至ったかといったことを生き生きと描き出すためにこそ，このような記述の仕方をしているのである。

　こうした記述方法は，従来の客観主義的心理学の原則とは相容れないものである。客観主義者からすれば，N子が「かわいい」かどうかは見る人の主観の問題であるから書く必要はない，ましてや母親がN子のことを「かわいい」と思っていたなどということは単なる推測にすぎないということになってしまいかねない。客観主義の立場からは，あくまでスターンのように観察者の存在を背景化させ，目で見える行動レベルのみを記述していくのが正しいのである（常田，2007a）。しかし，果たしてそうした記述方法で，この場面で起こっていた出来事を精確に捉えることができるだろうか。

　このエピソードを単に行動レベルで記述すれば，それこそN子が笑って「アウ，アウ」といった，母親も「オウ，オウ」といったという行動の連鎖を指摘するに留まらざるを得ない。しかし，このエピソードでなされているやりとりは，そうした単なる行動的な相互作用を超えたものであるように見える。つまり，そもそも母親がN子を見て微笑んだ，その微笑みにはわが子を「かわいい」という気持ちがあふれ，それがN子に間主観的に伝わって，遊んでもらって機嫌が良くなっていたN子はさらに「うれしい」気持ちで一杯になり，喜色満面の笑顔で「アウ，アウ」と声が出る，それに引き込まれるようにして母親もかわいい気持ち，うれしい気持ちで一杯になり思わず声を出してしまう，そういった「うれしい」気持ちと「かわいい」気持ちの相乗作用，まさに主観と主観のあいだでなされる情緒的交流こそが，ここで生じている出来事の正体だと思われるのである。そして，そのことはその場に生きた身体を携えて臨んだ観察者の方にも出来事の持っている相貌性，情緒的力動感 vitality affect として，知的な推論や解釈を経ずとも間主観的に伝わってくるものである（鯨岡，1989，1999a）。

　このように目に見える行動のレベルから一歩踏み込んで，その場にいる人々に確かに感じられるものや，間主観的な気持ちのやりとりというものを丁寧に記述

していくことは，〈子ども-養育者関係〉のありよう[78]を問題にしていくために必要不可欠である。というのも，こうした間主観的なレベルでN子の気持ちを感じ取り，N子の情態に応じた対応を繰り出していくということこそが，「育てる」という営みの中心になるからである。一方，N子の方もこうした間主観的なレベルで母親の愛情を感じる中で，「優しいお母さん」とか「愛される自分」といったイメージを形作りつつ，固有の自己性を育んでいくわけだから，それはN子の「育ち」を決定づけるような重要性を持ってもいるのである。

このように，客観主義が「それは恣意的な解釈ではないのか」といおうがいうまいが，実際問題として，人はその場にいる相手の気持ちを直に感じ取ることができるし（いつも必ずというわけではないにせよ，そうした場合があり得るし），現にそうした気持ちのやりとりこそが子どもと養育者のコミュニケーション，あるいは育てるという営みを動かしていくのだということ。関係発達論が間主観性という概念を強調する背景には，そうした従来の客観主義に対する痛烈な批判と，育てる営みの本質に関する主張が盛り込まれている。そうした意味で，この概念は従来の研究に対して関係発達論の立場を端的に示すための戦略的概念として導入されたものなのである（鯨岡，2006）。

2. 二者関係の深化

人と人とがともに身体を携えて同じ場所を共有するとき，そこに間主観的な気持ちのやりとりが生じる。特に，お互いになじんだ，信頼できる間柄である場合には，いちいち言葉にしないでも相手の気持ちが痛いほど分かるといったことも起こり得る。しかしながら，もちろん，そういった濃密な間主観的コミュニケーションが，いつも，必ず起こるわけではない。例えば，生まれたばかりの乳児と養育者が，そうした濃密な「分かりあい」の可能性に開かれているかといえば，それはいいすぎだろう。第6章で，わが子Hとの新生活に慣れるまでの僕たちの悪戦苦闘ぶりを紹介したように，3ヶ月微笑のエピソードのような「つながった」感じが可能になるまでには，やはりそれなりの過程があるのだ。一言でいえば，養育者が子どもに気持ちを持ち出して（自分の身体を相手の身体に重ね合せるように相手に成り込んで），子どもの気持ちをつかみ，丁寧に寄り添っていく中

---

[78] もう少しいえば，障がいを持つ子どもへの関わりを考える際にも，この間主観的コミュニケーションは最大の鍵となる（鯨岡，2000，2002b，2009）。

2. 二者関係の深化　**269**

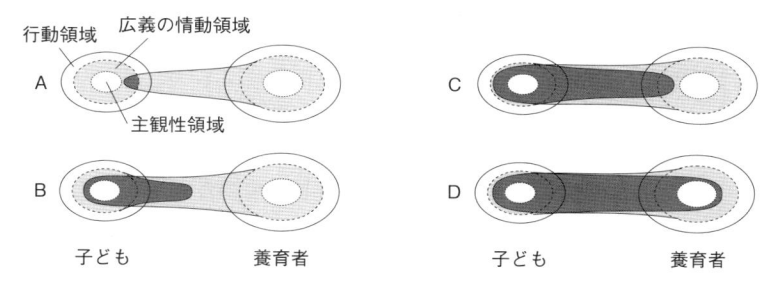

図 12 〈子ども‐養育者関係〉における気持ちの共有の深化（鯨岡, 1997 より一部改）

で初めて，やがて子どもも養育者に対して気持ちを持ち出し，養育者の気持ちをつかみ，自ら気持ちを共有することを喜ぶようになっていく。このプロセスを示したのが，図 12 である。

　この図において，子どもと養育者を別個の円で描いてあるが，これは各自の身体が一応物理的には切り分けられているということに対応している。各自の身体にはさまざまな気持ちや感情の動き，漠然とした気分など，広義の情動領域（相貌性や情緒的力動感 vitality affect もここに含まれる）がある。それは具体的な行動に現れる場合もあれば，そうでない場合（単に姿勢や表情として表出されるだけの場合）もあるので，一番外側が行動領域となっている。一方，さまざまな場面での気持ちや感情の動きの根底には，より長いスパンで持続する個人の「思い」の領域，主観性の領域がある。例えば，養育者の主観性領域には，子どもへの「愛」や「関心」，「養育への自信」「子どもへの願い」「欲望」などがあるだろう。これらを広義の情動領域の中核にあるものとして考えるわけである。

　さて，生まれたばかりの子どもに対して，まず養育者は何とか子どもの気持ちを感じ取ろうとして，子どもの方に気持ちを持ち出す（A）。これを鯨岡は「情動の舌が伸びる」と表現するが，その結果，養育者が子どもの身体に「成り込む」場面が何度となく生まれてくる。そうした養育者からの「成り込み」に触発されるような形で，子どもの側も徐々に養育者に「成り込む」（あるいは「引き込まれる」）場面が出てくる[79]。養育者の気持ちの持ち出し（成り込み）によって，子どもの情態把握とそれに基づく満足の共有が繰り返される中で，B のように子どもは次第に養育者に対して気持ちを向け始めるのである。

　さらに両者が気持ちを共有する場面を積み重ねて C に至る。ここでは養育者

79　重なり合うことに慣れた二つの身体は，さらに容易に重なり合うようになるからである。

の情動の舌は子どもの情動領域を覆うまでになっており，子どもの舌も養育者の情動領域の縁にまで届くようになる。養育者は子どもの気持ちをかなりの程度までつかむことができるし，子どもも単純なレベルでの養育者の気持ちの動きは分かるようになってくる。両者のつながり合いは，情動の舌が重なり合う領域が大きくなっていることで視覚化されている。先の3ヶ月微笑のエピソードは，こうした段階にまで達したときに生まれたものだろう。

　最後にDは二者の関係が非対等的なものから，対等的になったものを表すという。子どもと養育者の場合，そこまで行くことは難しいかもしれないが，子どもが大きくなるにつれて，このような状態がときどき生まれるし，養育者もいずれは子どもとこのような関係を営めるようになることを願って養育をするのである。

　以上のように，この図12は一応，二者関係の発達を理念的に図示したものと見ることができるわけだが，実はことはそれほど単純ではない。もちろん，こうした展開を見る〈子ども－養育者関係〉があるのは確かだろうが，一般的に必ず二者関係はこのように発達するのだと主張することはできないのである。例えば，誕生間もないわが子を前にしても，子どもに気持ちを持ち出す余裕のない養育者もいるし，せっかくBからCへと幸福な関係が展開してきたところで，何らかの理由でAやBへと逆戻りせざるを得ない事態に陥ることもある。AからDに至る気持ちの共有の深化に発達を見たくなるのは確かだが，現実には逆向きの変化も起こり得るということである。そして，例えば子どもが思春期，青年期になって親から徐々に離れていく場合などのように，そのことが逆に発達的である場合すら存在する。二者の気持ちの共有の深化というものを，単純に発達と同一視するわけにはいかないのだ。

　一体，なぜこうしたことが起こるのだろうか。一度限りなく近づいた二人の関係が，徐々に屈折して，表裏のあるものへと向かわざるを得なくなり，単純な発達概念では捉えきれなくなってしまうのは，人間のどういった特質によるものなのだろうか。そのことを説明するためには，人間が両義性に貫かれた存在であるということを考慮していく必要がある。次章では，関係発達論の第二の基本概念として，両義性を見ていくことにしよう。

第19章
関係発達論の基本概念②——両義性

　前章では，間主観的な気持ちの共有は無条件で成立するものではないこと，それは養育者が子どもに成り込んで，子どもの気持ちに応えていくということを何度となく繰り返す結果，ようやくできあがってくるものであることを示した。しかし，そうした気持ちの共有が可能になることが，即そのまま「発達」だということにはならない。むしろ，子どもが大きくなるにつれて養育者と衝突する場面が増え，はじめは非常に息のあったものであるかのように見えた両者の関係が，複雑にねじれ合っていくのが普通である。しかもそれは，必ずしも「育てる」という営みがうまくいかなくなるということを意味するのではなくて，むしろ子どもと養育者それぞれが成熟するがゆえにこそ，これまで以上に深くつながれる場面が出てくると同時に，これまで見られなかったようなぶつかり合いが出てくる，といった具合なのだ。気持ちと気持ちがつながる場面，つながらない場面が複雑に入り組んで，両者の関係がさらに複雑化してくるわけである。

　そうした人間関係のさらなる機微・複雑さというものを捉えていくために，ここでまたどうしても必要になってくる概念がある。それが〈両義性〉である。前章の間主観性が，関係発達論が問題にしようとする現象がどんなレベルのものなのかを指し示す概念だったとすれば，この両義性概念は関係発達論の人間観，あるいは世界観を打ち出す概念だといっても良いかもしれない。本章では，そういう意味で大変重要な両義性概念を見ていこう。

■ 1. 根源的両義性

　両義性というのは，簡単にいってしまえば，僕たち人間存在が常に相反するような二つの傾向を持っていること，あるいはあらゆる物事には正の面と負の面があって，両者がクルクルと入れ替わり得ることを示す概念である。鯨岡は，両義性とは"能動であって受動，受動であって能動というような，二つの項の一方がいつのまにか他方に転じてしまうような事態，あるいは「あちらたてればこちらがたたず」というような二律背反的な事態，あるいはAであると言ったとたんに，Aではないと言わねばならないような自己矛盾する事態を広く覆う概念"

(鯨岡，2006，p.17) だとしている。

　例えば，有名なヤマアラシのジレンマの話がある。寒空の下，二匹のヤマアラシがお互いの体をくっつけて温め合おうとするのだけれども，お互いの体にトゲがあるために近づけない。温かさを求めて近づくと傷つけ合うことになるがゆえに，距離をとろうとするのだけれど，やっぱりそれだと寒くて仕方がない。これは青年期の対人関係や恋愛関係のあり方を表すものとしてよく持ち出される比喩だが，このように近づきたいという欲求と傷つきたくないという欲求に引き裂かれている状態，こうした二つの傾向を併せ持っていることを，両義性に貫かれている状態と呼ぼうということである。

　実は今のヤマアラシジレンマに限らず，人間というものは実にさまざまな両義性に貫かれており，人間の本質はまさにそこにこそあるといっても過言ではない，というのが関係発達論の主張である。以下では，そうしたさまざまな両義性のうち，「育てる－育てられる」営みの中で特に重要だとされる両義性を二つほど見ていこう[80]。

　まずは，〈根源的両義性〉である（鯨岡，1998）。

　今のヤマアラシジレンマにもあったように，人間は何より他者とつながれることを求め，それによって安心を得ようとする存在である。前章の「情動の舌」のモデル（図12）において，養育者は子どもと間主観的に分かり合える関係を目指して，子どもに気持ちを向け，子どもに成り込んで，何とかつながりを作り出していこうとすると述べたが，そもそも養育者がなぜそんなことをするのかといえば，恐らくそれは何か別の目的のためにやっていることであるというよりは，むしろ「子どもとつながれること自体がうれしいから」「子どもと気持ちを共有したいから」ということになるのではないか。一方，子どもも，そうした養育者からの成り込みに触発される形で，徐々に自分の方から気持ちを向け，幸せな気持ちを共有していこうとするようになる。一体何でそんなことをするのかと子どもに問えば（もちろん，答えてくれるわけではないが），「養育者が自分の生命維持の鍵を握っているから」ではなく，やはり「養育者と気持ちを共有すること自体が

80　以下に述べる二つの両義性のうち，根源的両義性の方は人間が他者とともに生きる存在であることに関わるものであり，存在両義性は人間が時間の中を生きる歴史的存在であることに関わるものである。私見では，さらに人間が身体的存在であると同時に言語的存在でもあるということに関わる両義性（言語両義性）なども考慮していく必要があると思うが，この概念の精緻化については今後の課題である。

喜びだから」ということになるだろう[81]。

　ここから考えるに，そういった何かの実利的な目的，生命維持の必要性といったものがあろうがなかろうが，そもそも人というものは他の人とつながることを求める存在なのだという他はない。人間が根源的に持っている，そうした人とつながり合おうとする欲求を，〈繋合希求性〉という。そもそも人はなぜコミュニケーションをするのかというのはほとんど回答不能の問いであるが，この繋合希求性というものがあると仮定して，それによってこの問いに答えておこうということである。

　ところが，僕たちが持っているのが繋合希求性だけだったら，「人は皆つながりを求め，皆で仲良くやってハッピーエンド」となるのかもしれないが，その一方で，人間はもう一つの欲求を持っている。それは「どこまでも自分の思いを貫いて，望むように自己充実をしていきたい」という欲求である。これを〈自己充実欲求〉という。例えば，乳児はお腹が空いたとき，おしめが濡れたとき，眠いとき，何か痛い思いをしたとき，寂しいとき，何かを欲しいときなど，ともかく何かちょっとしたことがあるとすぐに泣いて養育者に訴えるわけだが，養育者にしてみればそれはまさに目の前のわが子によって振り回されるような体験として感じられる。こんな最早期から，人間は自分自身の欲求を満たすために他者を振り回す側面を持っているわけだ。逆にいえば，養育者がそんなふうに感じるのは，まさに養育者自身もその根底に「本当はこの子に振り回されるばかりでなく，自分のペースで好きなように生活していきたいのに」という自己充実欲求を持っているからだろう。日常生活で考えてみても，他人が何といおうが自分のやりたいことをやりたいようにやるのだとか，他者と距離をとって自分の好きなことを一人でやっていたいとか，そうした気持ちが強くなることは誰にでもあるはずだ。

　こんなふうに，人間は繋合希求性と自己充実欲求という一見相反する二つの欲求を持っていて，ときにその矛盾が僕たちを苦しめることになる。そうした人間のあり方を根源的両義性と呼ぼうということである。例えば，青年期というのは親友や恋人などの他者と深くつながれることを求める繋合希求性の強い時期だが，その一方で，他者の評価お構いなしにやりたいようにやるのだとか，身近だった他者からあえて距離をとって自分の本当にやりたいことの実現に向かうのだ

81　ワロンの情動的段階を参照のこと（本書 pp.233-235）。養育者との情緒的交流は，子どもにとって第一義的重要性を持つ。

といった自己充実欲求も強まる。それら二つの欲求が青年を翻弄するがゆえに，あるとき非常に人に対して優しく振舞っていたかと思えば，次にはひどく傍若無人になったり，人の顔色をうかがって自分の思いを押し殺しているかと思えば，次には敢然と自己主張をしてみたりといったように，青年期に特徴的な不安定な行動が見られるわけである。先ほど紹介したヤマアラシジレンマも，人とつながりたいという繋合希求性と，自分を守ろうとする自己充実欲求のせめぎあいの一例である。

2. 絡み合う繋合希求性と自己充実欲求

今，自分の思いを貫き通そうとして敢然と自己主張するといった場面を，自己充実欲求の現われであるかのように説明したが，そもそも自己主張というものは他者から理解されることを求めて自分の考えを述べることである。だとすれば，自己主張するという行為の中には，他者と理解し合って，他者とつながりたいという繋合希求性も含まれていることになる。一方，自分の思いを満たすことを断念し，ある程度妥協して，我慢するところは我慢して他者とつながろうとするのは，一見繋合希求性の現われであるかのように見えるかもしれないが，そもそも人とつながりたいという気持ちはどこから出てくるのかといえば，やはりそれは自分自身がそれによって安心感を得たり，幸せを感じたりしたいからである。そういう面ではそこには自己充実欲求が含まれていることにもなる。

つまり，繋合希求性と自己充実欲求という二つの欲求というのはそう明確に切り分けられるものではなくて，むしろ一方の中に他方の成分が必ず含まれているという関係，お互いがお互いを基礎づけ合う関係にあるわけだ。自己充実欲求を貫こうとしてみても，実はそうする自分を認めてくれるような他者の評価をどこかで期待しているわけだから，自己充実欲求の根底には繋合希求性があることになる。また，逆に他者とつながれることが人生最大の喜びだといって繋合希求性を強調するとしても，それ自体が自分の人生を充実したものにしたいという自己充実欲求の現われであるともいえる。どんな状況に置かれ，どんな言動をとってみても，全てがこんな調子でクルクルと表裏が入れ替わるわけだから，僕たちはこの根源的両義性から逃れること，あるいはこれを克服することなどできないのだ。

したがって，大切なのは，根源的両義性を解決したり解消したりすることではなく，いかに引き受けるかということである。多少逆説的に聞こえるかもしれな

いが，両義性を引き受け，抱えられるようになること，自分の中にある二つの気持ちをどちらも大切にできるようになることによって，ヤマアラシジレンマのような両価的感情，激しい葛藤は徐々に沈静化してくることになる[82]。

ともあれ，こうした構図が両義性というものの基本的構造である。二つの相反するベクトルが僕たちを引き裂きつつ，しかしそれぞれのベクトルが表裏一体であるような場合，僕たちはその二つのベクトルから逃れることもできず，両者を統合することもできず，ただその状況を生きるしかない。そこにこそ人間の悲喜こもごもの葛藤や対人関係，人間ドラマが生まれる。その具体的様相を明らかにしていこうというのが，関係発達論がこの両義性概念を導入した狙いなのである。

3. 子どもの存在両義性

さて，〈子ども - 養育者関係〉を見ていく際に，ぜひ押さえておかねばならない両義性がもう一つある。それが〈存在両義性〉である（鯨岡，1998）。

いうまでもなく，子どもというのは，いずれ大人になっていかねばならない存在である。つまり，子どもは子どもであるがゆえに，子どものままではいられないということであり，そういう意味で，子どもという存在規定自体に矛盾が孕まれていると見ることができるわけだ。これが「子どもの存在両義性」である。

例えば，子どもの中にはいつも優しく接してくれる養育者への「好き」という感情や，力強い大人たちへの「憧れ」のような感情があり，それゆえ子どもは養育者をはじめとする大人たちへ「あんなふうな存在になりたい」という同一化を向ける。その同一化が子どもを大人へと引き上げていく重要な原動力となるわけだ。これを「積極的な自己止揚的ベクトル」と呼ぼう。

ところが，その一方で，子どもがある程度大きくなれば，養育者はいつも優しい養育者ではなく，ときに子どもに対して支配的に命令や禁止を加えたり，己の願望を強く押しつけてきて，子どものやりたいこととは逆の方向へ子どもを引っ張ろうとするようにもなる。そうした養育者の関わりはしばしば子どもの中に反発心を引き起こすが，しかし，子どもはその未熟さや無力さゆえに，どこかで

---

[82] 第17章において，抑うつ態勢に入ることによってアンビバレンスを抱えることができるようになることが，子どもの成長のために大切な意味を持っていると述べたことを思い起こされたい（本書 p.252）。こうした考え方が，「さまざまな欲求をバランス良く併せ持ちながら，各両義性に自分なりの収まりをつけていく主体」という関係発達論の「主体」観，次章の相互主体性の議論などにつながってくる。

養育者のいうことに従う他ない。そうした悔しさが、今の未熟な状態を早く脱して、早く大人と対等な立場に立ちたいという気持ちにつながり、やはり子どもは大人へと早く近づこうとする。いわば、今の自分の状態が不満であるがゆえに早く大人になりたいというベクトルなので、これを「否定的な自己止揚的ベクトル」と呼ぼう。

さらに、これら二つの自己止揚的ベクトルと相反するもう二つのベクトル（自己保存的ベクトル）が子どもの中に生じる。

まず、子どもはか弱い子どもという存在であるからこそ、養育者によって保護され、可愛がられ、さまざまな特権性を認められている。大きくなり、大人へと一歩一歩近づくということは、そうした特権的な身分を奪われ、そこで味わっていた楽しい気分や甘い気分をあきらめていかざるを得ないということでもある。そこに、いつまでも今の子どものままでいたいというような気分が生じてくる。それが「積極的な自己保存的ベクトル」である。年下のきょうだいが生まれて、それまで独占していた母親の膝を幼い弟や妹に奪われてしまったときなどには、子どもはこの「積極的な自己保存的ベクトル」を前面に出した行動（赤ちゃん返りなど）を見せることがある。

さらに、養育者をはじめとする大人たちのあり方に嫌悪感や反発心を抱いたり、「大人になるくらいなら、ずっと子どものままでいたい」と思うような気持ちが生じることもある。これを「否定的な自己保存的ベクトル」という。例えば、青年期に大人社会のさまざまな矛盾や汚い部分を目にして、「あんなに汚れた大人にではなく、いつまでも純粋な人間でありたい」と思うことがしばしばあるが（大倉, 2002）、これなども「否定的な自己保存的ベクトル」の成分をかなり含んだ感情であるといえる。

以上をまとめると、子どもの中にはこれら四つのベクトルが絡み合った複雑な感情が渦巻くことになる。〈子ども－養育者関係〉が基本的に愛に満ちたものであれ、何らかの問題を抱えたものであれ、どんな場合にもこれら四つのベクトルが絶えず子どもを振り回している—そんな視点から子どもの態度や振る舞いに注目してみると、複雑な子どもの気持ちの揺れ動きにさらに目が開かれてくるのである。

4. 養育者の存在両義性

では、その一方で、養育者の方はどのような存在両義性に貫かれているのだろ

うか。端的に，かつて「育てられる者」だったはずの人間が，いつの間にか「育てる者」になってしまっているという二重性（矛盾）が，「養育者の存在両義性」という言葉で呼ばれているものである。

　例えば，養育者が目の前のわが子を叱るとき，ちょっとした気持ち悪さを感じることがある。「今わが子がしていることは，ちょうどかつて同じ年頃の自分がやっていたこととそっくりではないか。いつから自分はそれを叱れる身分になったのだろうか。しかし，この子の将来のために，今は心を鬼にして叱っておかねばならない」――例えば，そんな違和感である（大倉，2006, 2008a）。このように養育者もまた子どもに対して自分自身の姿を重ねている（子どもから養育者に同一化を向けるばかりではないのだ）。

　さらに，次のような不思議な感慨が生じることもある。「今自分に気持ち良さそうに抱きかかえられているわが子と全く同じように，自分もかつては自分の親に抱きかかえられていたのではないだろうか。かつて自分の親は，こんなにも愛おしい気持ちで，幼子だった自分のことを抱きかかえてくれていたのではないだろうか」――このように，今の子どもと自分との関係に，かつての自分と親との関係が重ねられてくることもしばしばである。

　こうして，養育者は目の前のわが子に対しての同一化，また自分の親の世代への同一化という二重の同一化を生き，そこに相矛盾する願望や複雑な葛藤する思いといったものを抱くことになる。例えば，かつて大変厳しかった自分の親への反発から，今目の前のわが子に対しては優しくしてあげたいという養育者がいるかもしれない。しかし，厳しかったかつての親の姿というのは，何らかの形で養育者自身に取り込まれているから，今すくすくと優しい子へと育っているわが子を見てそれで良しとする思いと同時に，もうちょっと自分に対する厳しさや凛としたところが欲しい，少なくとも自分はこんなに軟弱ではなかったといった評価が生まれてきたりする。そこに，単に優しいのでもなく，単に厳しいのでもない，複雑な養育者の対応が紡ぎ出され，まだ本当の親心を知らないわが子と衝突するといった場面も出てくるのである。

　このように，子どもへの同一化，自分の親への同一化が複雑に絡み合い，養育者の中にしばしば相矛盾する感情を引き起こし，その養育者固有の育てるという営みを色づけていく。これが「養育者の存在両義性」という言葉で名指されているものである。

5. 二枚の鏡の映し合い

　かつてメルロ＝ポンティは"大人と子どもは，向かい合わせて立てられた二枚の鏡のように，おたがいを無限に映し合うのです"（Merleau-Ponty, 1988/1993, pp.132-133）と述べたが，以上のような根源的両義性と存在両義性という二つの両義性[83]をそれぞれに抱えた子どもと養育者が向かい合うとき，そこにはまさに二枚の鏡を立てたときのように，「無限の像」が生まれてくる。

　例えば，初めての子どもが生まれたとき，たいていの養育者は分からないことだらけの中で一生懸命世話をしながら，わが子との気持ちのつながりを作り出そうと努めるだろう。その際の子どもへの働きかけというのは，かつて自分の養育者が自分にしてくれたような仕方，あるいは周囲の大人たちが子どもを育てていたような仕方を，養育者自身がいつの間にか取り込んだものであるはずで，実は個々の養育者によって微妙に異なるものだろう。そうした関わりを通して，ときにエピソード20（本書p.84）で見たような，養育者と子どもの気持ちが響き合うような幸せな場面も出てくる（逆に，そうした場面が生じない難しいケースもあり得る）。

　ところが，次第に子どもの個体能力が増大して，子どもの活動範囲や自分の思いが強まってくるにしたがって，〈子ども−養育者関係〉は徐々にねじれたものになってくる。これまで養育者が子どもの気持ちに寄り添い，ほぼ何でも子どもの要求に応えてきたことで，子どもは自分の思いは何でも叶えられるはずだという前提のもと，「あれがほしい」とか「これが食べたい」といったように，養育者にさらに強い要求をしてくるようになる。これまで聞き分けの良かった可愛いわが子が，そのようにある意味で困った振る舞いをするようになって，養育者は戸惑う。できれば，これまでのようにこの子の気持ちに丁寧に寄り添ってあげ，二人で楽しい気持ちを共有したいという気持ち（繋合希求性）と，その逆にここは子どものためにも「ダメなものはダメ」ということを分からせなければならないのではないかという気持ちとの葛藤である。

　ある養育者は，やっぱり前者の繋合希求性を実現するような方向性で対応し，子どものいうことを聞いてあげるかもしれないが，そうした養育者の対応を受け

---

[83] ここまでの議論から分かるとおり，関係発達論が子どもと養育者それぞれの「欲望」を語っていくときの基本的枠組みこそ，この両義性概念である。関係発達論が精神分析学から抽出したものとは，この両義性概念に見られるような欲望論的色彩だったのである。

て，子どもはさらに強い要求（我がまま）をしてくるものだ。一方，ある養育者は自分が親から厳しく躾けられたということもあって，わが子に対しても「ダメでしょう！」と厳しく禁止をするかもしれないが，その結果として，それまで肥大していた子どもの自信というのは，急にしぼんでしまうかもしれない。したがって，その中間の対応として，「これをできたら，あなたのいうことを聞いてあげる」といった交換条件を出すというのが，多くの養育者がとる方略になってくる。実際，嫌いなピーマンを食べられたらおやつを食べてもいいよ，といった親からの言葉は，誰もが子ども時代に聞いたことがあるものだろう。ただし，その場合でも，子どもが頑として泣き喚くばかりであるとかいった場合には，再び養育者の中にここはもう折れて子どものいうことを聞いてあげようか，それともそんな我がままは突き放してしまおうかといった葛藤が生じるに違いないのである。

いずれにしても，養育者はしばしば「困った子」になるわが子を前に，自分の対応というのは本当にこれで良かったのか，自分の親だったらどうしただろうかということを絶えず自問自答しつつ，次の対応を繰り出していかざるを得ない。養育者にとって，わが子は自分の養育のあり方（の正否）を映す鏡だといえるが，元々そうしたわが子のあり方は，養育者自身の対応や映し返しが子どもの中に沈殿して形成されてきたものでもある。

さらに，子どもの側が，そうした一段複雑な養育者の働きかけを通じて，一方的に自分の思いを主張するよりは，一度養育者のいうことを聞いておいた方が最後には自分の思いが適えられることが分かり，ある種のしたたかさを身につけるようになってくると，今度は養育者もそれを踏まえて「そんなズル賢いことではダメだ」とか，「なかなか頼もしくなってきたな」とか，さまざまなことを感じ，次の対応を繰り出していく……。こんな形で，子どもと養育者はそれこそ無限に映し合っていくのである。

このように見てくれば，前章図12の情動の舌のモデルのように，子どもと養育者が間主観的につながれるようになっていくことのみをもって単純に発達だとみなすわけにはいかない理由も，もはや明らかだろう。ある意味では，子どもが自分の思いを押し出し，自己性の輪郭を強め，養育者とぶつかったり，交渉したりできるようになること，子どもと養育者のあいだに明確な境界線が入ることが，発達には欠かせないわけだ。

しかし，それはもちろん，子どもと養育者が完全に切り離されて，お互いに分かり合えないような関係になっていくという意味ではない。むしろ，逆に子ども

は養育者の気持ちや思いをつかめることを前提として，さらに自分の要求を適えていく術を身につけるわけだし，そうやって段々としたたかな存在になってきたわが子に対して，養育者はそれまで以上にその気持ちを上手につかんで，何とか自分の思いと子どもの思いを折り合わせていく必要に迫られるのである。子どもと養育者のあいだに一本切れ目が入ることによって，相手の気持ちや意図をこれまで以上に深くつかむ必要性が出てき，それゆえにこそなかなかつながり合えなかったり，逆にこれまでになかったような深い相互理解に導かれたりすることも出てくるのである。

　つながりつつ切れ，切れつつつながる。あの情動の舌のモデルでは押さえきれない，複雑な〈子ども‐養育者関係〉の展開過程が，こうして見えてくる。そうした展開が起こるのは，何よりも子どもと養育者がさまざまな両義性に貫かれていることの必然的帰結である。そして，間主観的な気持ちの共有が単純に「発達」だとみなせないのだとすると，何をもって「発達」とするのか。そのことへの回答もまた，本章の議論から少しずつ見えてきている。すなわち，子どもと養育者それぞれが一個の主体として関係をもっていくようになること，それこそが関係発達の本質的な中身ではないだろうか。こうして，最後に導かれてきたのが，次章で解説する相互主体性という概念なのである。

第20章
関係発達論の基本概念③──相互主体性

〈相互主体性〉というのは，英語に翻訳するとintersubjectivityになる。実は間主観性も英語ではintersubjectivityなので，両者は区別がつかなくなってしまう。一般的にはほとんど同義語のように使われているし，よほど関係発達論に通じている人以外は，この両者がどういう関係にあるのかを説明せよといわれても困ってしまうだろう。ある意味では非常に紛らわしいこうした概念が，そもそもどうして必要になってきたのか，その経緯から見ていくことにしたい。

1. 相互主体性導入の経緯

第18章で見たように，関係発達論は間主観性という概念を導入したところからスタートした。従来の客観主義的心理学に対して，子どもと養育者のコミュニケーションの中核をなすのは，必ずしも実体的に可視化されるとは限らない間主観的レベルでの気持ちの交流である，したがってこのレベルでのやりとりをこそ丁寧に描き出していく必要がある，そうした宣言を戦略的に打ち出したのが間主観性だったわけだ。

この間主観性は，確かにある程度のインパクトを持つものとして一般の評価を得た。子どもを育てていくためには，子どもの「思い」に養育者がどういう「思い」を返していくかが重要であること，養育者が子どもに成り込み，子どもの気持ちを上手につかんで，その気持ちに寄り添った対応をしていくことが重要であること。その重要性を謳い，実際に「育てる」という営みの中で頻繁に行われている間主観的コミュニケーションの具体的様相を描き出した『原初的コミュニケーションの諸相』（鯨岡，1997）などは，かなりの説得力を持つものとして受け止められたといって良い。

しかしながら，その一方で，大きな誤解も生まれた。つまり，養育者は子どもに「いつも，すでに」気持ちを向け，子どもの気持ちを全てつかみとっていかねばならないという誤解である。こうした誤解が生まれてしまったのは，一言でいえば，間主観性を強調するあまり，人と人とがつながり得ない存在でもあることが見えにくくなってしまった結果だったといえる。図12の「情動の舌」のモデル

(本書 p.269) にしても，一見したところ，養育者と子どもが発達するにつれてつながり合えるようになっていくかのように描かれていたために，「まずは養育者が情動の舌を伸ばさねばならない→すると子どもからも情動の舌が伸びてくる→やがて養育者と子どもとがお互いの気持ちを分かり合えるようになってハッピーに」という，非常に素朴な理解をされがちだったわけである。図12のAからDへの移行がそんなに単純な発達を意味するものではないことは，すでに注意を促してきた通りである。人間存在とは，他者とつながることを求める繋合希求性と同時に，他者から独立し，自分の思いを貫いていきたいという自己充実欲求も併せ持った両義的な存在であり，人間の発達する過程とは，いわばその二つの欲求が増大し，葛藤し，複雑に絡み合っていく過程なのである。

こうして，〈子ども-養育者関係〉のあり方を定式化するために，やや両者がつながる側面を強調しすぎた嫌いのあった間主観性概念をさらに発展させて，子どもと養育者それぞれが両義性を抱えた一個の主体であるということをしっかり表現する概念が必要になってきた。それが相互主体性である。鯨岡は，間主観性や両義性の概念を議論していた段階では，まだ自分の理論には何かが欠けていた，いうなれば関係発達論のミッシング・リンク（見失われた環）こそ相互主体性という視点であったと述べている（鯨岡, 2006）。確かにこの相互主体性という概念が登場するまでは，「育てる」という営みに注目しているはずの関係発達論において，意外なことに「何を目指して育てるのか」ということは十分見えていなかった感がある。この相互主体性概念が登場して初めて，関係発達論がどういった発達観に基づき，どういったことを目指すものとして「育てる」という営みを捉えようとするのか，その全貌が見えてきたわけである。

間主観性という概念は，関係発達論がどういったレベルの現象に焦点を当てようとするのかを指し示す概念だった。また両義性という概念は，それがどういった人間観・世界観に立ってものを見ていこうとするのかを示した概念だった。それらを踏まえて出されてきた相互主体性という概念は，「育てる」という営みがどうあるべきか，何を目的として「育てる」のかといった，この理論の価値観・目標を打ち出した概念である。そして，以下で見るように，間主観性，両義性，相互主体性という三者は，お互いに深く関連し合っているのである。

2. 相互主体性とは何か

鯨岡は相互主体性という概念に思い至る際に，妻との議論がターニングポイン

トになったとして，次のようなエピソードを紹介している。"「主体として受け止める」ということがどういうことなのかを議論するなかで，妻は「むずかって泣いている赤ちゃんを一個の主体として受け止めるときに母親（養育者）にできることは，『おお，よしよし』なのよ，泣き止ませようとすることではないのよ」と言ったのです。この妻の一言に，私ははっと気づかせられました"（鯨岡，2006，p.36）。

　このとき鯨岡は何に「はっと」なったのだろうか。あるいは，「おお，よしよし」という働きかけと，「泣き止ませようとすること」の違いとは，一体何なのだろうか。実は，これらはまさに，相互主体性という概念が言い表そうとする，他者との微妙なスタンス（距離）のとり方に関わるものなのである。

　養育者が子どもに気持ちを向けて，子どもの気持ちをつかむという間主観性を強調していた頃，鯨岡が頭のどこかで思い描いていたのは，子どもと養育者のコミュニケーションを導いていくのは何よりもこの間主観性であり，養育者は間主観的に子どもの気持ちをつかむことができるからこそ，それに基づいて次なる対応をしていけるのだ，逆に間主観的に分からなければ途方に暮れてしまうのだ，「育てる」という営みがうまくいかなくなってしまうのだといった図式だったと思われる。しかし，よくよく考えてみれば，〈子ども - 養育者関係〉にしろ，僕たちの人間関係にしろ，人と人との関わりというのは間主観的に「分かり合えない」場面にあふれている。日常的に考えてみれば，むしろ完璧に両者が通じ合えるような濃密な間主観的コミュニケーションの方が稀なことで，「だいたい分かるけど，一部分からないところがある」とか，「ちょっとは分かるけど，あまり分からない」とかいったことの方が多いことに気づかされる。もちろん，「ほとんど相手の気持ちが分からない」といったことも少なくない。

　それは〈子ども - 養育者関係〉でも同じだろう。先日2歳半すぎの子どもを持つある母親と話をしているときに，「言葉を覚えるようになって，したたかになって，こちらの思いを見透かしているのか，駄々をこねたり，私のいうことをなかなか聞いてくれなかったりで，もう本当に子どもが何を考えているのか分からないんです」という悩みを聞くことがあった。これが，やはり世の養育者の抱える素朴な実感ではないか。しかし，ではその母親は子どもの気持ちが分からないから，「育てる」を投げ出してしまうか，全く途方に暮れてしまうかというと，もちろんそんなことはない。やはり「分からない」ながらに，子どもとの関係を何とか維持しながら，試行錯誤的にやりくりしていかねばならないということ，それ

が「育てる」ということの本質だろうと考えられるのである。

　上の，むずかっている赤ちゃんの例もそこに関わっている。おしめが濡れたかな，お腹が空いたかな，とあれこれ対応してみても，赤ちゃんの機嫌が悪いときにはどうしても泣き止んでくれないということがしばしばある。養育者としては，どうしてわが子がこんなに泣いているか分からない，泣き声を聴いているのもつらいし，うまく泣き止ませることができない自分の無力さも感じる。まさに暗澹たる気分になることも少なくない。けれども，そんなときに大事なことは，何としてでも「泣き止ませよう」と強く働きかけることではなく，「今，赤ちゃんにも泣きたい気持ちがあるのだ」ということを感じつつ，「おお，よしよし」と抱えてあげることだというのである。しかも，その「よしよし」は泣いている赤ちゃんを悲壮感漂わせて抱え続けるような必死の「よしよし」ではなくて，むしろ養育者の側がゆったりと落ち着いて，「あなたにもあなたの都合があるのね」と鷹揚に構えるような「よしよし」だという。つまり，あなたの気持ちは私には分からない部分がある，あるけれども，まあ私はあなたと一緒にいますよ，そんな中であなたが少しでも気持ちを落ち着けてくれればうれしいな，といった「ほど良い」スタンスのとり方が重要だということである。

　逆に，こんな場合に，一生懸命に相手に気持ちを向けて間主観的に「なんで泣いているのか」を分かろうとするということにこだわりすぎてしまうと，それこそどうしても赤ちゃんの気持ちが分からないがゆえに焦ったり苛立ったりしてしまい，その焦りや苛立ちなどの不快な感じが赤ちゃんにも間身体的に伝わってますます事態がこじれていき，ついには途方に暮れてしまうということになりかねない。見方をかえれば，そうして躍起になるということは，結局「泣いている」という赤ちゃんの「行動」を何とか止めさせようとするばかりで，泣きたい赤ちゃんの「気持ち」は全然受け止めていないということだ。これでは，独自の思いを持った，自分とは異なる一個の主体として赤ちゃんを受け止めているのではなく，むしろ自分の思い通りに動かせる存在，いうなれば自分の一部として赤ちゃんを扱おうとしているということになってしまう。間主観性ばかりを強調しすぎると，こうした罠に陥る危険性が高くなるわけである。

　要するに，相互主体性というのは，間主観的に分かろうが分かるまいが，一個の独自の思いを持った主体として，あなたの気持ちを尊重するという，人間関係のあり方のことである。ただし，それは「あなたはあなたで自分の思いを持っているのだから勝手にしなさい」という放任とか，無関心とは，もちろん全然違

う。ときどき「人は人，自分は自分」ということをモットーに，人がどうあろうが自分は相手に干渉しない，その代わりに自分も自分の好きなようにやる，という人がいるが，そうした態度は結局他者との関係を切ってしまっているだけだから，これは相互主体性とはいえない。赤ちゃんが泣いているときに「あなたにも泣きたい気持ちがあるのね，だから放っておく」というのでは「育てる」にはならないだろう。相互主体性というのは，あくまで間主観的に気持ちを相手に向けつつも，お互いが独自の思いを持つ人間どうしである以上，その中でも分からない部分が出てくる，その分からない部分も含めてあなたと一緒にいるよというスタンス，またその中で「泣きたい」あなたの気持ちと「泣き止んでくれたらうれしい」私の気持ちが折り合うようにしていけたらいいなという鷹揚な構え方，そうしたものを指す概念なのである。したがって，間主観性なき相互主体性は考えられず，相互主体性なき間主観性は上で述べたような罠に陥ってしまうという意味では，間主観性と相互主体性というのはどちらも欠かすことのできない相補的な概念だといえる。

3. 一個の主体として受け止められて，一個の主体として育つ

「育てる」という営みにおいて，子どもを養育者とは異なる独自の思いをもった一個の主体として受け止めていくことが，なぜそれほどまでに大切なのか。結論からいえば，「子どもは一個の主体として受け止められて初めて，一個の主体として育つ」からである。

実は，この相互主体性概念が登場してくる背景として見逃せないことが，間主観性云々といった理論的な話の他にもう一つある。それは，「主体性の危機」とも呼ばれるような現代日本の状況，一個の主体として子どもを「育てる」という営みが必ずしもうまくいっているとはいいがたい日本の社会状況である（鯨岡，2006，2010）。

例えば，受験戦争に追われて，大学にまで何とか入ったまでは良いものの，そこから先自分がどのように生きていったら良いか分からなくなってしまう青年がいる。一過性のアイデンティティ問題ならばその立ち止まりに積極的な意義を見出すこともできるだろうが（西平，1987，1990；大倉，2011），その一方でいつまで経っても社会に参入していこうとしない，ニートとか引きこもりとかいった青年の増加が社会問題になっている。これには働きたくても働けない不況の問題など多くの要因が絡み合っているわけだが，しかし問題の一端には，何に対しても興

味を持てないとか，自分でそれを見出そうと動いてみることがないとか，「しなさい」といわれないと何もできないとか，そうした青年自身の特性もやはりあるように思われる。

　あるいはまた，他者と衝突することを極度に恐れ，普段接する友人などとも非常に表面的なレベルでしか付き合おうとしない傾向があったり，逆に，他者に対して人を人とも思わないような身勝手な振る舞いが目立ったりするのも，今の若い人の特徴だといわれる。子どもたちは学校で「いい点数」をとることや，そういった非常に「疲れる」人間関係を無事にやり過ごすこと，つまり他者の評価を気にし，他者の顔色を損ねないことに戦々恐々とするばかりで，自分自身の興味や関心，自分自身の心をゆったりと育むゆとりを失っているかのようである。

　さらに，教育現場で起こっているそうした問題の走りは，すでに保育の現場や障がい児支援の現場でも見られるのだと鯨岡はいう。例えば，集団保育の場ではともすればみんなと一緒に行動できるような協調性を身につけさせることとか，最近の知育ブームに応えて小さい頃から何かが「できる」ようになることなどがもてはやされている（鯨岡，2010）。また，障がい児支援の場も同じで，健常者の社会に適応「させよう」，何かの知的能力を身につけ「させよう」，協調性のある行動を「とらせよう」といった，「させる」関わりがしばしば行われている[84]（鯨岡，2000，2002b，2005b）。

　要するに，子どもたちは保育や教育の現場を通じて，一貫して「いい大学へ」「いい点数を」「協調性を」といった大人の側の必要性から出てくる「させる」働きかけばかりを受けてきており，それゆえに自分から何かをやろうとか，人とつながって一緒に喜び合おうとする主体的な心を十分育めないでいるのだ。そして，そうした状況へのアンチテーゼとして出されてきたのが，まさに相互主体性という概念なのである。

　確かに大人が子どもにさまざまなことを望むこと自体は悪いことではない。というより，子どもはやはりいろいろ悪さもするし，泣いたり，怒ったりといった負の感情を見せることもあるから，そうした部分を何とか修正していこうとする

---

[84] もちろん，一方的な「させる」関わりによって能力の改善を目指すのとは対照的に，子どもの気持ちを大事にしながら，一個の主体としての子どもの育ちに目を向けていこうとしている実践現場も多い。ただ，そうした現場でも，その実践の「効果」を評価するよう求められたときなどに，この両者の違いが曖昧になってしまい，目に見えやすい能力の発達でもってその「効果」を測ろうとしたりする発想に陥ってしまうことはしばしばある。

ことは，子どもを「育てる」上では欠かすことのできない働きかけである。しかし，その場合でも，子どもを独自の思いをもった一個の主体として受け止めようとするならば，その働きかけは決して強引に何かを「させる」といった直線的なものにはならない。

　先ほどの例でも，むずかる赤ちゃんに対して養育者が何とか泣き止ませようと躍起になりすぎることなく，むしろ「赤ちゃんにも泣きたい気持ちがあるのだ」と鷹揚に構えつつ，「泣き止んでほしいなあ」ということを願いながら，ゆったりと抱きかかえていくことが，とても重要だった。そうした関わりの中で，不思議なことに子どもは本当に「自ら」泣き止んでいくのである。その逆に，教育テレビの子育て支援番組などで，泣き止まない子どもの耳元でビニール袋をクシャクシャとこすると泣き止ませることができるといった「裏技」が紹介されることがあるが，あれなどは養育者の「泣き止ませよう」という態度が前面に出た働きかけだと思う。子育てに追われる大変な毎日の中で，ちょっとした遊び心でやってみる程度なら良いのかもしれないが，そんなふうに子どもを大人の都合に合うように上手にコントロールする術がもてはやされ，教育テレビで放送されているような社会的風潮，あるいはそれに飛びつく養育者の構えの中に大きな問題があるように思えてならない。

　その他にも子どもが何か望ましくないことをするとか，あるいは子どもが集団から離れて一人ポツンと何かをしているとか，他の子とけんかするとか，そうしたときに養育者や保育者はまず，子どもが何か自分なりの興味関心，思いがあってそうしているのだということを受け止め，その上で，それでも「お母さん（先生）はこうしてほしいなあ」というように自分の思いを伝えていく必要がある。というのも，直線的な「させる」働きかけ—例えば強引にそれを止めさせるとか，強引に集団の輪の中に巻き込むとかいった働きかけ—をするだけでは，その場はうまく収まるかもしれないが，そうした強力な「させる」働きかけのないところ，そのように「させる」人がいない状況においては，子どもは全く違う振る舞いを始めるからである。つまり，本当の意味で子どもの心の中に「それは望ましくないことだ」とか「みんなと仲良くやるととても楽しいことがある」といったことが根づくためには，子ども自らが「お母さん（先生）のいうようにやってみよう」と思うためのワンクッション，「ゆとり」や「間」のようなものが必要なのである。

　第10章のエピソード38（本書 pp.139-140）を振り返ってみよう。茶せんをブ

ラシに見立ててお掃除ごっこを始めたKちゃん（1歳10ヶ月）に対して，母親が茶せんをこちらに渡して本物のブラシを使うように求める場面である。あの場面で，母親は本物のブラシを持って「取り替えっこしよう」と何度も誘っているわけだが，かといって，無理に茶せんを取り上げたり，強く叱るというふうに出るわけではなかった。ずっとブラシを掲げて，Kちゃんの方からそれを取り替えにくるのを待っている。それに対してはじめは嫌がっていたKちゃんだが，興味深いことに，しばらくうーんと悩んだ末に，母親のブラシと取り替えにいくわけでもなく，やがて自ら茶せんを元あった場所に戻しに行くのである。

　このときのKちゃんの気持ちを代弁してみると，「せっかく見つけたブラシ代わりの茶せんを手放したくはない。でも，どうも茶せんで遊ぶのはまずいようだ。これ以上自分の思いを貫くとお母さんに怒られるかもしれない。けれど，だからといってここでお母さんの誘いに乗って，ブラシで妥協するのもちょっと違う，それじゃ面白くない」といったところだろう。そこで自らひねり出した解決策が，元あった場所に茶せんを戻しに行くという行為だったように見える。このように，茶せんを自由に使わせておくのはまずいけれども，Kちゃんが茶せんで遊びたい気持ちも分かる，それゆえそれを無理に取り上げるでもなく，ブラシを持って粘り強く誘う，という母親のワンクッション置いた働きかけの中でこそ，Kちゃん自身が自分の遊びたい気持ちと母親の気持ちを折り合わせていくことができるようになっていくわけだ。これこそまさに，「子どもを一個の主体として受け止めることによって，子どもは実際に一個の主体へと育っていく」ということの内実である。養育者が相互主体的関係を作り出していくことによって初めて，それが子どもの自己性の中に沈殿し，実際に子どもは一個の主体へと育っていく（育てられていく）のである。

4. 関係発達論の目指す主体性

　最後に，今の話で明らかなように，関係発達論が「主体」という言葉を使うとき，それはしばしば誤解されるように「自分のやりたいことを自分のやりたいようにやる積極性」「自分の思いを頑なに貫いていく強さ」だけを意味するのではない。もちろん，「主体」という言葉にそうしたニュアンスも込められてはいるが，それは主体の一方の側面である。すなわち，関係発達論が「主体」という言葉を使うとき，その中身は「自分の思いをはっきり持って，それを実行していく」という自己充実欲求と，「他者の気持ちを理解して，それと折り合いをつけて，他者

4. 関係発達論の目指す主体性

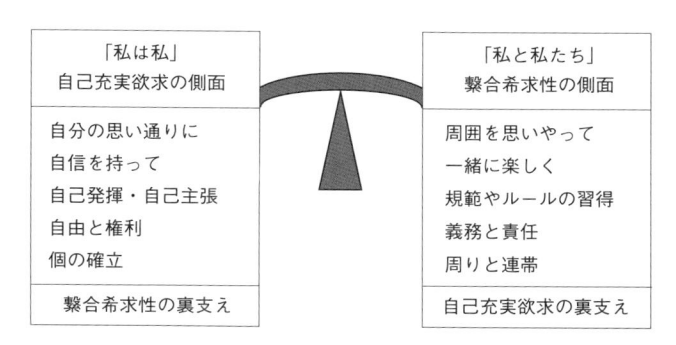

「私は私」 自己充実欲求の側面	「私と私たち」 繋合希求性の側面
自分の思い通りに 自信を持って 自己発揮・自己主張 自由と権利 個の確立	周囲を思いやって 一緒に楽しく 規範やルールの習得 義務と責任 周りと連帯
繋合希求性の裏支え	自己充実欲求の裏支え

図13 主体であることの二側面（鯨岡, 2006 より一部改）

とつながれようとする」という繋合希求性の両義性に, 自分なりの収まりをつけられるようになる主体のことである。

例えば, Kちゃんはまさに「茶せんで遊びたい」という自己充実欲求と, 「お母さんの気持ちも分かる, お母さんを怒らせたくない」という繋合希求性の葛藤にしばし「うーん」と悩みつつ, 茶せんを自分で戻しに行くという行為を選び取っていた。そんなふうに自己充実欲求と繋合希求性に引き裂かれながらも, "わがまま勝手にならず, だからといって周りに合わせすぎずという, ほどよいバランス感覚の芽が生まれ, それがゆっくり育っていくこと"（鯨岡, 2006, p.100）こそが主体となるということであり, そういった主体へと育てていくことを目指して, 子どもとの相互主体的な関係を作り上げていかねばならないのだというのが, 関係発達論の根本的主張になるわけである。

図13のようなやじろべえを示して, 鯨岡は, 主体的であることとは, このやじろべえがどちらに傾きすぎることもなく, うまくバランスがとれるようになることだといっている。関係発達論が目標とする主体的な人というのは, まさに自己充実欲求と繋合希求性をはじめとするさまざまな両義性がその人の中で複雑に絡み合うような豊かな心を持ちつつ, けれどそれら両義性に自分なりの収まりをつけて, その場その場に応じたほど良いバランス感覚でもって振る舞っていけるような, そんな人物であるということになるだろう。そういう意味で, 子どもと養育者それぞれが主体としてお互いを受け止め合うような相互主体的な関係というのは, まさに子どもと養育者がお互いを無限に映し合っていくような, 二枚の鏡の関係—双方が抱える両義性が錯綜する関係—そのものなのである。

おわりに

　恩師である鯨岡峻先生の関係発達論に拠りながら，第1部の「実際編」では具体的な〈子ども–養育者関係〉の展開過程を追い，第2部「理論編」ではそこで用いている諸々の考え方や概念がどういった学問的土壌から生まれてきたものであるかを示してきた。子どもをいかに育てるか，子どもがどんなふうに育ってくるかに関して，具体的なイメージを提供するということ，それに有用な発達心理学の基本的知識を紹介することを二大目標としてきたが，そんなふうに現実と学知のあいだを往復運動しながら実践と理論双方を鍛えていこうとするのが，関係発達論の特徴である。

　ただし，第1部では現代の若者が出産・子育てに向かっていくところから出発して，やがて生まれた子どもが保育の場に参入していくまでの大筋の流れを示すことに重きを置いたので，本来ならば議論しなければならない問題の多くを割愛せざるを得なかった。また，第2部ではあくまで第1部で行っている議論の学問的根拠を示すことを中心的な目的としたので，重要な先行研究の全てを網羅できたわけでもない。そういう意味ではまだ入門的なレベルに留まっている本書の議論を，今後さらに詳細化し，人がさまざまな「他」（養育者や近隣の人々などの具体的な他者，社会・文化，さらには言語[85]等）との関係の中で生涯を送っていくとはどういうことなのか，自分なりに納得できる形で明らかにしていくことが，今後の課題である。こうして見てみると，第1部の方向性においても，第2部の方向性においても課題はまだ山積みである。

　したがって，本書に書かれていることを「子どもは必ずこういう道筋に沿って育つ」とか「子どもは絶対このように育てなければならない」といった「一般法則」や「教条」のように受け取らないでほしい。「育てる–育てられる」という営みが展開されている場はもっと多様で複雑だし，もっと難しい問題に満ちている。関係発達論は，そうした現実の問題に取り組むための視点や概念的道具を見

85　本書では鯨岡先生の著作以上に言語発生や自我意識の問題に重点を置いて議論をしたつもりだが，両者の密接な関連や，これらが人間の存在様式に及ぼす影響ついては，まだ単に「匂わせる」のみに留まっている。この点を突きつめていく作業が，僕なりの「関係発達論」を組み立てていくためにはどうしても必要だという気がしている。

出そうとするものであって，現実をそれによって全て説明してしまえるような一般法則ではないのである．現実に向き合ってみて理論を鍛える一方で，新たに修正を施した理論をもって再度現実の問題に取り組んでみる—そういった終わりのない作業を実践していくことが，本当の意味での関係発達論なのだ．そういう意味で，どちらを欠かすこともできない本書の第1部と第2部が織り合わさって，読者の中にも人が育てられて育っていく過程に潜むいろいろな「不思議」に対する興味・関心が立ち上がり，現実と理論のあいだのかすかな往復運動が始まっていればうれしい．

　本書を執筆するというプロセスは，まさに鯨岡先生との内的対話そのものだった．関係発達論の紹介とはいいつつも，随所に盛り込んだ僕独自の議論やエピソード分析などについて，先生はどう評価されるだろうかとか，逆に先生の言葉をそのままなぞっただけのような箇所について，先生は気分を害されないだろうかとか，そんなふうに完全に先生に倣うでもなく，独立独歩というわけでもない僕のあり方について，先生は恐らく何ともいえない頼りなさを感じるのではないかとか，いろいろ思いをめぐらせては書くのを中断するといったことの繰り返しだった．そういう意味では当初思っていた以上に大変な作業になってしまったが，結局，最後には「学部生時代からそうだったように，きっと微笑みながら見守ってもらえるさ」と甘えることで，収まりをつけてしまっている自分がいる．僕が僕なりに考えたことをそれとして認めつつ，ご自身の立場からの見解をそっと付け加えてくださるというのが鯨岡先生の指導スタイルだったが，それはまさに本書で議論した相互主体的関係性そのものだったと思う．とても怠惰な学生生活を送っていた僕を，一個の主体として育ててきてくださった鯨岡先生には，ただただ言葉では言い尽くせない感謝の念を表すしかない．

　また，本書に収録したKちゃん親子とおばあさん，おじいさんには，週一回の観察を2年以上にわたって続けさせていただくという，とても厚かましいお願いを許していただいた．非常にフレンドリーかつオープンに，育てるという営みの現場を開示してくださったこと，心よりお礼を申し上げたい．

　さらに，僕の妻にも，心からの感謝の意を記したい．妻はとても率直に妊娠時の体験を語ってくれたばかりか，夫として出産という一大場面に立ち会い，それを記録・公表することを許してもらった．いろいろ衝突することもあるけれど，「育てる」をめぐる妻との二人三脚がなければ，本書は決して誕生しなかった．

　息子Hには勝手に写真やエピソードを使わせてもらったことをお詫びした

い。将来，彼がこの本をどんな気持ちで読むのか，親として楽しみ半分，怖さ半分といったところだろうか。

　最後に，ナカニシヤ出版の宍倉由高氏，山本あかね氏には，今回のお話をいただいてから随分と長いこと待っていただいた。僕のような未熟者に声をかけてくださったこととともに，心からのお礼を申し上げたい。

　こうして，いろいろな方々のご厚意とお力添えに支えられて，何とか本書ができあがった。手に取ってくださった方々それぞれの問題意識にとって，本書が多少なりともお役に立つものになっていれば，筆者としてはこの上ない喜びである。

2011 年 5 月　筆　　者

文　献

安部晴美　1999　妊娠・出産の家族過程と〈関係力動の場〉（修士論文）　人間・環境学研究科蔵
Ainsworth, M. D. S., Blehar, M. C., Waters, E., & Wall, S. 1978 *Patterns of attachment: A psychological study of the strange situation.* Hillsdale, N. J.: Lawrence Erlbaum.
尼ケ崎彬　1990　ことばと身体　勁草書房
麻生武　1990　"口"概念の獲得過程—乳児の食べさせる行動の研究　『発達心理学研究』, 1 (1), 20-29.
麻生武　2002　乳幼児の心理—コミュニケーションと自我の発達　サイエンス社
Baldwin, D.　1995　田中利信（訳）　1999　共同注意と言語の結びつきを考える　Moore, C., & Dunham, P.（編）　大神英裕（監訳）　『ジョイント・アテンション—心の起源とその発達を探る』, ナカニシヤ出版, 119-143. (*Joint attention— Its origins and role in development.*)
Выготский, Л. С.　1930　柴田義松・宮坂琇子（訳）　2008　心理システムについて　『ヴィゴツキー心理学論集』, 学文社, 9-37. (О психологических системах.)
Выготский, Л. С.　1934　柴田義松（訳）　2001　新訳版・思考と言語　新読書社 (Мышление и Речь.)
Выготский, Л. С.　1935　土井捷三・神谷栄司（訳）　2003　「発達の最近接領域」の理論—教授・学習過程における子どもの発達　三学出版（Умственное развитие ребенка в процессе обучения.）
Выготский, Л. С.　1984　柴田義松・宮坂琇子・土井捷三・神谷栄司（訳）　2002　新児童心理学講義新読書社 (Л. С. Выготский Собрание сочинений.)
Bower, T. G. R.　1979　鯨岡峻（訳）　1982　ヒューマン・ディベロップメント　ミネルヴァ書房（*Human development.*)
Bowlby, J.　1979　作田勉（訳）　1981　母子関係入門　星和書店（*The making and breaking of affectional bonds.*)
Bowlby, J.　1988　二木武（訳）　1993　母と子のアタッチメント—心の安全基地　医歯薬出版（*A secure base: Clinical applications of attachment theory.*)
Boysson-Bardies, B. de　1996　加藤晴久・増茂和男（訳）　2008　赤ちゃんはコトバをどのように習得するか—誕生から2歳まで　藤原書店（*Comment la parole vient aux enfants, De la naissance jusq' à deux ans.*)
Brazelton, T. B.　1981　小林登（訳）　1982　ブラゼルトンの親と子のきずな—アタッチメントを育てるとは—　医歯薬出版（*On becoming a family: The growth of attachment.*)
Bruner, J. S., & Goodman, C. C.　1947　Value and need as organizing factors in perception. *Journal of Abnormal and Social Psychology*, 42, 33-44.
Butterworth, G.　1995　大神英裕（訳）　1999　知覚と行為における心の起源　Moore, C., & Dunham, P.（編）　大神英裕（監訳）　『ジョイント・アテンション—心の起源とその発達を探る』, ナカニシヤ出版, 29-39. (*Joint attention— Its origins and role in development.*)
Corkum, V., & Moore, C.　1995/1999　乳幼児における視覚的共同注意の発達　Moore, C., & Dunham, P.（編）　大神英裕（監訳）　『ジョイント・アテンション—心の起源とその発達を探る』, ナカニシヤ出版, 57-76. (*Joint attention—Its origins and role in development.*)
Cytowic, R. E.　1993　山下篤子（訳）　2002　共感覚者の驚くべき日常—形を味わう人, 色を聴く人　草思社（*The man who tasted shapes.*)
Dalton, K.　1980　上島国利・児玉憲典（訳）　マタニティ・ブルー—産後の心の健康と治療　誠信書房（*Depression after childbirth: How to recognize and treat postnatal Illness.*)
土居健郎　1993　注釈「甘え」の構造　弘文堂（1971　「甘え」の構造　弘文堂）
Duffy, P. L.　2001　石田理恵（訳）　2002　ねこは青, 子ねこは黄緑—共感覚者が自ら語る不思議な世界　早川書房（*Blue cats and chartreuse kittens.*)
遠藤利彦　2009　鯨岡理論と愛着理論の間　『てんむすフォーラム』第3号　特集「鯨岡理論」, 59-81.
Erikson, E. H.　1950　仁科弥生（訳）　1977　幼児期と社会（I, II）　みすず書房（*Childhood and society.*)
Erikson, E. H.　1959　小此木啓吾（訳）　1973　自我同一性　誠信書房（*Identity and the life cycle.*)
Erikson, E. H.　1968　岩瀬庸理（訳）　1969　主体性—青年と危機　北望社（*Identity: Youth and crisis.*)
Fairbairn, W. R. D.　1952　山口泰司（訳）　1995　人格の精神分析　講談社学術文庫（*Psychoanalytic studies of the personality.*)
Friedlander, B. Z.　1970　Receptive language development in infancy. *Merrill-Palmer Quarterly*, 16, 7-51.

文献

Freud, S. 1900 高橋義孝（訳） 1969 夢判断 フロイト著作集2 人文書院（*Die Traumdeutung*.）
Freud, S. 1905 渡邉俊之（訳） 2009 性理論のための三篇 『フロイト全集6』, 岩波書店, 163-310.（Drei Abhandlungen zur Sexualtheorie.）
Freud, S. 1909 総田純次（訳） 2008 ある五歳男児の恐怖症の分析（ハンス） 『フロイト全集10』, 岩波書店, 1-174.（Analyse der Phobie eines fünfjährigen Knaben.）
Freud, S. 1911 高田珠樹（訳） 2009 心的生起の二原理に関する定式 『フロイト全集11』, 岩波書店, 259-267.（Formulierungen über die zwei Prinzipien des psychischen Geschehens.）
Freud, S. 1915 井村恒郎・小此木啓吾ほか（訳） 1970 本能とその運命 『フロイト著作集6』, 人文書院, 59-77.（Trieb und Triebschicksale.）
Freud, S. 1916-1917 懸田克躬・高橋義孝（訳） 1971 精神分析入門（正） 『フロイト著作集1』, 人文書院, 5-383.（Vorlesungen zur Einführung in die Psychoanalyse.）
Freud, S. 1923 井村恒郎・小此木啓吾ほか（訳） 1970 自我とエス 『フロイト著作集6』, 人文書院, 263-299.（Das Ich und Es.）
Geertz, C. 1973 吉田禎吾・柳川啓一・中牧弘允・板橋作美（訳） 1987 文化の解釈学Ｉ 岩波書店（*The interpretation of cultures*.）
Gendlin, E. T. 1962 筒井健雄（訳） 1993 体験過程と意味の創造 ぶっく東京（*Experiencing and the creation of meaning: A philosophical and psychological approach to the subjective*.）
Gendlin, E. E. 1981 村山正治・都留春男・村瀬孝雄（訳） 1982 フォーカシング 福村出版（*Focusing*.）
浜田寿美男 1994 ピアジェとワロン―個的発想と類的発想 ミネルヴァ書房
浜田寿美男 1999 「私」とは何か―ことばと身体の出会い 講談社
浜田寿美男 2002 身体から表象へ ミネルヴァ書房
浜田寿美男 2009 私と他者と語りの世界―精神の生態学へ向けて ミネルヴァ書房
Husserl, E. 1950 立松弘孝（訳） 1965 現象学の理念 みすず書房（*Die Idee der Phänomenologie*.）
Husserl, E. 1950 浜渦辰二（訳） 2001 デカルト的省察 岩波文庫（*Cartesianische Meditationen. Eine Einleitung in die Phänomenologie*.）
岩崎純一 2009 音に色が見える世界―「共感覚」とは何か PHP新書
岩田純一・吉田直子・山上雅子・岡本夏木 1992 発達心理学 有斐閣
泉流星 2003 地球生まれの異星人―自閉症者として、日本に生きる 花風社
河合隼雄 1996 大人になることのむずかしさ 岩波書店
Kaye, K. 1979 鯨岡峻（編訳）鯨岡和子（訳） 1989 貧弱なデータに肉付けする―発達途上のコミュニケーションにおける母親の役割 『母と子のあいだ』, ミネルヴァ書房, 197-216.（Thickening thin data: The maternal role in developing communication and language.）
Klein, M. 1946 小此木啓吾・岩崎哲也（責任編訳）狩野力八郎・渡辺明子・相田信男（訳） 1985 分裂的機制についての覚書 『妄想的・分裂的世界』, 誠信書房, 3-32.（Notes on some schizoid mechanisms.）
Klein, M. 1952a 小此木啓吾・岩崎哲也（責任編訳）小此木啓吾（訳） 1985 乳幼児の行動観察について 『妄想的・分裂的世界』, 誠信書房, 117-156.（On observing the behaviour of young infants.）
Klein, M. 1952b 小此木啓吾・岩崎哲也（責任編訳）佐藤五十男（訳） 1985 幼児の情緒生活についての二, 三の理論的結論 『妄想的・分裂的世界』, 誠信書房, 77-116.（Some theoretical conclusions regarding the emotional life of the infant.）
Klein, M. 1957 小此木啓吾・岩崎哲也（責任編訳）松本善男（訳） 1975 羨望と感謝 『羨望と感謝』, 誠信書房, 3-89.（Envy and gratitude.）
鯨岡峻 1976 Wernerの発達論の展開―本書前後の彼の思想的展開をめぐって Werner, H. 1948 園原太郎（監уｓ）鯨岡峻・浜田寿美男（訳） 1976 『発達心理学入門』, ミネルヴァ書房, 552-568.
鯨岡峻 1986a 心理の現象学 世界書院
鯨岡峻 1986b 初期母子関係と間主観性の問題 『心理学評論』, 29 (4), 509-529.
鯨岡峻（編訳者） 1989 母と子のあいだ ミネルヴァ書房
鯨岡峻 1997 原初的コミュニケーションの諸相 ミネルヴァ書房
鯨岡峻 1998 両義性の発達心理学 ミネルヴァ書房
鯨岡峻 1999a 関係発達論の構築 ミネルヴァ書房
鯨岡峻 1999b 関係発達論の展開 ミネルヴァ書房
鯨岡峻（編著） 2000 養護学校とは、いま ミネルヴァ書房
鯨岡峻 2002a 〈育てられる者〉から〈育てる者〉へ NHKブックス
鯨岡峻（編著） 2002b 〈共に生きる場〉の発達臨床 ミネルヴァ書房
鯨岡峻 2005a エピソード記述入門―実践と質的研究のために 東京大学出版会

鯨岡峻　2005b　「関係発達」について　小林隆児・鯨岡峻（編著）『自閉症の関係発達臨床』，日本評論社, 1-69.
鯨岡峻　2006　ひとがひとをわかるということ―間主観性と相互主体性　ミネルヴァ書房
鯨岡峻（編）　2009　障害児保育　ミネルヴァ書房
鯨岡峻　2010　保育・主体として育てる営み　ミネルヴァ書房
鯨岡峻　2011　子どもは育てられて育つ―関係発達の世代間循環を考える　慶應義塾大学出版会
鯨岡峻・鯨岡和子　2001　保育を支える発達心理学　ミネルヴァ書房
鯨岡峻・鯨岡和子　2004　よくわかる保育心理学　ミネルヴァ書房
鯨岡峻・鯨岡和子　2009　エピソード記述で保育を描く　ミネルヴァ書房
黒須里美　2005　近代移行期における出生と経済―同居児法の多摩戸籍への適用　『麗澤経済研究』, 13 (1), 75-90.
近藤恵　2010　関係発達論から捉える死　風間書房
Lacan, J.　1975　小出浩之・小川周二・小川豊昭・笠原嘉（訳）　1991　フロイトの技法論（上・下）　岩波書店（Le séminaire, Livre I, Les écrits techniques de Freud.）
Lacan, J.　1981　小出浩之・川津芳照・鈴木国文・笠原嘉（訳）　1987　精神病（上・下）　岩波書店（Le séminaire, Livre III, Les Psychoses.）
松原洋司　2002　子ども―教師関係のなかから見えてくるもの―通級指導教室の実践から　鯨岡峻（編著）『〈共に生きる場〉の発達臨床』，ミネルヴァ書房, 133-152.
松木邦裕　1996　対象関係論を学ぶ―クライン派精神分析入門　岩崎学術出版社
松岡悦子（編著）　2007　産む・産まない・産めない―女性のからだと生きかた読本　講談社
Maurer, D., & Maurer, C.　1988　吉田利子（訳）　1992　赤ちゃんには世界がどう見えるか　草思社（The world of the newborn.）
Merleau-Ponty, M.　1945　竹内芳郎・小木貞孝（訳）　1967　知覚の現象学I　みすず書房（Phénoménologie de la perception.）
Merleau-Ponty, M.　1945　竹内芳郎・木田元・宮本忠雄（訳）　1974　知覚の現象学II　みすず書房（Phénoménologie de la perception.）
Merleau-Ponty, M.　1962a　滝浦静雄・木田元（訳）　1966　人間の科学と現象学　『眼と精神』，みすず書房, 3-95. (Les sciences de l'homme et la phénoménologie.)
Merleau-Ponty, M.　1962b　滝浦静雄・木田元（訳）　1966　幼児の対人関係　『眼と精神』，みすず書房, 97-192. (Les relations avec autrui chez l'enfant.)
Merleau-Ponty, M.　1964　滝浦静雄・木田元（訳）　1966　眼と精神　『眼と精神』，みすず書房, 251-301. (L' Oeil et l'esprit.)
Merleau-Ponty, M.　1988　木田元・鯨岡峻（訳）　1993　意識と言語の獲得―ソルボンヌ講義録I　みすず書房（Merleau-Ponty à la Sorbonne, résumé de cours 1949-1952.）
村上靖彦　2008　自閉症の現象学　勁草書房
明神もと子　2003　はじめて学ぶヴィゴツキー心理学―その生き方と子ども研究　新読書社
中山まき子　1992　妊娠体験者の子どもを持つことにおける意識―子どもを〈授かる〉〈つくる〉意識を中心に　『発達心理学研究』, 3 (2), 51-64.
Newson, J.　1978　鯨岡峻・鯨岡和子（訳）　1989　コミュニケーション研究へのアプローチ　『母と子のあいだ―初期コミュニケーションの発達』，ミネルヴァ書房, 163-178. (Dialogue and development.)
Newson, J.　1979　鯨岡峻・鯨岡和子（訳）　1989　子どもと養育者のあいだの共通理解の発達　『母と子のあいだ―初期コミュニケーションの発達』，ミネルヴァ書房, 179-196. (The growth of shared understanding between infant and caregiver.)
ニキリンコ　2005　俺ルール！自閉は急に止まれない　花風社
ニキリンコ・藤家寛子　2004　自閉っ子，こういう風にできてます！　花風社
西平直喜　1987　コンプレックスとアイデンティティ―人格理解と二つの鍵概念　『青年心理』, 61, 34-40.
西平直喜　1990　成人（おとな）になること―生育史心理学から　東京大学出版会
西平直　1993　エリクソンの人間学　東京大学出版会
西川由紀子　1996　子どもの使用する一人称の変化　『日本教育心理学会総会発表論文集』, 38, 147
及川裕子　2005　親性の獲得過程における変化とその影響要因の検討　『日本ウーマンズヘルス学会誌』, 4, 81-91.
大倉得史　2002　拡散 diffusion―「アイデンティティ」をめぐり，僕達は今　ミネルヴァ書房
大倉得史　2006　関係論的青年心理学のための一試論　九州国際大学教養研究, 12 (3), 1-24.
大倉得史　2008a　語り合う質的心理学　ナカニシヤ出版
大倉得史　2008b　鏡像段階成立に関する試論的検討　『九州国際大学教養研究』, 15 (1), 1-35.
大倉得史　2010　失われた「感じ方」をめぐって　『人環フォーラム』, 27, 44-49.

大倉得史　2011　「語り合い」のアイデンティティ心理学　京都大学学術出版会
Piaget, J.　1936　谷村覚・浜田寿美男（訳）　1978　知能の誕生　ミネルヴァ書房（*La naissance de l'intelligence chez l'enfant.*）
Piaget, J.　1945　大伴茂（訳）　1988　表象の心理学　黎明書房（*La formation du symbole cher l'enfant.*）
Piaget, J.　1947　波多野完治・滝沢武久（訳）　1960　知能の心理学　みすず書房（*La psychologie de l'intelligence.*）
Piaget, J.　1964　滝沢武久（訳）　1968　思考の心理学　みすず書房（*Six études de psychologie.*）
Piaget, J.　1978　滝沢武久（訳）　　思考の誕生　朝日出版社（ピアジェの講演集）
Ramachandran, V. S.　2003　山下篤子（訳）　2005　脳のなかの幽霊, ふたたび―見えてきた心のしくみ　角川書店（*The emerging mind.*）
柴田義松　2001　ヴィゴツキーの心理学説について　Выготский, Л. С.　1934　柴田義松（訳）　2001『新訳版・思考と言語』, 新読書社, 440-460.（Мышление и Речь.）
新宮一成　1989　無意識の病理学―クラインとラカン　金剛出版
新宮一成　1995　ラカンの精神分析　講談社現代新書
志波泰子　2010　幼児期の「心の理論」獲得におけるメタ表象の役割　『京都大学大学院教育学研究科紀要』, 56, 411-423.
Siqueland, E. R., & DeLuca, C. A.　1969　Visual reinforcement of non-nutritive sucking in human infants. *Science*, 165, 1144-1146.
Spitz, R. A.　1945　Hospitalism—An inquiry into the genesis of psychiatric conditions in early childhood. *The Psychoanalytic Study of the Child*, 1, 53-74.
Stern, D. N.　1985　小此木啓吾・丸田俊彦（監訳）神庭靖子・神庭重信（訳）　1989　乳児の対人世界（理論編）　岩崎学術出版社（*The interpersonal world of the infant: A view from psychoanalysis and developmental psychology.*）
Stern, D. N.　1985　小此木啓吾・丸田俊彦（監訳）神庭靖子・神庭重信（訳）　1991　乳児の対人世界（臨床編）　岩崎学術出版社（*The interpersonal world of the infant: A view from psychoanalysis and developmental psychology.*）
菅野幸恵・塚田みちる・岡本依子　2010　エピソードで学ぶ赤ちゃんの発達と子育て―いのちのリレーの心理学　新曜社
杉村和美　2001　関係性の観点から見た女子青年のアイデンティティ探究：2年間の変化とその要因　『発達心理学研究』, 12（2）, 87-98.
Sullivan, H. S.　1953　中井久夫・宮崎隆吉・高木敬三・鑪幹八郎（訳）　1990　精神医学は対人関係論である　みすず書房（*The interpersonal theory of psychiatry.*）
谷村覚　1989　自己と他者の発生―ワロンから何を学ぶか　梶田叡一（編）　『自己意識の発達心理学』, 金子書房, 127-178.
鑪幹八郎　1990　アイデンティティの心理学　講談社現代新書
立川健二・山田広明　1990　現代言語論―ソシュール・フロイト・ヴィトゲンシュタイン　新曜社
Tomasello, M.　1995　山野留美子（訳）　1999　社会的認知としての共同注意　Moore, C., & Dunham, P.（編）大神英裕（監訳）　『ジョイント・アテンション―心の起源とその発達を探る』, ナカニシヤ出版, 93-117.（*Joint attention— Its origins and role in development.*）
Trevarthen, C.　1979　鯨岡峻・鯨岡和子（訳）　1989　早期乳児期における母子間のコミュニケーションと協応：第1次相互主体性について　『母と子のあいだ』, ミネルヴァ書房, 69-101.（Communication and cooperation in early infancy: A description of primary intersubjectivity.）
Trevarthen, C., & Hubley, P.　1978　鯨岡峻・鯨岡和子（訳）　1989　第2次相互主体性の成り立ち　『母と子のあいだ』, ミネルヴァ書房, 102-162.（Secondary intersubjectivity: Confidence, confiding and acts of meaning in the first year.）
塚田みちる　2001　養育者との相互交渉にみられる乳児の応答性の発達的変化：二項から三項への移行プロセスに着目して　『発達心理学研究』, 12（1）, 1-11.
常田美穂　2007a　個性が生まれるプロセス―D. スターン『母子関係の出発：誕生からの180日』　夏堀睦・加藤弘通（編）　『卒論・修論をはじめるための心理学理論ガイドブック』, ナカニシヤ出版, 60-69.
常田美穂　2007b　乳児期の共同注意の発達における母親の支持的行動の役割　『発達心理学研究』, 18（2）, 97-108.
Uexküll, J. v., & Kliszat, G.　1934　日高敏隆・羽田節子（訳）　2005　生物から見た世界　岩波文庫（*Streifzüge durch die Umwelten von Tieren und Menschen.*）
Wallon, H.　1934　久保田正人（訳）　1965　児童における性格の起源　明治図書（*Les origines du caractère*

Wallon, H. 1938 浜田寿美男（訳） 1983 情意的関係―情動について 『身体・自我・社会』, ミネルヴァ書房, 149-182.（Rapports affectifs: les émotions.）

Wallon, H. 1942 滝沢武久（訳） 1962 認識過程の心理学―行動から思考への発展 大月書店（*De l'acte à la pensée.*）

Wallon, H. 1946 浜田寿美男（訳） 1983 『自我』意識のなかで『他者』はどういう役割をはたしているか 『身体・自我・社会』, ミネルヴァ書房, 52-72.（Le rôle de «l'autre» dans la conscience du «moi».）

Wallon, H. 1952 浜田寿美男（訳） 1983 子どもにおける社会性の発達段階 『身体・自我・社会』, ミネルヴァ書房, 73-101.（Les étapes de la sociabilité chez l'enfant.）

Wallon, H. 1953 浜田寿美男（訳） 1983 人間における器質的なものと社会的なもの 『身体・自我・社会』, ミネルヴァ書房, 123-137.（L'organique et le social chez l'homme.）

Wallon, H. 1954 浜田寿美男（訳） 1983 子どもにおける自己身体の運動感覚と視覚像 『身体・自我・社会』, ミネルヴァ書房, 183-207.（Kinesthèsie et image visuelle du corps propre chez l'enfant.）

Wallon, H. 1956a 浜田寿美男（訳） 1983 自我の水準とその変動 『身体・自我・社会』, ミネルヴァ書房, 23-51.（Niveaux et fluctuations du moi.）

Wallon, H. 1956b 浜田寿美男（訳） 1983 子どもにおけるパーソナリティの発達段階 『身体・自我・社会』, ミネルヴァ書房, 231-244.（Les étapes de la personnalité chez l'enfant.）

Wallon, H. 1956c 浜田寿美男（訳） 1983 子どもの精神発達における運動の重要性 『身体・自我・社会』, ミネルヴァ書房, 138-148.（Importance du mouvement dans le développement psychologique de l'enfant.）

Werner, H. 1948 園原太郎（監修）鯨岡峻・浜田寿美男（訳） 1976 発達心理学入門 ミネルヴァ書房（*Comparative psychology of mental development.*）

Werner, H., & Kaplan, B. 1963 柿崎祐一（監訳）鯨岡峻・浜田寿美男（訳） 1974 シンボルの形成 ミネルヴァ書房（*Symbol formation.*）

Williams, D. 1992 河野万里子（訳） 2000 自閉症だったわたしへ 新潮文庫（*Nobody nowhere.*）

Wimmer, H. & Perner, J. 1983 Beliefs about beliefs: Representation and constraining function of wrong beliefs in young children's understanding of deception. *Cognition*, 13, 103-128.

Winnicot, D. W. 1951 北山修（監訳） 1990 移行対象と移行現象 『児童分析から精神分析へ』, 岩崎学術出版社, 105-126.（Transitional objects and transitional phenomena. Collected Papers, 1958.）

Winnicot, D. W. 1952 北山修（監訳） 1990 精神病と子どもの世話 『児童分析から精神分析へ』, 岩崎学術出版社, 92-104.（Psychoses and child care. Collected Papers, 1958.）

Winnicot, D. W. 1954-1955 北山修（監訳） 1990 正常な情緒発達における抑うつポジション 『児童分析から精神分析へ』, 岩崎学術出版社, 147-171.（The depressive position in normal emotional development. Collected Papers, 1958.）

Winnicot, D. W. 1956 北山修（監訳） 1990 原初の母性的没頭 『児童分析から精神分析へ』, 岩崎学術出版社, 205-213.（Primary maternal preocupation. Collected Papers, 1958.）

Winnicot, D. W. 1964 猪股丈二（訳） 1985 赤ちゃんはなぜなくの―ウィニコット博士の育児講義 星和書店（*The cilid, the family, and the outside world* (part 1).）

Winnicot, D. W. 1987 成田善弘・根本真弓（訳） 1993 赤ん坊と母親 岩崎学術出版社（*Babies and their mothers.*）

やまだようこ 1987 ことばの前のことば―ことばが生まれるすじみち1 新曜社

やまだようこ 2010 ことばの前のことば―うたうコミュニケーション 新曜社

安田裕子 2005 不妊という経験を通じた自己の問い直し過程：治療では子どもが授からなかった当事者の選択岐路から 『質的心理学研究』, 4, 201-226.

安田裕子・高田沙織・荒川歩・木戸彩恵・サトウタツヤ 2008 未婚の若年女性の中絶経験―現実的制約と関係性の中で変化する，多様な径路に着目して 『質的心理学研究』, 7, 181-203.

事項索引

あ

遊び　74, **98**, 99, 108-111, 120, 124, 130, 133, 136-139, 141, 145, 150-152, 154, 157, 160, 161, 167, 168, 177, 187, 238, 239, 256, 287

　　交替やりとり――　145, **151**, 152, **238**, 239, 241

　　ごっこ――　3, **186**, 187, 197

　　見立て――　3, **197**

甘え　**79**, 132

ある感じ　**216-217**, 222, 226, 259

生き生きと　8, 12, 14, 16, 194, 195, 212, 214, **215**, 217, 232, 263, 266, 267

生き残る　167, **169**, **171**, 255

遺伝的素質　4, **5**, 87, 88, 98, 100, 102, 118, 122

意図　103, **107-110**

いのち　**29**, 35, 37, 39, 44, 45, 47-51, 58, 78, 143

受け手効果　**76**, 79, 88, 92, 102, 104, 117, 145

内から外へ　196, **207**, 208, 261

内なる他者　152, **155-156**, 158, 240, 242

産む性　33, **47-48**

ウルトラ体験主義　ii

産んでもらう性　47

エピソード記述　58, **195**

往復運動　178, **291-292**

思いやり　**169**, 171, 252, 256, **257**

親役割　51

か

快原理　**246**, 248-250

外作用系　**229**-231, 233, 235

外受容系　**229**, 230, 233, 235

科学的　189, 206, 209, 212, **217**, 227

鏡　56, 85, 144, 231, **277-278**, 279, 289

核家族　**28**, 67

学知　ii, 2, **14**

獲得的　**184**

かたち　50, **53**, 88, 118, 121, **210**

語り合い　**37**

価値　11-13, **26**, 29, 48, 50, 183, 210, **282**

可動化　**182**, 185

感覚運動期　**183**, 184, 194, 197, 236

感覚運動的　193, 202, **223**, 238

――（活動の）段階　**235**, 236, 241

環境　4, 6, 12, 49, 54, 156, 163, 167, 173, 174, 176, 181, 182, 193, 196, 197, 207, 208, **209-210**, 234, 236, 237, 253, 255, 256

――刺激　4, **5**

――としての母親　**255**, 256

受動的――　**193**, 196, 197, 207, 241

静的（な）――　**193**, 196, 197, 207

能動的（な）――　196, 197, **207**, 241

「関係」　6, **66**

関係性　11, 25, 27, 87, 94, 97, 100, 107, 108, 122-124, **162**, 170, 173, 176, 183, 190, 194, 197, 209, 224, 227, 292

関係発達論　i-iv, 2-5, **6**, 9-17, 20, 21, 23-27, 30, 32, 48, 66, 73, 81, 85, 87, 94, 124, 143, 162, 163, 176-178, 180, 193, 195, 196, 207, 208, 227, 231, 232, 241-244, 255, 263-266, 268, 270-272, 275, 278, 281, 282, 288, 289, 291, 292

還元（現象学の概念としての）　**195**

感じる身体　**228**, 230

感謝　8, 65, 148, **251**, 256, 292

間主観性　16, 17, 19, **20**, 21-23, 194, 265, 266, 268, 271, 281-285

間主観的　21-25, 85, 149, 175, 194, 261, **265**, 267, 268, 271, 272, 279-281, 283-285

間身体性　**20**, 21, **215**, **231**, 238

間身体的　22, 23, 74, 77, 78, 80, 81, 85, 149, 194, 209, **215**, 231, 232, 284

擬音語　224, **225**, 226

擬態語　**225**, 226

規範　11, **161**, 169, 177, 289

基本的信頼感　23, **87**, 251

客観主義　261, 264, **267**, 268, 281

キャリア・ウーマン　30, 37

吸啜反射　**184**

共感覚　215, **216-217**, 227

「興味」　**88**, 89

距離化　215, **226**, 227

禁止　123, **126**, 143, 160, 241, 275, 279

クーイング　3, 74, 112

空隙　**94**, 124, 125, 141

critical point →「分岐点」の項を参照

緊合希求性　**23**, 24-26, 33, 82, 83, 88, 90, 106, 142-144, 163, 166, 174, 177, **273**, 274, 278, 282, 289

系統発生　**211**, 212

ゲシュタルト　**209**, 211

結婚　28, **29**, 30-32, 36, 37, 42, 50, 51, 65
幻覚　**246**, 247, 249, 250
現実　14, 16, 17, 24, 35, 36, 37, 43, 45, 49, 64, 66, 73, 89, 94, 110, 126, 156, 158, 176, **178**, 191, 194, 196, 201, 205, 206, 237, 239, 240, 246, 247, 250-254, 257, 258, 263, 270, 291, 292
　——原理　**246**, 247, 250
現象学　**195**
原初の母性的没頭　**253**, 254, 263
口唇　245, **246**, 248
　——口蓋裂　64, **65**
　——探索反射　68, **69**, 184
交替やりとり遊び→「遊び」の項を参照
行動物　95, **212-213**, 214, 223
個性　13, 25, 68, 73, **143**, 183, 203
心の理論　**3**
子育て　**i-iv**, 8, 15, 22, 28-30, 35, 36, 40, 41, 43, 63, 67, 73, 77, 81-82, 263, 287, 291
個体能力　180, **195**, 210, 232, 278
個体発生　144, **211**
個としての意識　**33-34**, 35, 36, 196
子どもから大人へ　**13**
〈子ども - 養育者関係〉　**5**, 6, 9-11, 14-16, 22-24, 26, 54, 63, 66, 67, 73, 75, 80, 82, 83, 85-87, 98, 100, 104, 107, 110, 118, 123, 125, 126, 144, 156, 162, 163, 173, 180, 194, 196, 208, 241-243, 257, 268, 268-270, 275, 276, 278, 280, 282, 283, 291
コペルニクス的転回　**11**, 29, 86
コミュニケーション　5, 74, **75**, 76, 78, 80, 89, 93, 108, 122, 125, 131, 134, 145, 199, 201, 209, 225, 242, 265, 268,
281, 283
混同心性　**202**, 205, 209

さ

誘いかけ - 応答　89, **91-94**, 100, 102, 107
錯覚　125, **253**, 254
　脱——　**254**
3ヶ月微笑　3, **83**, 84-87, 89, 101, 107, 108, 111, 158, 265, 268, 270
三項関係　**90**, **119**
産婦人科　39, **59**, 63
自意識　**158**
シェマ　**181**, 182, 184-186, 188, 223, 230
　——の塊（束）　**194**, 227
自我意識　144, 227, 232, 238, 239, **240**, 241
自己愛　**65**, 171
自己感　253, **257**, 258, 260-262
　言語的——　**262**
　主観的——　**260**
　新生——　**258-259**
　中核的——　**260**
自己決定　**29**, 33
自己作用系　**229**, 230, 231, 233, 235
自己実現　**29**, 30, 37, 81
自己充実欲求　**23**, 24-26, 33, 82, 106, 142-144, 163, 166, 174, 177, **273**, 274, 282, 288, 289
自己主張　9, 73, 166, 240, 273, **274**, 289
自己受容系　**229**, 230
自己性　**9**, 10, 11, 14, 15, 24, 26, 135, 162, 194, 208, 209, 242, 268, 279, 288
自己中心性　**189-190**
自己中心的　189, **198**
　——言語　**190**, 198, 199, **201**
　——思考　**190**, 198, 199, **201**
仕事　3, 28, 30, 31, 33, 35-37, **40**, 41, 43, 45, 47, 50, 58, 64, 86, 87, 96, 131, 133, 157, 165,
174, 176
自作自演　**89**, 91, 92, 94, 101
思春期　**143**, 205, 245, 270
姿勢 - 情動（機能）　**228**, 231, 238, 241, 261
自然的発達　**193**, 205, 206, 208
自然発生的　**4**, 13, 87, 90, 122, 171, 180, 193, 196
自体愛的　**245-246**, 248
躾　126, 129, **135**
実践　**14-15**, 16, 26, 242, 291, 293
社会的言語　198, **199**
社会・文化　**11**, 13, 196, 263, 291
主体　**24**, 48, **288**
出産　27-30, 32, 36, 37, 45, 50, 51, **54**, 55, 58-60, 62-64, 66-68, 253, 262, 291
授乳　67, 69, **70**, 72-79
障がい　63-66, 97, 98, 124, **125**, 163, 268
　関係——　**124**, 125
　自閉性——（自閉症）　**124**
　発達——　**215**
生涯発達　**195**
少産化（少子化）　**27**, 28
情態　20, 22, 75-76, 78, 80-82, 95, 97, 149, **215**, 262, 266, 268, 269
象徴　**153**, 160, 183, 187
　——的（前概念的）思考段階　**187**
情緒的共生　**235**, 238, 241
情緒的力動感（vitality affect）　**75**, 77, 81, 97, 124, 131, **259**, 261, 263, 265, 266, 267, 269
情動　84, 97, 209, 211, 213, 228, **229**, 230-232, 234, 235, 238, 241, 259, 262, 265, 266
　——調律　**261**, 262, 263
　——の舌　**269**, 270, 272, 279-282
衝動的運動性の段階　232, **233**, 234, 236, 241
情動的段階　232, 233, **234**,

235, 236, 238, 272
諸感覚の原初的基盤　**217**, 222
所記　183, **187**
助産院　**54**, 55, 58
人格　9, **50**, 80, 145, 176
陣痛　**55**, 56-61
新生児　3, 68, 69, **70**, 76, 79, 184, 231, 258, 259, 264
シンボル　118, 153, 222-225, **226**
静観　117, **223**, 224, 236, 250
制止　103, **126**, 129, 131, 136, 143, 160, 161, 177
精神間機能　**207**, 208
精神内機能　**207**, 208
精神分析学　73, 237, 242, 243, **244**, 263-265, 278
生得的　107, **184**, 258
青年期　5, **31**, **143**, 156, 178, 240, 252, 270, 272, 273, 274, 276
生理的共生　**233**, 241
世代間リサイクル　**13**, 66, 72
世代としての意識　**33-34**, 35, 36
前概念　187, **204**, 205
前操作期　184, **187**, 198, 213
全体対象　**248**, 251, 256
羨望　**250**, 251
相互主体性（相互主体の関係）　16, 17, 24, **25**, 26, 49, 51, 53, 78, 80-82, 108, 110-112, 139, 143, 144, 162, 177, 194, 275, 280, **281-285**, 286, 288, 292
　いのちといのちの——（いのちの——）　44, **49**, 78, 143
　要求と情緒の応答の——　**78**, 82, 143
　相互意図性としての——　**108**, 122, 125, 143
　両義性の錯綜する——　**143**
　相互主体的　**26**, 49, 136, 142, 163, 171, **289**
操作　**183**, 184, 188-190, 192, 205, 237

具体的——　**190**, 192, 194, 198
形式的——　**191-192**, 198, 205
——される身体　**228**
操作期　**190**
相貌性　116, 214, **215**, 218-222, 224-226, 267, 269
相貌的知覚　**95**, 97, **214**, 215-217, 219, 220, 223, 227, 235, 259, 262, 265
相補性　**93**, 125, 151, 158
育てられる者　8, 11, **13**, 14, 27, 30, 32, 34, 58, 148, 176, 277
育てる者　8, 11, 12, **13**, 14, 27, 30, 32, 34, 35, 52, 66, 86, 148, 162, 171, 277
外から内へ　196, **207**, 209
その子らしさ　**9**
存在感　**9**, 10, 15, 48, 107

た
第一次循環反応　**184**, 235
第三次循環反応　**186**
胎児　38, 39, **48**, 49, 52, 55, 57, 59, 61, 62, 63, 144
対象永続性　**186**, 187
対象関係論　**170**, 235, 244, **247-248**, 252, 263
対象としての母親　**255**, 256
対人関係　8, 9, 44, 94, 95, 159, 193, **194**, 195, 197, 224, 227, 234, 241, 272, 275
体制化　**182**, 183
第二次循環反応　**185**
他者性　**145**, 148, 149, 152, 238
抱っこ（holding）　**253**, 254-257, 260, 263
知能　180, 181, 183, 184, 189, 192, 193, 195, 201, **227**, 241
　感覚運動的（な）——　181, **182**, 193, **202**
　実用的——　181, **236**
　場面の——　**236**
　表象的——　**236**
中心化　**188**, 189, 210
脱——（脱中心性）

188-189, 190, 193, 198, 207
超自我　**160**, 244
調節　70, 93, 98, **181**, 182, 183, 190, 193, 197, 207, 230, 258
直観的思考段階　187, **188-189**, 190
ちょっと気になる子　**163**, 167
罪　171, **256-257**, 263, 264
つわり　**37**, 40, 45, 48, 50, 58
帝王切開　50, **59**, 61, 63
適応　**181**, 183, 207, 229, **230-232**, 235, 284
同一化　**12-13**, 275, 277
投影（精神分析学の概念としての）　247, **249**, 255
投影（ワロンの概念としての）　**155-156**, 161, 186, **236-238**, 239, 249
同化　**181**, 182, 183, 193, 197, 207, 230, 247, 249
同型性　**92-94**
得意　41, 100-102, **104**
取り入れ　244, **249**, 255, 256

な
内言　**199**
内作用系　**229**, 230, 231, 233, 235
内受容系　**229**
成り込み　**21**, 22, 89, 92, 94, 269, 272, 281
二面性　**47-48**
妊娠　5, 31, **35**, 36-45, 47, 49-52, 81, 86, 180, 263
——中毒症（妊娠高血圧症）　50, **59**
妊婦　**47**, 48-52, 54
脳　70, 76, 93, 184, 207, 211, 212, **232**
能記　183, 187
能力の束　**8**, 9, 195, 227, 258
能力（の）発達　3, 6, 8, 10, 11, 195

は
発見的（な）機能　**17**, 24
発達　**11-14**, 195

発達の最近接領域　　206
被観察乳児　　258, 263
微視発生　　222
表示機能　　112, **116**, 117, 118, 122-124
表出　　**75-76**, 79, 83, 92, 164, 269
表象　　116, 155, 156, **183**, 184, 186, 187, 189, 190, 197, 223, 224, 236, 237, 239, 240, 246
「表現」　　**75-76**, 78, 79, 234
複合的思考　　**203**, 205, 206, 209
負の　　15, 81, 110, 171, **271**, 286
部分対象　　**248**, 251
分割　　209, **249**, 250
文化的発達　　206, **207**
分化と階層的統合化　　**210**-212
分岐点　　24, 83, **86**, 170
分別　　129, 131, 135, 138, **141**, 143, 206
分娩　　54, **55**, 59
保育　　**162-163**, 171, 172, 174, **176-178**, 286, 291
方向転換　　104, **129**, 131, 134, 150
母子一体　　**73**, 263
ホスピタリズム　　**78**
保存　　**191**
ほど良い（ほど良く）　　**254**,

255, 284, 289
母乳　　68, 69, **70-73**, 77, 233, 245, 247, 256, 258

ま
マタニティ・ブルー　　**64**
右肩上がり　　13, **195**, 227
身振り　　156, **201**, 203, 223, 224, 225, 234, 237, 239
ミラーニューロン　　**93**
ミルク　　41, 67-69, **70-72**, 77, 86, 203
妄想－分裂態勢　　248, **249**, 250-252, 255, 264
沐浴　　57, 67, 69, **74**, 80
模倣　　115, 146, 203, **224-225**, 237
延滞――　　186, 197, 224, **237**, 239

や
ヤマアラシジレンマ　　**272**, 274, 275
有機体論　　**209-210**, 227
指差し　　39, 112-121, **122**, 125-128, 131, 133, 223, 224
良い自己　　**248**, 249, 250
良い乳房　　235, **248**, 249-251
抑うつ態勢　　250, **251**, 252, 253, 255, 256, 264, 275

欲望　　211-213, 227, 244, 246, 269, **278**

ら
リーチング　　**3**, 117
了解　　209, 215, **219**, 227, **228**
両義性　　13, 16, 17, **23**, 24, 33, 35, 36, 143, 162, 166, 174, 176, 177, 270, **271**, 272, 275, 278, 280, 282, 288, 289
　根源的――　　271, **272**, **273**, 274, 278
　存在――　　272, **275-278**
　――の錯綜する相互主体性（相互主体的関係）→「相互主体性（相互主体的関係）」の項を参照
両義的　　162, 163, **282**
臨床乳児　　**258**, 263
連合　　78, 80, 181, 217, **233**

わ
「私」　　143, **144**, 145, 152, 154, **155**, 156, 158, 159, 161, 166, 169, 227, 236, **238-240**, 262
悪い自己　　**249**
悪い乳房　　235, **249**, 250, 251, 253

人名索引

A
安部晴美　　51, 52
Ainsworth, M. D. S　　85
尼ヶ崎　彬　　213
荒川　歩　　39
麻生　武　　144, 147, 154

B
Baldwin, D.　　112, 260
Выготский, Л. С.　　190, 196-199, 201-209, 227, 236, 242
Blehar, M. C.　　85
Bower, T. G. R.　　98, 188, 231

Bowlby, J.　　85
Boysson-Bardies, B. de　　4
Brazelton, T. B.　　72
Bruner, J. S.　　211
Butterworth, G.　　260

C
コペルニクス（Copernicus, N.）　　12
Corkum, V.　　264
Cytowic, R. E.　　216

D
Dalton, K.　　64
ダーウィン（Darwin, C. R.）　　203, 229
DeLuca, C. A.　　258
土居健郎　　79
Duffy, P. L.　　216

E
遠藤利彦　　ii
Erikson, E. H.　　11, 13, 23, 87, 236

索引

F
Fairbairn, W. R. D.　252
Ferenczi Sándor　247
Freud, S.　73, 160, 244-248, 250, 257,
Friedlander, B. Z.　258
藤家寛子　215

G
Geertz, C.　ii
Gendlin, E. E.　228
Gendlin, E. T.　228
Goodman, C. C.　211

H
浜田寿美男　3, 92, 93, 144, 154, 194, 215, 228, 229, 230, 236, 239
Hubley, P.　90, 260
Husserl, E.　195

I
岩崎純一　215-217
岩田純一　192
泉　流星　215

K
Kaplan, B.　94, 117, 118, 213, 221, 223, 224, 225, 226
河合隼雄　252
Kaye, K.　262
木戸彩恵　39
Klein, M.　170, 235, 244, 247-253, 255, 257, 264
Kliszat, G.　209
近藤　恵　178
鯨岡和子　160, 165, 168, 175, 177
鯨岡　峻　i-iv, 9, 10, 12, 13, 17, 21, 22, 23, 26, 28, 30, 48, 50, 51, 54, 57, 64, 65, 72, 74, 76, 81, 84, 86, 88, 90, 91, 94, 97, 101, 103, 108, 109, 119, 124, 157, 160, 165, 168, 175, 177, 195, 215, 216, 231, 266, 267-269, 271, 272, 275, 281, 283, 285, 286, 289, 292
黒須里美　28

L
Lacan, J.　144

M
松原洋司　5
松木邦裕　248, 251
松岡悦子　63
Maurer, C.　258
Maurer, D.　258
メルロ＝ポンティ（Merleau-Ponty, M.）　20, 47, 64, 85, 195, 196, 218, 231, 237, 278
Moore, C.　264
村上靖彦　93, 215
明神もと子　190

N
中山まき子　28
Newson, J.　7, 11, 76
ニキリンコ　215
西平直喜　285
西平　直　17
西川由紀子　3

O
及川裕子　51
岡本夏木　192
岡本依子　i
大倉得史　17, 37, 61, 73, 76, 144, 178, 217, 228, 236, 252, 226, 276, 277, 285

P
パヴロフ（Pavlov, I. P.）　233
Perner, J.　3
Piaget, J.　180-190, 193-199, 202, 207, 208, 227, 230, 235-237, 253

R
Ramachandran, V. S.　93, 216

S
サトウタツヤ　39
柴田義松　190

志波泰子　3
新宮一成　144, 235
Siqueland, E. R.　258
Spitz, R. A.　78, 234
Stern, D. N.　75, 244, 257, 259-261, 263-267,
菅野幸恵　i
杉村和美　31
Sullivan, H. S.　81

T
高田沙織　39
谷村　覚　156
鑪幹八郎　237
立川健二　16
Tomasello, M.　260, 264
Trevarthen, C.　7, 90, 260
塚田みちる　i, 119, 264
常田美穂　260, 264, 267

U
Uexküll, J. v.　209

W
Wall, S.　85
Wallon, H.　144, 145, 152, 155, 166, 186, 227-242, 261, 262, 265, 272
Waters, E.　85
Werner, H.　94, 209-217, 220-227, 235, 242, 259, 262, 265
Williams, D.　215
Wimmer, H.　3
Winnicot, D. W.　73, 170, 171, 244, 253-257, 260, 263, 264

Y
山田広明　16
やまだようこ　90, 112, 117, 119, 223, 264
山上雅子　192
安田裕子　36, 39
吉田直子　192

【著者紹介】
大倉得史（おおくら・とくし）
1974年東京出身。京都大学総合人間学部卒業，同大学院人間・環境学研究科修了。京都大学博士（人間・環境学）。公認心理師・臨床心理士。九州国際大学講師・准教授等を経て，現在京都大学大学院人間・環境学研究科教授。専門は発達心理学。主な著書に『拡散 diffusion—「アイデンティティ」をめぐり，僕達は今』（ミネルヴァ書房，2002年），『語り合う質的心理学—体験に寄り添う知を求めて』（ナカニシヤ出版，2008年），『大学における発達障害者支援を考える』（中川書店，2009年），『「語り合い」のアイデンティティ心理学』（京都大学学術出版会，2011年）など。

育てる者への発達心理学
関係発達論入門

2011年10月20日　初版第1刷発行
2022年 3月 1日　初版第3刷発行

（定価はカヴァーに表示してあります）

著　者　大倉得史
発行者　中西　良
発行所　株式会社ナカニシヤ出版
〒606-8161　京都市左京区一乗寺木ノ本町15番地
Telephone　075-723-0111
Facsimile　075-723-0095
Website　http://www.nakanishiya.co.jp/
E-mail　iihon-ippai@nakanishiya.co.jp
郵便振替　01030-0-13128

装幀＝白沢　正／印刷・製本＝ファインワークス
Printed in Japan.
Copyright © 2011 by T. Okura
ISBN978-4-7795-0589-8

本書のコピー，スキャン，デジタル化等の無断複製は著作権法上での例外を除き禁じられています。本書を代行業者等の第三者に依頼してスキャンやデジタル化することはたとえ個人や家庭内の利用であっても著作権法上認められておりません。